华章经管

HZBOOKS | Economics Finance Business & Management

危困企业并购艺术

全流程解决方案与交易策略

[美] 彼得·内斯沃德（H. Peter Nesvold） 杰弗里·安纳珀斯奇（Jeffrey M. Anapolsky） 亚历山德拉·里德·拉杰科斯（Alexandra Reed Lajoux） 著 刘剑蕾 高瑞东 李净植 译

The Art of Distressed M&A

Buying, Selling, and Financing Troubled and Insolvent Companies

图书在版编目（CIP）数据

危困企业并购艺术：全流程解决方案与交易策略 /（美）彼得·内斯沃德（H. Peter Nesvold），（美）杰弗里·安纳珀斯奇（Jeffrey M. Anapolsky），（美）亚历山德拉·里德·拉杰科斯（Alexandra Reed Lajoux）著；刘剑蕾，高瑞东，李净植译．—北京：机械工业出版社，2017.11

书名原文：The Art of Distressed M&A: Buying, Selling, and Financing Troubled and Insolvent Companies

ISBN 978-7-111-58374-5

I. 危…　II. ①彼…　②杰…　③亚…　④刘…　⑤高…　⑥李…　III. 企业兼并 – 基本知识　IV. F271.4

中国版本图书馆 CIP 数据核字（2017）第 258930 号

本书版权登记号：图字　01-2017-4420

H. Peter Nesvold, Jeffrey M. Anapolsky, Alexandra Reed Lajoux. The Art of Distressed M&A: Buying, Selling, and Financing Troubled and Insolvent Companies.

ISBN 978-0-07-175019-6

危困企业并购艺术：全流程解决方案与交易策略

出版发行：机械工业出版社（北京市西城区百万庄大街 22 号　邮政编码：100037）

责任编辑：谢莉琦　李　菡　　责任校对：李秋荣

印　刷：北京瑞德印刷有限公司　　版　次：2018 年 2 月第 1 版第 1 次印刷

开　本：170mm×242mm　1/16　　印　张：23

书　号：ISBN 978-7-111-58374-5　　定　价：80.00 元

凡购本书，如有缺页、倒页、脱页，由本社发行部调换

客服热线：（010）68995261　88361066　　投稿热线：（010）88379007

购书热线：（010）68326294　88379649　68995259　　读者信箱：hzjg@hzbook.com

译者序

The Art of Distressed M&A

在企业并购这一领域的学习、应用和研究工作中，众多的经典教材、专著和论文不断地给予我们启发。在研读经典的过程中，兴趣总会激发我们去思考、探索、逐一评论并分析每一种理论、方法和应用。

对于不良资产的相关理论，相信很多读者并不陌生。伴随着我国改革经济制度的激荡岁月，尤其是自 20 世纪 90 年代末国有商业银行的改革以来，从金融机构的不良债权，到无法参与企业正常资金周转的资产，不良资产的概念逐渐为人熟知。从不良资产的剥离到投资并购，这一领域的理论和实践也在不断发展。

与国内关于不良资产并购的讨论相比，美国在这一领域的理论与实践为我们提供了新视角。尤其是在肇始于 2007 年的金融和经济危机中，大量美国企业一夜之间丧失流动性，短期内无法清偿债务而徘徊在破产边缘。有别于我们通常理解的不良资产，在这些突然陷入困境，甚至不得不提交破产申请的危困企业中，实际上很大一部分有着优良资产和在危机前经营得不错的业务。而这些公司提交破产申请后，吸引了不少实力雄厚的财务投资者或战略投资者争相竞标，以较经济的价格购得优质资产。鉴于上述语境下的并购与国内通常所说的不良资产并购存在一定差异，我们在本书中将采用困境并购的译法，以更准确地描述针对上述陷入困境，但并非不能重新焕发生机的危困企业和资产的并购。当然，困境并购这一概念的外延较广，相关（尤其是破产法方面的）理论和实践也同样适用于传统意义上的不良资产并购。

对于正处于宏观经济增速放缓的我们来说，美国困境并购的上述理论和实践显得弥足珍贵。2016 年以来最高人民法院推动建设地方清算与破产审判庭，也呼应了这一新的经济形势。一方面，困境并购、重整重组等途径能够积极推动以市场为主导的资源最优配置；另一方面，我国并购市场的迅速发展、交易制度的不断规范，不仅改变了我国企业的传统财务管理方法，企业的投融资管理也面临着新的挑战。因此，结合国情，学习和借鉴国外先进的并购理论、方法和应用对推动我国在这一领域的研究和应用具有积极重要的作用，这也是我们翻译此著作的初衷。借由本书，我们希望更多的中国读者能够了解到国外困境并购交易的发展现状。

本书的最大特点与优势在于它在介绍理论的同时采用了自问自答的形式，形式上独树一帜，内容上则完整展现了困境并购交易的艺术性和科学性。无论对于卖方、买方还是其他交易参与方而言，除了提供坚实的理论背景和翔实的案例介绍外，本书还是一本实用性极强的操作手册。对于破产并购理论的学习者和研究者而言，作者在金融、法律及会计等多方面的知识结构和深厚学养尤为可贵，通过坚实的数据和真实的案例，作者向我们展开了破产专业人员在法律框架下践行困境并购艺术的生动画卷。

虽然市面上存在很多关于并购业务的书籍，但鲜有明确针对危困企业的并购指南，用来对这一独特问题提供相应的处理方式。正如作者在书中所述，对于任何一家经营了数年、数十年甚至数百年的企业，其重组或清算过程都会异常艰辛，而这些繁复且独一无二的问题都亟待专业人士的解决。我们希望本书的内容能使各位读者领略困境并购艺术的独特之处，并为解决相关理论和实务问题提供新的思路。

本书的前言、第 1 ～ 3 章由高瑞东博士翻译，第 4 ～ 7 章、第 10 章和第 13 章由李净植律师翻译，第 8 章、第 9 章、第 11 章、第 12 章、第 14 章和结论由刘剑蕾博士翻译。全书译文由刘剑蕾博士统稿并校对。

在翻译过程中，我们努力做到“信、达、雅”，但由于译者水平有限，译稿难免存在疏漏和错误，请读者批评指正，以便今后再版校正。

衷心感谢机械工业出版社华章公司的杨熙越编辑和谢莉琦编辑，本译稿的出版离不开两位编辑的费心安排与帮助。同时在翻译过程中，感谢家人的理解和支持。

刘剑蕾　高瑞东　李净植

2017 年 5 月 11 日于北京

前　言

The Art of Distressed
M&A

每个社区都有医院、墓地和救助机构，企业也如此。在上市公司诞生地纽约证券交易所所在的街区，矗立着决定公司陨落或者重生的纽约南区破产法院。

一家企业不会一夜之间“陷入困境”，也无法在一天之内实现复苏。企业破产之前和破产期间要经历一段很长的时间，而在破产后会经历一段短暂的快乐。本书重点在于探究企业困境期间出现的情况，甚至从更狭义上说，在购买或出售困境实体过程中发生了什么。很多时候，企业的所有者或潜在收购方会认为企业是健康的，除非现实证明他们是错的。人们很少愿意承认一家曾经繁荣的企业正在衰败，这会让他们感到失望。承认企业的衰败这一行为能折现出最佳或最坏的企业管理者。一位首席执行官可能愿意工作一年只领取 1 美元的薪水，而另一位首席执行官却可能选择做假账。现实中大多数管理者介于这两者之间：既要努力节约成本，又要在法律的限度内尽可能应对。

本书的适用对象是那些主动或者被动地选择处理已然陷入困境的资产的人。如果在这样的背景下推进交易，需要在激情承诺与冷漠超然之间做好平衡。有关各方必须承诺尽可能多地保存价值，必须避免将钱投资在糟糕的项目上。破产专业人员必须在重组过程中按照《破产法》[1]的要求接管企业并践行这一艺术，故我们将本书取名为《危困企业并购艺术》。

---

[1] 以下若无特殊提及，本书的相关法律均指美国法律，法院指美国法院。——译者注

危困企业并购艺术

虽然有很多关于上市过程的书籍，但它们却鲜有明确的指南，因为对于一家经营了数年、数十年甚至数百年的企业而言，其清算的过程是异常艰辛的。

虽然很多投资者、高管、顾问和学者都熟悉传统兼并和收购，但困境并购领域仍然是一直留给专家的小众业务。不过，正如一位并购评论员最近注解的那样：

> 多年来，破产企业的咨询和融资业务规模小、专业而且孤立。现在，这样的情况不复存在。如果说2009年的破产浪潮证明了什么，那就是它与较大的流动交易经济如何紧密相连。这使该年度成为一个转折点，这一年破产事件历史性地激增。[1]

另有业内专家指出，经济上的复苏需要时间："即使经济出现复苏，即出现回升的迹象，我们也需要一段时间应对那些高杠杆的公司。复苏是来临了，但从困境周期中恢复过来仍会持续很久。"[2]

2011年年初本书付印之时，困境并购仍保持快速增长，在并购版图上占有一席之地。据汤森路透兼并收购法律顾问排名，2009年涉及美国破产公司的并购交易上升到该年度全部交易量的17%（相对于2008年的2%）。[3]悲观主义者只看到困境并购，乐观主义者在看到公司陷入困境的同时还注意到，金融市场愿意为其复苏提供资金。被称为"破产美人"[4]的公司，如美国伟世通公司（Visteon）、通用成长置业公司（General Growth Properties，GGP）和六旗集团（Six Flags），均是有关危困企业复苏的新闻中的亮点。

即使顺利进入真正的经济复苏，彻底认识困境并购的独特复杂性几乎是每一个并购专业人员的"必备"工具。例如，考虑一下当前到期的公司债务表——惊人的4480亿美元公司债务和巨大的4670亿美元高收益债券将在2011年至2017年间到期（见图0-1）。并非这些发行人都能够改善其经营业绩或为其资产负债表再融资，以解决这些迫在眉睫的到期问题。截至2010年年底，企业贷款到期预计在2014年达到峰值，而高收益债券发行人似乎已经将大部分问题推迟到2015年以后。

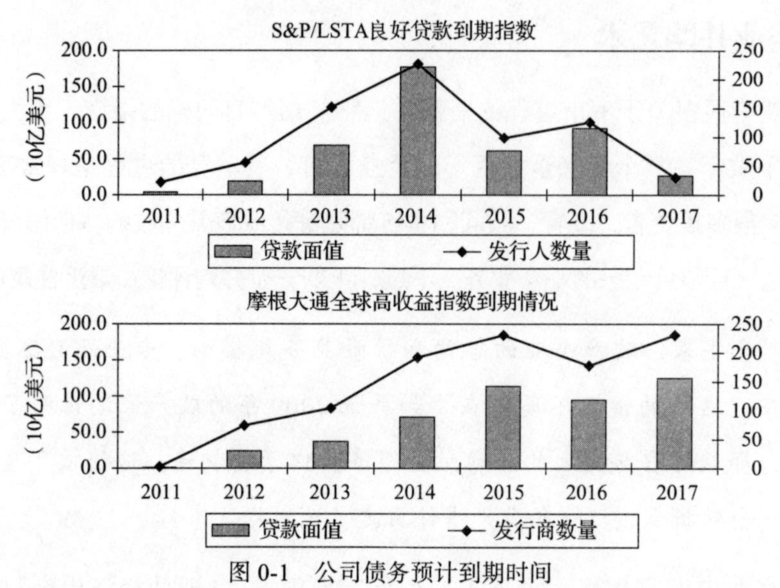

图 0-1　公司债务预计到期时间

注：截至 2010 年 11 月 30 日，摩根大通全球高收益指数包括违约证券。

资料来源：JPMorgan, BofA Merill Lynch.

其中许多债务是在 2005 ～ 2008 年这一历史少有的窄信贷利差和契约灵活性有限的环境中发行的，几乎不会有专业人员期望在他们有生之年再次见到这样的环境。2009 年和 2010 年的再融资和协议修订浪潮，使许多发行人延长贷款期限，并降低利率，从而为业务重组和追求增长机会提供更多的喘息空间。尽管信用利差扩大，美国联邦储备系统（美联储）将利率维持在历史低点，这有助于改善许多杠杆企业的现金流。虽然这些交易将大约 40% 的贷款期限和 20% 的高收益债券期限推迟到了 2014 年，但不保证这种推迟还会继续下去。一旦资本市场失去了再融资和修订协议的耐心，且当利率必然上升之时，就将出现困境并购的机会。概括地说，过去十年的过度信贷已经为持久的困境并购周期搭建了舞台。

因此，越来越多的财务和战略投资者正在进行危困企业的交易。事实上，人们可以说，依据《破产法》第 11 章，破产的每一家公司都是“待售品”，即将危困企业出售给第三方或者实际上通过债转股的形式出售给公司的债权人。多年来，许多资产买方已经清楚危困企业（包括破产公司）的资产能为潜在买方在许多方面提供巨大的机会。不过，购买破产公司的资产并不像清仓大甩卖讨价还价那样简单。困境并购涉及无数的问题，包括破产、重组、资本结构调整和清算等大量交易，而这些问题在持续经营的传统并购中通常并不会出现。考虑下面一些例子：

- 在从资产出售的各种选项中选择时，危困企业的管理层应该考虑庭外重组、给自己贷款、债务回购、预包装破产等问题。
- 董事会在考虑购买或出售危困企业时，如何履行包括注意义务和忠实义务在内的信义义务？在审议时，董事会如何平衡股东与其他利益相关者的利益？
- 处于财务困境的企业，其估值与持续经营企业的估值有何不同？在进入第 11 章法律程序[㊀]期间，破产法院采用的合法估值框架是什么？为什么该框架对合理估值至关重要？
- 在申请破产之前以及破产期间，危困企业应如何进行现金管理和解决“拥有控制权的债务人”（DIP）融资问题？
- 买方如何才能防止潜在的后继者债务索赔，例如未来侵权索赔，尽管这些债务在破产申请前已经存在，但在申请破产之后才为人所知？
- 在什么情况下，目标税收属性，包括净经营亏损的历史，才不受潜在出售的影响？
- 危困企业的买家应采取哪些步骤来减轻债权人试图以“欺诈性转让”为由在结算后取消这笔交易的风险？
- 在什么情况下，破产法院可使申请前出售无效？提议的买家可以采取哪些步骤降低这种风险？
- 如果不被供应商、客户和其他委托人视为“次品”，依据《破产法》第 11 章而进行的出售过程有哪些最佳做法？同样，买方如何管理核心员工流失的风险？
- 鉴于第 11 章重组程序的复杂性，这些程序中常见的陈述、保证和交割后赔偿条款较少，买方应考虑用什么策略来降低法律风险？
- 在参与危困企业出售之前，什么是其他应该引爆的“定时炸弹”？

㊀ 即根据《破产法》第 11 章规定提起的破产重组程序，本书第 4 章将会对此进行详细介绍。——译者注

常年关注的问题

普遍认为困境并购是逆经济周期的，事实并非如此，企业在所有经济时期均有陷入困境的可能。虽然当经济进入衰退时所有行业都有可能出现更明显的经营困难，且困境收购在这些期间数量更多，但也要注意到，经济平稳时期困境并购也有发生。

《福布斯》杂志创始人B. C. 福布斯打趣说："如果你不推动企业，就会被从企业赶出来。"事实上，商业一直处在变化之中，并且每十年变化速度都在加快，归因于技术创新、全球化、放松管制、金融工程以及旨在推动资本主义的其他因素。以往，高管和董事可能先让他人带头汲取错误教训，以谨慎观望的态度管理其行业上的变化。无须赘言，如今未能根据市场迅速调整的行业中的落后者，无法再享有第二次机会。自满不仅受到惩罚，而且存在风险。来自贷款人压力的增加，股东对回报需求的提高，来自低准入门槛竞争的增强，供应链效率的提高以及对员工工作效率期望的提高，高管和董事会做出有效决策的复杂性越来越高。其结果是，在第一时间做出正确决定的机会越来越少。承担预计风险，做出有根据的推测，这可能在大部分时间有效，但并非所有时间。随着越来越多的企业在"一击就出局"的区域中运行，困境并购的兴起是必然的。

在本书中，我们力求揭示困境并购中涉及的术语、概念、发展趋势与技术。精通这些方面是重要的开始，困境并购必然需要破产律师、重组顾问和重整咨询师等专业人士的技能与专业知识，因为这些领域都在不断发展。困境并购艺术的这种演进源于破产法院的裁决、资本市场的变化、困境投资者之间日益加深的复杂性、实体企业的日益国际化，以及国会监管的更新。完全掌握困境并购的每个方面是不可能的，因此，我们将这个领域描述为一门艺术而不是一门科学。

在第一部分中，我们试图解释一般概念，提供困境并购的背景，包括企业失败的本质、危困企业的选择以及最近的趋势和有用的统计信息。我们的目标是在讨论细节之前提供一个概览。我们也强调了传统并购和困境并购之间的主要区别。

在第二部分中，我们深入研究了破产企业。尽管其中的某些企业可能类似于传统并购中的企业，但困境并购中出现了一些不寻常的波折。我们不会假设读者拥有法律学位，但在债务人、债权人、合同和破产相关的法律概念方面有过正规培训总是有益的。在本部分中，我们先回顾一下关于债务人和债权人的一般概念。接下来，我们更详细地讨论担保债权人。然后，我们专注于涉及无担保债权人的几个问题。最后，我们解释困境并购过程中顾问和其他参与方的作用。

在第三部分中，我们聚焦于困境并购交易中的普通陷阱，包括会计、税务和法律问题。正如读者可能知道的那样，我们也在并购艺术系列丛书中撰写了其他著作，其中更为详尽地阐述了这些主题。因此，我们设计了本书的这一部分，以强调涉及困境并购的这些主题的特殊方面，并假设读者已经熟悉每一个主题，或正计划阅读我们的其他书籍。

在第四部分中，我们将破产企业的所有材料和困境并购交易的技术细节整合到交易策略中，包括危困公司估值的原则、重组计划的资助、第363条出售以及债转股交易。通常，潜在买方需要考虑所有这三种技术、其他技术以及整体战略，以便选择最佳路径，随着形势的发展调整方向。在本部分中，有许多附加条款、概念和议题，均假设读者已读过前面章节。在最后一章，我们讨论融资和再融资。现金是企业的命脉。正如它的缺失可能导致死亡漩涡一样，输液可以刺激苏醒。最后，我们的结论为企业遭受困境之前、期间和之后提供一些指导原则。

本书从买方和卖方的视角提供指导。正如在所有并购交易中一样，一方必须了解对方的观点、动机和关系，以便通过谈判达成交易。然而，与传统并购不同，困境并购通常涉及过程开始和交易结束之间的许多波折。

与其他书籍不同，本书有数量较多的交叉引用，因为许多术语、概念和问题在多个章节有所涉及。虽然我们很自然地建议至少从头到尾阅读一遍本书，但我们预计，在实践中，读者往往不按顺序一章一章地看。因此，我们曾试图提供各种复杂主题的逻辑轮廓，还需指出的是，我们预期读者也希望参阅本书的其他部分，以了解整个流程。

我们试图通过创建一个跨越金融、会计、法律、税务、谈判和管理的跨学科叙述，将本书与类似主题的其他出版物区别开来。我们提炼出与并购最相关的涉及这些主题的学科，将债务人和债权人可能面临的其他问题留给其他作者阐述。虽然在这些学科的阐述上其他文本可能比本书更深入，但我们认为，本书的独特之处是将它们集成在一个包装内。与前沿破产相关论文、摘要和教科书不同，我们专注于企业破产话题，而刻意避开了消费者破产的问题。对于本书的地理范围，我们将讨论限于美国法律和美国国内并购，无意解决国际和跨国问题。

附加信息

我们的研究已经从各种资源和论坛中受益。虽然关于《破产法》和困境并购的信息来源有很多，但我们特别建议如下三个组织：

- 重整管理协会（TMA），宣称自己为致力于企业更新和重整管理领域唯一的国际非营利组织。TMA 成立于 1988 年，拥有 46 家分会 9000 多名成员，包括北美 32 个分会和国外的 14 个分会。有关更多信息，请参阅 www.turnaround.org。
- 美国破产协会（ABI），致力于破产相关研究和教育的最大的多学科、无党派组织之一。ABI 成立于 1982 年，现在，ABI 成员包括 12 000 多名律师、拍卖商、银行家、法官、贷款人、教授、重整专家、会计师和其他破产专业人员。该组织出版 ABI 杂志（每年 10 期）和 ABI 法律杂志（每半年一期）以及其他电子与印刷出版物。有关更多信息，请参阅 www.abiworld.org。
- 美国企业成长协会（ACG），专注于推动增长的中间市场并购交易决策者和企业领袖的团体。该组织成立于 1954 年，随后发展到整个北美、欧洲和亚洲，拥有54个分会12 000多名会员。有关更多信息，请参阅www.acg.org。

关于破产数据和相关编辑信息，我们也推荐一些来源：

- 订阅源，如《交易》（也可在网上www.thedeal.com下载），《破产周刊》（及其相关的网站，www.bankruptcydata.com）和Debtwire（www.debtwire.com）。
- 向公众提供的政府信息，如美国联邦破产法院网站，该网站提供联邦破产法不同方面的基本信息以及破产申请的复合数据。有关更多信息，请参阅www.uscourts.gov/bankruptcycourts.html。
- 最后，我们建议读者留意www.ArtofMA.com和www.macouncil.org等在线资源的推出，这些资源将提供更广泛的并购重组题材的额外资源和更新。

我们希望，本书将在许多情况下为下列读者提供有益的参考：

- 为公司前景感到担忧的高管。
- 想要出售表现不佳的投资组合公司的所有者。
- 专攻《破产法》的公司律师。
- 有兴趣成为重组顾问的投资银行家。
- 希望成为重整顾问的经验丰富的运营商。
- 想要了解有关事件驱动投资的破产出售的对冲基金经理。
- 想要进军重整投资行业且从事并购的专业人士。
- 寻求发放重整贷款或者提供退出融资的传统贷款人。
- 想要从事困境并购相关业务的商学院和法学院学生。

本书试图为交易人员在这种新环境中可能遇到的数百个问题提供准确、实用的最新答案。像并购艺术系列丛书中以前的书籍一样，本书以问答的形式组织，每个主题领域从一般问题到具体问题延展。

什么是当下亟待解决的问题？如基本的问题“什么是第11章破产？”“公司为什么会失败”，或晦涩难懂的问题“什么是破产边缘实体”，对于困境并购，无论你怎么想，你都可能在这里找到答案，或至少找到有益的参考。

鸣谢

本书中我们引用了专家来源，在尾注中我们答谢了这些专家。然而，有几个人参与了本书大部分的审稿工作，特别值得一提。著名破产从业者和学者Myron“Mickey”Sheinfeld阅读了第一、二和四部分，并提出了明智的建议。其他专家审稿人和优秀法律顾问来自包括瑞银投资银行的总经理Janet Pegg、梭伦集团的负责人Deborah Hicks Midanek、怡安公司的总经理Kevin Sullivan。

作者感谢整个麦格劳-希尔团队，包括Mary Glenn、Jennifer Ashkenazy、Morgan Ertel、Pattie Amoroso和Maureen Harper。我们也感谢文字编辑Alice Manning、校对员Maggie Warren和编索引人员Kay Schlembach。

尾注

1. Anthony Baldo, 1. editor, *The Deal* (2010).
2. John Rapisardi, co-chair, Financial Restructuring Department, Cadwalader, Wickersham & Taft, LLP.
3. For 2009 trends, see “ Mergers and Acquisitions Review: Legal Advisors,” Thomson-Reuters League 3. Tables for M&A, First Quarter 2010; available at http:// online.thomsonreuters.com/DealsIntelligence/Content/Files/1Q10_MA_Legal_ Advisory_Review_Final.pdf, last accessed November 2, 2010. For the new 2010 League Tables see *Distressed Debt and Bankruptcy Restructuring Review*, which includes all bankruptcy sales. See http://online.thomsonreuters.com/DealsIntelligence/ Content/Files/3Q10_Distressed_Debt_Bankruptcy_Restructuring_Review .pdf. 在发布新排名表时，Thomson Reuters说道：“面对近年来危困企业交易的上升，我们与主要重组顾问公司合作，创建了一套标准化重组排名表，这些表覆盖所有全球区域，在债务置换计划书、债券要约收购、破产出售、贷款修订和股票发行资助的债务清偿等方面对危困企业的财务和法律顾问进行了排名。”参见http://online.thomsonreuters.com/DealsIntelligence/Content/Files/3Q10_MA_Legal_Advisory_Review.pdf。
4. “破产美人：一度被回避的公司看起来更具吸引力，破产保护之下一度被遗忘的公司更具吸引力，实现股东一年前前所未闻的复苏”，华尔街日报，2010年5月13日。

目录

The Art of Distressed M&A

第一部分

The Art of Distressed M&A

概　览

在购买或出售具有财务危机的企业之前，从公司破产的某个角度开始分析会有所帮助。

为什么企业会失败？本书第 1 章基本统计介绍有多少企业的情况越来越糟，并解释购买一家健康公司和购买一家饱受困扰公司之间的根本差别。

本书第 2 章探讨的危困企业重组方案包括：①破产法院之外的债务重组；②根据《破产法》第 7 章清算程序，受托人有序出售债务人资产；③为人熟知的《破产法》第 11 章重组程序，该司法程序允许债务人在其公司资本结构被修改期间继续经营。

在本书的第 3 章中，我们讨论迄今为止最大的公司破产申请，强调可从这些申请中汲取的教训。最后，概述困境债务和股权投资的几种方法。

第 1 章

企业失败

失败其实就是重新开始的机会，这一次更明智。

——亨利·福特，福特汽车公司创始人

企业失败概述

企业为什么会失败

企业失败的原因与它们成功的原因相同，失败和成功是风险这枚 1 元硬币的两面。企业承受的风险多种多样，企业失败的原因也如此。然而，导致这些失败的问题分为三大类：行业、公司和管理问题。

- 行业。许多企业失败是因为一些因素影响其整个行业，如宏观经济因素、产能过剩、技术创新、商品价格暴涨、国外竞争、资本市场混乱和监管变化。
- 公司。在另外一些情况下，该行业可能表现良好，但一家特定公司可能经历了一个或多个问题，如过度杠杆化的资产负债表、产品召回、环境灾难、拙劣的 IT 升级、关键员工的缺失、工会罢工、应收款项无法收回或不利的诉讼。
- 管理。最后一种情况，尽管行业和公司表现得非常好，与管理不善相关的问题仍可导致财务困境。这些问题可能涉及诈骗、世代过渡、狭隘政治、各种误判、决策乏善可陈或战略误导。

企业失败的根源常常涉及以上三大类中的一个或多个，比如如果未能整合现有的收购而导致企业失败，究其原因，既包括公司的业绩恶化也包括管理层无法有效执行计划。这三部分组成的框架，通常是评价收购危困企业的良好开端：

1. 如果行业的问题是公司陷入困境的主要原因，潜在的买家需要观察分析影响该行业未来发展的趋势性因素。如果该行业是周期性的，则在行业周期的底部投资可以产生稳定的回报。另外，如果该行业受某些长期性问题的困扰，则特定公司的投资者可能难以改变公司，更不用说该行业。
2. 如果公司内部的问题是其陷入困境的主要原因，潜在的买家需要评估公司所有权的变化是否能充分解决这些问题，并产生对整体投资来说有吸引力的回报（目前估值加上所需的任何额外资本投资）。
3. 主要由管理层的无能引起的财务困境常常是最佳的投资机会。如果新的所有者继承了强大的产业和公司，那么它的主要策略可能是简单地停止目前不足信的商业决定，转向鼓励更合理的商业判断。

管理不善可谓是所有这些解释的根本原因

当然也有许多投资者相信，良好的管理可以解决所有企业问题，但从现实角度考虑没有人能创造奇迹。期望管理层能够完全准确地找出产业周期的兴衰，这是不合理的。同样，期望管理层预测每个诉讼的确切结果、客户对推出的每个产品的反应、每个竞争威胁的影响和每个产品召回的严重程度，也是不公平的。虽然管理层已经尽可能地通过平静或波涛汹涌的海域，但泰坦尼克号最终还是撞上了冰山。另外，管理团队会过于频繁地将其不幸归咎于“完美风暴”，甚至原谅自己的鲁莽行为、对细节的忽略以及战略上的缺陷。

似乎更合理的做法不是简单地将公司的衰败责怪于管理层，而是承认企业需要不同类型的人才去应对其不同发展阶段所面临的不同挑战。大部分企业高管在以下领域能力卓越，如发展企业、开发产品和服务、建设新设施、强化关系、招聘新员工、指导现有员工并通过顶线增长扩大盈利能力的雄厚人才力量。而另一部分商界领袖擅长修复破碎流程，提高运营效率，合理化产品和服务，管理变革，关停设施，瘦身裁员，彻底革新经营策略和定位，并通过降低成本扩大盈利能力。同一个人很少能够在这两套技能上拥有相当的实力。事实上，创造了企业的某个方面，如设计了新产品，建立了新工厂，雇用了新员工或者协商了新合同的人，往往是最不适合解决该领域出现的问题的人。因为没有人愿意承认自己犯了错误，所以实现真正的改变往往需要新的视角。

许多商学院和管理培训课程授课时都隐含一种假设，即一家公司有充足的流动性来追求达到所描述的各种目标。日常运作也继续这样的假设，即该公司拥有充足的流动性。因此，绝大多数有才华的经理人可能从来没有经历过甚至没有想过金融危机，但在金融危机时期，每天的决策需要在流动性极其紧张的背景下做出。事实上，他们可能只是因为缺乏相关训练而难以分析出公司财务困境的根本原因，也就无法获得解决公司问题的可选方案，无法展开调查并实施最佳解决方案。然而，如若有正确的变革建议，最熟悉自身业务的经理人可能是领导公司渡过金融危机的最佳选择。然而，如果现有的管理团队固执地拒绝变革，仍然执着于旧的愿景，则无论收到什么样的建议，该团队可能也无法挽救该企业。

正如苹果电脑的创始人之一史蒂夫·乔布斯解释的那样，“有时当你创新时，你犯了错误，最好很快承认错误，并继续完善其他的创新”。尽管有这样的建议，正面临财务困境的许多公司领导人仍然拒绝承认情况的严重性。他们可能会抱怨说，他们解决公司困境所需要的一切是新的一天和美元，他们可能会抵制任何建议，例如，他们的战略有缺陷，或者他们需要改变方向，或者他们可能不予考虑任何不利的情况，说这些情况过于悲观且基于不切实际的假设。如果有人提及破产，可能会被当场解雇。毕竟，在该高管的整个职业生涯和公司的历史上，有过风风雨雨，但公司的生存从来就不是问题。在最严峻的情况下，客户在最后一分钟发来了大订单，最后化险为夷。高管和董事会之间的这种拒绝接受的态度可能导致公司一直推迟行动，寄希望于情况好转。然而，正如俗话所说，希望不是一种策略。现实是，在大多数情况下，企业可用来处理它们困境的选择随着时间流逝变得更为有限，而不是更宽裕。出于这些原因，许多观察家用融化的冰块来比喻面临财务困境的企业。所以说，时间是至关重要的。

因此，当企业领导者未能及时采取行动时，会出现困境并购中最具吸引力的一些机会。在这种情况下，潜在买方的扭转战略可能只是用摆脱困境导向的经营团队取代现有的增长导向的管理团队。

企业失败是因为承担过多的债务而引起的吗

虽然许多企业失败与公司过度杠杆化直接相关，过多的债务增加了经营的负担，但是债务既不是企业失败的要求也不是原因。偿付能力和流动性是衡量企业健康的更好方法。简单地说，企业失败是因为它们耗尽现金，这意味着由于它们不再能向员工和供应商支付资金，不再能够进行日常运作。这些公司面临着流动性不足。无论公司资金来源是否为债务和股权的组合（如杠杆收购），或只来源于股权

（如创业资本的启动），都可能会出现流动性不足。问题是公司是否能够挖掘更多的资本来源，无论是债券、股票、贸易信贷或政府补助，在必要时提高其流动性。事实上，如果一家公司在顺境时债务太少，在逆境时无法通过贷款人的担保考核，有时也可能会出现财务危机。事实上，许多小企业失败的主要原因是缺乏资金，而不是资金太多。

换句话说，过度杠杆化的资产负债表导致公司的财务困境实际上是一种错误的因果关系。所谓过度杠杆化，金融专业人士通常指一家公司相对于其盈利实力的债务水平，如债务 / EBITDA（扣除利息、税项、折旧及摊销前盈利）比率或其利息保障倍数（EBIT / 利息花费）。虽然公司的杠杆比率（负债 / 权益）也可以用于随时间监控其资产负债表或将其与竞争对手的资产负债表相比较，但不如对检测财务困境那样有用，因为在这个检测中排除了收益。当一家公司完成其债务融资时，贷款人和借款人一般期望公司的杠杆比率保持在健康的范围内，直到债务到期。当随着公司的运营出现意外问题时，盈利能力和现金流的下降导致资产负债表过度杠杆化。适用比率的分母减少，而分子可能由于错失分期偿还、产生利息费用以及弥补亏损的额外垫付款而增加。当这些比率过于拉伸时，该公司可能接近破产。

1968 年，爱德华·阿特曼（Edward Altman），现在的纽约大学斯特恩商学院的教授，发表了他的标准分数（Z-Score）模型公式，预测一家公司在两年之内破产的概率。阿特曼的标准分数模型使用多家企业的收入和资产负债表价值来衡量公司在多数行业（金融机构除外）中的财务状况。在 http://www.creditguru.com/CalcAltZ.shtml[1] 中输入所需的变量，就可以计算某公司的阿特曼标准分数模型。标准分数模型是偿付能力和流动性的另一个指标。

最后，即使没有债务的公司也仍然有债权人。公司在付款条件上与供应商有业务往来时，该供应商成为货物运送时间或服务提供时间与收到付款时间之间的债权人。如果一家公司定期向员工支付工资，则员工成为他们工作时间与他们收到薪水时间之间的债权人。如果一家公司诉讼失败，则原告变成了债权人。如果向这些债权人支付的金额超过公司的资源，该公司可能破产、流动性不足，或两者兼而有之。

总体而言，不应关注公司是否杠杆化，更具建设性的做法是确定该公司是否破产或缺乏流动性。

什么是无偿债能力

在本书第 10 章中将详细讨论**无偿债能力**。无偿债能力是公司过度杠杆化的另一种方式。不同的机构以不同的方式界定无偿债能力。美国《破产法》定义了术语

“无偿债能力”，当适用于企业时，它表示一种“财务状况，在这种情况下，按合理估值计算，该实体的债务金额大于该实体的所有财产”[2]。在这个定义中，债务包括或有负债。一个实体财产的合理估值指“在一段合理的时间”[3]内可以从出售财产上实现的现金数额。一段合理的时间是“典型债权人发现的最佳时间量：不像通过强制出售货物价值基本受损的时间那么短，也不像典型债权人在等待可能更高的价格时，货币时间价值和典型业务需求导致的获得较少索赔满意度的时间那么长。”[4]

美国《统一欺诈性转移法》(UFTA) 也将无偿债能力定义为债务比可售资产多，也认为“一般不能支付到期债务”的债务人为无偿债能力者。[5]有时也指无偿债能力的股权定义。[6]大多数州的法律都有与《破产法》类似的定义，但一些州（如纽约），对于欺诈性转让之外的某些情况会遵循股权定义。[7]欺诈性转让将在第10章中深入讨论。

按照美国通用会计准则（GAAP），如果公司有足够的资产清偿其到期债务，或者如果其账面资产大于账面负债，则可视为有偿债能力。GAAP定义比其他定义更为宽松，因为它不计或有负债。如果资产的市场价值以相关会计准则没有预测的方式下降，这种定义可能具有显著的误导性。因此，仅仅研究账面股权（即账面资产与账面负债之间的差额）是否为正，通常不足以决定一家公司是否有偿债能力。

逾期付款的模式何时进入无偿债能力

一般情况下，如果债权人不再相信该实体在可接受的时间框架内能够付款，则无偿债能力便开始了。如果公司没有财务困难或违法行为的历史，一次甚至两次或三次逾期付款不会引发债权人的极端反应。公司一直大量消耗其应付账款、滞纳金或其他少量罚款，通常足以维持这种关系。然而，反复逾期或延迟支付，通常会引发某种行动。这种行动可能有所不同，视债务涉及的类型而定。

- 如果债务为银行贷款，信贷员会打电话，指出借款人违反贷款协议，并要求立即举行会议，与会者通常包括银行不良资产处理部门的人员。
- 如果债务为商品或服务的商业票据，供应商应收账款部门的人员通常会打电话，并通过信函跟踪，查询未付款或逾期付款的问题。

什么是公司正处于财务困境的一些警告标志

当一家公司处于财务困境时，不存在明显的解决方案。如果答案显而易见，那么这场危机本来是可以避免的。或许，通过再融资延长债务期限，改变管理，终止某些业务，追求战略性收购，批准资金支出，改造营销策略，变革或雇用一个变革经理或管理顾问，董事会本可以解决公司的问题。当传统防御和正常的航向修正被证明不够时，公司可能进入可怕的“死亡漩涡”，问题一个接一个产生，直到发生全面危机。随着公司沉入“死亡漩涡”的深处，共同的主题是流动性萎缩，导致面临的选择更严格，可供选择的方案更少了。

沃伦·巴菲特（Warren Buffett）指出，“只有当潮水退去的时候，你才知道谁一直在裸泳”。在收入增长强劲的时候，管理人员、董事、投资者以及贷款人可能会错过公司正在接近财务困境的一个个警告，尤其是如果其贷款人同意脆弱的金融契约，或者更糟的是如果债务为低门槛债务（没有出具或很少出具契约）。强劲的收入增长可以掩盖很多公司内部的问题。然而，当强大的定价和体积上涨的刺激因素开始改变方向时，管理不当往往变得更为突出。随着收入增长停滞不前然后下降——在行业低迷或经济衰退时常常急剧下降，公司经常无法遏制其足以维持盈利能力的成本。当收入增长强劲时，高管可能已批准迅速扩张新设施、新设备、长期供货合同和听起来很理想的大胆营销方案，但是，当收入开始下降时，居高不下的固定成本会给公司带来沉重的负担。管理层可能容忍宽松的会计方法，却很难识别每个产品或服务的盈利能力，因此，不能迅速决定应该停止哪些业务。在其他情况下，管理层可能急于尽快招募优秀的新员工，并确定哪些员工应该保留，哪些不能直接裁掉。自然，事后诸葛亮容易做，但经历这些的公司没有能力预言未来，并可能误读了警告标志。

即使收入增长似乎健康，仍有很多潜在的警告标志表明公司可能真的遇到了麻烦。这些警告标志可能包括：

- 现金流恶化。永远，永远，永远密切关注现金流。要注意的事情为依照GAAP测量的纯收入开始的现金流，相比行业标准和资本支出趋势走向，应付账款日益伸展到异常高的水平，或下降达到更替水平。意想不到的削减股息也可能是现金流问题产生的先兆。谨慎的做法是跟踪常见的财务比率，如该公司的固定费用偿付（EBITDA为债务偿还、利息费用、租赁费用等固定费用的倍数）及其流动比率（流动资产除以流动负债）。
- 更换审计师。一般很少见到公司更换审计师，除非发生咨询冲突，或当公司审计师不再适用时。一般情况下，仔细审查审计师更换的理由，你可能会发现，审计师提出了持续经营问题、内部控制问题或激进的会计解释。
- 高管的离职原因不明。就像逃离沉船的老鼠一样，当企业开始动摇时，经常可以看到高级管理人员成群结队离职。这种动态在上市公司迅速上演，尤其是在这个后《萨班斯－奥克斯利法案》时代，管理层必须亲自签发财务报表。通常情况下，如果首席执行官或者首席财务官突然辞职，其余管理层很少或没有可信的解释，许多流通股股东总是先往最坏处想，即先卖出后提问（例如渎职）。

- 出售顶尖业务。提防开始削减高回报的产品线、设施或业务单位的公司，特别关注剥离的资产是否为企业核心焦点的一部分。
- 不断的重组费用。合理地关注与遣散、计划利益中材料更换、工厂关闭等相关的公司重组后的费用。这表明存在产能大部分未充分利用的风险，结果引出了一个问题，为什么？管理层正在试图合法改变业务方向，还是仅仅靠增量变化“把问题留到以后解决”？
- 不寻常的有关信贷的问题。按照这些原则，有几个问题需要观察。例如，如果一家公司缩减其大量循环信贷（不在正常的业务过程中），这可能表明管理层正准备申请破产，并正努力在进入该过程之前使现金达到最大量。其他警告标志可能是公司是否违反了财务契约，或在不久的将来可能这样做。最后，值得考虑公司未来的债务到期时间表。是否具有用内部自由现金流不能支付的未来几年即将到期的大额还款？如果是这样，最好考虑这笔债务展期的潜在条件；毕竟，近年来靠杠杆发展起来的许多公司可能以异常紧张的利差以及有限的契约这样做。很多这样的资本结构在今天几乎不可能复制。由于这些原因，隐现的还款义务可能预示着未来的财务困境。
- 竞争对手正遇到财务困境。如果一家公司的竞争对手遇到任何这些问题，那么该公司自己可能就是下一个。了解竞争对手困境的根源将有助于确定整个行业是否经历消极发展或是否问题被隔离。
- 评级下调。如果一家公司的证券收到来自标准普尔、穆迪或惠誉等信用评级机构给予的消极报告或差评，这是一个明显的警示标志，说明该公司正陷入困境。例如，如果公司的债务证券具有低等级，需要小心了，特别是它们为高收益债券的时候。在极端情况下，信用评级机构可能将公司的评级一次调低多个等级，表明严重关切即将发生的困境。例如，2010 年 6 月，英国石油（BP）公司在墨西哥湾的石油钻井平台爆炸（评论员将其称为历史上最大的人造灾难）后的几个星期负债更加明显，惠誉一下将 BP 等级从 AA- 调低到 BBB。

高收益债券介绍

什么是高收益债券

许多陷入困境的公司，在遇到困境之前，用高收益债券融资，这些中长期债券属于高级债务，通常不安全，需要承担高利率。从历史上看，这种债券也被称为垃圾债券，据说这是由著名金融家迈克尔·米尔肯（Michael Milken）创造的术语。高收益债券通常在最初阶段（通常为3～5年，但也有一些直至到期日才可赎回）不可预付，之后仅以溢价预付，称为赎回保护（赎回保护和提前赎回规定的进一步讨论，见本书的第14章）。

高收益债券的主要目的是提供夹层融资，填补高级担保债务（该债务支付较低的利率）与卖方收回融资或买方股权融资（需要最后偿还）之间的差距。有时高收益债券包括一层以上，其中一层属于高级债务，另一层属于次级债务。

在通过发行高收益债券，如杠杆收购（LBO）启用的高风险、高回报的赌博中，难免会出现一些赢家和输家。输掉赌注将产生危困企业而不是投资收益。

向谁出售以及怎样出售高收益债券

高收益债券通常出售给大型金融机构——保险公司、养老基金和共同基金，包括海外投资者——全部投资通常在500 000美元以上；它们主要面对成熟的投资者。投资于高收益债券的基金往往喜欢在高收益债券市场上快进快出并引起价格的波动。通常情况下，这些产品根据联邦证券法律进行注册，以增加其市场化，并用附认股权包装出售，以获得目标普通股。如果它们为私募，则经常携带注册权，可使持有人要求借款人在公开发售时登记供出售的债务。

当高收益债券发行人出现困境迹象时，债券通常会向下交易，还会急剧放缓，因为在形势恶化之前风险规避投资组合的经理已经退出。事实上，一些共同基金和其他债券基金可能被禁止持有那些违约或进入破产公司的债券，激励投资组合经理在首先出现困境迹象时肆意出售高收益债券。对于陷入困境的企业的买方而言，观察债券向下交易可能是公司成为收购目标的最佳指标之一。

什么是债券契约

债券契约是列明高收益债券条款的基本协议。该协议的双方为借款人和银行，银行充当债券持有人的受托人。该协议提供的功能与和高级担保贷款人签订的信贷或贷款协议以及与机构夹层贷款人签订的票据购买协议相同。该协议包含承诺、违约事件和交易的其他重大条款，包括发行人、受托人和债券持有人的各种权利和责任。如果债券发行或以后根据公开招股出售，该协议必须符合《1939年信托契约法》，且其中不少标准条款均以该法律项下的要求为依据。

该协议中法律承诺的主要目标是防止借款人处置其资产（除非借款人再投资于

相同企业所用资产的出售收益，或使用它们来偿还债务）；确保如果发生影响借款人的任何兼并、合并或改变时，后继实体有义务按相同条款偿还债券，交易后所具有的金融地位与交易之前一样；限制产生额外的债务和担保权（尤其是高于债券的担保债务）；限制向股东支付股息及分配物；限制与关联公司的交易。

高收益债券通常包含哪些法律承诺

与高级债务协议相比，无担保高收益债券契约比较简单，适合经典的债券契约模型。高级证券工具规定向贷款人提供总信息流、容易触发的违约条款，并在理论上提供管理决策的广泛事后审查和审批，与高级证券不同，高收益债券契约往往更多地依靠借款人的良好判断力和持续经营的公司的价值。因此，这些债券契约规定了防止债券持有人进行主要重组、资产转让或增加高级或担保债务的数额。此目的的典型财务承诺包括固定费用偿付比率、最小 EBITDA、最大资本支出、债务 / EBITDA 比率、利息保障倍数、杠杆率和财务业绩的其他测量。这种相对简单的方法反映了此类债务的长期性质以及从大量不同群体的公共债券持有人获取同意的不切实际性。

在极少数情况下，高收益债券具有保证性，包括与抵押物的保护相关的更详细的成套承诺。

一般情况下，借款人应尽量将高收益债券发行中的财务承诺限制在“发生”试验而不是“维护”试验。换句话说，该承诺不应该要求保持任何特定水平的财务状况，而应该由公司自愿突破，如支付禁止的股息，承担禁止的债务，与另一家公司合并或联合或出售资产，除非某些试验得到满足，或与关联公司打交道，而不是保持一定的距离。这些承诺通常会密切制约借款人的运营子公司，确保所有债务在同一企业层面上发生。

根据高收益债券发行时信贷市场的条件，承诺的范围可以更广。这些更严格的承诺可以包括与净资产、流动比率、利息保障倍数等相关的详细的财务维持承诺，对投资的限制，以及在正常业务过程之外出售资产产生收益的应用等方面。

即使证明这些承诺过于严格，也不可能放弃

由于提前还款限制和处罚，预付高收益债券很可能无法实现或非常昂贵。此外，与高级贷款人的情况不同，从大量公共债券持有人手中获得承诺豁免，往往不可能或者很困难。因此，高收益债券契约内所含的限制应该是可与借款人一并存在很长时间的内容。必须特别注意的是需要确保承诺符合公司在并购、资产处置和扩张等方面的长远计划。一旦各方就承诺内容达成统一，借款人必须要学会适应它

们。如果借款人违反这些承诺，就可能属于违约。

违约

违约的含义

通常，违约是指有关债券发行的法律文件，如信贷协议和债券契约，如果违约事件发生并无法纠正，就会导致借款人出现违反其义务的情况。违约可能涉及任何种类的固定收益担保，包括高收益债券、杠杆贷款和其他类型的债务。违约通常可使该公司的债权人获取更多信息、更高利率的违约利息以及重新谈判下一步债务条款的机会。在严峻情况下，违约会触发债务到期的加速，使本金立即到期应付。违约利息，可从违约事件或债务加速时间开始，通常比正常现行利率高出 2 ～ 3 个百分点。关于违约的“修改和延长”协议的讨论，请参见第 14 章。有三种与困境并购相关的违约，即付款违约、技术性违约和交叉违约。

当一家公司未能按约定向一个或多个债权人付款时，则发生付款违约。通常情况下，债权人会给企业一个宽限期，预定的到期日过后，在这个期限内延期付款。如果公司在宽限期结束时仍未付款，则发生付款违约。

技术性违约发生在当一家公司的业绩下滑触发其承诺（通常称为“跳脱契约”）的一个或多个违约时。当公司扣除与其高级贷款人的循环信贷额度或长期贷款或发行无担保债权人的债务时，公司与其债权人之间的法律协议将详细阐述有关财务、法律、行政等问题的某些承诺。通过定义最低预期，这些承诺便成为债权人作为被动投资者并允许借款人行使其商业判断来管理企业日常运作的主要手段。但是，当借款人的业绩低于上述最低预期时，债权人会更加关注公司的未来业绩，这种关注也是可以理解的。因此，当公司违反一项或多项承诺时，便产生了技术性违约。即使公司按期完成全部付款，但技术性违约也可能已经发生。

当一组债权人所面临的违约触发了与其他债权人的违约时便出现了交叉违约。资本结构复杂的公司有着多重债务层级，每个层级有不同的法律协议。在这种情况下，每个层级的债务通常受到一个法律承诺的限制，即该层级债务不违反债务的其他任何层级。如果一组债权人因为违约获得了权利，其他债权人也会希望通过获得这些权利使其竞争环境更加平等。此外，如果一组债权人被通知一家公司的业绩下降到最低预期以下，那么其他组债权人也期望获得相同的通知。交叉违约发生时，如果公司发现自己同时与多组债权人谈判，导致管理层严重分心（因为管理层还将试图进行企业的日常经营），这将加速公司的困境。

普遍存在的违约

如前讨论，公司失败的原因有多种，这意味着违约发生在每一个经济周期内。为了说明这一点，图 1-1 显示了 30 年间高收益债券违约的容量和数量。我们毫不奇怪，违约率在经济衰退时期有上升趋势，如图 1-2 所示。

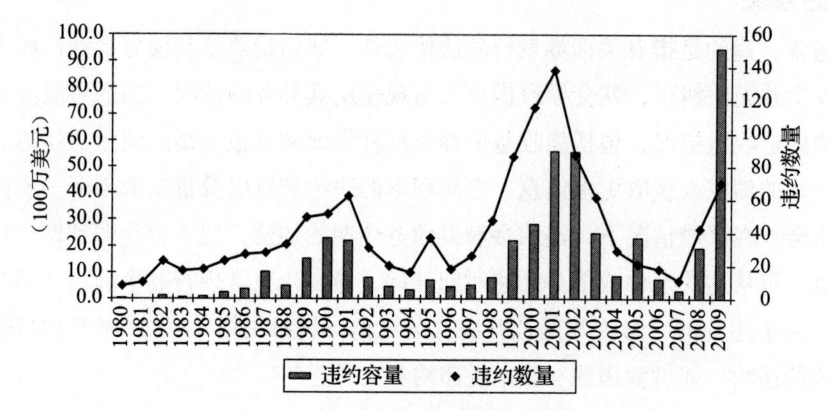

图 1-1　1980 ～ 2009 年高收益债券违约的容量和数量

注：包括宽限期违约。

资料来源：J. P. Morgan.

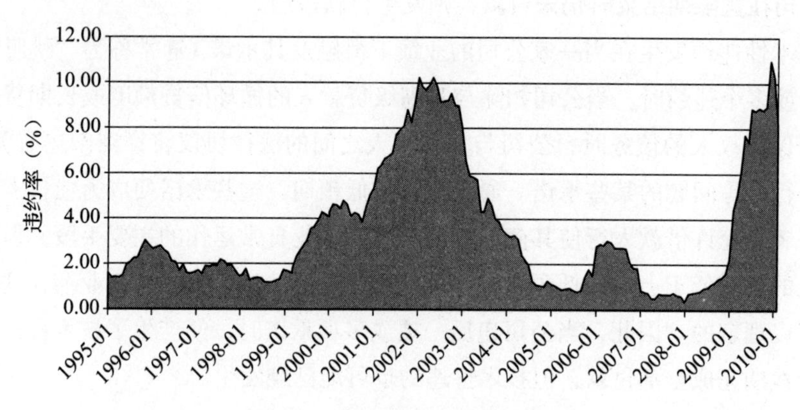

图 1-2　高收益债券的违约率

注：包括宽限期违约。

资料来源：J. P. Morgan.

各行业的违约率不同，反映了涉及的各种风险因素。表 1-1 按行业归纳 2000 ～ 2009 年以来的平均高收益债券违约率。在这 10 年中，金融、多元化媒体和运输行业违约率最高，而能源、广播和卫生保健行业违约率最低。总体来看，高收益债券此期间各个行业的平均违约率为 4.17%。然而，任何特定年度或 10 年，可能产生完全不同的结果。

分析高收益债券违约率的另一种方法考虑发行年份。利率趋势、债务水平、杠杆收购和协议中包含的承诺通常影响同期发行的债券的信用质量。根据不同的风险偏好，投资者可在某些期间遵循更严格的标准，同时允许在其他期间采用更宽松的条款。图 1-3 强调高收益债券违约的平均年数，以显示违约发行人自上次在资本市场发行新负债以来的年数。在这 15 年间，违约的平均时间为 3.8 年。

表 1-1 2000 ~ 2009 年按行业的平均高收益债券违约率

行业	2000 ~ 2009 年平均数（%）	行业	2000 ~ 2009 年平均数（%）	行业	2000 ~ 2009 年平均数（%）
多元化媒体	9.15	航天	4.01	化学制品	2.83
金融	8.76	食品和药物	3.81	信息技术	2.75
运输	7.05	无线电信	3.37	服务	2.31
有线 / 无线视频	5.90	制造业	3.29	公用事业	1.96
有线电信	5.65	零售	3.11	卫生保健	1.87
五金 / 矿产	5.20	林产品	3.05	广播	1.51
消费产品	4.64	游戏 / 娱乐	3.04	能源	0.71
食品 / 烟草	4.33	住房	2.91	所有行业	4.17

资料来源：J. P. Morgan.

违约如何与债券评级相关

大多数债券是由信用评级机构评级，如标准普尔（S&P）、穆迪和惠誉。一般情况下，投资者希望这些评级能显示债券的信贷质量、违约的可能性以及不良情况下的预期恢复率。此外，信用评级使投资者能够比较不同行业和资本结构不同情况下的债券。

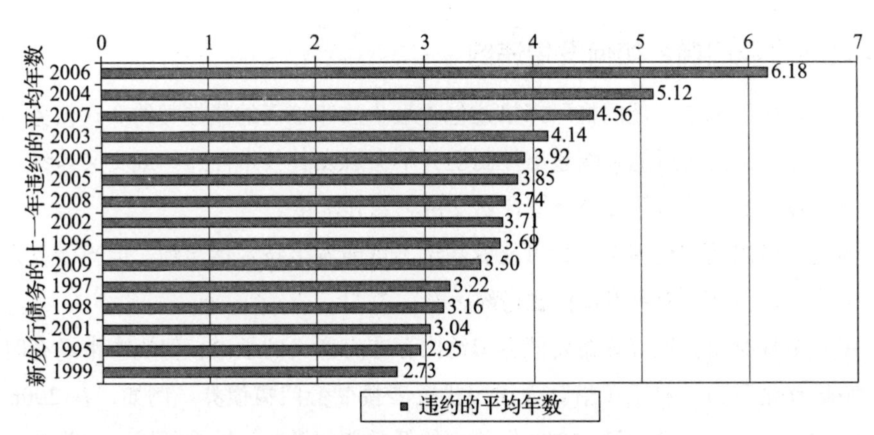

图 1-3 高收益债券违约的平均年数

资料来源：J. P. Morgan.

现将讨论集中于S&P的评级，S&P的评级符号标记了投资级债券AAA、AA、A和BBB以及投机级（即高收益）债券BB、B、CCC、CC、C和D。[10]恰恰因为是对债务进行评级，所以投资等级并不意味着不会发生违约。当担保等级在符号后有“+”或“-”时，显示担保在主要评级分类中的相对地位。其他信用评级机构使用的符号与S&P的评级符号类似。评级机构正在不断地严密观察它们评级的债券，并定期调整其评级。当信用评级机构为相同的债券得出不同的结论时，该债券被称为分裂评级。

表1-2展示的是自债券发行以来违约的可能性，即1981～2009年累计平均违约率。一般来说，信用评级越低，债券在外流通的时间越长，违约发生的可能性就越大。

表1-2 按信用评级的1981～2009年累计平均违约率 (%)

	投资期（年）						
评级	1	2	3	4	5	10	15
AAA	0.00	0.03	0.14	0.26	0.39	0.82	1.14
AA	0.02	0.07	0.14	0.24	0.33	0.74	1.02
A	0.08	0.21	0.35	0.53	0.72	1.97	2.99
BBB	0.26	0.72	1.23	1.86	2.53	5.60	8.36
BB	0.97	2.94	5.27	7.49	9.51	17.45	21.57
B	4.93	10.76	15.65	19.46	22.30	30.82	35.74
CCC/C	27.98	36.95	42.40	45.57	48.05	53.41	57.28

资料来源：Standard & Poor’s Leveraged Commentary & Data.

表1-3按发行年度显示投机级债券的违约率，但不考虑其违约的时间。这些计算都使用面值金额。

如果债券为低门槛，如何发生违约

投资者使用术语“低门槛”来描述包含最少法律承诺的债券契约。在债务为低门槛的情况下，公司可能急剧超出控制但并不会触发其技术性违约或交叉违约。但是，仍然必须产生足够的现金流按计划支付利息和本金。

因此，虽然低门槛债券不太可能或甚至不可能发生技术性违约，但当借款人最终耗尽现金时仍有可能会引发付款违约。

在大多数时期，投资者需要债券契约内存在有意义的承诺，但资本市场有时会变得如此有竞争力，以至于借款人说服投资者接受低门槛债券。例如，在2006年至2007年，借款人发行了近1250亿美元的低门槛债券。[11]如前所述，这些泡沫导致2009年的资本市场刷新了违约记录。

表 1-3 按信用评级的高收益债券违约率

(%)

评级	1995	1996	1997	1998	1999	2000	2001	2002	2003	2004	2005	2006	2007	2008
分体式 BBB	0.00	12.20	34.70	2.20	32.20	22.20	16.80	0.00	0.00	4.60	4.50	0.00	0.00	0.00
BB	7.40	14.30	25.50	13.60	28.40	11.10	17.60	4.80	3.20	3.30	2.00	4.90	0.00	0.00
分体式 BB	26.00	33.80	11.00	22.00	45.50	19.20	20.40	2.10	2.90	5.90	0.50	3.90	0.00	0.00
B	26.60	28.80	39.10	45.10	35.00	56.50	17.70	13.40	12.20	12.50	5.40	15.10	7.50	17.00
分体式 B	26.00	17.60	37.00	39.80	31.50	87.10	0.00	15.30	19.90	5.00	7.60	16.40	4.90	5.20
CCC	27.80	0.00	40.70	60.40	46.30	81.00	35.80	0.00	4.30	5.80	6.00	13.50	7.60	0.00
没有评级	78.50	42.30	61.30	74.80	44.10	57.60	0.00	0.00	5.00	75.20	21.50	4.70	0.00	0.00

资料来源：J. P. Morgan.

切勿浪费危机带来的机会

为什么会有人想要通过购买危困企业自愿参与这些混乱的问题

这个问题概括地说是因为价格。购买陷入困境的企业，最具吸引力的优势是该公司以相对低廉的价格进行交易。如果目前的企业所有者处于恐慌之中，并预感自己的选择有限，那么买方在交易谈判时的影响力将更加显著。在正常的市场上，由卖方和买方在自愿的基础上确定一个公平的价格。但是，在困境中，卖方受到胁迫，所以该并购市场总不尽如人意。事实上，由于信息混乱、时间有限、问题不确定和程序不熟悉等原因，困境并购市场可能是进行交易的效率最低的市场。大多数潜在买方会选择避免这一切的麻烦，从而选择那些在出售过程中更有序且更直接的并购目标。而其他潜在买方可能动作过缓，以至于无法应对困境并购市场要求的快速出售过程。这些买方可能需要多层次高管和董事参与决策，或可能需要更多的时间来筹集资金。其结果是，潜在买方的需求被充分抑制，使困境并购市场效率低下，导致这些公司的价格比传统的并购估值更低。

但愿意参加困境并购交易的那些少数勇敢的投资者断定，在他们退出投资时，低效的市场和投资之初相对便宜的价格会产生高于平均水平的回报。被其他投资者视为异常高的风险，对于危困企业的投资者来说是特别有吸引力的机会。这些投资者认为，把一家危困企业扭转成良好公司，会比将良好公司变成伟大公司带来更出众的风险 / 回报系数。危困企业的投资者认为，将管理重新调整到“基本的阻挡与抢断”，实际上比创建和实施巧妙的增长战略风险更小。我们将在本书的第 3 章中阐述投资危困企业的更多观点。

传统并购与困境并购之间的主要区别是什么

传统并购和困境并购之间最明显的区别在于，危困企业正在经历流动性和偿付能力的危机，所以，债务人和债权人之间的相互作用会出现不同。传统并购和困境并购之间的另一个明显区别是司法机构（如破产法院）在处理债务人和债权人之间的这种紧张关系时的作用不同。困境并购可能需要在交易上使用更有创意的发散思维。因为如传统并购一样，想要成功实现困境并购交易需要完成复杂的博弈和精明的谈判。

传统并购和困境并购之间的主要区别在表 1-4 内汇总。

表 1-4 传统并购与困境并购之间的主要区别

	传统并购	困境并购
勤勉	数据可用且有组织	数据不透明且混乱
定时	快	紧急
估值	高于市场	低于市场
竞争	投标人数量较多	投标人数量较少
负债	可能需要承担	也许能够避免
法律	不经法院	经法院或不经法院
管理层	可能保留	可能取代
战略	增长	修复

困境并购只是涉及购买具有不良资产负债表的好公司

虽然从直觉上看来是有道理的，这些机会在实践中却相当罕见。数年前的困境并购可能会涉及买入具有不良资产负债表的好公司，但时至今日，并购和信贷市场已变得更加复杂。有许多投资者和买方正寻求这样的机会，可以用传统的并购交易来发掘具有不良资产负债表的这样的好公司。此外，当今市场的贷款人通常为本质良好的公司工作，为其资产负债表再融资，而不是强制廉价抛售。借款人和贷款人应该更喜欢避免不确定性和破产费用或其他类型的廉价抛售。过去十年的信用友好的环境给倒闭企业以后劲，从而使更薄弱的企业能够制定出自己的资产负债表。每过一段时间，环境的确可产生具有不良资产负债表的好公司，因此，投资者应特别注意并留意这些情况，但它们或许不应当称为整个投资的主旋律。

因此，在当前环境下，困境并购涉及的公司往往经营陷入困境，资产负债表又过度杠杆化。这样一来，困境并购的一个重要方面是确定是否可以挽救公司陷入困境的经营，如果是这样，确定所需的时间、工作量和资本。如果一家企业值得挽救，不良并购过程与资产负债表去杠杆化相比便具有关键的优势。例如某些遗留成本的负担妨碍了该公司的竞争力，并阻碍其变化的能力，如果可以使用困境并购过程厘定其成本结构，则该公司值得挽救。被调整的成本可能包括不利的客户协议、供应商承诺、租赁、产品责任、工会合同、养老金计划或其他诉讼请求。对于能够识别根本上良好的特许经营的稳健投资者，剥离这部分责任以及债务可以将一家没有吸引力的企业变成一个非常理想的收购物。

潜在买方如何知道目标公司是否值得被挽救

一家企业是否值得被挽救是个非常主观的问题。财务买方（如私募股权投资公司）

和战略买方（如竞争对手）对公司经营的看法可能差别很大。首先，有兴趣的买方应该确定公司的核心优势，并评价相对于其竞争能力的实力。需要问的关键问题为：

- 如果这家公司不存在了，谁在乎？
- 如果这家公司不在身边，客户会去哪里？
- 为什么客户过去选择了这家公司？
- 与五年前相比，公司目前的市场占有率怎样？
- 为什么公司的行业高度分散？
- 与该公司竞争的进入壁垒是什么？
- 公司是否有任何特殊的知识产权（如专利）？
- 公司是否有与其客户的长期合同？
- 公司的品牌对客户意味着什么？

许多企业陷入财务困境，是因为它们在市场中没有明显的特色。随着时间的推移，该公司对客户的价值定位，已经被越来越激烈的竞争和不断变化的市场侵蚀了。但是该公司并不积极主动地更新其价值定位，而是允许它的竞争对手在以下两个方面包抄它：①市场的低价格、高容量、商品化部分；②市场的溢价、高容量、高附加值部分（见图 1-4）。中等价位、中等容量往往是通向财务危机之路，因为客户希望他们少花钱就能买到更多基本的产品和服务，或向上交易以获得引人注目的较高端市场的优势。在这些情况下，如果通过专注于成本结构而被重组，这些进退两难的公司则值得被挽救，以便可以在低价细分市场中进行竞争；或者提高其产品和服务，以便可以在溢价细分市场中进行竞争。如果公司不能追求这两条路线，则清算可能会优于重组。

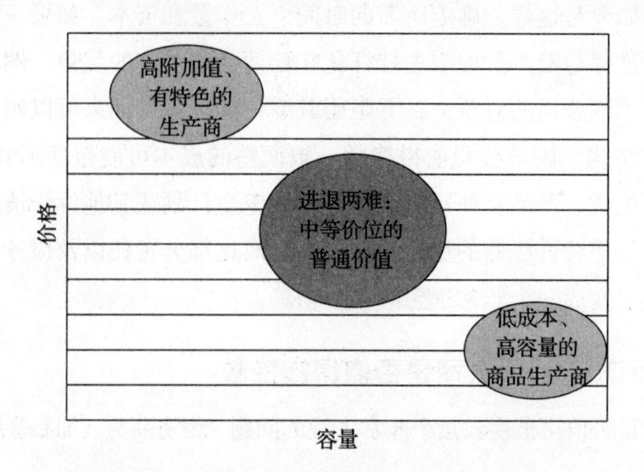

图 1-4 容易陷入财务困境的公司的竞争定位

进退两难的公司例子很多。在零售业，像 Montgomery Ward、Ames、Caldor、Bradlees、Hechinger、Circuit City、Tower Records 和 Lechmere 这样的公司即使享有数十年的客户忠诚度，但由于大卖场从一侧被攻击，而零售商卡在另一侧，因而这些公司最终被清算，但也有像 Kmart 和 Filene's Basement 一样被重组的公司。在餐厅业，Bennigan's 和 Steak & Ale 也抵挡不住激烈的竞争而失败，但 Schlotzsky's、Planet Hollywood、Mrs. Fields 和 Sizzler 就会卷土重来。

即使一家公司目前并不处于进退两难的境地，但如果其商业模式存在根本性的缺陷，或者说已丧失竞争优势，那么仍有可能会遇到财务困境。最近，不能进行重组而被清算的企业包括 Linens'n Things、The Custom Shop、The Museum Store、Ritz Camera、The Sharper Image 和 Today's Man 等零售商。

所以，寻找廉价目标时，买方需要扪心自问：

- 行业内是否有结构性断层？
- 该公司的主要产品是否达到其生命周期的终点？
- 公司的营业额是否低于支撑其固定成本的临界值，如果是，可能发生什么情况，如何反弹？
- 监管变化使公司的前景变得模糊？
- 成功的竞争者具有该公司可以效仿的企业模式？
- 公司的资产是否得到了最好的使用？
- 是否具有有利于公司的上行波或新趋势？
- 品牌、商标等无形资产特许权价值是否遭受无法挽回的伤害？
- 最好的员工离开公司，是否会引起关键客户关系、运营智慧和竞争情报的流出（以前的员工利用这种“部落知识”跳槽到竞争对手）？
- 总体而言，公司是否踏上了不归路，或仍有复苏的现实机会？

用来描述陷入困境的企业的术语之间有什么区别

专业人士用许多艺术术语描述陷入困境的企业，其中包括：

- 特殊情况。这通常是最广泛的术语，它囊括下面所有的术语，专业人士在选择目标投资时常常选择它来保持机会，在征求客户时没有威胁。
- 庭外重组。这种情况通常是指不经法院的程序，而银行的不良资产处理小组会在公司违约后介入（见本书第2章）。
- 表现不佳。虽然这个术语可能指与先前财务业绩或公司的业绩及其竞争对手相比本公司的现状，通常意味着该公司处于消极轨迹上，但目前尚未处于困境或破产，也没有违反其信贷协议。

- 重组。该术语通常指资产负债表的重组，如债务与股权的置换，无论不经法庭审理还是经破产程序，该术语都能得到使用（如特殊情况）。
- 重整。这种乐观的名词通常指危困企业的经营方面，而不是指资产负债表。
- 有压力的公司。像表现不佳一样，这种类型的公司有一定的警示标志，表明管理层面上存在潜在的严重问题，所有者应主动解决问题，但目前而言该公司尚未处于危机模式下或拖欠其债权人钱款。
- 危困企业。这通常是一个广泛的悲观术语，包括违反对其债权人的承诺等各种情况下深陷困境的企业，包括不经法庭审理的不良资产处理、破产和清算。

收购陷入困境的企业的主要缺陷有哪些

显然，收购中需要克服的关键缺陷是所面对的不确定性。为什么把陷入困境的企业摆在首位？如果不了解其不确定性，那么处理收购交易可能会多费周折。最坏的情况常常被称为“下跌的刀”，这时，公司甚至在困境并购交易完成后，还在面临死亡漩涡。买方可能会失望地发现，卖方对成本结构的临时修复掩盖了长期存在的问题，买方如要永久修复该问题，造价昂贵而且费时。其他情况下，买方可能不幸地意识到，尽管他们认为已经触底，但行业周期仍然处在下行阶段。有时买方可能误判由核心员工发挥的宝贵作用，在裁员期间误切肌肉而不仅仅只切除脂肪。买方对危困企业过高定价的懊悔如同在传统交易中支付过高价格一样痛苦。

困境并购过程本身有自己的一些潜在缺陷。虽然所有潜在收购者必须花费大量的时间、精力和费用，而只有一个投标人最终可以获得成功。许多投标人可能追逐过危困企业但最终放弃，丝毫未显示出他们的毅力。当得知目标公司比他们预期的要差时，有些投标人可能会决定从困境并购过程中退出，留给他们的是各种各样相似的“停滞的”成本。

在其他情况下，一家公司最初可能会沿着困境并购的路径开始，随后再重新考虑经营重组或评估资本市场的完善程度，也许会开始考虑困境估值是否不再是最佳选择。有时候，潜在买方可能会在无意中向危困企业现有所有者透露特定业务的扭转策略，这样也许会改变卖方的主意，尝试着在这种思路下自己动手解决企业的问题。

最后一个缺陷是，买方可能试图过分压低估值，导致卖方进一步评估清算替代方案。如果与买方的可实现价值的初步估算、专业成本和清算所需的时间相比，该估值被证明过于悲观，卖方可能会宁可选择清算也不愿出售目前陷入困境的公司。

其实，卖方无须急于做出决定。相反，他们应该反复权衡自己的选择。下一章我们将讨论具体的操作情况。

尾注

1. See Edward I. Altman, "Financial Ratios, Discriminant Analysis and the Prediction of Corporate Bankruptcy," *Journal of Finance*, September 1968, pp. 189-209; and Edward I. Altman, "Predicting Financial Distress of Companies," July 2000; http://pages.stern.nyu.edu/~ealtman/Zscores.pdf, last accessed May 16, 2010.
2. 11 U.S.C. §101(32)(A).
3. *Travellers International AG v. Trans World Airlines, Inc.* (*In re Trans World Airlines*), 134 F.3d 188, 194 (3d Cir. 1998), *cert. denied*, 523 U.S. 1138 (1998).
4. Ibid. at 195.
5. Uniform Fraudulent Transfer Act §§2(a) and (b).
6. *Brandt v. Hicks, Muse & Co.* (*In re Healthco Int'l, Inc.*), 208 B.R. 288, 300 (Bankr. D. Mass. 1997)，指出"破产意义上的无偿债能力是超过资产价值的负债"，但在董事对债权人受托义务的背景下，"另一种形式的无偿债能力，在股权意义上说同样相关的"，即"不能支付到期的债务。即使在破产意义上没有无偿债能力，如果其资产流动性不足，一家企业在股权意义上也是无偿债能力"。
7. 《纽约商业公司法》(§102 (a)(8)) 将"无偿债能力"部分定义为"无法偿还债务人日常业务过程中到期的债务"。
8. Public companies are required to disclose a change in auditors on Form 8-K as soon as it occurs, along with the reasons for the change. See Sections 13 and 15D of the Securities Exchange Act of 1934. For Form 8-K, see http://www.sec .gov/about/forms/form8-k.pdf, last accessed March 13, 2010. For disclosure details, see U.S. Code, Title 17, §229.304 (Item 304), " Changes In and Disagreements with Accountants on Accounting and Financial Disclosure" ; available at http://law.justia.com/us/cfr/title17/17-2.0.1.1.11.4.30.4.html, last accessed March 13, 2010.
9. 主要债券评级机构——标准普尔（S&P），穆迪投资者服务和惠誉采用不同的符号，有时得出不同的结论，被称为分割评级。最有名的评级系统是S&P，从顶部开始如下所示：AAA、AA、A、BBB表示投资等级；BB、B、CCC及以下表示非投资等级。标准普尔使用一个"r"评级表示风险因素较高的任何等级的债券。
10. See http://www.standardandpoors.com/ratings/definitions-and-faqs/en/us (last accessed October 6, 2010) for more details.
11. As reported by J. P. Morgan and Standard & Poor's Leveraged Commentary & Data.

第2章

危困企业的方案

你可能需要提高桥的高度或降低水位。

——Miller Buckfire & Co. LLC 总经理兼董事长 Henry S. Miller

重组方案概述

危困企业的主要法律方案是什么

从根本上说，所有参与各方必须决定陷入困境的企业是应持续经营还是应该清算。通常情况下，因为显著的不确定性、信息混乱且价值波动，这一根本问题不容易回答。有些债权人可能要求清算并立刻收回资金。其他债权人可能猜测，如果公司被清算，他们可能收不到任何资金，因为法律和会计服务费等管理费用可能消耗仅剩的一点价值。[1] 某些当事人可能希望企业继续经营，使之能成为未来业务和利润的来源。如果当事方选择持续经营（这往往只是意味着双方不同意清算），那么该公司将需要一定的喘息空间，推动公司经营重整或者出售公司，或两者兼而有之。为了获得这个喘息的机会，公司需要与债权人重组债务，因为这些债务处于或接近违约。那么可向违约实体提供的主要重组方案包括：①庭外重组；②联邦破产保护；③州破产程序。

付款违约、技术性违约或者交叉违约都可能触发整体债务违约，使其立即到期支付。如果危困企业能与新债权人按新条款为违约债务进行再融资，企业就具有谈判优势，将寻求与现有债权人实现庭外重组。然而，如果不能拥有替代融资来源，相反现有债权人可能具有谈判优势，并可能要求不合理的庭外重组条款。在这种情况下，企业可以通过联邦破产保护或州破产程序来抵制这些条款。企业最终通过庭外重组还是庭内程序解决与其债权人的问题，取决于以下诸多因素，包括：

- 所有债权人是否同意在没有法院监督的情况下进行合作?
- 是否可以识别公司的所有债权人，或者是否有些负债为或有负债和未知负债?
- 债权人经过组织后能够集体与公司谈判吗?
- 一些债权人需要被迫同意吗?
- 庭外重组对各方都是有益的吗?
- 联邦破产法或州破产法是否提供了有用的法律权力、权利和补救措施?
- 法院诉讼损害企业的运作，使所有债权人情况更糟糕吗?
- 贷款人如何疲于应付该公司及其管理层?
- 公司管理层是否值得债权人信赖?
- 各方的风险承受能力如何?
- 贷款人有哪些监管担忧问题?

本章将详细讨论以上这些问题。总体而言，三个方案均会改变公司的资本结构，以便给企业时间来设计、实施和完成重整的策略。面对破坏其现金流的固定费用，如利息和分期付款，公司需要用这些宝贵的现金流稳定自身而不是用于支付债权人。如要避免债台高筑，公司必须提高桥的高度或降低水位才能存活下来。

定义重组

什么是重组

重组，也称为债务重组，是一种庭外过程，通过这个过程，违约实体与其债权人协商付款计划或方案。这是协商一致并严格受当事人控制的过程。重组的结果取决于公司及其债权人的谈判手段、再融资备用资本来源的可得性以及各方在联邦破产法或州破产法项下对其权利和补救措施的理解。因此，庭外重组总是在资本市场和法律的背景下发生的，是各方通过重组追求卓越的过程。

总之，重组使公司受到更少的束缚，降低限制，因为债权人关心借款人近期表现不佳对未来的影响。此外，重组可以增加公司对其债权人的报告要求，使他们能够更密切地监察有关情况。

重组通常涉及多个债权人，并且通常会涉及代表债权人的委员会。在重组中，这些债权人不得迫使违约实体立即全额付款。相反，债权人甚至会同意下面一项或全部内容：

- 提高利率。
- 将利息支出分成现金支付利息和实物支付利息。
- 修改废弃偿还时间表。
- 延长期限。
- 允许部分还款或再融资。
- 获得追加担保物的担保权益。
- 授予股权升值的认股权证。
- 改变管理。

重组的主要优势是什么

因为各方的决定不受法院监督，重组的主要优势包括：

- 参与者对过程有更大的控制权。
- 解决方案更快、更灵活。
- 大幅降低管理成本。
- 保密性，因为没有公开听证会或公共记录。

最后一点，即保密性，对各方而言是最为重要的影响因素。公司可能需要庭外重组保密，以免动摇其在客户、供应商、员工、合作伙伴和投资人中的声誉。一家已经陷入困境的公司，其管理层肯定不希望额外分心，因为申请破产肯定会带来很多影响，例如会接到大量好奇询问的电话。竞争对手无疑会趁此机会利用该公司的公共危机大肆占领市场。同时，高级贷款人希望避免发放不良贷款的尴尬局面，这可能给贷款人的监管部门和投资者造成不利后果。

选择庭外重组还能提供保持其他选项开放的优势。如果双方不能达成重组协议，总是可以选择联邦破产保护或州破产程序的。相反，一旦双方走上联邦或州法院，就很难再选择庭外重组了。

重组如何运作

通常，面临违约或即将违约的企业会要求私下会见受影响的债权人代表。公司可能单独约见有担保债权人和无担保债权人。当公司的资本结构很复杂时，可能就每批债务与其代表会面。管理层应根据需要尽量经常会面，以便建立必要的合作信任。管理层最好是承认错误、承认问题并披露问题，而不是设法隐瞒、否认和转移问题。

会面时，公司及其顾问介绍其业务的当前状况和财务状况的细节。此外，公司发布一份计划，详细说明其打算如何满足当前和未来的财务义务。通常情况下，债权人希望了解管理层业务转变计划的关键要素、修订后的年度预算以及详细的每周现金流预测。该计划可能包括旨在创造喘息空间的债务重组，使公司能够实施其计划。债务重组的范围包括从请求债权人做出较小让步到资本结构的剧烈转变。

重组计划的一个重要组成部分，是从现实角度估计经营转变所需的时间长度、清醒评估转变各方面所涉及的风险，期望靠近担保和无担保债权人的复苏（如果债权人同意债务重组）。这种分析的每个部分应该考虑债权人在联邦破产案件或州破产程序中的选择。

另外，如果债权人强迫公司进入清算，重组计划应该包括担保和无担保债权人可能期望的复苏的现实估计。数量不宜低到不现实的程度，但同时，应解释清算本身导致的现金流失。通常情况下，这个消息不够友好。传统观点是，平均担保贷款回收率在75%～80%之间，而平均无抵押贷款回收率仅约2%。[2]然而，总类和平均对任何具体的情况并无太大影响。

进行重组的公司必须首先对债权人诚实。因为债权人对管理层在其战略及财务分析中表现的信心水平最终将严重影响重组的完成状况。由于管理层的表现低于预期已经动摇了债权人的信心，因此管理层需要体现其公司现状和前景相平衡的观点。一方面，如果转变所需的时间和恢复的估计过慢或过低，债权人可能更愿意清算，而不愿意重组。另一方面，如果估计表明预测过分乐观，对于困扰公司的问题表现出否认的状态，那就无法为公司目前的困境提出有效的解决方案；或者是在其他方面的提议似乎不切实际，那么债权人可能也不会同意债务重组。如果债权人对当前管理层的信心遭受无法挽回的损害，则债权人可能迫切要求更换管理层，聘请转变顾问或雇用首席重组官。

为此，公司应该明智地保留老练的重组顾问和经验丰富的破产律师，以协助其达到适当的平衡，完成棘手的谈判。而且，外部顾问提供的客观认可有助于提高管理层的信誉。此外，外部顾问与公司债权人保持的关系可以帮助双方顺利达成协议。

哪些庭外重组值得关注

最值得关注的庭外重组应该是发生在2008至2009年的金融危机期间：针对美国国际集团（AIG）的联邦政府救助，以及对贝尔斯登公司的救援。

定义破产

什么是联邦破产保护

在美国，美国宪法第1条第8节第4款允许破产，该宪法授权国会制定“整个美国破产主题的统一法律”。因此，按照被称为《破产法》的联邦破产法律，可以实现对债务人的保护。在本书中，我们标记相关的《破产法》章节使用11 U.S.C § ### 或 11 U.S.C.### 这样的参考。《破产法》同样适用于企业和个人，但在本书中，我们只专注于影响企业的那些方面。当公司寻求联邦破产保护时，向受理破产案件的破产法院提交破产申请。申请提交的日期被称为申请日期。申请日期有显著的法律影响，因为《破产法》的若干章节均涉及申请前和申请后的时期。截至申请日期，该公司被称为债务人，这一问题在本书的第4章将进行更充分的讨论。

所有的破产都是自愿的吗

破产申请的提交可以是自愿的或是非自愿的。[3] 自愿破产申请是由公司自身提出的一种申请，以获得债权人的保护和其若干债务的清偿。相比之下，非自愿破产申请是债权人向该公司提出的申请，这些债权人通过对该公司及其管理层实施破产法院监督寻求防止或遏制亏损。

非自愿破产申请是一件严肃的事情，具有煽动债权人的潜在后果。《破产法》303（b）节提出了非自愿破产申请既有效又可执行的一定要求包括：

- 首先，如果一家公司有至少12名无担保债权人（不包括员工、业内人士和某些其他各方），其中最少有3名债权人必须签署非自愿破产申请。如果少于12名无担保债权人（不包括员工、业内人士和某些其他各方）的情况下，只需1名债权人提交非自愿破产申请。
- 其次，签字的债权人必须累计拥有14 425美元[4]以上的无担保债权。有关债权人债权的一般讨论和担保与无担保债权人之间的区别，参见本书第4

章。关于无担保债权人的深入讨论，参见本书第 6 章。

- 最后，每个债权人必须拥有的无担保债权在责任方面因情况而异，或在数量方面进行善意的争辩。有关或有债权或争议债权的讨论，参见本书第 4 章。

如果债权人通过违反这些要求或其他要求不当地提交非自愿破产申请，破产法院可对提出申请的债权人进行处罚，如补偿其他各方的成本和合理的律师费用。此外，如果破产法院认定提出申请的债权人是恶意行事，那么债权人必须对公司遭受的各种损害负责，包括惩罚性赔偿。因此，对于在庭外重组中失意的债权人，非自愿破产是其少有的最后手段。

为什么企业破产通常被称为第 11 章

《破产法》包含公司用以解决其困境的两个主要手段：

- 第 11 章“重组”，在这种情况下，公司继续开展业务，并试图通过财务重组恢复偿付能力。债务人向债权人和法院提交一项计划，如果这个计划得到肯定，可以根据计划进行操作。本书的第 12 章详细讨论《破产法》第 11 章项下的重组计划。
- 第 7 章“清算”，在这种情况下，公司的资产被清算以偿还债权人的债权。第 7 章涉及破产法院任命一名受托人来管理公司的日常运作和公司资产的清算。

还存在一个混合方案，被称为清算第 11 章。有时，公司的破产案件以第 11 章重组开始，但某些时候很明显企业已没有生命力。债务人及其债权人可能同意允许债务人的管理层（其对公司的资产非常熟悉）主持清算，而不是将破产案件转化为第 7 章清算。在这种情况下，双方同意，不保证或不期望第 7 章清算破产法院要求的任命一名受托人。

简而言之，商人有时将企业破产称作第 11 章或第 7 章。第 7 章和第 11 章案件可能涉及自愿或非自愿破产申请。

总体而言，《破产法》包含九个工作章节：

1. 第 1 章包含一般规定和定义。
2. 第 3 章介绍案件管理。
3. 第 5 章解释债权人、债务人和财产的处理规则。
4. 第 7 章介绍清算或受托人有序出售债务人的资产。

5. 第 9 章适用于市政公债的债务。
6. 第 11 章阐述债务人的重组。
7. 第 12 章为农场主提供救济。
8. 第 13 章提供了一个过程，根据这个过程，有固定收入的人可按照新结构偿还其全部或部分债务。
9. 第 15 章，2005 年新增的一章，介绍附加和其他跨境案件，使美国境外的企业破产程序能够访问美国法院系统。[5] 第 15 章更新和替换了之前《破产法》的 304 节。按照第 15 章提交的最近案件，包括国际广告公司魁北克世界（2008 年，纽约南区）、加拿大林产品公司 Pope & Talbot（2008 年，特拉华区）、一家名为 Gold & Honey 的以色列珠宝制造商（2009 年，纽约东区），以及两家哈萨克斯坦银行——BTA 银行（2010 年，纽约南区）和安联银行（2010 年，纽约南区）的案件。[6]

除了第 12 章外，《破产法》没有偶数章节。用于企业破产的章节为第 7 章、第 11 章和第 15 章。债务人可以在其破产过程中，逐章更改其地位，这叫案件转换。[7] 本书侧重第 7 章和第 11 章的破产，因为它们是最常见的企业破产类型。

第 11 章重组的主要目的是什么

在美国，《破产法》的第 11 章给了企业第二次重组的机会，因为国会认为，重组保留了创造就业机会、纳税和造福社会的企业。其他国家，如欧洲国家，通过法律赋予债权人权利，侧重于清算而非重组。

总体而言，第 11 章重组的主要目的是给债务人一个新的开始，并向债权人提供公平与公正的回收率。其他重要的目的是将涉及债务人的所有争议合并到一个框架内，使债务人有喘息的空间来创建并执行其计划，授权债务人解决不经济的企业安排，免除债务人申请前的债务，使债权人获得比清算更高的回收率。

最后一点，或许也是最切合困境并购的一点，第 11 章重组的主要目的是确定企业是否应部分或全部出售。

是不是也有第 22 章

没有。对于多次提交第 11 章重组申请的公司而言，术语“第 22 章”是一个不严谨的参考。在《破产法》中，它不是实际存在的章节。虽然曾经重组的公司尝试再次这样做的并不少见，随着目前的《破产法》进入其第 40 个年头，这样的例子也越来越多。

第 22 章案件的数量现在已超过 200。此类案件的一些关键例子如下。

- Aloha Airlines (2004, 2008)
- American Pad & Paper (2000, 2002)
- Avado Brands (2004, 2007)
- Birch Telecom (2002, 2005)
- Continental Airlines (1983, 1999)
- Dan River (2004, 2008)
- Datapoint (1994, 2000)
- Eagle Geophysical (1999, 2009)
- FastComm Communications (1998, 2002)
- Foamex (2005, 2009)
- Hayes Lemmerz (2001, 2009)
- High Voltage Engineering (2004, 2005)
- London Fog (1999, 2006)
- LTV (1986, 2000)
- Key Plastics (2000, 2008)
- McLeodUSA (2002, 2005)
- Midway Airlines (1991, 2001)
- Moll Industries (2002, 2010)
- Orius (2002, 2005)
- Pan Am (1991, 1998)
- Planet Hollywood (1999, 2001)
- Pliant (2006, 2009)
- Polaroid (2001, 2008)
- Resorts International (1989, 1994)
- Roadhouse Grill (2002, 2008)
- Schwinn Bicycle (1992, 2001)
- Silicon Graphics (2006, 2009)
- Sunshine Mining (1992, 2000)
- US Airways (2002, 2004)

甚至还有几个“第 33 章”案件，如 Anchor Glass Container (1996, 2002, 2005)、

Memorex Telex (1992, 1994, 1996)、Salant (1985, 1990, 1998) 和 Trans World Airlines (1992, 1995, 2001)。到目前为止，只出现过两个“第44章”案件：Harvard Industries 和 TransTexas Gas。显然，在破产方面，三振并不一定意味着你就出局了！

表2-1表示从1984 ~ 2009年每年提交的第22章和第33章破产申请案件的数量。

表2-1 1984 ~ 2009年第22章和第33章破产申请数量

年度	第22章破产申请数量	第33章破产申请数量
1984	3	—
1985	3	—
1986	4	—
1987	1	—
1988	3	—
1989	4	—
1990	10	—
1991	9	—
1992	6	—
1993	8	—
1994	5	—
1995	9	—
1996	12	2
1997	5	—
1998	2	1
1999	10	—
2000	12	1
2001	17	2
2002	11	—
2003	17	1
2004	6	—
2005	9	1
2006	4	—
2007	8	1
2008	19	—
2009	12	—
合计	209	9

资料来源：*The Bankruptcy Almanac*, annually; Boskin, *New Governance Research*; and Altman and Hotchkiss, *Corporate Financial Distress and Bankruptcy* (Hoboken, N.J.: Wiley, 2005).

为什么有这么多的第 22 章案件

《破产法》的批评者常常引用第 22 章案件来证明，对于企业的失败而言，破产重组是无效的误导性的方法。在经过破产清算程序之后，有大量公司必须再次重组，因此有如此多的第 22 章重组的例子。然而，所谓的第 22 章申请的频率引出了一个问题，为什么会出现这种情况？在一些情况下，破产的过程被过快地完成了，常被认为过程完成太快的原因是挽救工作，并向债权人提供现金或其他分派。最后，如果第 11 章申请成功的尺度是重组企业，并使之更健康、更稳定，那么更合理的做法就是需要花费时间彻底阐明其运作特征并重新调整资产负债表的资本结构。这样就必须强调一个临界点：提出第 11 章破产申请的企业需要利用这个机会，细致周全地从实质上重组资本结构，而不是仓促完成这个过程来安抚各种委托人。

据破产专家爱德华·阿特曼合著的一份研究报告所述，申请第 22 章的企业，其杠杆水平几乎是永久退出第 11 章企业的 3 倍。[8] 阿特曼的第 22 章样本，每 1 美元的股本，债务为 3.70 美元；而第 11 章的企业，每 1 美元的股本，债务为 1.35 美元。

当潜在买方遇到第 22 章案件的时候，有好消息也有坏消息。好消息是，买方可以查看原来第 11 章案件的所有材料，包括该案件结束时的估值，并迅速熟悉公司及其问题。更多的好消息涉及这样的事实，即有兴趣第二次考虑收购的买方数量可能较少，卖方可能在价格方面更合理。坏消息就是，需要用“顾客留心”这句话来提醒买方当心！

除了《破产法》外，是否还有《破产规则》

破产程序的联邦规则（《破产规则》）意味着按照《破产法》确保“公正、快捷、低成本地确定每一个案件和诉讼”。此外，联邦民事诉讼规则和联邦证据规则，两者均适用于所有联邦法院，包括破产法院及与其相关的所有破产案件。

《破产规则》由九个集群组成，规则按照集群编号（1000s 归入第一部分，2000s 归入第二部分，以此类推）：

1. 第一部分，案例启动。
2. 第二部分，高级职员和管理、通知、会议、检查、选举、律师和会计师。
3. 第三部分，债权人和股权权益持有人的债权和分配；计划。
4. 第四部分，债务人；职责和利益。

5. 第五部分，破产法院和职员。

6. 第六部分，财产的收集和清算。

7. 第七部分，对抗制诉讼程序（adversary proceeding）。

8. 第八部分，提出上诉。

9. 第九部分，总则。

谁可以提出自愿破产申请

虽然任何人都可以提出自愿破产申请，除非申请实体是符合《破产法》的适当债务人，否则破产法院不会接受这种申请。对于法人实体，如果在美国成立或在美国拥有财产，任何一家公司都可能成为债务人。[9]

根据《公司法》，公司在采取特殊步骤（例如提出自愿破产申请）时需要遵守其章程中的正式程序。这些程序通常要求公司董事会中无利害关系董事的过半数表决，有时是绝对多数表决。通常情况下，首席执行官不能单方面决定寻求破产是否符合公司的最佳利益，但如要提出自愿破产申请，必须获得董事会的正式指示。

什么是破产隔离实体

破产隔离实体（也称为特殊目的实体、单一目的实体、SPE 或破产隔离机构）是不可能因其自身活动而破产的公司，从而将其与关联公司的破产后果隔离开。将公司组织成一个破产隔离实体，通过限制实体进入破产的能力，增加其债权人对潜在破产的控制权。实体通常在其董事会中配备一名独立董事，如果实体准备提交自愿破产申请，就需要该独立董事的表决，从而有效废止公司寻求破产保护的宪法权利。其他 SPE 要求“黄金股”的持有人投票批准破产申请。在这些情况下，债权人寻找直接或间接的方式来影响决策者。这些结构旨在通过规避破产法让债权人受益，防止实体的资产受到相关实体破产的影响，鼓励在困境形势下进行庭外重组。

建立破产隔离实体的主要目的是通过改进的信用评级和违约时更有利的补救措施，吸引债务投资者。例如，债权人可能更喜欢州法院而不是联邦法院的补救措施。在其他情况下，债权人可能希望防止 SPE 的资产与重组计划中相关实体的资产实质性合并。

《破产法》的这个领域正在发生变化。纽约南区“普增房产”案件中的决定提出了各种总则，允许破产隔离实体或 SPE 申请破产保护。对于 SPE 债务人，这是好消息，但对于 SPE 债权人可是坏消息，SPE 债权人曾指望用所谓的 SPE 破产隔离构筑他们认为的融资避风港。因此，正在考虑涉及破产隔离实体或其他 SPE 情况的买家，应该向经验丰富的破产律师咨询，以了解适当管辖区的法律状况。

公司可在何处提交自愿破产申请

破产申请提交的所在位置被称为管辖区。一般情况下，公司可以在其总部的管辖区、其主要营业地点或者其注册成立地点提交自愿破产申请。因此，企业可以提交自愿破产申请的地方经常有很多。根据一项分析，过去几年中，择地行诉一直在增加，或者选择最有利于债务人的管辖权。这一点如图 2-1 中所示。

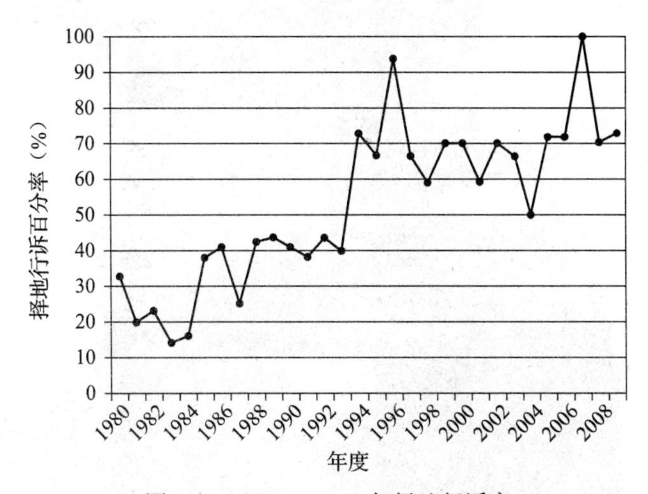

图 2-1　1980 ～ 2009 年择地行诉率

资料来源：LoPucki's Bankruptcy Research Database.

美国法院系统管理 92 个联邦破产法院，根据美国法典第 28 条的第 151 节（28 U.S.C. § 151）的授权，这些法院在全国被组织成 11 个联邦巡回法院，如图 2-2 所示。

如图 2-2 中的地图所示，每个联邦巡回法院包括几个州。许多州分为地区，如哥伦比亚中央地区，而其他州只有一个区，如马萨诸塞地区。每个地区配备一个破产法院。向具体的破产法院提交破产申请，破产法院将案件分配给个别破产法官。这种分配通常基于乐透，考虑到其可用性和冲突。

目前，提交企业破产案例的最常见管辖区为纽约南区和特拉华州。特拉华州是一个受欢迎的管辖区，因为它所在的州成立了许多公司。一旦管辖区受欢迎，就会发展成一个健康的判例法机构，使得判例更明确，风险更低，反过来，又会刺激管辖区持续受欢迎。

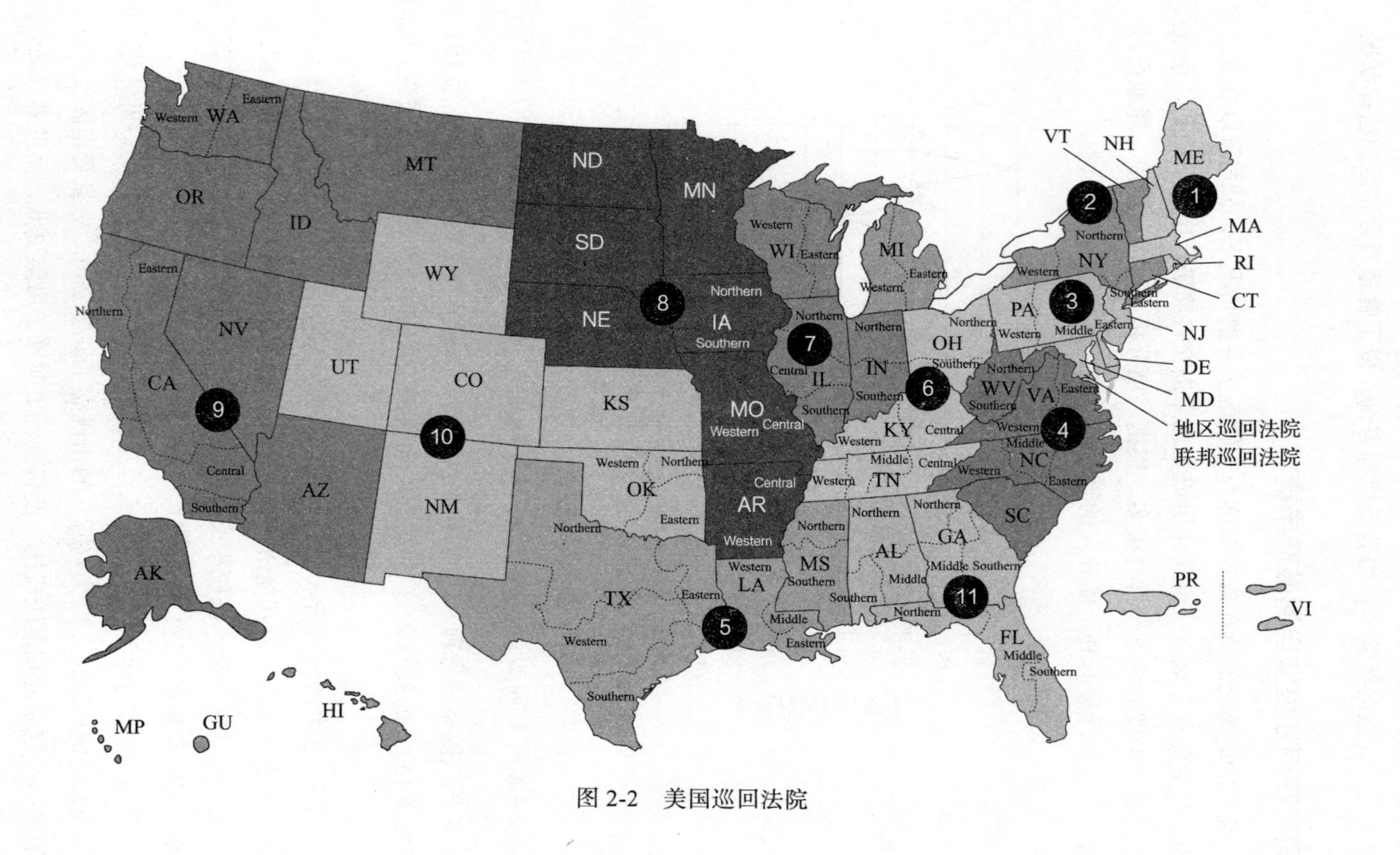
地区巡回法院
联邦巡回法院
ME
NH
VT
MA
RI
CT
NJ
DE
MD
NY
PA
VA
WV
NC
SC
GA
FL
OH
MI
IN
KY
TN
AL
MS
IL
WI
LA
MO
AR
IA
MN
ND
SD
NE
KS
OK
TX
MT
WY
CO
NM
UT
AZ
ID
WA
OR
NV
CA
AK
HI
PR
VI
GU
MP

图 2-2 美国巡回法院

每个破产法院必须遵循的判例是什么

每个管辖区均维护自己的判例法，因此，一个管辖区的判例可能与其他司法管辖区的不同。每个地区的破产法院必须遵循该地区及其巡回法院的判例，但其巡回法院中其他地区的判例没有约束力。例如，得克萨斯州（以下简称得州）南区破产法院必须遵循得州南区破产法院、得州南区地方法院和第五上诉巡回法院的判例，但可以不同意得州北区或得州西区设定的判例。然而，虽然某一巡回法院中的破产法院不受其他管辖区巡回法庭裁决的约束，但仍可发现这些观点具有说服力，尤其是当事实和问题相似时。所有破产法院必须遵循美国最高法院设定的判例。

我在哪里可以找到有关特定破产法院的更多信息

每个破产法院拥有自己的网站，其中包括当地规则和每个破产案的案卷。这些网站的网址在表 2-2 中给出。

什么法院通过破产法院审理裁决上诉

针对破产法院的裁决，可向地区法院提出上诉，地区法院是位于同一地区的联邦法院，除非采用适用的特例。[10] 地区法院可向上诉巡回法院提出进一步上诉，上诉巡回法院是主管该地区整个巡回法院的联邦法院，除非采用适用的特例。[11] 上诉巡回法院可向美国最高法院提出最终上诉，美国最高法院对所有巡回法院有管辖权。

在某些管辖区，法院已决定建立一个破产上诉委员会，称为 BAP，审理破产法院的上诉。[12] BAP 保留地区的法院司法资源稀缺，由具有更多破产专业知识的法官组成。BAP 向相关的上诉巡回法院提出裁决上诉。[13]

公司必须在资不抵债时才提交破产申请吗

不是。资不抵债不是提交自愿或非自愿破产申请的正式要求。但是，作为一个实际问题，申请破产的所有或几乎所有公司都资不抵债。

解决与债权人纠纷的选择方案成本低、效率高且尴尬较少时，例如庭外重组，为什么有偿付能力的公司想要提交自愿破产申请？或许由于或有负债和争议负债存在不确定性，公司真正的偿付能力并不完全清楚。在其他情况下，一家公司可能有偿付能力，但流动性不足。如果一家有偿付能力的公司提出自愿破产申请，这可能违反其对权益持有人（见本书第 10 章）的信托义务。一般情况下，破产法院反对将宝贵的司法资源浪费到有偿付能力公司上，虽然该公司正在寻求破产保护，并可能要求一个批准其自愿破产申请的令人信服的理由。

表 2-2 破产法院网站

破产法院	巡回法院	破产法院网站	1999 ~ 2008 年间企业破产数量	破产法院	巡回法院	破产法院网站	1999 ~ 2008 年间企业破产数量
Alabama—Middle	11th	www.almb.uscourts.gov	1 104	Missouri—Western	8th	www.mow.uscourts.gov	2 112
Alabama—Northern	11th	www.alnb.uscourts.gov	2 083	Montana	9th	www.mtb.uscourts.gov	1 949
Alabama—Southern	11th	www.alsb.uscourts.gov	505	Nebraska	8th	www.neb.uscourts.gov	1 959
Alaska	9th	www.akb.uscourts.gov	921	Nevada	9th	www.nvb.uscourts.gov	3 255
Arkansas—Eastern	8th	www.arb.uscourts.gov	1 997	New Hampshire	1st	www.nhb.uscourts.gov	3 056
Arkansas—Western	8th	www.arb.uscourts.gov	1 532	New Jersey	3rd	www.njb.uscourts.gov	7 563
Arizona	9th	www.azb.uscourts.gov	6 570	New Mexico	10th	www.nmcourt.fed.us/usbc	5 148
California—Central	9th	www.cacb.uscourts.gov	21 490	New York—Eastern	2nd	www.nyeb.uscourts.gov	3 406
California—Eastern	9th	www.caeb.uscourts.gov	10 179	New York—Northern	2nd	www.nynb.uscourts.gov	3 285
California—Northern	9th	www.canb.uscourts.gov	10 237	New York—Southern	2nd	www.nysb.uscourts.gov	11 370
California—Southern	9th	www.casb.uscourts.gov	2 574	New York—Western	2nd	www.nywb.uscourts.gov	3 382
Colorado	10th	www.cob.uscourts.gov	6 280	N. Carolina—Eastern	4th	www.nceb.uscourts.gov	2 293
Connecticut	2nd	www.ctb.uscourts.gov	1 968	N. Carolina—Middle	4th	www.ncmb.uscourts.gov	2 107
Delaware	3rd	www.deb.uscourts.gov	28 205	N. Carolina—Western	4th	www.ncwb.uscourts.gov	1 233
DC	3rd	www.dcb.uscourts.gov	492	N. Dakota	8th	www.ndb.uscourts.gov	865
Florida—Middle	11th	www.flmb.uscourts.gov	9 672	Ohio—Northern	6th	www.ohnb.uscourts.gov	9 069
Florida—Northern	11th	www.flnb.uscourts.gov	1 003	Ohio—Southern	6th	www.ohsb.uscourts.gov	5 782
Florida—Southern	11th	www.flsb.uscourts.gov	7 476	Oklahoma—Eastern	10th	www.okeb.uscourts.gov	801
Georgia—Middle	11th	www.gamb.uscourts.gov	1 667	Oklahoma—Northern	10th	www.oknb.uscourts.gov	2 353
Georgia—Northern	11th	www.ganb.uscourts.gov	12 133	Oklahoma—Western	10th	www.okwb.uscourts.gov	2 818
Georgia—Southern	11th	www.gasb.uscourts.gov	2 416	Oregon	9th	www.orb.uscourts.gov	11 985
Guam	9th	ecf.gub.uscourts.gov	145	Pennsylvania—Eastern	3rd	www.paeb.uscourts.gov	3 365
Hawaii	9th	www.hib.uscourts.gov	638	Pennsylvania—Middle	3rd	www.uslawcenter.com/usmiddle	4 349
Idaho	9th	www.id.uscourts.gov	2 085	Pennsylvania—Western	3rd	www.pawb.uscourts.gov	4 581

Illinois—Central	7th	www.ilcb.uscourts.gov	1 746	Puerto Rico	1st	www.prb.uscourts.gov	2 942
Illinois—Northern	7th	www.ilnb.uscourts.gov	7 238	Rhode Island	1st	www.rib.uscourts.gov	874
Illinois—Southern	7th	www.ilsb.uscourts.gov	3 969	S. Carolina	4th	www.scb.uscourts.gov	1 641
Indiana—Northern	7th	www.innb.uscourts.gov	2 298	S. Dakota	8th	www.sdb.uscourts.gov	1 215
Indiana—Southern	7th	www.insb.uscourts.gov	4 029	Tennessee—Eastern	6th	www.tneb.uscourts.gov	2 437
Iowa—Northern	8th	www.ianb.uscourts.gov	1 788	Tennessee—Middle	6th	www.tnmb.uscourts.gov	2 298
Iowa—Southern	8th	www.iasb.uscourts.gov	1 196	Tennessee—Western	6th	www.tnwb.uscourts.gov	1 870
Kansas	10th	www.ksb.uscourts.gov	2 413	Texas—Northern	5th	www.txnb.uscourts.gov	10 918
Kentucky—Eastern	6th	www.kyeb.uscourts.gov	2 027	Texas—Eastern	5th	www.txeb.uscourts.gov	3 765
Kentucky—Western	6th	www.kywb.uscourts.gov	1 615	Texas—Western	5th	www.txwb.uscourts.gov	6 096
Louisiana—Eastern	5th	www.laeb.uscourts.gov	1 408	Texas—Southern	5th	www.txs.uscourts.gov	7 783
Louisiana—Middle	5th	www.lamb.uscourts.gov	417	Utah	10th	www.utb.uscourts.gov	4 009
Louisiana—Western	5th	www.lawb.uscourts.gov	4 203	Vermont	2nd	www.vtb.uscourts.gov	733
Maine	1st	www.meb.uscourts.gov	1 415	Virginia—Eastern	4th	www.vaeb.uscourts.gov	3 828
Maryland	3rd	www.mdb.uscourts.gov	6 144	Virginia—Western	4th	www.vawb.uscourts.gov	3 753
Massachusetts	1st	www.mab.uscourts.gov	3 939	Washington—Western	9th	ww.wawb.uscourts.gov	3 971
Michigan—Eastern	6th	www.mieb.uscourts.gov	5 524	Washington—Eastern	9th	www.waeb.uscourts.gov	2 498
Michigan—Western	6th	www.miwb.uscourts.gov	3 244	W. Virginia—Northern	4th	www.wvnb.uscourts.gov	1 204
Minnesota	8th	www.mnb.uscourts.gov	12 006	W. Virginia—Southern	4th	www.wvsb.uscourts.gov	1 266
Mississippi—Northern	5th	www.msnb.uscourts.gov	1 144	Wisconsin—Eastern	7th	www.wieb.uscourts.gov	2 296
Mississippi—Southern	5th	www.mssb.uscourts.gov	1 316	Wisconsin—Western	7th	www.wiw.uscourts.gov/bankruptcy	4 921
Missouri—Eastern	8th	www.moeb.uscourts.gov	2 028	Wyoming	10th	www.wyb.uscourts.gov	540

为什么有偿付能力公司的债权人冒着投资受损的风险，希望提交针对债务人的非自愿破产申请，尽管需要承担高额的管理费用，管理被分散，注入公司新的权利和救济？也许债权人认为，管理层存在不良行为，如贪污或欺诈行为。如果债权人对有偿付能力公司提交非自愿破产申请，那么它的偿付能力可能是虚假的。

什么是第 11 章重组的关键组成部分

虽然破产案件中有各种各样的提议、反对、申请、宣誓、命令和其他申请，第 11 章重组的大致轮廓如下：

- 提交破产申请
- 由破产法院启动破产案件
  - 案件编号的分配
  - 破产法官的分配
- 债务人提出首日动议
  - 首日宣誓
  - 联合管理动议
  - 现金抵押使用动议
  - 申请后融资动议（重整（DIP）贷款）
  - 向公用事业提供足够保证的动议
  - 使用和维护现有现金管理制度和银行账户的动议
  - 支付破产申请前员工工资债权的动议
  - 支付申请前关键供应商债权的动议
  - 为债务人聘请律师和顾问的动议
- 在破产法院前举行首日听审
- 无担保债权人的美国破产受托人举行 341 会议
- 美国受托人委任无担保债权人官方委员会
- 为无担保债权人官方委员会聘请律师和顾问
- 接受或拒绝债务人的待履行合同和未到期租约
- 债权申报截止日之前债权人提交债权证据
- 提交披露声明
- 提交重组计划
- 债权人就重组计划投票

- 破产法院确认重组计划
- 债务人退出破产
- 债务人提交可撤销的优先求偿权
- 向债权人分配收益
- 破产法院结束破产案件

如何出售处于破产状态的持续经营的公司

第 363 条是《破产法》的组成部分，介绍债务人如何用现金出售方式快速出售企业的部分或全部无负担资产（free and clear of liens）及多数债权。通常情况下，完成这样的出售无须复杂的重组计划，如债权人表决、破产法院确认等。破产案件涉及公司的出售，即第 363 条出售，在本书的第 13 章详细讨论。

法律专家预测，由于《破产法》的变化，通过第 363 条出售的困境并购会持续上升。[14] 近期 2008 年雷曼兄弟的破产和 2009 年通用汽车的破产是最为明显的例子。虽然这些案件是有史以来提交的最大破产案件，它们还是利用了第 363 条内的破产出售程序。有关这些引人注目的破产案件和其他破产案件的详细信息，参见本书第 3 章。

破产案件的成本是多少

整体成本高是提交破产申请的主要妨碍，这使大多数企业不得已而为之。破产申请反映出它们所面临情况的复杂性。在某些第 11 章案件中，成千上万的债权人向债务人索赔。毫不奇怪，对于各种类型的复杂性，需要专业协助应对。可能需要的一些专业人士包括会计师、评估师、律师、投资银行家、周转顾问。

这些类型的顾问将在本书第 7 章进行更详细的讨论。债务人和债权人都可能需要聘请这些专业人员。破产程序的其他直接管理费用包括破产申请的申请费、美国受托人的费用以及索赔代理人的费用及开支。

此外，还有破产间接成本。这些成本包括如下因素，即声誉受损、关注顾客销售损失、供应商要求提高导致的利润下降、关键人员的损失以及管理层精神不振。虽然这些成本特别难以衡量，有些研究估计，间接成本在公司价值的 5% ～ 25% 之间。[15] 此外，间接成本包括未偿费用和个别债权人及潜在买方雇用的提供独立意见的律师以及其他顾问的费用。

破产案件的精确成本有可能与其规模和复杂性有关。较小企业的成本可能至少 100 000 美元，包括基本申请费、律师费以及重组计划的制作费等。对于较大的组织，金额可能达数百万美元，一项研究将成本限定到公司价值的大约 8%。[16] 作为法律专家，顶级破产律师事务所资深合伙人目前每小时收费 1000 美元。

雷曼兄弟破产案件提供了一个极端的例子。案件从 2008 年 9 月开始至 2010 年 4 月，提交了 7.3 亿美元的各种费用和开支，使最终估算超过了 10 亿美元。《纽约时报》报道了可能的专业人员资源滥用情况，包括四个月 263 000 多美元的复印费用，一家律师事务所一个月豪华轿车费用 2100 多美元，语音信箱留言费用 48 美元，干洗费用 364.14 美元，在曼哈顿的一家豪华酒店入住一个多星期，每晚费用 685 美元。[17] 结果，美国总统奥巴马的"薪酬沙皇"肯尼思·范伯格，被破产法院任命为雷曼案件的监听员，他引入了新的规则：航空旅行必须乘坐经济舱，地面交通限制每天 100 美元，只有在下午 8 时以后，才可以每晚 500 美元的最高费用入住酒店，复印费被限制到每页 10 美分，午餐费每次不能超过 20 美元。

在清算中，向根据《破产法》第 7 章委任的受托人支付奖励费，奖励费按照《破产法》的 326（a）节计算，采用出售资产所得收益金额，具体如下：

- 首次金额在 5000 美元以下的不超过 25%。
- 金额在 5000 美元以上 50 000 美元以下的，10%。
- 金额在 50 000 美元以上 1000 000 美元以下的，5%。
- 受托人向利益各方（不包括债务人但包括担保债权的持有人）支付或移交了案件中的所有款项后，合理报酬不超过 1 000 000 美元款项的 3%。[18]

破产程序通常需要多久

这个问题很难得出广泛结论，因为答案取决于案件的复杂程度以及其他许多因素。图 2-3 说明一项分析的结果，该分析着眼于 2000 ～ 2009 年非预先包装的、非预先谈判的大型上市公司申请的平均持续时间。这一分析表明，典型的持续时间可能为 500 ～ 1000 天，虽然通过《2005 年防止破产滥用及消费者保护法案》（2005 BAPCPA）实施的《破产法》的更改试图降低该范围。

进入破产程序能否提高陷入困境的公司的信息质量吗

当一家公司濒临破产，但还没有正式进入破产程序时，向债权人提供的信息质量和数量可能迅速恶化，甚至可能具有欺诈性。

私营公司可能尽量避免向其债权人揭示问题的严重性。如果公司为上市公司，可能延迟提交所需的季度和年度报告。

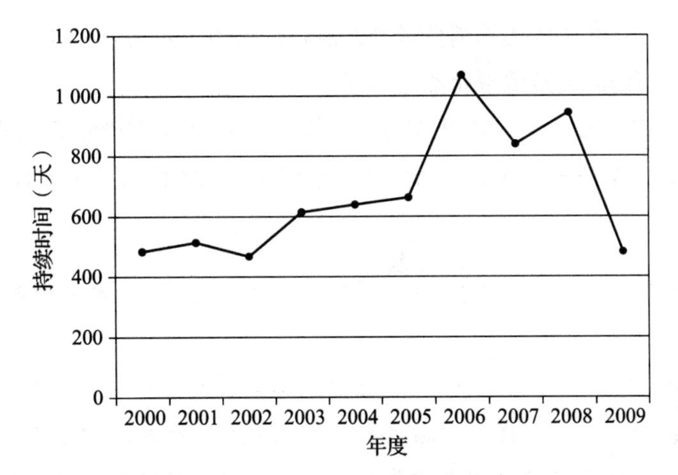

图 2-3　2000 ～ 2009 年非预先包装的、非预先谈判的大型上市公司破产的平均持续时间

资料来源：UCLA-LoPucki's Bankruptcy Research Database.

一旦公司提出破产申请并置于破产法院的监督下，它提供给债权人的信息的质量通常会有所提高。破产中所有正式财务报告是在宣誓下进行的，记录和报表造假会受到刑事处罚。根据法律规定，债务人必须提交有关其财务的详细报告，这些报告属于公开记录的范畴。此外，债务人可能必须用《2004 年破产规则》规定的更详细的检查予以证明报告的真实性。

《2004 年破产规则》陈述到，"关于有兴趣一方的任何动议，法庭可命令审查任何实体"。[19] 此外，该规则还表示这种审查可能涉及"债务人的行动、行为，财产或负债及财务状况，涉及可能影响债务人财产管理的任何事宜，或涉及债务人的免除权利"。在某些案件中，如第 11 章案件，"审查也可能涉及任何企业的经营和连续性的可取性，钱款的来源或债务人为完成计划而收购或即将收购的财产，及为该款项或财产给予和提供的对价，以及与案件或计划的基础有关的任何其他事宜"。

事实上，破产实体的信息如此之好，以至于在某些情况下，在联邦破产案件中向债权人发行的证券未经登记就可交易。这种例外使一些企业无须注册费用就可上市。

当然，在与困境实体交易时，适用一切正常交易的必要规则，包括全面的财务、法律、运营和交易的尽职调查。这个主题超出了本书的范围，但我们敦促买方聘请这一领域的专家，并尽量自行掌握。[20]

现在《破产法》的确切地位是什么？是否正经历一些变化

《破产法》属法律的一个相当稳定的区域，尤其是涉及企业的领域。最近几年通过的立法，一直专注于影响消费者破产的法律改革。针对企业破产的法律也变得不友善，但它们仍然鼓励重组而不是清算。

目前的《破产法》于1978年颁布，以取代1938年的破产法案，该破产法案是1898年原破产法案的第一次重大修订版。下列法律已经修改了（而不是替换）1978年的法律：

- 《1986年破产法官、美国受托人和农场主破产法案》。本法律增加了第12章第11标题的内容。
- 《1994年破产改革法案》。[21] 该法被认为是破产法的第一次全面改版，包含了加快破产案件审理并协助债权人收回破产财产索赔的条文。其还创建了一个独立的全国破产审查委员会，以进一步研究关于破产法的修改，直到1997年11月委员会存续到期。
- 《2005年防止破产滥用和消费者保护法案》。[22] 这个强硬的法案，是全国破产审查委员会1997年10月报告的产物，将在下一节进一步讨论。
- 《2009信用卡问责、责任和信息披露法》。该法案专注于消费者的破产，并可能影响小企业失败的数量，因为许多小企业通过信用卡融资。
- 《2010年华尔街改革与消费者保护法案》。它也称为《多德－弗兰克法案》，阐述了金融机构，即公开上市的银行控股公司和“非银行金融公司”的破产，这是一个广义术语，可以令人信服地覆盖任何金融公司。《多德－弗兰克法案》的第二标题为“有序清算机构”，指定联邦存款保险公司（FDIC）为某些破产的金融企业的接收者，并赋予其这方面的权利。FDIC可以“否认或拒绝所覆盖金融机构涉及的任何合同或租约”，只要FDIC认为它是“沉重的负担”。此外，FDIC可以从“为所覆盖公司的失败状况承担主要责任的”现任或前任高级管理人员或董事那里收回破产管理前两年期间收到的任何报酬。该法律对报酬的定义很广泛，包括根据合同支付的工资，通常从弥补性规定中免除。该法律还要求研究有担保债权人微裂痕（haircuts）、金融机构的破产程序以及非银行金融机构的国际破产程序，可能成为本法律授权下未来规定焦点的所有领域。[23]

《企业破产职工和退休人员保护法案》即将推出，该法案将修改《破产法》，以便在企业破产案件中提高对职工和退休人员的保护。在当前国会中14个涉及破产的未决法案和决议案中，这一法案与企业破产案件关联性最大。

2005年BAPCPA的影响是什么

2005年BAPCPA主要集中在消费者破产案件，专家把它称为新商业破产法的等价物。这一新法律的其他特征有以下几条：

- 它给债务人强加大量的额外成本或负担，例如，早期现金结算的要求和较高的保证金，使之更难以摆脱破产。
- 它限定了债务人经营权延长的时间长度，要求其提出并表决经破产法院同意的重组计划。
- 它要求无担保债权人委员会接受来自所有债权人的投入。
- 它将控制因素转移到特定非债务人性质的利益相关者，例如，它延长了供应商的回收期，将权利平衡从金融债权人转移到贸易债权人。

供应商地位的提高可能对公司有所帮助，因为它们的供应商可以保持出货，而不是投靠其他客户。另外，可能更难于通过动摇其拥有控制权的债务人（DIP）的所有权来获得占有中的债务人融资。

2005年BAPCPA的另一个实际后果是，结合2008年以后的信贷市场紧缩，这意味着全面压缩破产时间表。

是否破产中出现不寻常的概念或特别条款

是的，有很多。在本书中，我们解释那些与困境并购最为相关的概念和术语。在本书的第4章到第7章，我们介绍债务人、担保债权人、无担保债权人和顾问等概念与术语。在第8章和第9章，我们阐述涉及税务和会计方面的概念和术语。在第10章，我们论述信托义务、反垄断以及在困境交易中的欺诈性转让。在第11章，我们讨论危困企业估值的原则。第12章深入阐述了重组计划。在第13章，我们讨论《破产法》第363条项下的出售流程。最后，在第14章，我们考量破产背景下的融资。

有几个破产的概念值得简要提一下，即使它们没有直接涉及困境并购，且不会影响这本书的其余部分。每个主题都是复杂的，有许多例外和细微差别，这一点破产律师可以更详细地解释。这些概念包括以下几个方面。

- 自动冻结。《破产法》第362条帮助债务人防止债权人企图没收抵押、要求付款、诉讼破产法院之外的纠纷。换句话说，这些企图“被中止”，使其无法进一步的行动，使债权人的债权按照《破产法》和《破产规则》的规定有序解决。通过制定《破产法》第362条，国会希望避免债权人中有人优先获取资产，以便将所有法律程序整合到一个法院即破产法院内。这种保护在提交破产申请后依法自动实行。债权人可以向破产法院申请解除自动冻结，例如，在特殊情况下请求解除自动冻结。

- 待履行合同和未到期租约。《破产法》第365条规定拥有特殊权利的债务人可以承担或拒绝待履行合同和未到期租约。通常情况下，公司与交易对手达成申请前协议，公司最初期望这些协议会有好处，但最终显得不合算，或随着业务环境的改变，甚至成为负担。事实上，这些不符合实际需要的协议可能是该公司财务困境的主要原因。未到期租约是指申请后到期的房东和房客协议。待履行合同除了未到期租约外还涵盖所有协议，并可能包括与供应商的供货协议、与客户的服务协议、与顾问的安排，涵盖知识产权的许可以及与业务合作伙伴的理解。《破产法》没有定义术语“待履行”，所以案例法提供了一个由破产法院解释的灵活定义。并非所有合同都待履行，这意味着双方还必须按某种形式履约而不是金融支付。因此，信贷协议、信用证等金融合约不属于待履行合同。如果占有中的债务人拒绝待履行合同或未到期租约，亏欠交易对方的赔偿金在破产程序中成为无担保债权。如果占有中的债务人承担待履行合同或未到期租约，就必须“纠正”包括欠付在内的任何违约，并提供未来如期履约的充分保证。如果债务人承担待履行合同或未到期租约，也可以将其分配给第三方，以换取现金或其他价值。重要的是注意到，债务人针对下面情况具有承担或拒绝的权利，即无论合同或租约是否包含在债务人破产时、启动破产案件时或委任受托人时自动冻结的共同语言（被称为依事实条款）。[24]《破产法》包含金融参与者（在《破产法》101（22A）条中定义）在金融市场中使用的某些类型合同的特殊规定，例如证券合同（参见《破产法》的555条和741（7）条）、远期合约（参见《破产法》的101（25）、101（26）和556条）、回购协议（参见《破产法》的101（46）、101（47）和559条）、互换协议（参见《破产法》的101（53B）、101（53C）和560条）和主净额结算协议（参见《破产法》的101（38A）、101（38B）和561条）。
- 可撤销的选择。随着公司滑落到破产边缘，供应商和其他债权人可能意识到这种情况，并尝试参与自救。这些债权人收到的补偿优于处境类似的那些债权人收到的补偿，仅仅因为他们更幸运或速度更快，这是不公平的。

而且，这样会破坏破产程序的原则，这一原则的目的是向所有债权人提供公平、公正的补偿。此外，如果这个不守规矩的做法被允许，将鼓励越来越多的债权人只顾自救，并可能加速公司的消亡。最后，可能公司会给予更加亲近的债权人和知情人以优惠待遇。因此，《破产法》第 547 条编纂了称为可撤销的选择，据此，获得的弥补超过公平额的债务人必须将多余金额退回给占有中的债务人。[25] 具体而言，在破产申请提交之前 90 天（内幕信息知情人，1 年）内，公司与其申请前债务人之间大于 5475 美元（定期调整）的所有交易，被认为是潜在优惠转让。如果债务人证实情况如此，那么破产法院可以撤销这些转让，债权人必须将有关的资金退回给债务人。由于这一过程不是自动进行的，这些转让被称为可撤销，而不是无效。债权人对于优先求偿权的主要防御措施包括普通业务过程中的交易、涉及同时交换新价值的交易、给予保证新价值的新担保权益、接收并不比债权人在破产案件中收到的更多的金额和其他类似技术。[26] 担保债权人不能对债务人的优先求偿权有担保权，因为它们在申请后产生，这些求偿权可为无担保债权人提供补偿。但是，考虑到成功的可能性、法律费用和收款费用，净额通常相对较小。

定义州破产程序

什么是州破产程序

州破产程序是使债务人能够重组或清算的联邦破产法的替代品。州破产和联邦破产之间最大的区别是：①程序必须由债务人自愿发起（即没有非自愿州破产程序）；②结果仅在提起诉讼的州内有约束力。

州破产程序应用范围相对狭窄，原因是各州不能批准免除债务，因为这种行动会侵犯美国宪法只授予联邦政府的破产权力。其结果是，这类程序只涉及债权人和债务人之间的谈判协议。在破产程序中法庭极少直接参与，除非各方之间存在争议问题。

州破产程序的主要优点和缺点是什么

州破产程序的主要优点是通常成本低，而且迅速。可以说，这也避免了破产的耻辱（尽管这种耻辱近年来已经退去，反映了美国经济的状态和破产作为优化公司资本结构的一种工具的接受度的增加)。

州破产程序的主要缺点是，债务免除对于其他州的债权人没有约束力。尤其是对存在本州之外债权人的困境实体而言，因为州外债权人的求偿权未被免除。相比之下，根据联邦法律第 7 章或第 11 章破产程序，美国境内的所有求偿权会被免除。

此外，州破产程序一般要求债务人和债权人双方合作，而联邦破产法院有实质上更大的权力，迫使这些当事人参与。破产法院可以强制所有债权人接受大多数债权人同意的条款，而州法院则不能。

尽管有这些缺点，债务人仍然可以在某些情况下启动州破产程序（例如，希望保持低调；债权人数量有限，其中大部分意见一致，并集中在一个州）。如果州破产程序导致僵局，债务人以后可按照联邦法律申请破产。

什么是债权人的利益分配

债权人的利益分配，英文简称为 ABC，是一种自愿行动，在这种行动中，债务人将其财产分配给债权人或代表债权人担当信托人的中立第三方（受让人）。然后清算资产，将收益分配给向受让人提出索赔的债权人，推动该州债务的全面免除。大多数州的法律是将优先权分配给 ABC。本质上讲，ABC 相当于股权持有人，把公司的钥匙扔给债权人，然后一走了之。之后债权人可以决定是否保留目前的管理层以协助他们处置资产。

如果债权人通过提出求偿权参与诉讼，则受 ABC 条款的约束。如果债权人决定不参与（称为非赞同债权人），则可能自己进行收款诉讼。然而，非赞同债权人一般不能在 ABC 内索取财产。其结果是，不参与的债权人不太可能得到回报，因为债务人必须将其所有非豁免财产转移到 ABC。

非赞同债权人对 ABC 的有效性提出质疑的唯一例外情况是出现以下三种情况之一：

1. 债务人不将其所有非豁免财产转让到 ABC。

2. 债务人试图保持对转让资产的控制权或行使对转让资产的权利，例如，撤销或约定使用财产，或清算时间太长。

3. 债务人进行优先偿付，作为交换，解除其债务或排除特定的债权人。

什么是丧失抵押品赎回权

丧失抵押品赎回权是担保债权人（如抵押权人或其他第三方担保权人）根据国

家法律发起的法律诉讼，以收回其拖欠的贷款抵押物，和 / 或出售该财产，并用收益偿还贷款。这个过程既可快又可慢，取决于所寻求的丧失抵押品赎回权的类型、具体情况和诉讼提出所在州的法律。由《破产法》第 362 条所提供的自动冻结防止担保贷款人寻求丧失抵押品赎回权，而且往往是借款人寻求破产保护的一个关键原因。

丧失抵押品赎回权的概念可以追溯到几个世纪以前。在早期，法律一般允许债权人自动取得担保资产的所有权。随着法律的发展，允许债务人有时间在被迫交出资产之前偿还债务。

什么是不同类型的丧失抵押品赎回权

几乎所有美国管辖区都可以使用两种类型的丧失抵押品赎回权。第一种是按司法拍卖划分的丧失抵押品赎回权，又称为司法丧失抵押品赎回权，可在美国每一个州使用，是更重要的一种形式。事实上，在大多数州，这是涉及私人住宅案件中必需的丧失抵押品赎回权手段，除非按揭文件另行明确表明。在这样的诉讼中，有担保债权人向相关法院提出一份动议，并通知所有相关各方。通知要求随管辖区而异。通常情况下，州法院在简短的听证会后宣布其决定，并监督资产的出售。出售所得款项首先满足第一抵押权，然后支付给其他担保权持有人。如果收益超过资产上所有债务的金额，则剩余现金归还债务人。

第二种最常见的丧失抵押品赎回权类型是按出售权利划分的丧失抵押品赎回权。在丧失抵押品赎回权程序可以实施的州，这种丧失抵押品赎回权可使担保债权人无须法院监督就可出售资产，但是，资产抵押包括出售权利条款或当事人使用了信托契约而不是抵押。同时，虽然法院不监督销售过程，丧失抵押品赎回权在事后仍然必须接受司法审查。在支付优先级方面，与按司法拍卖划分的丧失抵押品赎回权一样，出售收益最初支付给第一抵押的持有人，然后支付给其他担保权持有人。然而，由于不涉及针对销售的法院监督，按出售权利划分的丧失抵押品赎回权一般比按司法拍卖划分的丧失抵押品赎回权速度快。

《破产法》上的这些曲折使破产和困境并购更加可行，是财务困境企业的备选方案。下一章通过展示这方面的一些主要“概览”趋势证明这一点。

尾注

1. 另一方面，债权人不应该允许破产申请的威胁迫使他们做出不合理的让步。参见 Dan Torrez, “ Desperate Companies Cry Wolf with Faux Filings, ” *Austin Business Journal*, June

2003。

2. 虽然平均担保贷款回收率为 75% ～ 80%，但是围绕该平均数的离差很大。事实上，典型的担保回收率接近 100%，偶然的总损耗或最小回收率（20% ～ 30%）拖累平均数。在回收率为 100% 的许多案件中，债权人受可以非常迅速变成现金的高流动性资产（如应收账款）的保护。在其他案件中，如果债权人不被容易清算的资产保证，他们仍然会收集大部分或全部贷款，因为他们能够出售或重组“持续经营”的破产公司，实现其完整的“企业价值”。
3. See 11 U.S.C. §303.
4. 这些美元数字从 2010 年 4 月 1 日起生效，每三年更新一次。
5. Chapter 15, the newest edition (from 2005), incorporates the Model Law on Cross Border Insolvency drafted by the United Nations Commission on International Trade Law. For the full text of all the Bankruptcy Code chapters, see http://www4.law.cornell.edu/uscode/11/, last accessed March 13, 2010.
6. More information on Chapter 15 can be found at www.uscourts.gov/bankruptcycourts/bankruptcybasics/chapter15.html and www.chapter15.com.
7. For a case involving the carryover of one bankruptcy to another, see *Young v. United States*, 535 U.S. 43 (2002).
8. Edward Altman and Thongchai Rattanaruengyot, “ Post-Chapter 11 Bankruptcy Performance: Avoiding Chapter 22,” *Journal of Applied Corporate Finance*, Summer 2009, p. 51.
9. 11 U.S.C. §109(a).
10. 28 U.S.C. § 158(a).
11. 28 U.S.C. §158(d).
12. 28 U.S.C. §158(b).
13. 28 U.S.C. §158(d).
14. See Frank B. Reilly, Jr., and David N. Crapo, “ Distressed M&A: Bankruptcy Code Section 363 Sales, ” *Corporate & Finance Alert*, December 23, 2008; available at http://www.gibbonslaw.com/news_publications/articles. php?action=display_publication&publication_id=2640, last accessed March 29, 2010.
15. Stephen E. Cays, “ A Study on the Measurement and Prediction of the Indirect Costs of Bankruptcy,” white paper, Glucksman Institute for Research in Securities Markets, Leonard N. Stern School of Business, April 2, 2001; available at http://w4.stern.nyu.edu/glucksman/docs/Cays.PDF, last accessed April 26, 2010.
16. Michael E. Bradbury and Suzanne Lloyd, “An Estimate of the Direct 16. Costs of Bankruptcy in New Zealand,” *Asia Pacific Journal of Management*, 11, no. 1, pp. 103-111.
17. Nelson D. Schwartz and Julie Creswell, “ Who Knew Bankruptcy Paid So Well? ” *New York Times*, April 30, 2010; http://www.nytimes.com/2010/05/02/ business/02workout.html?pagewanted=all, last accessed September 11, 2010.
18. 11U.S.C. §326(a).
19. See Fed. R. Bankr. P. 2004.

20. See, for example, Alexandra R. Lajoux and Charles M. Elson, *The Art of M&A Due Diligence: Navigating Critical Steps and Uncovering Crucial Data*, 2nd ed. (New York: McGraw-Hill, 2011).
21. Public Law 99-554, Title II, Section 257(a); October 27, 1986.
22. Public Law 109-8. For a good analysis of this law, see " Establishing Rules of Engagement," *The Deal*, October 17-23, 2005, pp. 26-27. 关于这部法律影响的评论部分在于这篇文章。
23. 见《2010年华尔街改革与消费者保护法案》，以Sen. Christopher Dodd和Rep. Barney Frank命名为《多德－弗兰克法案》。对于超过2300页的法律全文，请参见http://docs.house.gov/rules/finserv/111_hr4173_finsrvcr.pdf.。华盛顿特区威嘉律师事务所律师Heath P. Tarbert，在与其中一名作者谈话中，他警告说几乎所有金融公司可能受到这一广泛规定下FDIC行动的影响，甚至包括对冲基金。
24. 11 U.S.C. § 365（e）.
25. 11 U.S.C. § 547.
26. 11 U.S.C. § 547（c）.

第3章

困境并购和投资中的趋势

"你是如何破产的?"

"两种方式。渐渐地，然后突然加速。"

——海明威，太阳照常升起（1926）

困境并购和投资趋势概述

2007～2009年大萧条后对破产的影响如何变化

海明威的话恰如其分地总结了最近经济衰退期间破产浪潮的形状。华尔街巨头几乎一夜之间轰然倒下，成为几代人当中经济最快速且最大规模衰退的牺牲品，在此之前，许多公司已经为生存挣扎了许多年。因此，购买、出售与危困企业融资的艺术正经历着巨大的变化。《交易》中的最新封面故事定下了基调：

> 传统上，破产与正常交易隔离，由一组专家管理，按无偿债能力公司所附的耻辱定义。但是，破产浪潮的严酷性和规模已经显示出第11章的内容是多么的"正常"，尤其是那些筹集风险资本或上市的许多相似公司一步一步发展到经历《破产法》的第11章。[1]

美国的数据支持了这一比较。2009年，有91家大型上市公司申请了某种类型的破产保护，[2]而同期只有49家公司进行首次公开发行。[3]此外，2009年破产企业的总数——包括大约25%的第11章申请和75%的第7章申请[4]的55 000个案件，远远超过风险资本投资（2795）和收购（7585）的累计数字。[5]可以肯定，2009 年对企业而言是异常沮丧的一年；并非每年都有如此多的企业破产，只有少数几家公司上市、风险融资和兼并。尽管如此，考虑到较长期的趋势，破产显然已成为企业生活的一部分。

在前面几章中，我们讨论了企业失败的原因以及这类企业可能存在什么样的重组方案。在本章，我们描述破产和困境并购的最新趋势。我们讨论截至目前一些最大企业破产申请的原因以及收购者可能从这些申请中学习的东西。本章还简要介绍困境债务和股权投资的发展趋势。虽然关于困境投资的讨论一般不在本书的范围之内，但这个领域越来越多地与困境并购汇聚一起，特别是当越来越多的资本流入金融买方之手时。

随着时间的推移，破产越发普遍，哪些破产与困境并购有关

在破产企业间进行交易可能特别棘手。每年，美国有成千上万的破产案件。为了了解哪些破产案件与困境并购最相关，潜在买方必须整理大量数据。一年中的破产案件既涉及消费者又涉及企业。在破产企业中，有通常与困境并购无关的第 7 章清算，有可能会出现按照《破产法》第 363 节出售进行的方式（所谓第 363 条出售），还有属于其他困境投资机会的第 11 章重组。在涉及破产企业的第 11 章案件中，有创业企业、中间市场公司和公共企业，以及各种不同行业的企业。根据投资者的规模和业界关注的焦点，其中只有一个子集是相关的。正如在第 2 章讨论的那样，每个案件都处于一个特殊的管辖区内，这个管辖区经营一个独特的网站来发布关于破产诉讼摘要的案件信息，但没有直接的方法搜索所有这些网站来获取相关破产案件。因此，可能很难识别与买方特定的投资策略最相关的破产个案。虽然某些新闻专线和数据库会有帮助，但通常其中的案件已受到广泛的关注，因此会面临更多的竞争。

如图 3-1 所示，企业破产仅构成每年申请的破产案件数量的一小部分。从 1990 年至 2005 年呈逐年下降趋势，从 9.0% 下降到 1.9%，到 2009 年显著上升，企业破产数量占每年破产案件总数的 4.3%。一般情况下，企业破产的数量似乎与破产案件总数不相关。

任何一年，破产企业占不到美国企业总数的 1%，[6]其中大多数案件涉及第 7 章清算。例如 2009 年，第 7 章清算涉及企业的数量是第 11 章重组的 3 倍以上。[7]对于设备和原材料等某些资产，清算产生的销售价格极具吸引力。虽然这种资产出售可能为同行业的其他公司提供讨价还价的机会，但这些情况通常与困境并购关联不大。经历第 11 章重组的企业，最可能成为困境并购的候选企业，因为债务人和债权人相信，这些公司仍有作为持续经营实体的价值，这意味着整体价值大于部分之和。

如图 3-2 所示，每年有成千上万涉及第 11 章重组的企业破产。每个涉及企业的第 11 章案件都是困境并购的潜在目标，因为债务人和债权人将寻求逃离困境的方案。其中有些案件会导致公司通过重组计划得以退出（详细信息见本书的第 12 章），而其他公司将通过第 363 条出售其部分或全部资产（详细信息见本书的第 13 章）。

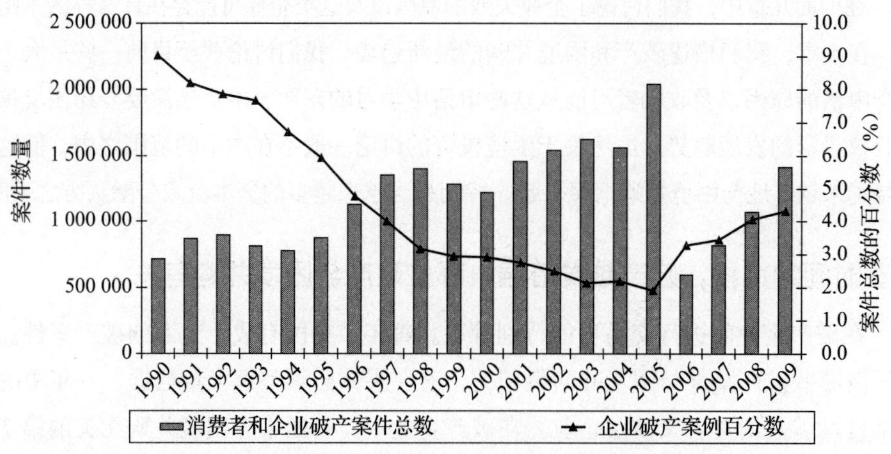

图 3-1 美国企业破产案件占美国总破产案件的百分比

资料来源：U.S. Courts and American Bankruptcy Institute.

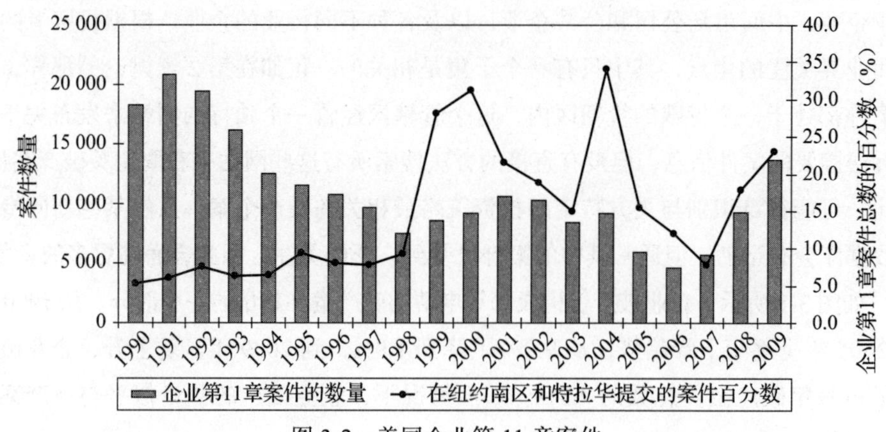

图 3-2 美国企业第 11 章案件

资料来源：U.S. Courts.

正如前面表 2-2 指出的，企业破产广泛分布于全国各大管辖区。然而，如图 3-2 所示，从 1999 年起，纽约南区（SDNY）和特拉华区，提交第 11 章重组的企业比例很高，使这些管辖区成为受欢迎的困境并购的猎场。事实上，2000 ～ 2009 年，在申请第 11 章案件的所有企业中，20% 以上选择了这两个管辖区，而 1990 ～ 1999 年，这个比例约为 8.4%。

关于对较大案件感兴趣的买方，图 3-3 显示了涉及资产超过 1 亿美元的上市公司的破产数量。[8] 2008 年这一分类的平均资产达到峰值，原因在于雷曼兄弟和华盛顿互惠等前所未有的大型案件。这些案件和美国历史上十大破产案将在本章稍后介绍。

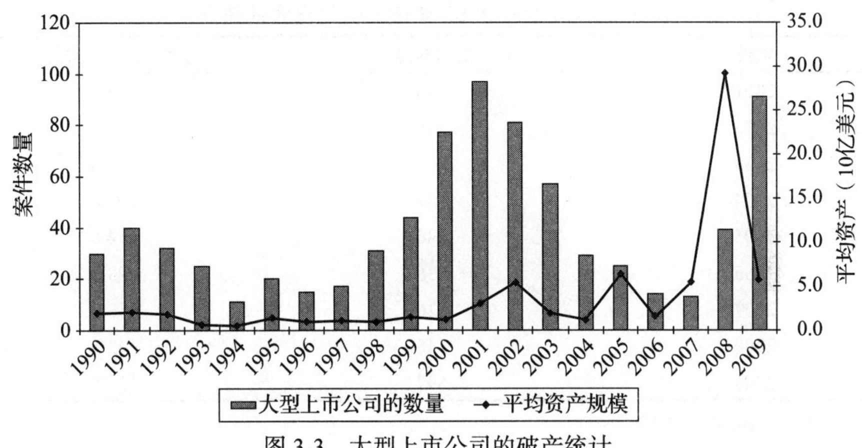

图 3-3 大型上市公司的破产统计

资料来源：UCLA-LoPucki's Bankruptcy Research Database.

值得注意的是，虽然如图 3-2 所示，1990 ～ 1991 年的经济衰退使 1991 年企业第 11 章案件的总数达到高峰，但 2000 ～ 2001 年和 2008 ～ 2009 年的经济衰退使 2001 和 2009 年大型上市公司第 11 章案件的总数达到高峰，如图 3-3 所示。这个结果可能源于更多的民营企业选择第 7 章清算而不是第 11 章重组。这两个图表明，企业破产是企业挣扎时最终屈服于财务压力的一个滞后的经济周期指标。

学术研究表明，美国法院的方法，即将破产申请分类为主要涉及企业或者非企业资产，低估了企业破产的“真实”数量。一项研究表明，高达 15% 的消费者破产来自商业企业，所以每年企业破产的实际数量（自营业者计数在内，它们可能提出消费者申请而非企业申请）可能远远超过 25 万。[9]

从破产申请中长期缓解的可能性有多大

根据美国破产协会的数据，在提交破产申请的公司中只有大约 1/5 有所缓解，其中有半数再次失败。有关多次破产案件（被称为第 22 章、第 33 章甚至第 44 章）公司的详细讨论，参见第 2 章。

困境收购有多普遍

简而言之，这个问题的答案是“越来越多”。表 3-1 归纳了 2001 ～ 2009 年出售资产的破产公司的数量，以及那些交易的价值。2004 ～ 2007 年，破产的出售数量在325～350的范围内相对稳定。这个数字在2008年显著上升，接近450，然后在2009年扩大到接近600。此类交易的价值增幅甚至更大——从2006年的240亿美元增加到2009年的2650亿美元。

表3-1 2001～2009年破产公司出售的资产

年份	交易数量	金额（10亿美元）
2001	75	28.8
2002	318	37.9
2003	296	47.4
2004	337	102.0
2005	346	54.6
2006	336	23.8
2007	326	53.3
2008	446	42.5
2009	597	265.5

资料来源：pipeline.thedeal.com.

但是，即使困境并购额从2006年到2009年几乎翻了一番（见表3-1），仍然落后于此期间企业破产申请增长幅度，后者在此期间增长了6倍。虽然总交易价值在增加，但被不成比例的大交易所扭曲了。这引出了一个问题，为什么2008～2009年的全球经济衰退（按某些衡量数据看，幅度上仅次于大萧条）没有导致更多的困境并购交易？

其主要原因是，银行没有将陷入困境的企业推入丧失抵押品赎回权或破产境地，而是广泛参与了被戏称为“修改、扩展和伪装”的做法。在大部分情况下，当借款人违反其财务契约时，银行同意修订信贷协议，延长贷款到期期限，给借款人度过衰退的时间。根据一项分析（见图3-4），在转换过程中，很多此类银行提取了修订费并加上大约200个基点的平均价差。然而，尽管一些借款人在延长期间内偿付利息，但似乎不太可能恢复正常的摊销时间表并偿还全部贷款余额。

虽然公布此期间金融机构行为的研究尚需时日，但有证据表明，2008～2009年银行太忙于解决住宅房地产问题，以至于它们试图将其企业贷款问题推到另一时期。此外，银行可能已经越来越清楚，在待出售资产的估值被修复之前，使陷入困境的借款人一直存活下去，才能操纵清算其抵押品的时机。另外，政府监管部门已经鼓励银行对借款人保持耐心和灵活，避免加深经济衰退以及增加银行倒闭的数量。不管什么原因，绝大多数贷款者所采用的都是“把问题如汽水罐一样踢开”的策略，导致这一时期困境并购机会比潜在买方期望的少得多。

然而，目前还不清楚，如果调整的财务契约被证明过于严厉或延长的到期日最终来临，银行是否会重复“修改和扩展”的行为。似乎不大可能的是，这些陷入困境的企业有足够的资源来解决他们的基本问题，所以这些问题或许最终需要通过困境并购交易得到解决。2008 ～ 2009 年没有出现困境并购的高峰，交易可能延长到 2010 年及以后的较长一段时期。

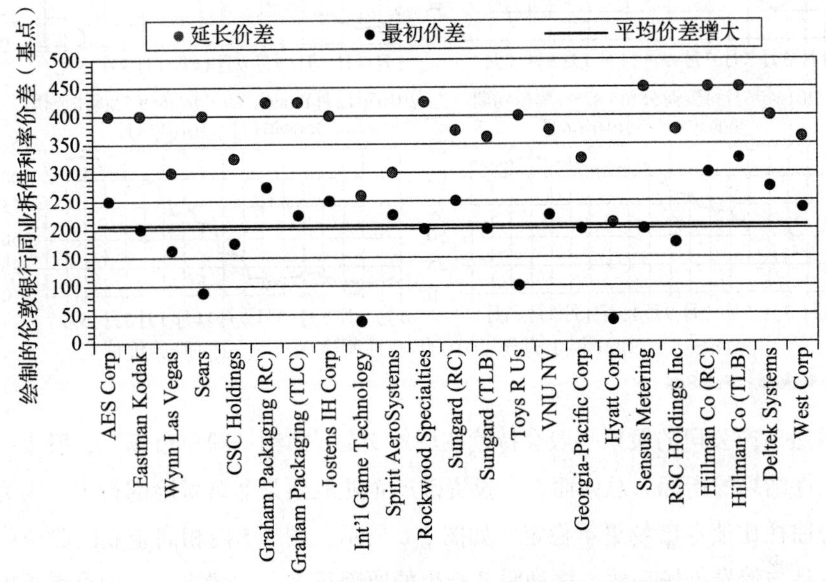

图 3-4 选定“修改和延长”交易中的价差提高

资料来源：Thomson Reuters PLC.

2009 年和 2010 年年初的市场回暖对困境投资产生了什么影响

演员史蒂夫・马丁曾经打趣说：“喜剧都是关于时机的。”整个破产周期的估值也可以这么说。在雷曼兄弟申请破产保护后不久，信贷危机见顶，信贷供应收紧达到极点，许多公司被迫重组。有些企业，如德尔福（早在 2005 年 10 月就提出了破产），被“困”在第 11 章破产内一段时间。深陷信心不足和重组旋涡的高杠杆公司的估值在该阶段会被大幅削弱，因为人们担心，危机会让这些公司失去取得流动性的可能性。

随着宏观经济在 2009 年中期出现触底迹象，股市从十年来的低点开始反弹，而信贷供应开始缓解。这开始了一个有趣的现象：此前曾经申请破产的公司，其全部股权价值似乎已经被信贷紧缩消灭，但随着信贷市场条件的改善，开始显得更有活力。在某些案件中，大约一年期间，支点抵押品一路从担保债务移动到股权。

图 3-5 反映了关键节点：预期净回收，将债券价格用作代理，随着第一轮经济复苏被确定，债券价格获得实质改善。在某些案件中，破产企业的债券依据债务人的偿付能力定价并交易。这说明，困境并购和困境投资的价值主张：把握准时机的人才能获得超额回报！

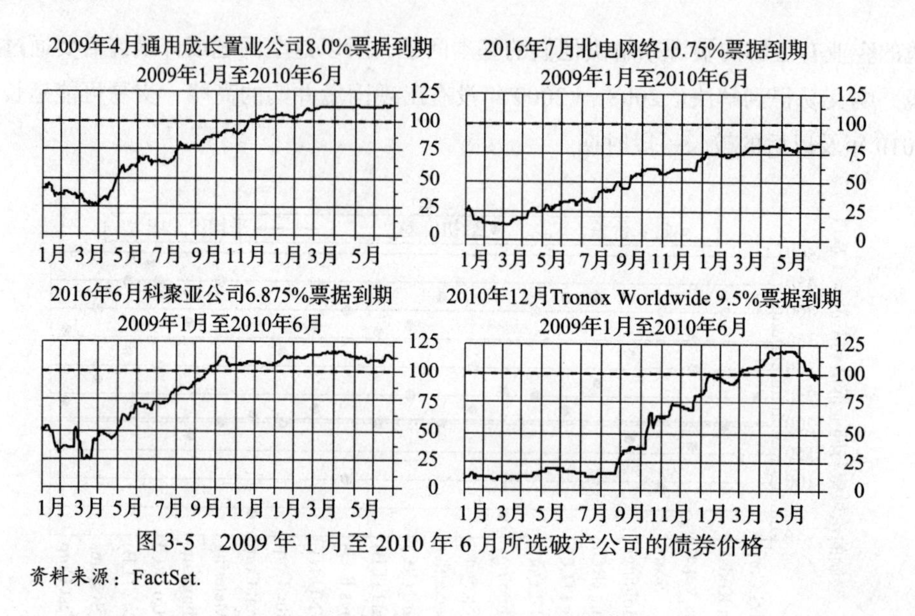

图 3-5　2009 年 1 月至 2010 年 6 月所选破产公司的债券价格

资料来源：FactSet.

虽然破产公司的股票一般会持续在场外交易（简称“粉单市场”），股市一般是破产案件结果的指标。总体而言，投资破产企业股票是非常冒险的行为，因为股市表现得往往比债券市场更不稳定。如图 3-6 所示，图 3-5 内相同企业的股票的交易并不总是与债券市场一致。这种脱节产生的原因很多。一般来说，如果衡量破产案件中的预期结果，债券价格是比股票价格更好的指标。

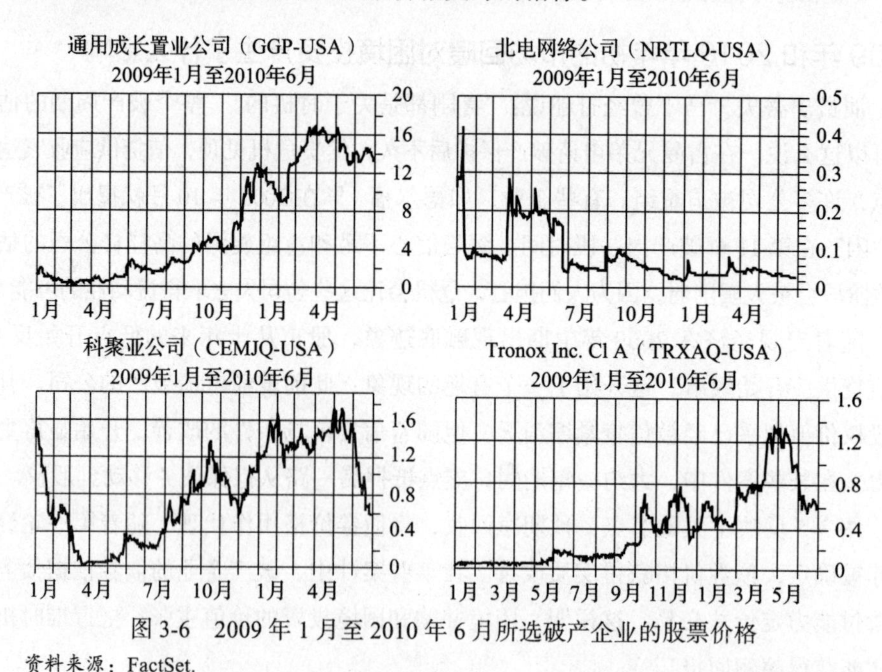

图 3-6　2009 年 1 月至 2010 年 6 月所选破产企业的股票价格

资料来源：FactSet.

值得一提的破产案件

历史关注的破产有哪些

1970 年以前，超大型企业破产是罕见的。当佩恩中部铁路公司于 1970 年破产、W. T. Grant 于 1975 年破产时，这些事件向整个商业界发送了冲击波。（事实上，许多人将现代的“公司治理”运动归因于这些重大事件。这个运动聚焦于对管理层产生制约的独立的公司董事会和积极的股东。）1980 年，克莱斯勒通过政府救助勉强避免了破产。用马克 · 吐温的话说，历史不会重演，但总是惊人的相似。克莱斯勒以及通用汽车公司于 2009 年申请了政府支持的破产。

20 世纪 80 年代的杠杆收购周期可以说推动了 1990 年至 1992 年的巨大破产浪潮，包括超过 10 亿美元的债务人，如 Southland Corp.、LTV Corp. 和 R.H. Macy & Co.。下一个主要浪潮为 2001 ～ 2003 年，包括安然和世通，它们是受企业会计丑闻和互联网与电信泡沫拖累的破产申请人。特别是安然，它的破产之所以出名，不仅是因为它的规模（630 亿美元），还因为它的复杂性，共有 75 家实体（母公司和 74 家子公司）均申请破产，影响众多债权人。

迄今为止，破产浪潮最引人注目的当属雷曼兄弟、通用汽车和克莱斯勒提出巨大的破产申请。事实上，如表 3-2 所示，美国历史上十大破产申请中的六个自 2008 年 9 月起出现，雷曼兄弟的破产申请规模是世通的 6 倍以上，世通曾经是通过最后破产周期提出的美国最大的（臭名昭著的）破产申请案。

表 3-2　美国十大破产案

公司	申请日期	申请前总资产	行业
雷曼兄弟	2008 年 9 月 15 日	6 390 亿美元	金融服务
华盛顿互惠银行	2008 年 9 月 25 日	3 280 亿美元	储蓄与贷款
世通公司	2002 年 7 月 21 日	1 040 亿美元	电信
通用汽车	2009 年 6 月 1 日	910 亿美元	汽车
美国银行控股公司（CIT 集团）	2009 年 11 月 1 日	710 亿美元	金融服务
安然公司	2001 年 12 月 2 日	660 亿美元	能源
康塞科公司	2002 年 12 月 17 日	610 亿美元	保险
克莱斯勒公司	2009 年 4 月 30 日	390 亿美元	汽车
桑恩伯格房贷公司	2009 年 5 月 1 日	370 亿美元	金融服务
太平洋煤气电力公司	2001 年 4 月 6 日	360 亿美元	能源

资料来源：CNN Money.com, bankruptcydata.com, and bankruptcy filings.

当前，破产浪潮的祸首和主要受害者是金融业。就在 40 年前，金融业仅占美国国内生产总值（GDP）的4%，相对于其他行业来说处于一个合理的水平。现在，这个领域占比至少8%，从而产生了两个主要后果。第一，金融业的庞大规模提高了其失败的概率，企业失败时，失败就可能出现在这个领域。第二，作为一个连锁反应，一旦这一领域出现问题，有可能会产生更广泛的经济影响。值得注意的是，在美国历史上的十大破产案中，五个处于金融领域，其余的都是通过其融资部门与金融领域存在显著联系。

收购者可从这十大破产案中学到什么

发生的每个破产案，或大或小，都是无法轻松描述的复杂的事件。不过，每个事件都可以找到最初原因，可以从中汲取主要经验教训。以下是十大破产案的简要提纲，均涉及上市公司，包括关键事件、原因和取得的经验教训。

雷曼兄弟控股公司：6390亿美元

雷曼兄弟（总部设在纽约市）及其附属公司，于2008年9月15日，根据《破产法》第11章，向纽约南区破产法院提出了自愿破产申请，宣布总资产6390亿美元，总负债6130亿美元以及10多万个债权人。作为偿还债权人的一种方法，该公司根据《破产法》第363条出售资产。[10]

原因。雷曼兄弟在其600亿美元抵押贷款组合中遭受了损失，但风险管理是其更深层次的问题。2006年，其高级管理层决定（经董事会批准）把更多的资金置于风险之中，希望实现更高的增长。管理层做出的其中一个错误的决定就是增加公司分析委员会设置的“风险偏好限制”。[11] 作为该战略的一部分，它收购了阿克斯顿，导致公司更加杠杆化。

关键教训。文化因素。Ken Auletta早在25年前在其著作《贪婪与荣耀：雷曼集团的衰败》（纽约：兰登书屋，1986年）中就看出了雷曼基础中的早期裂缝，这部著作描绘了交易商和银行家的文化冲突，交易商的胜利使公司羸弱不堪，并导致1984年并入希尔森/美国运通。十年后，美国运通剥离雷曼，再次成为独立的公司。但交易心态依然存在，导致雷曼于2008年破产；雷曼债券交易员Lawrence G. McDonald在其著作《常识的巨大失败：雷曼兄弟崩溃的内幕故事》（纽约：冠业，2009年）中记录了这个过程。关于雷曼的最后评价来自于破产法院。在其2010年3月的报告中，审查员Anton R. Valukas发现，“雷曼与其说是经济环境恶化的原因，不如说是结果。雷曼兄弟的财务困境……加剧因素有雷曼兄弟的高管，其行为从严重但无罪的商业判断错误到可控告的操纵资产负债表；公司的商业模式奖励过度冒险和杠杆作用；政府机构可能更好地预见或缓解了这一结果”。[12]

华盛顿互惠银行：3280 亿美元

华盛顿互惠银行，总部设在华盛顿州西雅图市，有两个独特之处，一个是骄傲，另一个是羞耻。这是历史上最大的互助储蓄银行，也是历史上规模最大的银行倒闭案。其破产案件正式开始于 2008 年 9 月 25 日，在发现财务表现疲弱之后，储蓄监督办公室发出银行存款运行警告，查封了银行，将其交由美国联邦存款保险公司（FDIC）接管，FDIC 迅速将其子公司出售给摩根大通。第二天，该控股公司向特拉华破产法院作为清算第 11 章案件提出自愿破产申请。2009 年 3 月，华盛顿互惠银行起诉 FDIC 查封不当并以不合理的低价出售给摩根大通。2010 年 3 月，诉讼之后，摩根大通表示，经过税收调节后，它将向华盛顿互惠银行返还大约 40 亿美元。[13]

原因。这一案件超过过去十年的其他任何主要破产，可能归咎于抵押贷款市场。2006 年，该银行扭亏为盈，报告盈利 36 亿美元。但由于抵押贷款违约，该行最终公布 2007 年净损失为 670 亿美元。

关键教训。外部经济趋势同内部控制一样重要。从各方面来看，华盛顿互惠银行有很强的管理层和警觉委员会，无欺诈或疏忽的证据。银行的主要问题是，它低估了核心市场——次级抵押市场的风险程度。

世通公司：1040 亿美元

紧随安然公司当时创纪录的破产之后，总部设在密西西比克林顿的世通与其附属公司（包括前 MCI 公司），于 2002 年 7 月向纽约南区破产法院提交了自愿破产申请。这两个事件加速了立法改革，即 2002 年《萨班斯 – 奥克斯利法案》的通过。许多世通的问题记录在"恢复信任：MCI 公司未来的公司治理"内，这是前美国证券交易委员会主席 Richard C. Breeden 2003 年 8 月向监督 MCI 破产的地区法院提交的一份报告。（在 1998 年 9 月的一次交易中，世通以 370 亿美元的交易价格收购了 MCI）。作为 MCI– 世通的企业监管人，Breeden 建议成立一个"治理机构"，提出了 78 条公司治理具体建议，MCI 必须执行这些建议，将其作为摆脱破产的条件。其中的许多建议成为公司章程的一部分。重组计划于 2004 年正式生效后，MCI– 世通有 60 亿美元的现金和几乎同样多的债务（57 亿美元）。它用这些现金支付其解雇的员工的遣散费。[14] 法院解除了该公司高级管理人员曾经承诺的向其中 19 名雇员支付 140 万美元的义务。最终用新成立的 MCI 公司的债权和股票，向债券持有人每美元支付 35.7 美分。[15] 2005 年，债务人摆脱破产后，Verizon 公司收购了 MCI，将其作为无线电话服务的子公司。

原因。世通倒闭的最可能的原因，是没有整合收购，而且存在大规模的会计欺诈并有意隐瞒其损失。对于第一个原因，世通在 20 年中收购了 70 多家公司，包括

MFS 通信公司和 MCI，但是，正如专家在世通公司宣布破产之前所说，“未能将其收购融合成一个连贯的、创造价值的整体”。[16] 对该公司最沉重的打击是 2002 年 6 月披露它没有正确地解释 380 亿美元的经营费用。

关键教训。董事会需要多监督收购的整合，详细审议财务报告，包括新股票招股书。后者是 Breeden 的主要发现。

通用汽车公司：910 亿美元

2009 年 6 月 1 日，通用汽车公司（总部设在美国密歇根州底特律）与其子公司向纽约南区破产法院提出自愿破产申请。通用汽车亏欠其最大债权人美国政府 194 亿美元。公司按照预定的重组计划，接受 242 亿美元美国政府资金 DIP 贷款。2009 年 7 月，其业务与核心品牌，包括雪佛兰、别克、美星华通（GMC）和凯迪拉克，转移到新成立的“新通用汽车”公司。新通用汽车挑选盈利能力最强的资产，并在极具争议的第 363 条出售过程中迅速退出美国财政部所有权项下的破产保护，这个销售过程产生了约 750 个书面异议。美国财政部作为 DIP 贷款人和第 363 条出售投标人积极参与是史无前例的，政府依照了一个非常激进的议程来挽救通用。剩下的资产，如庞蒂克和土星，被称为汽车清算公司或“旧通用”。美国财政部提供了约 12 亿美元，为第 11 章旧通用的低落期提供资金，包括解决售后问题，如停止剩余业务并在审查其债权后向债权人分配。债权人收到新通用汽车普通股的部分补偿，使他们能参加最终首次公开发行。2009 年 7 月 21 日，美国证券交易委员会和美国金融业监管局（FINRA）发出警报，解释两家公司之间的区别，不鼓励投资于旧通用，这对某些投资者产生了误导。[17]

原因。汽车行业的经济结构使其特别容易破产。该行业的固定费用很高，终端市场需求与国家繁荣紧密相连。当美国经济疲软时，通用也如此。通用汽车一度曾售出如此多的汽车，以至于其首席执行官的话被引述（虽然不正确）说，“对通用汽车有好处，就对国家有好处”。[18] 通用汽车破产的另外一个原因是其未能随时代变迁调整其策略。由于一系列战略失误（融资手段冒险大举进入抵押贷款领域，依赖证券化市场，全行业随意给客户回扣，将消费者喜好从卡车转向小型车，等等），公司失去了重要的市场份额及利润率。[19]

关键教训。着眼于完善战略规划，对其进行调整以反映经营环境的变化和不断变化的客户偏好。在第 11 章，切勿低估意外情况，例如，美国政府采取了可能扭曲《破产法》基本宗旨的前所未有的措施。

CIT 集团：710 亿美元

总部设在纽约市的 CIT 集团及其附属公司于 2009 年 11 月 1 日向纽约南区破

产法院提出自愿破产申请，宣布预定的债务重组计划，将其债务减少 100 亿美元。数周后，于 2009 年 12 月，从破产中诞生了 CIT。重组的预定计划导致：①债务义务净减少 104 亿美元，反映出高级和次级无担保债务的取消和新担保票据的发行；②取消所有优先股义务和之前普通股股东权益；③向符合条件的债务持有人发行 2 亿份新普通股；④通过减少债务并将重要债务到期日推迟三年，改进流动性和资本状况。[20]

原因。作为中间市场中老牌的股息支付蓝筹股，CIT 没有呈现出过度支出公司的情况。原因似乎是贷款严重集中于受次贷危机影响的企业。

关键教训。如果所处领域遭受逆转，应想方设法避免核心业务中固有的重大风险。

安然公司：660 亿美元

安然公司，总部设在得克萨斯州休斯敦，与其附属公司于 2001 年 12 月 2 日向纽约南区破产法院提出自愿破产申请，这一事件，连同世通公司破产，促成了大型企业治理改革。Powers 报告讲述了这个故事。2002 年 2 月 1 日，William C. Powers, Jr. 向安然董事会呈交了特别调查委员会对安然集团的调查报告（Powers 为特别调查委员会主席）。安然曾经有大量未披露的安排（涉及内幕人士的表外处理交易），这些安排隐藏了构成安然破产的条件。今天的安然简直是其前身的外壳，以安然债权人回收公司（ECRC）的名义运行，向债权人分配破产的安然公司的剩余资产。[21] ECRC 继续试图从促成安然欺诈案的顾问处获得资金。[22] 安然破产之时成千上万未决的衍生贸易最终导致了《破产法》部分的重大修订，修订内容涉及远期合约、掉期交易、主净额结算协议以及其他金融合约。

原因。狂妄自大是贯穿安然众多账户消亡的腐蚀线。“房间里最聪明的人”接管了一家拥有巨大潜力的能源和金融公司，并把它变成由目的可疑的金融结构网络支撑的纸牌屋。

关键教训。询问问题。Powers 报告的主要信息是，董事会应更严格地监督公司财务专项安排。骄傲必败，但谦卑可以预防失败。为了避免再次出现安然这样的公司，董事和其他人可以质询他们是否理解特殊策略、交易或载体的目的。

康塞科公司：610 亿美元

康塞科公司，总部设在印第安纳州卡梅尔，与其附属公司于 2002 年 12 月 17 日向伊利诺伊北区破产法院提出第 11 章自愿破产申请。2003 年 9 月，法院确认了重组计划。该公司后来改名为 CNO 金融集团，出售了其融资业务，仅专注于核心保险业务。

原因。许多分析家将多品种保险公司康塞科的破产归于一个主要原因：1998

年4月出资76亿美元收购了移动房屋最大投资者之一的绿树金融有限公司。人们担心的是，不仅康塞科花高价购买了绿树，还偏离其核心业务轨道，进入了它不熟悉且缺乏经验的行业。在宣布股票换股票交易的当天，公司股价下跌了15%。虽然最初的下跌可能是宣布交易后通常的合并套利引起的，尽管随后尝试进行了各种弥补，康塞科的股价在之后三年仍持续下降。这些尝试包括彰显信心的内部买进股票、债务重组以及外包节约成本。2002年，随着股票交易价格低于1美元，公司透露，美国证券交易委员会正在调查该公司的会计业务。最终，康塞科剥离了绿树，这基本上承认了收购失败。

关键教训。康塞科事件说明了审慎并购战略的重要性。与绿树的交易战略考虑合理，也并不存在所报告的整合问题。很多人认为，问题在于康塞科在交易中买贵了，在此之前的其他数十起交易也同样如此，最终引发了1998年的收购。[23]

克莱斯勒公司：390亿美元

克莱斯勒公司，总部设在美国密歇根州底特律，与其附属公司于2009年4月30日向纽约南区破产法院提出第11章自愿破产申请，在此之前的两年，一家私人股权投资公司从戴姆勒手中将其收购，从而摆脱了十年前的一次不成功的合并。[24]尽管联邦政府曾在2009年早些时候向克莱斯勒发放了贷款，总统授权的汽车行业特别小组否决了克莱斯勒的重组计划，迫使这家汽车制造商寻找海外并购的合作伙伴。该小组几乎没有对美国汽车做出承诺（甚至还不如消费者），[25]给克莱斯勒30天时间完成与菲亚特的结盟，作为接收更多政府资助的条件。尽管遭遇了法律上的挑战，2009年6月克莱斯勒完成了与菲亚特的合并。菲亚特接收了克莱斯勒大部分资产；剩余资产在法院监督下出售，然后将所得收益分配给向克莱斯勒LLC提出索赔的债权人。[26]

原因。除了前面提到的通用汽车的结构性问题外，破产的原因可能在于产品开发的长期投资不足。尽管克莱斯勒最近几年有一些“成功车型”（克莱斯勒300C、PT漫步者、城市与乡村小型货车），但数量寥寥。

关键教训。判断公司是否值得挽救。像康塞科一样，克莱斯勒案件突出了并购失败的结局。在这个案件中，战略和金融买家低估了陷入困境的公司重整所面临的挑战。与通用汽车相同，行业困境与无力制定完善的战略规划，是金融灾难的关键因素。如果没有一个可行的独立商业模式，出售给一个买方可能是唯一现实的解决办法。

桑恩伯格房贷公司：370亿美元

2009年5月1日，桑恩伯格房贷公司，总部设在新墨西哥州圣菲，与其附属公司向马里兰地区破产法院提出第11章自愿破产申请。随后根据《破产法》第363节，其资产被出售，公司正式停止运作。此前，从2000年到2006年，桑恩伯格的利润已经提高了10倍，股价翻了3倍，相比之下，标准普尔500金融指数的收益率为54%。

原因。桑恩伯格的坠落可以归因于债权人的恐慌和内部人缺乏忠诚。房地产投资信托基金（REIT）具有相对高质量的抵押贷款，但债权人因为担心次贷危机和抵押贷款支持证券，提出公司无法满足的追加保证金要求。负责破产公司的受托人声称，破产的原因之一是内部人士进行的谋私交易。受托人指出，桑恩伯格的四名高管在2009年抵押贷款人申请破产前不久向他们自己支付了数量不菲的奖金，并在推出新公司的一项隐藏计划中从桑恩伯格挪用了资金。

关键教训。信任但要证实，反之亦然。如果债权人有更多的耐心，如果董事会对关键管理人员的潜在利益冲突更加警惕，桑恩伯格可能仍是一家还在运营的公司。

太平洋煤气电力公司：360亿美元

2001年4月6日，太平洋煤气电力公司（PG&E），总部设在加利福尼亚州旧金山，与其附属公司向加利福尼亚州北区破产法院提出第11章自愿破产申请。经过两年多的重组竞合计划谈判，PG&E、加利福尼亚州公共事业委员会（CPUC）和无担保债权人官方委员会同意了一项解决方案，为该公用事业公司退出破产铺平了道路。2003年6月的解决方案包括：① PG&E放弃将该公用事业公司分成四部分的努力，其中三个置于联邦政府控制下，剩下一个根据CPUC规定保持不变；②就多年间利用率下降的时间表达成协议；③为保持PG&E的水电业务和公共目的，将140 000英亩流域土地和7000万美元专用于一家非营利公司；④建立了1500万美元风险投资基金，以促进和推动新型清洁能源技术；⑤全面赔偿债权人。

原因。公司破产的原因是批发电力成本增加，外加所谓放松管制，尽管债务负担沉重，放松管制阻止了该公用公司提高其成本。

关键教训。举目眺望。有时，为客户经营好一家企业是不够的。原料价格或新政府政策等外在因素可能产生一个临界点。危机导致破产后，与主要分支机构达成共识，能够实现对债权人的全面补偿。

你能确定涉及困境并购的各行业中最近的破产案件吗

表3-3强调2008～2010年全球经济衰退期间不同行业的破产案件。总体而言，明确结论是当宏观经济问题很严重时没有哪个行业的企业能幸免倒闭。

表 3-3 2008 ~ 2010 年选择的破产案例

服装	汽车	航空	银行与金融	生物技术	建筑产品
Fashion House Hartmarx Point Blank Solutions	EZ Lube Meridian Visteon	Alitalia S.p.A. Aloha Airlines Mesa Air	Advanta Capmark Financial IndyMac Bancorp	Forticell Bioscience Lipid Sciences Microlslet	MAAX Masonite U.S. Concrete
化学品	**消费品**	**电子产品**	**能源**	**娱乐与消遣**	**乙醇**
Chemtura Ethanex Energy Lyondell Chemical	Lenox Group Polaroid Simmons Company	Sequiam Soyo Group Syntax-Brillian	Applied Solar Techni-power Systems U.S. Energy	Bally's Total Fitness Midway Games Six Flags	Northeast Biofuels Otter Tail Ag Enterprises Vera-Sun Energy
食品与饮料	**赌博**	**食品杂货**	**家庭建设**	**医院**	**宾馆**
Eurofresh Growers Direct Coffee Pilgrim's Pride	Herbst Gaming Legends Gaming Trump Entertainment	Great Atlanfic & Pacific Bruno's Supermarkets Penn Traffic Company	TOUSA WCI Communities WL Homes	Forum Health Hospital Partners Integra Hospital Plano	Extended Stay Fountainbleu Las Vegas Tropicana Entertainment
信息技术	**保险**	**律师事务所**	**医疗设备与服务**	**采矿**	**石油与天然气**
BearingPoint Muzak Silicon Graphics	BluePoint Re ING Re (UK) Land America Financial	Dreier Heller Ehrman Thelen Reid & Priest	Artes Medical Scantek Medical SurgiLight	Apex Silver Mines Buillion River Gold Sterling Mining	Baseline Oil & Gas Crusader Energy Saratoga Resources
包装、纸浆与纸张	**塑料**	**出版**	**房地产**	**露营车**	**饭店**
Abitibi Bowater Pope & Talbot Smurfit-Stone Container	ECO2 Plastics Moll Industries Wellman	Idearc Readers Digest Tribune Company	Crescent Resou-rces DBSI General Growth Pro-perties	Fleetwood Industries Fountain Powerboat Monaco Coach	Buffets Holdings Steakhouse Partners Uno Restaurant
零售	**半导体**	**钢铁与金属**	**电信**	**运输**	**纺织**
Circuit City KB Toys Linens 'n' Things	Aviza Technology GSI Group Tvia	Almatis B.V. Stamford Industrial Neenah Enterprises	Charter Communications Hawaiian Telecom Nortel Networks	Jevic Transportation SIRVA U.S. Shipping Partners	Dan River Foamex Propex

困境投资者

什么类型的投资者在危困企业中部署资本

美国拥有针对困境证券投资的最先进市场。至少在某种程度上，这是由于牢固的《破产法》和高度发达的资本市场相结合的原因。因此，困境领域中投资者类型的范围就像更多“传统的”市场一样广泛。

从广义上讲，人们可以把潜在困境投资者分为三类：①专注于危困企业控制权收购的私募股权投资基金；②买卖困境实体债权和信贷的对冲基金；③投资于重组企业股权的对冲基金和长线基金（如共同基金）。

投资于危困企业的吸引力是什么

“估值便宜”可能是在脑海中浮现的首要原因之一。然而，大多数投资者基于风险调整衡量其成功。其结果是，似乎存在于真空中的低估值并无意义。也就是说，大多数低估值企业便宜是事出有因的。（事实上，我们用整个第 11 章讨论企业失败的原因。）

在我们看来，困境投资的吸引力很大程度上在于结构性因素的作用，而这些结构性因素能够影响市场。当投资者根据破产后实体股权的价值评价危困企业的信贷时，其各自的结构性因素一般会有所不同。

在信贷方面，一些贷款人恰恰是在错误的时间（即市场流动性最差的时点）成为被迫出售者，或者较少关注从拖欠的贷款上抽取全部价值。例如，考虑以评级为重点的信贷共同基金。这些资金往往被授权约束，设置最低信用评级。当企业违约或其评级下降时，这些基金成为被迫出售者。

典型的商业银行还可能面临过早卖出困境贷款的结构性诱因。一旦贷款“变坏”，贷款一般在银行的资产负债表上从执行正常到减值（或拖欠），从而需要更大的风险资本配置。这种更高的配置使持有贷款对于银行而言更加昂贵。银行也通常在内部减记贷款的价值（可能到零），然后将其转换到重组区域。因此，重组团队可能用刺激措施尽快将贷款从银行的账簿上剥离，漠视信贷面值。

结构性因素也常常支持破产后企业的股权投资。一位评论员把这些因素分为两个方面：定性和基本。我们在表 3-4 中总结这些因素。

表 3-4　支持困境股权投资的结构性因素

一般定性因素
• 信息的访问。尽管公司通常提供定期更新，数据往往是混乱的（有多个版本，且来源往往是法院本身），而无法得到这些数据的合集。此外，大量定性信息在第 11 章破产程序过程中由债权人管理。

（续）

- 投资者的怀疑。投资者通常畏缩不前，并将重组企业视为被污染的企业。
- 积极偏见。申请第 11 章破产的十家公司中只有一家作为上市公司出现。第 11 章破产中涌现出许多优秀企业，所以很多投资者认为最好的企业已经都被挑走了。
- 研究范围不足。研究时长通常不会持续一年。
- 回流。通常情况下，有一定的初步抛售压力，因为有些债权人急于出售其持有的股份。

一般基本因素

- 减债。负债通常降低 20% ~ 80%，减少"好"商业模式上的经济负担。
- 资产结构的变化。破产期间，公司往往关闭或出售业绩不佳的资产，并取消租约。
- 新的管理团队。管理层的变革可以重振公司。
- 每月的经营业绩。其主要是降低风险。每月的业绩由公司向破产法院提交（对于投资者来说，一般可用作 8-K 表）。
- 财务预测。财务预测包含在披露声明内。

资料来源：JP Morgan Chase & Co.

困境投资也有附加益处，与流动性更强的证券投资的潜在相关性较低。这样，可分散投资组合分析，为喜欢另类资产类别的投资者创造对冲的机会。

此外，在求偿权交易或对破产企业债务人求偿权的购买和出售方面，也存在较大（不受管制）的市场。关于求偿权交易的内容较少，求偿权具有高度的投机性，不受证券或并购规定的约束。关于这个问题的数据很少，判例法也很少。其结果是，没有人真正知道市场的规模，尽管有人曾说其规模高达数千亿美元。

为什么投资者有兴趣购买破产公司的债权

或许不难理解为什么有些债权人希望出售破产实体的债权，即使以折扣价出售。这些债权人既没有欲望也没有能力等待全额支付；他们甚至担心债权是否会支付。（当然，破产充满风险。）但是，考虑到这种投资本身具有投机性，他们可能不太清楚为什么其他企业愿意介入并购买这些债权。

一般来说，可能有兴趣购买债权人债权的有以下三种类型的投资者：

1. 一些投资者专门为了投资而购买债权。（经纪商如果尝试匹配债权的买方和卖方，并压低佣金或涨价，也可以采取这个角色）。这样的投资者会将预期从债权上获得的收益（其他变量包括预期的回收率和重组的时间等）与购买该债权所需的现金支出相比较。如果从收购的债权上获得的风险调整后回报率超过投资者的预期回报率，可能将产生吸引力。
2. 其他投资者可能试图以某种方式影响重组。这可能包括作为支点证券（fulcrum security）购买债权，获得位置优势，以便在重组计划中得到更大的收获。（本书第 4 章更详细地讨论支点证券。简单地说，支点证券是最有可能在改组时转换为股权的债务证券）。

3. 最后，一些债权买方可能只是寻找有关债务人的信息，例如债务人依据 363“出售”资产的潜在买方（在本书的第 13 章详细讨论），或者仅仅是寻找市场情报的竞争对手。

一般情况下，购买债权的当事人继承卖方的所有权利和问题，当然，包括与债权的面值对等的权利。问题包括债务人和其他权益当事人可以对债权质疑的抗辩。实例包括可撤销的优先权、欺诈转让、不履行合同条款等。

一旦各当事人达成出售债权的协议，买方必须向破产法院通知该交易。如果法庭认为所有要求已得到满足，会确认该转让，并正式记录债权的新主人。交易的细节，包括价格和条款，成为破产案公开记录的一部分。

在破产过程中，困境投资者何时介入

如在本书其他部分的描述，投资者实际上可随时进入该过程。然而，在计划确认或某些其他法院命令之前，这些投资者通常以三种方式进入：①作为拥有控制权的债务人（DIP）贷款人；②作为银行债务的投资者；③作为支点证券的投资者。请注意，这些不一定是相互排斥的选择；例如银行债务可以是支点证券。

投资破产后的股权是不是有利可图的策略

一般情况下，是这样。例如，通过观察从 1988 ～ 2003 年这 15 年间的 117 个重组，摩根大通汇编了 12 个月重组收益。[28] 此期间的第一个 12 个月重组收益跑赢了标准普尔 500 指数平均 84 个百分点，最大的相对优异表现集中在交易的第一个月。尽管如此，这项研究中仍然存在回报率离差：在 117 个样本中，只有一半公司优于市场。因此，整体正面的结果由研究中的少数公司推动。这表明，希望投资于破产后股权的投资者采取投资组合的方式来购买这些证券。

是否有购买破产实体的资金

有。集中购买困境实体的多种资金已经形成，它们被称为各种重组基金、重整基金、秃鹫基金或重组资金。但无论使用什么名称，重点都是一样的：以低廉价格投资于正遭受财务困境或已经破产的实体，然后，当公司摆脱这种状态时就能从中获益。如阿波罗管理公司创始合伙人 Marc Rowan 最近解释的那样：

> 我们在过去 20 年里一直依赖的策略受到了困扰。我们企业的大多数

创始人从负债企业中走出来。我们没有在这段期间内寻找传统私募股权样式的收购，而是利用我们的固定收益技巧组合。我们进入并购买过度杠杆化基本良好企业的债务、银行债务、次级债，我们与债权人一起完成某个过程，有时是破产中的，有时是破产外的，最后，我们满怀期望地以优惠价格重新控制了根本上良好的资本结构。[29]

正如预期的那样，随着2009年经济状况的恶化，这方面的募集资金活动急速扩展。表3-5归纳了2001～2009年此类基金募得的资本数量。

表3-5 私募股权困境资产基金募得的资本

年度	基金数量	累计资本（10亿美元）
2001	11	7.9
2002	9	5.8
2003	17	5.9
2004	23	11.7
2005	21	10.9
2006	28	19.0
2007	38	47.5
2008	28	44.7
2009①	59	52.5

①包括截至2009年7月31日处于募集资金过程的基金。

资料来源：Preqin; *CFA Magazine*, November-December 2009, p. 42.

侧重于困境收购的主要私募股权基金为：

- Apollo Management (www.apolloic.com)
- Bayside Capital (www.bayside.com)
- Industrial opportunities Partners (www.iopfund.com)
- Insight equity (www.insightequity.com)
- JLL Partners (www.jllpartners.com)
- KPS Special Situations (www.kpsfund.com)
- Matlin Patterson Global Advisors (secure.reportingsystem.com/MatlinPatterson-home)
- Monomoy Capital Partners (www.mcpfunds.com)
- Questor (defunct)
- Prophet equity (www.prophetequity.com)
- Sunrise equity Investors (defunct)

- Sun Capital Partners (www.suncappart.com)
- Versa Capital Management (www.versa.com)
- Wayzata Investment Partners (www.wayzatainvestmentpartners .com)
- Wellspring Capital Management (www.wellspringcapital.com)
- WL Ross & Co. (www.institutional.invesco.com)
- Yucaipa Companies (www.yucaipaco.com)

此外，还有被吸引到困境债务投资以产生高收益策略的无数对冲基金，值得注意的一些基金为：

- Angelo Gordon
- Appaloosa Management
- Black Diamond
- Cerberus
- Crystal Capital
- DDJ Capital Management
- D. E. Shaw
- Elliott Associates
- Garrison Investment Group
- Harbinger
- Highland Capital
- MHR Capital
- Oaktree Capital
- Paulson & Co.
- SilverPoint Capital
- Third Avenue Focused Credit Fund

这些私募股权困境资产基金出现在私募股权并购和破产均产生的年代，[30] 然而股权投资者仅占 2010 年初期全球并购交易的 6%。[31] 困境交易的多数资金来源于顾问协助的担保和无担保债权人。本书下一部分将介绍这些重要的企业。

尾注

1. Anthony Baldo, "The Bankruptcy Routine," *The Deal,* Jan. 25-Feb. 7, 2010, pg. 40.

2. 这个数字包括第 7 章和第 11 章案件。见 UCLA-LoPucki 的破产研究数据库。
3. Jay R. Ritter, " Some Factoids about the 2009 IPO Market, " Cordell Professor of Finance, University of Florida(March5,2010);available at http://bear.warrington.ufl.edu/ritter/IPOs 2009Factoids.pdf, last accessed March 7, 2010.
4. 正如美国法院报告的那样。
5. PricewaterhouseCoopers & National Venture Capital Association, MoneyTree Report 2009; available at https://www.pwcmoneytree.com/MTPublic/ns/moneytree/filesource/exhibits/National%20MoneyTree%20full-year%20Q4%202009.pdf,last accessed March 13, 2010.
6. 约 1500 万家企业实体每年提交持续经营的美国纳税申报。
7. 如美国法院和美国破产研究所报告的那样。
8. 包括在最后 10-K 表上报告指出超过 1 亿美元（按 1980 年美元计算）的公司，此表为提交破产案件之前债务人向美国证券交易委员会提交。
9. Elizabeth Warren & Robert M. Lawless, " My Myth of Disappearing Business Bankruptcy, " 93 *California Law Review* 745 (2005).
10. Frank B. Reilly, Jr., and David N. Crapo, " Distressed M&A: Bankruptcy Code Section 363 Sales, " *Corporate & Finance Alert*, December 23, 2008; available at http://www.gibbonslaw.com/news_publications/articles.php?action=display_ publication&publication_id=2640, last accessed March 7, 2010.
11. *In re Lehman Brothers Holding, Inc., et al.*, Report of AntonR.Valukas,Examiner,Chapter11 Case No. 08-13555 (JMP), March 11, 2010 (hereinafter " Lehman Brothers Examiner's Report "),at 72;available at http://www.scribd.com/doc/28228424/Lehman-Brothers-Examiner-s-Report-Vol-1, last accessed April 26,2010.
12. 同上，2-3。
13. " Washington Mutual Resolves Lawsuit Battles with FDIC, JPMorgan Chase(JPM) " ; available at http://www.tmcnet.com/usubmit/2010/03/13/4670263.htm,last accessed April 26, 2010. For an outline of the issues considered in the case,see *In re Washington Mutual Inc. et alia, Debtors. Washington Mutual Inc. and WMI Investment Corp., Plaintiffs v. JP Morgan Cash Bank, National Association,Defendant*; available at http://www.kccllc.net/documents /08 12229/0812229100302000000000008.pdf, last accessed April 26, 2010.
14. The workers formed a group called exWorldCom 5100, successfully mobilizing for repayment. Jim Crane, " Laid-Off WorldCom Workers to Get $36 Million, " *Baltimore Sun*, October1,2002;available at http://www.baltimoresun.com/business/bal-worldcom1001,0,915132.story, last accessed April 26, 2010.
15. Steven Taub, " MCI Emerges from Bankruptcy, " *cfo.com*, April 21, 2004; available at http://www.cfo.com/article.cfm/3013321/c_3042555, last accessed April 25, 2010.
16. Knowledge@Wharton, " Will WorldCom Rise Again, " commentary from the Wharton School of Business at the University of Pennsylvania, May 26, 2002;available at http://news.cnet.com/Will-WorldCom-rise-again/2009-1033_3-922988.html, last accessed April 26, 2010.

17. " Trading in Motors Liquidation Company (Formerly Known as General Motors Corporation), " FINRA,July 2009;availableathttp://www.finra.org/web/groups/industry/@ip/@reg/@notice/documents/notices/p119826.pdf, last accessed April 26, 2010.
18. According to a *Time* magazine article from 1961, what GM's CEO actually said was, " For years I thought that what was good for our country was good for General Motors,and vice versa." *See* "Armed Forces: Engine Charlie," *Time*, October6, 1961; available at http://www.time.com/time/magazine/article/0,9171,827790-1,00.html, last accessed May 13, 2010.
19. See, for example, Sharon Silke Carty, " Seven Reasons GM Is Headed to Bankruptcy," *USA Today*, June 2, 2009; available at http://www.usatoday.com/money/ autos/2009-05-31-gm-mistakes-bankruptcy_N.htm, last accessed April 26, 2010.
20. "CIT Reports 2009 Financial Results," press release, March 16, 2010; available at http://phx.corporate-ir.net/External.File?item=UGFyZW50SUQ9Mjk1NzU4M3xDaGlsZlEPTM3MzA4MHxUeXBlPTI=&t=1, last accessed April 26, 2010.
21. See http://www.enron.com/.
22. 在将本书付印时仍然悬而未决的一份诉讼中，ECRC 称，在五年内，花旗集团帮助某些安然官员操纵和虚报安然的财务状况，导致安然在 2001 年 12 月破产。具体来说，ECRC 称在此期间花旗集团与安然至少达成 13 次结构化融资交易，了解该公司用某种方式对这些交易进行解释的计划，使安然的财务状态看起来比实际的更强。在他的关于安然公司破产第四份报告以及最终报告中，审查员 Neal Batson 的结论是，安然公司和花旗集团之间的所有交易具有以下一个或多个特征：没有合理的商业目的；在财务报告期接近结束时完成，交易金额旨在帮助安然满足有针对性的一个或多个财务比率；试图将融资产生的现金流伪装成安然业务经营产生的现金流，最终允许夸大安然财务报表上的安然经营现金流；或试图将债务伪装成价格风险管理负债（交易业务负债），最终使得低估了安然公司资产负债表上的债务。如果法院同意本报告，花旗集团可能要为违反证券法承担责任。
23. 关于康塞科故事的详细解释，参阅 " Rebuilding Conseco," *Indianapolis Star*, August 13, 2004。
24. 德国戴姆勒公司以 74 亿美元向 Cerberus 出售克莱斯勒 80.1% 的资产，保持 19.9% 的资产。
25. See Noel Sheppard, "Obama's Auto Task Force Owns Foreign Cars, Will Media Care?" *News Busters*,February23,2009;available at http://newsbusters.org/blogs/noel-sheppard/2009/02/23/obamas-auto-task-force-owns-foreign-cars-will-media-care, last accessed April 26, 2010. This article claims that most of the task force members owned foreign cars, and some did not own cars.
26. See " Chrysler Bankruptcy Ends; Supreme Court Clears Sale to Fiat, " *U.S. News*, June10, 2009;available at http://usnews.rankingsandreviews.com/carstrucks/daily-news/090610-Chrysler-Bankruptcy-Ends-Supreme-Court-Clears-Sale-to-Fiat, last accessed March 7, 2010.
27. Emily Chasan, " Trustee Sues ex-Thornburg Mortgage Execs for Theft, " Reuters,March 4, 2010,available at http://www.reuters.com/article/idUSN0412213220100304, last accessed

April 26,2010. For the full case, see *Inre TMST, Inc.*, case No. 09-17787-DK, United States Bankruptcy Court, D.Maryland at Baltimore (February 16,2010);available at http://www.leagle.com/unsecure/page.htm?shortname=inbco20100216515, last accessed April 26, 2010.

28. Thomas J. Lee, " The Chapter after Chapter 11, " J. P. Morgan Equity Research, January 9, 2004.
29. Interview with Marc Rowan, founding partner of Apollo Management, "The Best Returns Follow Chaos" ;available at http://knowledge.wharton.upenn.edu/arabic/article.cfm?articleid=1203, last accessed May 12, 2010.
30. See Thomson Reuters League Tables for Quarter 1 2010. Compared to Quarter 1 2009, the period showed an 89 percent increase in private equity M&A in the period, and a more than 800-fold increase in distressed M&A.
31. 同上。

第二部分

The Art of Distressed M&A

破产参与方

在考虑收购一项陷入困境的业务时，潜在买方的首要任务是辨识出牵涉当前局面的各方。无论目标公司是否已着手破产重整或通过庭外手段处理问题，各方在协商中通常都会使用与破产相关的概念和术语。

总体而言，破产程序是债务人与债权人之间的交锋，其赋予双方特定的权利和能力，帮助债务人与债权人就一系列复杂问题达成公平且公正的解决方案。一个潜在买方可以决定支持债务人、加入债权人一方对抗债务人或者尝试保持中立。因此，潜在买方应对比各方利益、动机、在谈判中所处地位，以此选择盟友，尽可能地提高成功收购目标公司的概率。

在这一部分中，我们将介绍破产程序中的主要参与方，包括债务人、有担保债权人、无担保债权人、相关顾问和其他参与方。收购危困企业的过程充满不确定性，随时可能发生变化，我们强烈建议有意愿的买方聘用具备在特定案件中处理相关问题经验的优秀破产法律师、重组顾问以及重整咨询师。

在此，我们试图帮助潜在买方深入理解上述事项，使其能分辨不同服务提供方的水平高低，作为参与方了解破产程序，采取有效策略并做出审慎决定。我们也希望本部分内容能对进入破产程序的危困企业管理者和所有者有所助益。我们从潜在买方的视角阐释的几乎所有问题对于卖方同样息息相关。最后，我们希望本部分内容能作为从事破产业务的专业人员的有益指南，帮助其与客户沟通、培训新人，并促进更有质量的讨论和更有效的沟通。

第 4 章

债务人和债权人概述

“不要向人告贷，也不要借钱给人；

因为债款放了出去，往往不但丢了本钱，还失去了朋友。”

——威廉·莎士比亚，《哈姆雷特》(1602 年)

概览：债务人

何为债务人

无论是否进入破产程序，债务人即指借款人或对他人承担责任和义务并对他人负有债务的任何其他人士。《破产法》将债务人定义为一个“人士或行政体，其涉及一项已经开始的关于此产权的案件。”[1] 与《公司法》一样，《破产法》中的人士一词包括公司。

何为债务人财产

当一家公司进入破产程序，其所有资产便成为债务人财产并受破产法院管辖。《破产法》对破产财产这一概念进行了广义解释，即在破产案件开始时，债务人对其所有财产享有的法律及衡平法上的利益。[2] 总的来说，债务人财产包括公司资产负债表上的资产。《破产法》还将破产案件开始后债权人取得的任何财产利益纳入债务人财产中。[3]

债务人是否实际占有一项资产与该资产能否成为债务人财产无关。举例来说，即使债权人因为债务人拖欠账单而拒绝向债务人发货，这批货物仍然属于债务人财产。

在理论上，一项资产的确切位置也与其能否成为债务人财产无关。然而，在实践中，如果债务人在美国之外拥有资产，除非外国政府及其法院配合执行债务人在当地的财产，其债权人及美国的破产法院有可能无法就该项资产实现破产债权。

何为关联债务人

大多数具有一定规模的公司都有复杂的金融结构——这通常由一系列呈金字塔型的公司实体构成，其中包括各种子公司和关联公司，不同实体通常又会与不同债权人分别达成借款安排。在一项破产程序中，金字塔结构中的各个实体均有各自的债权人，一家危困企业往往存在多个债权人。当一家公司的破产程序中涉及其多家公司实体时，这些实体就被称为关联债务人。破产法院会给每个关联债务人都分配一个单独的案件编号，但法院往往也会挑选一个关联债务人作为主要债务人，并在引用其他所有关联案件时使用该案件的编号。因为主要债务人的名称经常在新闻中被援引，公司有时会设法使其旗下一个名字不具辨识性的实体作为主要债务人，以保护公司品牌的公众形象。在调研一家公司的破产案件时，潜在买方应确保其审阅的案件是相关度最高的那个，否则可能会错失重要信息和重大发展。

何为非债务人

从战略上考虑，一家公司可能会设法使其旗下特定的子公司和关联公司远离破产程序。同时，如果一家子公司被设立为我们在第 2 章中讨论过的破产隔离实体或特殊目的实体，则母公司也可能无法将其纳入破产程序。在这种情况下，这些实体被称为非债务人或非债务人实体，不受破产程序限制。尽管没有法律规定一家公司的所有子公司及关联公司都必须成为债务人，从实践层面而言，若这些子公司及关联公司的债务关系有所重叠，它们或许都应当考虑寻求破产保护。同时，若一项重组计划涉及实质性合并（参见本书第 12 章），则一家公司旗下的所有实体也可能都成为债务人。

潜在买方应查阅目标公司的整个公司结构图，并根据交叉查阅破产案件来决定哪些实体是债务人，哪些是非债务人。如果潜在买方希望收购整个公司，其也许需要通过破产程序收购部分资产，并在破产程序之外收购其他资产。买方也可以在其交易结构提案中要求目标公司将其非债务人实体转化为债务人，这样一来，目标公司的所有资产都可以通过破产程序取得。

当多家子公司处于不同的财务状况时，公司该怎么做？这些子公司是否都必须提出破产申请

面对上述情形，公司有多种选择。母公司有时会发起第 11 章重组㊀，未被纳入第 11 章重组案件的子公司可以继续其日常经营；若这些子公司日后需要加入重组计划，它们可以再提交相应申请。在某些案件中，拥有控制权的第 11 章债务人的关联公司会在相当长时间内处于第 11 章重组的范围之外，这些关联公司有时会在拥有控制权的第 11 章债务人执行重组计划的同时在第 11 章范围外进行重组。出现上述做法主要是由于债权人意识到这么做有利于他们获利更多，但这也要求公司具备公司治理及财务方面的守则，以便处理相关利益冲突。

例如，许多房地产投资信托（REIT）就通过《破产法》第 11 章对其母公司进行了重组，而它们的运营子公司则处于破产重组程序之外。与此类似，20 世纪 90 年代，西联汇款公司（Western Union）作为子公司在破产程序外持续运营，而它的母公司 New Valley Corporation 则成功地进行了第 11 章重组。

拥有控制权的债务人的权利及义务

何为拥有控制权的债务人

在大多数情况下，就收购危困企业这一过程而言，债务人和拥有控制权的债务人这两个术语可以交替使用。拥有控制权的债务人是指债务人占有债务人财产并拥有控制权，[4] 而非仅作为受托人看管债务人财产。危困企业的大多数潜在买方会在提到重整贷款时听到“拥有控制权的债务人”这个术语，因此重整贷款也被称为“拥有控制权的债务人贷款”或 DIP 贷款。

拥有控制权的债务人享有哪些权限

在破产案件的审理过程中，拥有控制权的债务人有权进行业务经营。[5] 因此，拥有控制权的债务人有权做出正常商业活动中需做出的一切决定，包括发出新订单、管理员工、定价、挑选供应商、市场产品及服务等。为了帮助拥有控制权的债务人在破产案件中行使其特殊职能，《破产法》还授权其在破产法院批准的前提下聘请一名或多名顾问，包括律师、会计师、投资银行家、咨询师及理赔代理人。[6] 这些顾问会在准备披露性陈述和重组计划时协助拥有控制权的债务人行使其权限，

㊀ 第 11 章重组指根据《破产法》第 11 章规定提起的破产程序。债务人根据第 11 章规定可以提起重组计划，延长向债权人清偿的期限。——译者注

无论是否涉及出售债务人部分或全部资产的第 363 条出售㊀。

《破产法》还赋予拥有控制权的债务人一些提交破产申请后的权力，但这些权力仅能在破产程序中行使且需要得到破产法院的批准。这些权力使拥有控制权的债务人不必一直处于被动状态，偶尔也能采取一些主动措施。拥有控制权的债务人可以筹划重整融资（即 DIP 贷款），在破产程序中为重整提供资金。[7] 此外，拥有控制权的债务人可以承继（和转让）或拒绝待履行合同及未到期租约，以解除经济上不合理的安排。[8] 拥有控制权的债务人也可以为了恢复一项属于债务人财产的财产，要求第三方交出由债务人所有的有价值的财产（如果第三方已经出售了该财产，则可以要求其交出出售该财产的收益），[9] 提起可撤销的优先权诉讼，[10] 以及提起欺诈性财产转移诉讼。[11] 拥有控制权的债务人还可以放弃一项属于债务人财产的财产，只要其认为这样做是有利的。[12]

最后，拥有控制权的债务人有权对抗个人债权人的诉讼请求，也有权对债权人提交的债权证明 [13] 或有担保债权人的优先权 [14] 提出异议，反对债权人行使抵销权的主张 [15]，甚至对债权人或其他方提起诉讼（这类诉讼被称为破产对抗诉讼）[16]。上述这些都是拥有控制权的债务人在与债权人就重组计划进行谈判时的有力武器。

是否存在只有拥有控制权的债务人才能做出的决定

上述问题的回答是肯定的。在破产法院批准的前提下（并且拥有控制权的债务人未被破产受托人取代），只有拥有控制权的债务人才能做出的决定包括：

- 决定哪些机构能被聘用为债务人的顾问（关于各类顾问的介绍，请参考本书第 7 章）。
- 决定在哪个有管辖权的法院提交自愿破产申请（关于有管辖权的法院的讨论，请参考本书第 2 章）。
- 选定提供 DIP 贷款的贷款人（更多讨论请参考本书第 5 章和第 14 章）。
- 选择需要承继（和转让）或拒绝的待履行合同及未到期租约。
- 选择在第 363 条出售中出售公司的全部或部分，并启动竞价程序。
- 为第 363 条出售选定假马竞标人 (stalking horse)(详细讨论请参考本书第 13 章)。
- 在排他期提出重组计划，并为该计划寻觅买家（详细讨论请参考本书第 12 章）。

个人债权人、债权人委员会、美国破产受托人㊁和其他参与方都可能影响拥有控制权的债务人关于上述事项的决定，但拥有控制权的债务人关于就哪些事项向破产

㊀ 第 363 条出售指债务人依据《破产法》第 363 条出售其债务人财产。本书第 13 章对第 363 条出售展开了详细讨论。——译者注

㊁ 美国破产受托人（the U.S. trustee）为下属美国司法部的破产监管机构。——译者注

法院寻求批准享有最终决定权。即便如此，如果拥有控制权的债务人经常遭到其他参与方的质疑，其在破产法院眼中的可信度会受到减损，在接下来的破产程序中实现自己目的的能力也会大打折扣。此外，如果拥有控制权的债务人在破产案件初期就与债权人和其他参与方产生龃龉，那么在接下来的破产程序中，债务人要想为自己提议的重组计划争取到这些参与方的赞成票，如果不是不可能的，一定也是极为困难的。

在破产程序中，拥有控制权的债务人有哪些职责

除了行使《破产法》所赋予的权利和裁量权，《破产法》第 521 条还明确规定拥有控制权的债务人应履行特定职责，包括[17]：

- 列一张囊括了债务人的所有债权人的详尽清单。
- 截至提交破产申请之日，准备一份关于公司财务状况的明细表（SOFA）。
- 截至提交破产申请之日，提交一份关于公司资产与负债情况的明细表（SOAL）。
- 就当前的收入与开支情况提交月度报告。
- 根据《1974 年员工退休收入保障法》(ERISA)，管理员工福利计划。

通过拥有控制权的债务人就上述职责提交的相应文件，潜在买方可以了解关于债务人经营现状的关键信息，包括关于财产、合同、租约和诉讼的详尽清单、财务顾问及会计师的名字和向债权人付款的进度。上述每项信息都为公开信息，可以在破产法院的网站上点击法院电子记录公共访问入口（PACER)，通过检索破产案件编号进行查询（破产法院的网站列表请参见第 2 章）。尽管上述披露应在提交破产申请之日起 15 日内做出[18]，破产法院通常会为复杂案件延长这一期限。

在履行职责和义务的同时，拥有控制权的债务人应当尤其注意在破产程序中履行信义义务。本书第 10 章会就该信义义务展开详细的论述。

对债务人进行管理

谁来管理债务人

在提出破产申请前后，管理公司运营的通常是同一个管理层团队。总体而言，《破产法》在公司治理层面尊重公司法的架构。根据各州公司法，公司董事会甄选出管理人员，以负责管理公司的日常运营。在恪尽注意义务和忠实义务的前提下，公司的董事与管理人员拥有很大的裁量权，可以基于自己的判断决定公司事务——这通常被称为经营判断法则（本书第 10 章会就经营判断法则展开详细的讨论）。

《破产法》与《公司法》的共通之处也仅限于此。在破产程序中，虽然与日常经营相关的事项可以由公司的管理层团队决定，但公司的重大事项必须遵守《破产法》的规定且可能需要破产法院的批准，例如出售公司的某一块业务。因此，董事和管理人员在很多重要事项上仅有很少的话语权。此外，一旦公司提交了破产申请，管理人员便无权决定公司是否持续运转或决定其经营计划，其自行做出这两项决定中的任一项都可能遭受质疑。

如果对现任管理层的质疑是切实的，破产法院有权撤销某些管理人员的职位，并指任破产受托人来管理债务人的运营。需要注意的是，成功挑战现任管理层对证明标准的要求较高。在某些案件中，这需要证明管理层有欺诈、挪用公款或其他刑事犯罪行为。同时，债权人在试图将现任管理层替换为破产受托人时也应谨慎一些。正像那句老话所说："你所知的恶比你未知的恶要好。"

要想挑战债权人的排他性权利，更简单一些的做法是说服破产法院，使其赋予债权人（而非现任管理层）提出重组计划的权利。另一个备选方案是试图让债权人约束债务人对现金担保物的使用情况[19]或 DIP 贷款的条款。

潜在买方应当评估债务人的管理团队与债权人之间的关系，并着重关注各方对管理层继续负责（或停止负责）债务人运营的态度。例如，债权人可能会支持尽快将债务人财产出售给第三方，以避免继续和现任管理层打交道。与此相反，某些管理层人员可能更有动力卖掉公司以保住他们的工作，而非陷入与债权人的持久战争中。

为什么《破产法》允许使公司陷入破产境地的管理团队继续管理公司运营

从历史的眼光来看，在 1978 年颁布现行《破产法》以前，债务人并没有控制权。那时，当第 11 章重组开始之时，破产法院会自动指派一位破产受托人，从管理层接管债务人的日常经营。以《破产法》第 7 章为依据的破产案件现在还遵循这种做法，但在以第 11 章为依据的破产案件中，相较于自动指派破产受托人，现行《破产法》偏好留住现任管理层。这两种做法都并非完美，也带有不少主观因素。

一方面，允许现任管理层继续控制债务人的优势在于管理层非常熟悉公司的绝大多数重要事项，这些事项包括但不限于合同和定价等财务状况、公司与客户、合伙人、供应商、债权人和竞争对手之间的关系，诸如员工、工厂和设备等经营基本要素、信息系统、业务部门及整体架构。管理层对公司的熟悉可以从一定程度上缓解破产程序对公司经营带来的不利影响，帮助稳定公司估值（或者至少能防止公司估值继续下跌）。很多公司遭遇的财务困境是由宏观经济危机或产业下行造成的，因此，如果一家公司经营惨淡，不应想当然地认为责任全在管理层。反之，一个不熟悉公司业务的破产受托人需要一段时间来熟悉环境，了解公司困境的成因，从而选择解决方案。等待破产受托人适应环境的这段时期不仅耽搁时间，还助长低效，反而给了竞争对手从公司的不幸中获利的绝佳机会。最后，甄选破产受托人的过程可能会将政治、私情和其他复杂因素带入本已十分复杂的破产程序（正如我们前面说过，你所知的恶比你未知的恶要好）。

另一方面，自动指派破产受托人以接管债务人的日常运营有助于为困顿中的公司提供看问题的新视角。破产法院理应独立于政治、保持中立，可以筛选出合格的候选人，确保破产受托人的技术和经验足以使其胜任管理职位。指派一位新的管理者需承认以下现实：一些管理人员是志在高远的梦想家，擅长发展、培育和壮大公司业务，而另一些管理人员则是务实的修理工，擅长为公司削减开支、提高绩效、创造更好的营收成果。破产受托人不必囿于过去，他们不必为前任管理层的错误决定辩护，不必继续推行出了问题的战略，也不必为过去的利益冲突心怀怨恨。破产受托人可以做一个中立的决策者和调查者，使破产程序更有效率也更透明。作为一张白纸的新参与方、更友好也更少争议的领导者，破产受托人更容易与债权人达成使各方满意的解决方案，后者可能对现任管理层充满不信任、愤怒或者已经疲于应付。破产受托人也可能为公司带来一定稳定性：高级管理人员的流失，无论是主动辞职还是被动辞退导致的，都会使公司的财务表现进一步恶化。[20]

尽管上述两种做法各有优劣，立法者仍偏好让现任管理层继续管理公司运营，对于是否应当改变现状似乎未加严肃考虑。在大多数破产案件中，参与方都认为让现任管理层继续管理公司能最大化债务人财产的价值。这种推定是可以被反驳的，只是各人都喜欢想当然罢了。[21] 破产受托人目前还不多见，并常常被视作一种为约束现任管理层的威胁手段（无论这种威胁是明示还是暗示）。不过，无论管理层是去是留，大多数提交了破产申请的公司都会指任一名首席重组官。

如何指派破产受托人，他们又如何管理债务人

破产受托人是由破产法院指派的个人，其接管债务人事务、管理债务人财产。死囚唱片公司（Death Row Records)、Dreier LLP、ER 紧急救护中心（ER Urgent Care)、Kobra Properties、漫威娱乐有限公司（Marvel Entertainment)、SCO Group 和 Sentinel Management Group 的破产案件中都曾有破产受托人的身影。若破产法院指派了破产受托人，破产受托人将会取代公司的管理人员和董事。

如果案件属于第 11 章重组，则相应的破产受托人被称为第 11 章受托人。根据《破产法》第 1104 条，破产法院可以依据任何利益相关人的请求指派一名第 11 章

受托人。[22] 若债务人是拥有控制权的债务人，则债务人将扮演第 11 章受托人的角色、享有其权力，无须另行指派外部人员担任第 11 章受托人。想要指派一名第 11 章受托人，申请方必须证明该指派符合以下条件 [23]：

- 债务人的现任管理层存在过错，包括欺诈、不诚实、不称职或者严重失职。
- 该申请总体而言有利于债权人、股权人或债务人财产。
- 因将第 11 章重组案件转变为第 7 章清算案件㊀，更适宜指派破产受托人。

如果债权人成功说服破产法院指派一名第 11 章受托人，则债务人提交重组计划的排他期将会立即终止。[24] 因此，对债权人而言，他们能享受到的好处是有权立即提交他们自己的（或能对抗债务人的）重组计划。

第 11 章受托人的主要职责包括 [25]：

- 提交关于债务人资产和负债情况的明细表。
- 调查债务人的财务问题。
- 确定债务人的财务状况。
- 评估是否应当继续经营。
- 就债务人管理层的欺诈、不诚实、不称职、失职、管理不善或其他违规行为进行的任何调查提交一份说明书。
- 检阅债权人的债权证明，并在适当的情况下提出异议。
- 提交重组计划，或申请将案件转变为第 7 章清算案件。
- 在重组计划确定后，提交必要的报告。

如果案件属于第 7 章清算，则相应的破产受托人被称为第 7 章受托人。首先，破产法院会在第 7 章程序开始时迅速指派一名临时的第 7 章受托人。[26] 债权人随后有权依据《破产法》第 702 条选出一名第 7 章受托人的候选人。不同于第 11 章案件，在第 7 章程序中，债务人无权成为拥有控制权的债务人。第 7 章受托人的主要职责包括 [27]：

- 收集债务人财产所囊括的所有财产。
- 将上述财产兑换为现金。
- 调查债务人的财务问题。
- 检阅债权人的债权证明，并在适当的情况下提出异议。

在所有破产案件中，破产受托人必须满足《破产法》第 321 条规定的任职要

㊀ 第 7 章清算案件指依据《美国破产法》第 7 章程序进行的清算案件。——译者注

求。[28] 破产受托人应对收回的所有财产负责[29]，还应管理债务人的税务状况，并根据《1974 年员工退休收入保障法》管理债务人的员工福利计划。[30] 此外，在破产案件结束时，破产受托人还应向破产法院和美国破产受托人[31] 提交一份最终报告和一份最终会计报告。作为债务人财产的官方代表，破产受托人可以起诉或被起诉，[32] 而在某个案件中担任审查官（本书第 7 章会详述）的人不能在第 7 章清算程序或第 11 章重组程序中担任破产受托人。[33]

破产受托人这一概念不应与美国破产受托人混淆，我们将在本章的后半部分介绍后者。美国破产受托人需要在《破产法》第 7 章案件和第 11 章案件中均能担任破产受托人。[34] 如果某人在某个司法管辖区内担任美国破产受托人，则在必要时，他也可以在该司法管辖区的破产案件中担任破产受托人。[35]

关于破产受托人的更多信息，请参考全美破产受托人协会（National Association of Bankruptcy Trustees）的网站 www.nabt.com 或拨打免费热线 +1 (800)455-8629。

首席重组官如何协助管理债务人

如果不想采取辞退现任管理层并指派破产受托人这种比较激进的做法，作为折中方案，各参与方可以协商聘用一名首席重组官（CRO）来协助管理公司经营。首席重组官属于公司员工，也是负责公司重组的主要管理人员，其职责包括根据相关方的要求和请求提供信息、进行内部分析并提出重组策略、聘请和管理与破产程序相关的外部专业人士、在破产法院出庭作证。作为任命首席重组官的替代方案，债务人可以考虑聘请一名重整咨询师，后者不属于公司员工。首席重组官和重整咨询师都可以在非诉讼的情境下或在第 11 章重组案件中协助管理债务人。关于首席重组官和重整咨询师的更多介绍请参考本书第 7 章。

目前，破产程序中越来越多地用到了首席重组官，对于我们前文所述的两种方案——保留现任管理层（即 1978 年以后《破产法》推荐的做法），或自动指派破产受托人（即 1978 年以前破产法的做法）——聘用首席重组官也许被视为市场自发选择的折中方案。

尽管《破产法》没有对首席重组官这个角色给出官方定义，任命首席重组官已经迅速发展成为实践（尤其是大型复杂破产案件）中的常见做法。例如，通用汽车（General Motors）、雷曼兄弟（Lehman Brothers）、凯马特超市（Kmart）和迪拜世界（Dubai World）都曾在其破产程序中聘用外部专家担任首席重组官。北电网络（Nortel Networks）则聘用了自己的财务总监担任这一角色。无论破产申请是否已经提出，债务人都可以聘请首席重组官和重整咨询师。总体而言，相较于重整咨询师，首席重组官拥有更大的权限来指导重组程序，也更独立于现任管理层。[36]

一般来说，首席重组官在破产程序、与债权人谈判、公司重组方面的经验有助于充实公司现任管理层在以上方面的经验。但首席重组官所扮演的确切角色和公司实际的汇报体系，会根据不同公司的实际情况有所变化。例如，首席重组官可能需要向首席执行官、首席运营官或直接向董事会汇报重大事项。在通用汽车的破产案件中，首席重组官负责管理公司的清算财产（如悍马、土星、萨博和庞蒂克这些品牌），而首席执行官则负责公司的持续运营（如雪佛兰、凯迪拉克、别克和GMC这些品牌）。

聘用首席重组官通常是公司安抚债权人的一种手法，这些债权人可能已经对现任管理层失去信心，显得沮丧且忧心忡忡。例如，优先受偿的贷款人可能会要求公司聘用一名首席重组官，以作为继续谈判一份已经违约的信贷协议修正案的条件。债券持有人可能会要求公司聘用一名首席重组官，作为现金流吃紧时延缓分期偿付贷款的条件。考虑到贷款人的责任，债权人通常会避免强行规定首席重组官的人选，常见的做法是由优先受偿的贷款人推荐三名候选人，再由公司从中选出一名首席重组官。因此，虽然首席重组官是公司员工，对公司负有忠实义务，但也常常被认为是债权人的经纪人，尤其是当优先受偿的贷款人在首席重组官的职业生涯中不断为后者带来新业务时。由于这种潜在的利益冲突，首席重组官应当注意平衡其肩负的忠实义务和个人利益。

向首席重组官、重整咨询师或破产受托人询问特定公司的破产清退计划是否合适

在各种意义上，以上问题的答案都应是肯定的。一家危困企业的买方应当及时了解该公司是否聘用了首席重组官、重整咨询师或指派了破产受托人。如果是的话，是否出售公司的全部或部分资产这一重要决定很有可能就由这位仁兄做出。

如果能与重整咨询公司保持良好关系，致力于收购困境资产的买方也能从中获益。当公司考虑出售其困境资产时，这些重整咨询公司可以及时通知买方。此外，事先与重整咨询师建立起信赖关系有助于潜在买方尽早参与出售程序。时机是大多数困境资产出售程序的关键，越早参与出售程序，越有利于抢占先机。

在破产案件中，债务人的董事会如何管理债务人

在提交破产申请前，公司董事会是重大事项的决策者，与管理层一同致力于确保公司有偿付能力、回应不断变化的财务状况。董事会有时无法全面而准确地把握公司的财务动向，因为管理层可能过于乐观，有意或无意地报喜不报忧。即便如

此，在称职的审计委员会的协助下，具备财务知识的董事会往往能在危机到来前识别并解决财务问题。[37] 如果破产被认为是解决问题的最佳方式，公司章程通常要求董事会授权公司管理人员提交一份自愿破产申请。

在破产案件中，关于变更公司董事会并没有特殊规定。公司可以在破产程序开始后保留原先的董事会，也可以更换董事长、首席执行官和董事，或改变董事会结构。例如，董事会可以决定合并或划分董事长与首席执行官的职能，指派一名主要负责的董事，或者更换整个董事会。上述事项都应在具体案件中具体分析。

在公司一步步迈向破产的过程中，个人董事可能主动提出辞职。本书第 10 章将会探讨公司在濒临破产和进入破产时董事的忠实义务。在破产案件开始后，如果公司决定接受 DIP 贷款（本书第 14 章会详细介绍这种情况），那么任何控制权变更（包括更换董事会的多数董事）都很有可能导致违约。

如果破产法院指派了一名破产受托人，则破产受托人将取代董事会来管理债务人的业务。

在破产案件中，董事会是否可以宣布向股权人分红

通常而言，上述问题的答案是否定的。一家濒临破产的公司的现金流通常不足以向股东分红，损害债权人利益而向股权人付款的做法也颇为不妥。

在特殊情况下，破产法院有时也会允许公司在破产程序中分红。在商业地产巨头通用成长置业公司（GGP）的破产案件中，债务人作为一只房地产投资信托基金（REIT），为规避《1940 年投资公司法》的相关规定并保持其税收优惠结构，根据非破产法的法律要求向其股东分配了其应税收入的 90%。[38] 2009 年 4 月，GGP 和其旗下的 158 个购物中心一起提交了自愿破产申请，创造了美国房地产行业有史以来规模最大的破产案件。当时 GGP 资产近 300 亿美元，负债约 270 亿美元。由于提交了破产申请，GGP 停止向股东分红。随着案件的推进，美国经济回暖，GGP 的财务表现也趋于稳定。因此，尽管还处于破产程序中，GGP 需要继续满足上述有关分红的要求，以维持《1940 年投资公司法》的豁免。有鉴于此，2009 年 12 月，破产法院批准了 GGP 的申请，允许其以现金和普通股结合的形式发放每股 19 美分的股息。2010 年 1 月，GGP 向其股东发放了上述股息。破产法院的批准帮助 GGP 成功维持了《1940 年投资公司法》下的豁免，避免了被视为有可课税投资收入的注册投资顾问。如果破产法院没有批准上述申请，破产案件中的所有利益相关人都将遭受不利后果。需要注意的是，当时 GGP 的市值已经明显超过了股东持有的票面价值，即使最终实施重组计划，GGP 的股东也会收到分红。

概览：债权人

何为债权人

债权人是债务人负有还债义务的人。最典型的债权人是借钱给债务人，但还未收回贷款的贷款人。债权人还有很多其他形式，甚至不借钱给债务人也可以成为债权人。向债务人发货，但还未收到货款的供应商是债权人；被公司拖欠工薪的员工是债权人；与债务人签订租赁合同，且租期未满的房东是债权人；被判决由债务人提供损害赔偿的原告是债权人；向债务人提供水电，但还未收到水电费的水电公司是债权人；还未收到债务人应缴税款的政府也是债权人。甚至连衍生产品（如开放式掉期或期货）交易中的对手方都可以从债务人转变为债权人，只要在破产申请提出之日，该衍生产品的市值高到足以使其盈利。显然，在一项破产程序中可以有很多不同种类的债权人。

在破产程序中，哪些债权人会积极主动地做出决定

判断哪些债权人会积极主动地参与破产程序的决策，很大程度上取决于哪些债权人持有杠杆证券。这些债权人通常部分盈余，部分亏损，且至少能在债务人重组时分到一部分股权。这也是为什么这些债权人一开始会比较主动的重要原因。通常来说，明显有盈余的债权人一般比较被动，因为他们的利益总能受到保障，而明显亏损的债权人没有什么主动参与的积极性。

《破产法》以及几乎所有关于债权人和债务人关系的法律都基于这样一种认知：大多数杠杆证券的持有者会成为无担保债权人。在债务人财务状况最差的情况下，有担保债权人总是能分到破产财产，而股权人总是分不到破产财产。但 2008 年至 2009 年的这一时期打破了上述规律，在当时，持有杠杆证券的有担保债权人通常比较主动地做决策。在很大程度上，这种变化产生了大量第二顺位和第三顺位的担保贷款，后者在经济开始衰退时催生了众多拥有担保债权但过度杠杆的公司。有担保的债权人过多，使这些债权人中优先顺位最低的债权人被迫逼近，甚至超过了杠杆临界点。本书第 5 章介绍了发行第二顺位担保贷款的趋势，以及这种趋势对杠杆收购的影响。

美国通用会计准则和《破产法》给债权人的待遇是否相同

并不尽然。总体来说，《破产法》对债权人的定义更广，且其与美国通用会计准则（GAAP）计算债务的方式也不同。

无论是根据美国通用会计准则还是《破产法》，债权人都有权就公司资产负债表上的债项得到偿付。例如，根据《破产法》，若资产负债表上有应收账款，则供应商就是债权人；若资产负债表上有长期负债，则贷款人就是债权人。

不同之处在于，《破产法》将某些资产负债表没有列出的债项也算作债务。出于本章接下来会详述的原因，美国通用会计准则和《破产法》计算债务的方式差异相当大。因此，对公司到底有哪些债权人以及公司对这些债权人各负多少债务进行全面分析，需要考虑本章详细分析的所有因素，而非仅仅依赖于公司最新的资产负债表（尤其是当一家公司陷入困境时，其资产负债表恐怕也派不上什么用场）。当一家公司濒临破产时，它通常难以结清账簿、提供准确的财务报表。

申请前债权人与申请后债权人有哪些关键区别

提出破产申请之日被称为申请日。这个日子对于债权人而言非常重要，对申请日以前产生的债权，破产程序会决定这些债权人能收回多少损失，这些债权人也有权参与重组程序。这些债权人被称为申请前债权人。此外，所有将来到期的债务都会在申请日立即到期，以便破产程序将这些债务纳入考量，这被称为债务的加速到期。

从申请日起，公司会继续经营，也会在日常运营中继续产生新的债务和相应的债权人，例如贷款人、员工和供应商等。这些债权人被称为申请后债权人。破产程序不涉及这些债权人，他们也无权参与重组程序。

对于进入破产程序的公司，债权人为何愿意承担新的欠款

《破产法》向申请后债权人提供了多种激励机制，以鼓励他们在破产程序之中和之后与公司合作。例如，向申请后债权人支付的款项被归为管理费用，被认为是“为维护债务人财产的实际、必要的开销和费用”[39]，可以得到全额支付。显然，没有人乐意见到债务人由于信誉不佳而无力继续经营。如果债务人的持续经营能力化为乌有，则不可能实现重组，只能不可避免地进入清算。

何为解除债务

对于债务人而言，从头再来的坚实的一步始于解除其申请前债务。美国法院对此是这么认为的：

> 总的来说，根据第 1141(d)(1) 条㊀，一项重组计划得到确认时，债务人

㊀ 《美国法典》第 11 卷第 1141(d)(1) 条。——译者注

在确认重组计划前承担的所有债务均被解除。在确认重组计划后，债务人将根据重组计划付款，并受重组计划的规定约束。经确认的重组计划创设了新的合同权利义务，并替代了破产程序前的合同。[40]

由此可知，破产程序能帮助债务人摆脱债权人及其债权，重新踏上新的征程。作为消灭其申请前债权的条件，债权人可以得到全部或部分的现金清偿，或者获得新的申请后债权（例如，经过重组的公司也许会发行新的债券或承担其他义务）。一旦破产案件结束，债权人再也无法向债务人主张其申请前债权。《破产法》第524条规定了解除债务的影响，第523条规定了解除债务的例外情形。[41]

概览：债权与管理费用

到底何为债权

债务人应向债权人支付的在破产申请前产生的款项被称为债权。正如本书此前讨论的，债权人的债权可以有担保，也可以无担保。债权人的债权还可以被分为：

- 确定的或不确定的。
- 已到期的或未到期的。
- 基于法律的或基于衡平法的。
- 有争议的或无争议的。
- 被允许的或不被允许的。

本章后面部分会详细探讨上述债权的区别。

到底何为管理费用

管理费用是在破产申请提出后，为管理破产案件而产生的开销与费用，可以在申请前债权得到清偿之前被全额偿付。[42] 管理费用包括支付给律师、会计师、经纪人和咨询师的费用，也包括公司在正常商业活动中维持日常运营的费用。

《2005年防止破产滥用及消费者保护法》（2005 BAPCPA）规定了一项新的管理费用。在申请日前20日之内，若供应商在正常商业活动中向债务人发送货物（而非提供服务），该货物的价值可被视作管理费用，通常能获得全额偿付。[43] 此前，若根据信用条款向无偿债能力的债务人出售货物，债权人需要提交取回权请求（即属于申请前债权）才可能获得偿付，而取回权请求是破产程序中一项极其复杂的程序。[44]

对于不涉及正常商业活动的管理费用，债权人需要提出申请并经破产法院批准。这些申请往往对潜在买方有所助益，申请中通常会提供律师、投资银行家和重整咨询师的行为明细，有时还会透露公司出售全部或部分资产的计划。

管理费用与债权有何区别

债权是应向第三方偿付的申请前款项，管理费用是应向第三方偿付的申请后款项。管理费用将优先于所有债权得到清偿。

关于同等权利

同等权利（pari passu）指清偿顺序相同和拥有同等优先顺位的债权或管理费用。因此，同等权利的债权应在同等条件下交易。“pari passu”是拉丁语，意为“地位平等”，也常用来表示不可或缺、携手共进、同等效力、共同进退、旗鼓相当和不偏不倚等意思。

何为确定债权

确定债权这一术语源于《合同法》，其含义在《破产法》下也大体相同。确定债权指债权项下应获得偿付的款项数额确定，由双方协议指明、可以根据合同的条款和条件或根据法律规定计算得出。例如，一张本金100美元、附加一个月利息（利率为LIBOR加200基点）的本票就属于确定债权（LIBOR指伦敦同业拆借利率，经常作为短期利率的参考坐标）。

需要注意的是，确定债权（liquidated claim）与清算或清偿（liquidation）无关，这两个词在英文词源上的相近仅属巧合。有争议的债权也可以是确定债权。不确定债权的英文既可写作“unliquidated claim”，也可写作“contingent claim”。

何为不确定债权

不确定债权指在申请日时，债务人应向债权人偿付的款项不确定，只有未来发生特定事项后债权数额才能确定。为就重组计划进行投票等特定目的，破产法院可以对不确定债权的数额进行暂时性的估算。[45]

何为已到期债权和未到期债权

已到期债权和未到期债权通常涉及申请前债务。如果一项债务涉及破产申请前到期的应付款项，则该应付款项为已到期债权。如果一项债务涉及破产申请后才会到期的应付款项，则该应付款项为未到期债权。根据协议内容的不同，一项未到期债权可以是确定债权，也可以是不确定债权。

在大多数案件中，已到期债权和未到期债权的区分不太重要。值得注意的是，《破产法》不允许就未到期的利息申报债权。这一点对折价发行债券（OID 债券）尤为重要，因为此类债券发行时的价格低于其面值，比如零息债券。由于此类债权的利息尚未到期，在破产程序中期望收回 OID 债券剩余价值的债券持有人就只能败兴而归了。[46]

何为基于法律的债权和基于衡平法的债权

正如我们之前提到的，《破产法》定义的破产财产非常广泛，包括在破产案件开始时债务人对其所有财产享有的所有“法律及衡平法”上的利益。[47] 法律上的利益关注成文法，保护这类利益的依据来源于美国国会或州立法机构通过的成文法。衡平法上的利益关注法官造法，保护这类利益的依据来源于判例先例中关于公平或衡平的原则（即属于普通法体系中的另一种法律渊源）。

何为有争议债权和无争议债权

有争议债权是指在法律或事实上存在争议的任何债权。正如前面提到的，不确定债权的英文既可写作“contingent claim”，也可写作“unliquidated claim”。由于在计算债权金额时采取的假设带有主观性，因而不确定债权常常会转变为有争议债权。本质上，有争议债权的债权人被认定为无法提供有效的债权证明（本章接下来会就债权证明展开详细的论述）。

在很多案件中，为了简化关于有争议债权的流程，债务人可以针对几项债权一并提出多项异议。每一项异议指出相同种类的问题，例如存在以下问题的债权[48]：

- 与其他债权重复。
- 在错误的案件中提出。
- 由于后续提交了债权证明，已经被替代。
- 根据第 3001(e) 条㊀已经转化。
- 未能得到及时申报。
- 根据《破产法》《联邦破产程序规则》或法院命令，已经在破产案件中被满足或解除。

㊀《联邦破产程序规则》第 3001(e) 条。——译者注

- 提出债权的形式不符合相关规则，且异议中声明由于存在不合规则的情形，提出异议者无法判明债权的有效性。
- 提出的债权申报仅针对利息，而非债权本身。
- 主张优先级的金额超过了《破产法》第507条规定的上限金额。

《联邦破产程序规则》近来所做的一些修改试图限制债务人提交多项异议申请，以防止其滥用权利，并尽可能减少债权人关于有争议债权的困惑。[49]

债务人通常在何时解决有争议债权

债权的实现通常发生在破产程序收尾之时，即债权人就重组计划进行投票和公司通过出售或重组退出破产程序之后。在这段时期，破产案件仍未结束，以便继续管理债权，包括向债权人付款以清偿债务。当债权均已实现且破产程序的收入已得到全数支付，破产案件才宣告结束。

何为知情人债权

知情人债权是由公司的管理人员、董事、控股股东、普通合伙人及上述人员的亲属向公司提出的债权请求。[50] 由于上述人员通常被认为是公司的股权人而非债权人，因而他们提出的债权请求受限于更高的审查标准，以确保他们与公司之间的谈判是公平和客观的。总的来说，如果知情人提出的债权申请基于其向公司提供的服务，则《破产法》不允许债权申请超过该服务的价值。[51]

考虑到知情人对公司事务的影响力，其掌握与公司业务相关的保密信息且了解导致公司提出破产申请的事件，《破产法》对知情人债权采取了不同的处理方式。例如，对于普通债权人，债务人可以在特定交易发生的90天内撤销该交易赋予债权人的优先权（这段时期被称为回看期），而对知情人而言，回看期为交易发生起一年。[52] 此外，《2005年防止破产滥用及消费者保护法》限制了向知情人及债务人关联方的知情人偿付的金额，并由此限制了破产申请后的关键员工留用项目（KERP），后者曾为经历重组的公司高级管理人员提供了利益颇丰的薪酬待遇。[53] 同时，《2005年防止破产滥用及消费者保护法》还禁止向知情人支付退职金，除非关于该退职金的规定总体上适用于公司的所有全职员工，并且在支付退职金的年度，该知情人获得的福利不超过非管理职位员工所获的平均福利的十倍。[54]

当在法院电子记录公共访问入口查阅债权证明、审阅公司资产负债表上的债项时，潜在买方应重点关注知情人债权。破产法院最后可能会将知情人债权重新定性为股权，使知情人在破产程序中不能获得任何清偿（请参考本书第 5 章有关重新定性的讨论）。破产法院是否认为知情人债权有效，可能会显著地改变有关确定重组计划和完成出售程序的谈判格局。

何为债权证明

为了在公司的破产程序中获得清偿，每位债权人都必须填写债权证明，并向破产法院提交该证明。提交债权证明是证明债权人针对债务人财产的债权申请（在金额和依据上）有效的初步证据。[55]公司应当向每位债权人发放通知，以提供有关提交债权申请的指示和截止期限的信息。未能根据指示提交债权申请或超过截止期限提交债权申请会导致该债权无效，除非债权人有充分理由说服破产法院接受一项超期提交的债权证明。在破产案件中，债务人和其他债权人均可基于不同依据就某位债权人提交的债权证明提出异议；如果各方不能达成一致，则该债权最终将交由破产法院裁决。

债务人通常会提交关于其资产和负债的明细表。如果债务人在关于其负债的明细表上列出了某位债权人的债权，则严格来说，这位债权人无须就该债权提出债权证明。不过，出于高度谨慎，债权人还是应当就其所有的债权提交债权证明，从自身的角度列出所有债权，以确保不会一不小心丧失了有关自己债权的权利。

潜在买方可能想要查阅债权证明（以及关于公司负债的明细表），这些都可以在法院电子记录公共访问入口上查到。此外，通过联邦法院的案件管理 / 电子案件档案系统（CM/ECF），律师可以在网上直接向法院提交文件，法院也可以提交、存储和管理这些案件的档案。[56]

买方查阅债权证明可能出于以下原因：

- 第一，一位债务人的潜在买方有时希望购买债务人的债权。在购买债权后，买方成为债权人，并同时享有作为公司买方的某些优势。对于有意出售其债权的债权人而言，债权证明为查询他们的联系方式提供了便利。
- 第二，如果买方发现解决某些债权争议可能推迟出售程序，该买方可能希望查阅相关的债权证明，以便独立地评估局势。
- 第三，如果买方可能在出售中承继公司的任何债务，则该买方可能希望查阅相关债权证明的细节，以便充分了解这些债务的有效性和金额。
- 第四，买方可能希望深入了解债权人的数量和相应债权的金额，后者关系到重组计划的投票，并可能影响买方正在考虑的出售 / 购买计划。

需要注意的是，与债权人提交的债权证明相对，股权人可以提交利益证明。不过，当公司股本已经明显低于市值时，股权人可能也没有必要再提交这类证明。

何为被允许的债权和不被允许的债权

如果公司的负债明细表上已经列明一项债权，并且该债权已提交了债权证明，则破产法院有充分理由认为债权人的债权申请是被允许的，即该债权人将获得重组计划或清算计划中约定的清偿。如果公司或第三方适时就债权人的债权提出异议，而债权人的回复又不具备说服力，则该债权可能被破产法院认为是不被允许的。

提交虚假的债权证明是否有处罚措施

答案是肯定的。债权证明的表格上明确记载着“提交虚假债权的处罚：不超过50万美元的罚款，不超过五年的监禁，或两者并处”。[57]

破产程序如何决定不同债权人的清偿顺序

整部《破产法》都力求为决定不同债权人的清偿顺序提供解决方案，其更大的雄心在于在债权人之间提供公平和公正的分配方案，同时使债务人有一个崭新的开始。即使危困企业没有进入破产程序，债权人在破产程序之外的行为方式在极大程度上也会受到他们预期自己在《破产法》下能得到的清偿顺位的影响。

简而言之，《破产法》规定首先应当清偿管理费用，其次是有担保债权，再次是无担保债权，最后是股权收益。这被称为绝对顺位规则。在绝对顺位规则之下，每一层顺位还可以进一步细分，例如第一顺位和第二顺位担保债券、不同种类的次级债券、优先股和普通股等。

上述清偿顺位常被称为“瀑布”（waterfall），因为待分配的现金流像水流一样从顺位最高的水斗顺流而下，层层流经下层水斗，直到水流尽为止。

在破产程序结束后，公司将回归正常运营。公司“在第11章程序结束后的生活质量”将取决于其在破产程序中是否已经处理好与其他参与方的关系。本书第二部分的剩余章节将继续对有担保债权人、无担保债权人、顾问和其他参与方展开详细的说明。

尾注

1. See 11 U.S.C. §101(13).
2. See 11 U.S.C. §341(a)(1).

3. See 11 U.S.C. §341(a)(7).
4. See 11 U.S.C. § § 1101, 1107, 1108.
5. See 11 U.S.C. §1108.
6. See 11 U.S.C. §327.
7. See 11 U.S.C. §364.
8. See 11 U.S.C. §365.
9. See 11 U.S.C. §542.
10. See 11 U.S.C. §547.
11. See 11 U.S.C. §548.
12. See 11 U.S.C. §554.
13. See 11 U.S.C. §704(a)(5).
14. See 11 U.S.C. §506.
15. See 11 U.S.C. §553.
16. See Fed. R. Bankr. P. 7001, et seq.
17. See 11 U.S.C. §521(a).
18. See Fed. R. Bankr. P. 1007(c).
19. 现金担保物指在破产程序中，由债务人持有且受限于债权人担保性权利的现金或现金等价物。
20. See Dirk Jenter and Fadi Kanaan, " CEO Turnover and Relative Performance Evaluation" ; http://papers.ssrn.com/sol3/papers.cfm?abstract_id=885531, last accessed September 11, 2010.
21. 可反驳的推定属于法律概念，表示某件事被证明为不真实（被反驳）以前会被认为是真实的（推定）。当成立一项可反驳的推定时，证明责任转移到需要反驳的一方。关于《破产法》上相关事例的更多讨论，参见 http://financial-dictionary.thefreedictionary.com/rebuttable+presumption，最后访问于 2010 年 9 月 11 日。
22. See 11 U.S.C. § 1104(a).
23. 同上。
24. See 11 U.S.C. §1121(c)(1).
25. See 11 U.S.C. §1106.
26. See 11 U.S.C. §701.
27. See 11 U.S.C. §704.
28. See 11 U.S.C. §321.
29. See 11 U.S.C. §§704(a)(2), 1106(a)(1).
30. See 11 U.S.C. §§704(a)(8), 704(a)(11), 1106(a)(1).
31. See 11 U.S.C. §§704(a)(9), 1106(a)(1).
32. See 11 U.S.C. §323.
33. See 11 U.S.C. §321(b).
34. See 11 U.S.C. §322(b).

35. See 11 U.S.C. §321(c).
36. See Mark V. Bossi, " Are CROs More Powerful than Turnaround Consultants? Creditors Drive Trend toward New Title," Turnaround Management Association, October 1, 2006; available at http://www.turnaround.org/Publications/Articles .aspx?objectID=6588, last accessed May 1, 2010.
37. See, for example, Suzanne Hopgood and Michael W. Tankersley, *Board Leadership for the Company in Crisis* (Washington, D.C.: National Association of Corporate Directors, 2005).
38. 从传统上而言，房地产投资信托（REIT）以《1940 年投资公司法》第 3(c)(5)(C) 条为依据，该条法律认为以“购买或以其他形式取得房地产抵押贷款，以及与房地产相关的其他担保性权利和利息”为主要业务的公司应同样受限于规制共同基金的法规。
39. See 11 U.S.C. §503.
40. “确认一项重组计划会使任何类型的债务人，无论是公司、合伙或个人从绝大多数申请前债务中解脱出来。”不过，“确认重组计划的命令能解除债务，这属于一般性规则，当然也会有例外。” http://www.uscourts.gov/bankruptcycourts/bankruptcybasics/chapter11.html#discharge，最后访问于 2010 年 9 月 11 日。
41. See 11 U.S.C. §§523, 524.
42. See 11 U.S.C. §§503(b), 507(a)(2).
43. See 11 U.S.C. §503(b)(9).
44. See 11 U.S.C. §546(c) and Section 2-703 of the UCC.
45. See 11 U.S.C. §502(c)(1).
46. See 11 U.S.C. §502(b)(2). Courts have held that unamortized OID is not allowable under section 502(b)(2), and that the proper method for calculating unamortized OID is the constant interest method. *In re Chateaugay Corp*., 961 F.2d 378 (2d Cir. 1992).
47. See 11 U.S.C. §341(a)(1).
48. See Fed. R. Bankr. P. 3007(d).
49. See Fed. R. Bankr. P. 3007(c)-(e).
50. See 11 U.S.C. §101(31)(B)-(C).
51. See 11 U.S.C. §502(b)(4).
52. See 11 U.S.C. §547(b)(4)(B).
53. See 11 U.S.C. §503(c)(1).
54. See 11 U.S.C. §503(c)(2).
55. See Fed. R. Bankr. P. 3001(f).
56. See http://www.pacer.uscourts.gov/cmecf/, last accessed June 14, 2010.
57. See 18 U.S.C. §§152, 3571.

第5章

有担保债权人

“如果我欠你1英镑，我惹上了麻烦；

如果我欠你100万英镑，麻烦就是你的了。”

——约翰·梅纳德·凯恩斯

概览：有担保债权人

当债务人提出破产申请时，有担保债权人的处境会如何变化

当一家公司处于良好的经营状态时，有担保债权人通常不关心那些用来保障其借款的担保物被如何使用或是处于何处；他们一般有信心收回借款的本金和利息。不过，当一家公司进入困境时，我们也不难理解，有担保债权人会对还款越来越忧心忡忡，也会开始担心上述问题。

一方面，忧心忡忡的有担保债权人需要确保其担保物的价值不会因债务人持续差劲的经营判断、其他债权人占有资产、破产程序中的高昂管理费用或其他威胁而受到减损。在理想情况下，贷款人希望占有担保物，将其转移到安全的地点并由值得信赖的管理团队进行管理。因此，贷款人会对债务人的重组能力表现得更为悲观，并倾向于限制债务人使用被担保财产的能力。

另一方面，为了尽量使所有债权人获得还款，处于困境的债务人也需要空间和流动性来对其运营进行重组，重新规划资产负债表，并重新考虑战略方向。在理想情况下，债务人希望拥有使用其财产（包括担保物）的绝对自由，而不受债权

人的干涉和问责。因此，债务人会对自己的重组能力表现得更为乐观，并倾向于限制有担保债权人控制其担保物的能力。上述关于担保物的冲突恰好描绘了借款人与贷款人关系的核心，并突出了双方法律权利间的张力。有担保债权人的利益受宪法保护，但受保护的范围仅限于其与债务人协议达成的价值。有担保债权人对担保物的财产性权利受美国宪法第五修正案的保护，根据第五修正案（节选），"任何人不得……未经正当程序……被剥夺……财产"。与之相对，根据宪法第一章第八条，借款人寻求破产保护的权利也受到宪法保护。

破产申请日的局面尤为混乱，使人难以判断哪一方的法律权利更占优势。不过，通常毋庸置疑的是，劣后级的投资者（例如股权投资者，有时也包括无担保贷款人）是拿不回投资本钱的。因此，资本结构中的劣后级投资者在提高投资对象的价值时有一个免费选项，而无须承担任何额外风险，毕竟他们的投资事实上已经失败了。同时，资本结构中的优先级投资者承担了公司价值进一步下跌的所有风险，但在其贷款金额以外也拿不到更多好处。本章将深入讨论上述问题和其他相关问题，我们会从担保物这一最重要的问题讲起，因为这是理解任何有担保借款之价值的关键。

谁是《破产法》下的有担保债权人

有担保债权人是对债务人财产的部分或全部拥有担保性权利主张或担保利益的人。[1]

是否有其他方式帮助债权人获得担保性权利主张

对上述问题的回答是肯定的。债权人通过行使抵销权可能将其非担保性权利主张转化为一项担保性权利主张。当债务人对无担保债权人负有金额为（A）的债务，而无担保债权人对该债务人负有金额为（B）的债务，且这两项债务是由独立且不同的交易产生的，即产生抵销权。（如果上述具有互惠性质的义务仅从同一个交易产生，则适用普通法下的求偿原则。为了我们讨论的目的，抵销和求偿的唯一区别在于互负的债务产生于同一交易或是产生于不同交易。）当多项债务可以相互抵销时，各方共识是将这些债务予以抵销，而非死板地期望债务人先偿付债权人，再由债权人向债务人偿付同等款项。如果互负债务的金额不等，合理的做法是由负债更多的一方偿付差价。

当债务人进入破产程序时，上述状况则会发生改变。无担保债权人可能在第11章重组程序中获得部分赔偿，也可能由于第7章清算程序什么都得不到。由此可见，抵销对无担保债权人来说是个很有价值的概念，通过行使抵销权，他们无须承担破产程序所带来的时间消耗和费用，便可能就其权利主张中的全部或一大部分得到赔偿。总体而言，《破产法》将债权人要求抵销的权利主张视为有担保的权利主张，并赋予债权人于其他无担保权利主张的优先级。[2]《破产法》在这个问题上立场明确，指明破产程序“不影响一位债权人抵销互负债务的任何权利，如果债权人在依本章提起的破产案件开始前对债务人负有一笔债务，而同一债务人在破产案件开始前也对该债权人负有一笔债务”。[3] 上述解决方案要求债权人的权利主张是被承认的，且该债权人没有从其他债权人处不当攫取这一权利主张。如果上述两项假设中有一项不成立，破产法院可以拒绝进行抵销。

债权人在破产程序开始前后都可以尝试申请抵销。如果在破产程序开始前申请且债权人不满足处境改善的标准，破产法院可以在申请日前 90 天内撤销抵销的申请。根据该标准，破产法院将考虑债务人在抵销后即将对债权人所负的金额（C）和债权人在抵销后即将对债务人所负的金额（D）。如果 A 减去 B 的金额大于 C 减去 D 的金额，则表示债权人的处境有所改善，破产法院可能会在类似情况下将抵销主张改为可撤销的优先权主张。如果在破产程序开始后申请抵销，债权人需要在提起抵销前向破产法院申请对《破产法》第 362 条项下自动中止程序的救济。[4] 如果债权人进行“自救”，则会产生严重后果，包括破产法院就违反自动中止程序而要求债权人交纳的罚金。

担保权㊀

究竟什么是担保权

担保权是个法律术语，表示由债务人给予债权人的债务人资产中的一项或多项担保权益，用来担保某项债务的偿付。担保权可视为财产所有权的变体，即赋予担保权人对财产一定的权利主张。只要债务人可以偿还债务，担保就不会赋予债权人对财产的所有权。不过，如果债务人就某项债务违约，担保权可能会触发债权人取得财产所有权的权利。

㊀ 此处原文为“lien”。中文对 lien 有多种译法，根据语境不同，lien 有时会被译为留置权，但大陆法系的留置权概念较英美法中 lien 的概念窄。英美法下的 lien 更近似于大陆法系中的担保权，尽管与大陆法系中的担保略有不同，英美法下的 lien 仅指物的担保，包括程序性权利且有时包括公权（如 tax lien）。为方便理解作者在本章阐释的概念，我们认为将其译作担保权更为准确。——译者注

借款人是否可以在同一担保物上设置多个担保权

可以。在过去几年中，越来越常见的做法是债务人在其资产上设置第一顺位担保权后，继续设置第二顺位担保权甚至第三顺位担保权，以提高债务人可以筹集的借款金额、增加担保物上的放贷比例。实际上，对于为债务提供担保的资产价值，不同债权人有着不同的风险容忍度。例如，一个更保守的第一顺位担保权人可能基于价值 1 亿美元的担保资产提供 6000 万美元的贷款，激进一些的第二顺位担保权人基于同一资产提供 2500 万美元的贷款，而偏好风险的第三顺位担保权人则会基于同一资产提供 1000 万美元的贷款。第一顺位担保权人收取的利率通常较第二、第三和其后顺位的担保权人低。如果贷款人最终需要出售担保资产以就其提供给借款人的贷款得到清偿，且出售资产获得的金额等于或超过 9500 万美元，则上述贷款人均可被完全清偿。但如果出售资产获得的金额不足，首先应由第三顺位担保权人承担最多为 1000 万美元的损失，其次由第二顺位担保权人承担最多为 2500 万美元的损失，最后由第一顺位担保权人承担所有剩余损失。

今天的金融市场可能充斥着多个担保权并存的资本结构，包括以下级别的担保贷款：

- B 级贷款。
- B 轮融资。
- 次级抵押机构贷款（SCIL）。
- 最后退出贷款。
- 优先顺位展期贷款。
- 优先顺位担保票据。
- 劣后顺位担保贷款。
- C 轮融资。

公司能在多大程度上说服贷款人接受上述这些贷款，实际取决于公司说服贷款人，使其相信公司的企业价值超过其提供的担保贷款总额的能力。基于这个原因，第三顺位担保权并不常见，第四顺位担保权对大多数生意人来说可能仅仅存在于理论假设之中。

第二顺位担保贷款的主要优势何在

资本市场的上述创新举措为杠杆收购、股票回购、高昂债务的再融资、股息再投资，为公司重整提供的“救援融资”等提供了强有力的融资工具，借款人和有担保债权人均受惠于此。正如图 5-1 所示，目前第二顺位担保贷款和与其类似的融资工具已经成为资本市场的风险 / 回报谱系中被广泛接受的组成部分。

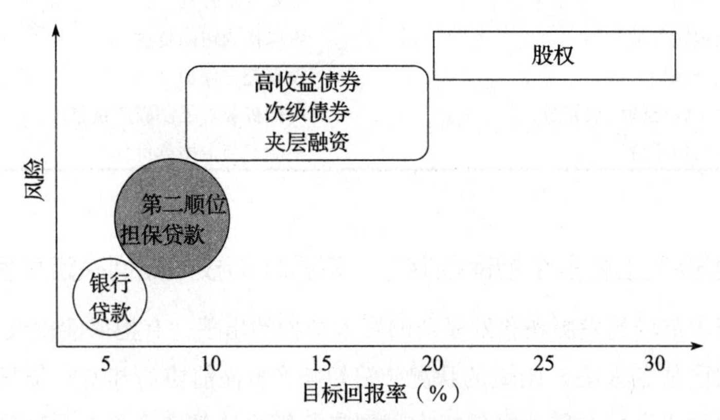

图 5-1　资本结构中的风险 / 回报谱系

相比于夹层融资（例如债券或次级债券），当借款人进入破产程序时，第二顺位担保贷款对于贷款人而言存在几项重要优势。首先，第二顺位担保贷款能够优先受偿于所有的无担保债权人、供应商、无担保的债券持有人、公司员工、退休人员、诉讼案件的原告和政府。在更复杂的情形中，比如涉及资金不足的年金投资计划、大规模侵权责任、麻烦的工会合同时，上述这种优先顺位会变得极具吸引力。像第一顺位的有担保债权人一样，第二顺位的有担保债权人在破产程序中也有权享受充分保护，包括就利息受偿（充分保护是一个经过定义的术语，本章接下来会详细讨论）。作为有担保的债权人，第二顺位的有担保贷款人也可能有权批准破产申请后拥有控制权的债务人贷款（DIP 贷款）、反对使用现金担保物以及批准第 363 条出售。表 5-1 列举了第二顺位担保贷款和夹层融资的关键区别。

表 5-1　第二顺位担保贷款与夹层融资

第二顺位担保贷款	夹层融资
有担保	无担保
对预付款的罚金限制较少	对预付款的罚金限制较多
对第一顺位担保贷款赔偿限额的限制较多	对第一顺位担保贷款赔偿限额的限制较少
对将来的第二顺位担保贷款的限制更多	对将来的第二顺位担保贷款的限制更少
债权人间有复杂的协议安排	无债权人间协议
无契据	有契据
无针对股权的保证	可能有针对股权的保证
对借款人而言价格条款更有利	对借款人而言价格条款较不利
条款具有灵活性	标准化条款

（续）

第二顺位担保贷款	夹层融资
交易成本更高	交易成本较低
可以作为银团贷款	可以作为银团贷款
可能有充分保护	没有充分保护
很难被顺位较低的债权超过	可能被要求强制破产重整
可以参与信用竞价[⊖]	不能参与信用竞价

当同一个担保物上有多个担保权并存，有担保债权人如何决定其各自的权利

伴随资本市场的发展和愈发复杂的资本结构的出现，有担保债权人及其律师通常会就其共同债务人陷入困境的状况（例如破产）提前协商和签订债权人间协议。这些定制化的协议在本质上是债权人试图自行解决《破产法》未明确规定的问题，而非由破产法院来替他们澄清一些不清晰和存在分歧的问题。对于债权人间协议的哪些方面是可执行的、哪些债权人权利可以通过事前协商加以放弃、当事人合意可以优先于哪些《破产法》的规定而适用，法律规定有时含混不清。因此，涉及债权人间协议的问题通常需要咨询经验老到的破产法律师和公司律师的建议。

一名潜在买方应当审阅债权人间的协议，以便理解破产案件中债权人之间（例如第一顺位的担保债权人和第二顺位的担保债权人之间）达成的安排。一旦了解到债权人就破产程序做出了何种安排，潜在买方就可以正确识别各方的谈判筹码、对破产案件的控制力和各自动机，从而加深买方对于出售程序的理解。

常见的债权人间协议包括以下条款[5]：

- 共同确认及协议不改变担保权和相应的担保权顺位。
  - ❑ 即使债务人或第三方对顺位更高的担保权或权利主张提出了有效质疑，债权人间的相对优先级仍然有效。
  - ❑ 针对第二顺位的担保债权人采用违规手段收回贷款的周转规定。
- 即使第二顺位担保债权存在违约，第二顺位的担保债权人仍受冻结期的限制。
  - ❑ 冻结期可能为一段特定期间（例如 90 天至 180 天）。
  - ❑ 对于更高顺位的贷款人就担保物寻求救济，第二顺位的担保债权人通常同意不对此提出质疑。
  - ❑ 当需要出售担保物时，如果第一顺位的担保债权人同意放弃其担保债权，

⊖ 信用竞价（credit bid）指有担保债权人根据《破产法》，将其有担保的债权视为货币，在债务人的第 363 条出售中就债务人的担保物进行竞标。——译者注

第二顺位的担保债权人通常也会同意放弃其担保债权。

- 如果第一顺位的担保债权人存在违约，第二顺位的担保债权人会受到付款限制。
  - ❑ 第一顺位的担保债权人的违约、违约情形和加速到期可能会触发付款限制。
  - ❑ 付款限制可能受限于特定的时间段。
- 第二顺位的担保债权人同意第一顺位担保债权文件上将来可能存在修改。
  - ❑ 所涉及的第一顺位担保债务的金额可能有上限。
  - ❑ 关于价格和到期日的修改可能受到限制。
  - ❑ 第二顺位的担保债权人同意不对第二顺位担保债务的文件进行修改。
- 第二顺位的担保债权人可以选择以票面价值购入第一顺位担保债务。
  - ❑ 救济冻结期或付款限制都可能触发上述选择权。
  - ❑ 行使和终止该选择权的期限是固定的。
- 提交破产申请后关于破产的特定规定。
  - ❑ 破产程序前的规定仍然适用。
  - ❑ 第二顺位的担保债权人同意由第一顺位的担保债权人提供 DIP 融资及优质担保贷款（或经第一顺位的担保债权人同意的 DIP 融资），但金额通常会设上限。
  - ❑ 第二顺位的担保债权人同意经第一顺位的担保债权人同意的对现金担保物的使用。
  - ❑ 第二顺位的担保债权人同意所有赋予第一顺位的担保债权人的充分保护。
  - ❑ 第二顺位的担保债权人放弃其充分保护的权利，劣于第一顺位的担保债权人的充分保护担保权的权利除外。
  - ❑ 第二顺位的担保债权人同意由第一顺位的担保债权人行使其救济权，并同意不行使其自身的救济权（包括自动中止程序的救济）。
  - ❑ 第二顺位的担保债权人同意出售担保物，只要该出售经第一顺位的担保权人和破产法院批准，且所有担保权人均有权取得该出售所获的收益。
  - ❑ 针对行使撤销权的救济中产生的任何争议，恢复第一顺位担保债权。
  - ❑ 第二顺位的担保债权人同意由第一顺位的担保债权人在涉及第二顺位担保权的争议中控制投票。

尽管债权人之间协议试图解决第一顺位和第二顺位担保债权人在他们向借款人提供贷款时（在破产申请前几个月或者几年）可能存在的问题，公司的破产程序中还是难免出现争议点颇多的债权人间纠纷。除了对债务人资产提出索赔请求外，债权人间的纠纷也会导致债权人相互之间提出索赔请求。

上述纠纷产生时，由破产法院解决这类案件是不合适的；破产法院对债权人间协议没有管辖权，也无权修改这类协议。

债务文件中次级债务和次级担保的区别何在

次级债务通常涉及这样的协议：高顺位的债权人从借款人处得到清偿，无论清偿款的来源是什么，低顺位的债权人受制于付款限制条款。次级担保通常涉及这样的协议：第一顺位担保权人获得出售担保物得到的收益，第二顺位担保权人和更低顺位的担保权人不受付款限制。次级担保所放弃的权利仅限于担保物，仍保留了无担保债权人的权利。

借款人既存的高收益债券中包含的反隐匿资金承诺可以仅限制次级债务（例如“次级”仅就付款而言），也可以限制次级担保（例如在所有方面均为“次级”）。

无论是在法庭外的情境下还是在破产程序中，上述概念对于理解第一顺位贷款人、第二顺位贷款人和债券持有人各自的谈判筹码都很重要。

何为担保权的完善

无论是第一顺位、第二顺位或第三顺位的担保权，担保权必须经过完善后方为有效。担保权的完善是一项多步骤的法律程序，其依据为《美国统一商法典》(UCC)或规制担保权和抵押权的州法。除非遵循了法律程序中的每一步骤，破产法院均可以认为担保权存在瑕疵且不可强制执行。完善担保权的程序可能因法域不同而有所差异，但其通常涉及一项通知以及由申请人宣誓后提交的担保权申请，其中包括：

- 担保权申请所涉财产的所有者或所有者的名称。
- 针对附有权利负担的财产的描述。
- 关于合同条款、时间及条件的陈述。
- 关于担保权人请求的陈述。

总的来说，在决定一项担保权是否合适且不会单独为债权人创设担保权时，《破产法》尊重非破产法律（例如州法）的安排。不过，就已过期的债务赋予新的或额外的担保权可能会被视为可撤销的优先权，如果该担保权是在破产申请日前90天内发生的。[6]

在完善担保物上的担保权时，通常会遇到哪些问题

如果一项担保权没有被正确地加以完善，则该担保权存在瑕疵，且从债务没有

被正确地完善之日（通常是借款期限的开始之日）起，宣称有担保的贷款人会被溯及既往地视为无担保债权人。将一项担保权视为有瑕疵可能是出于如下原因：

- 发现担保物上存在着先前未被满足的担保权（出于这一原因和一般性尽职调查的考虑，审慎的做法是尽快在所有可能存在影响担保物的备案的法域开展担保权检索）。
- 就专利、商标、商号及著作权转让设置的担保权，这类担保权要求另行提交联邦备案，其过程可能耗时较长且需要专门顾问的协助。
- 政府合同和政府应收款项做担保物的转让需要联邦政府的审批，且很可能是个耗费时间的过程。
- 依据《美国统一商法典》做出的担保权益通知应向债务人及其资产所在地的州政府（有时也可以向当地政府）提交。波多黎各和路易斯安那是不适用《美国统一商法典》的两个法域，其备案要求与美国其他法域的要求相比显著不同，且更为复杂。
- 房地产和固定物上附着的担保权益要求在其所在地的市政府和州进行单独归档和记录。贷款人通常会要求提供有关所有权凭证的保险和检索记录，这也需要花费大量时间。
- 贷款人通常希望就完善担保权和担保权的优先级取得当地法律顾问的法律意见，而取得上述意见可能会是一项浩大的事务性工作。

担保物

《破产法》如何解决债务人和债权人对于担保物的利益冲突

《破产法》允许债务人继续使用为贷款人提供担保利益的担保物，但前提是各方同意贷款人的利益受保护。美国法院曾做出如下解释：

> 拥有控制权的债务人可以在其日常经营中不经事前许可而使用、出售或出租其财产，除非法院发出相反命令（《美国法典》第 11 卷第 363(c) 条）。如果债务人意图进行的出售或使用超出了日常经营的范围，债务人必须取得法院的许可。
>
> 在未经被担保方许可或法院授权的情况下，拥有控制权的债务人可能不能使用“现金担保物”，而应当首先考察被担保方的利益是否获得充

分保护（《美国法典》第 11 卷第 363 条）。第 363 条将“现金担保物”定义为现金、可流通票据、所有权凭证、证券、保证金账户和其他现金等价物，债务人财产和除债务人财产之外的实体（无论何时取得上述现金担保物）均对其享有利益。现金担保物也包括受限于债权人担保利益的财产收益、产品、孳息、租金和利润，以及使用或占用酒店、汽车旅馆和其他住宿设施中的房间及其他公共设施的费用、开销、入账或付款。

当使用“现金担保物”时，有担保债权人有权依据《破产法》第 363 条获得额外保护。拥有控制权的债务人需提交一份申请，要求获得授权使用现金担保物的法院命令。在未取得有担保债权人的同意或法院授权其使用现金担保物时，拥有控制权的债务人应当将其占有的所有现金担保物与自有财产隔离开来，并说明用途（《美国法典》第 11 卷第 363(c)(4) 条）。对债务人使用的财产享有利益的一方可以向法院申请禁止该使用或为该使用设置限制，只要这种禁止或限制是为债权人提供“充分保护”所必需的。

为保障债权人在拥有控制权的债务人使用的财产中享有的价值，充分保护有时是必需的。这一点在财产价值有所减损时尤为重要。债务人可能会提供定期或一次性的现金付款，提供额外的或替代性的担保，以实现对债权人财产的充分保护（《美国法典》第 11 卷 361 条）。

当第 11 章重组的债务人需要运营资本时，其可能会给予贷款人一项经法院准许的、优先于其他无担保债权人的“优先权”或针对债务人财产的担保权，以便从该贷款人处获得运营资本（《美国法典》第 11 卷第 364 条）。[7]

担保物不足以清偿贷款的后果是什么

理论上，有担保债权人出借的金额只占借款人拥有且可用作担保物的资产价值的一小部分。不过，当一家公司遭遇财务困境时，其价值可能陡然下跌，高顺位贷款人原先对公司价值进行的计算也会随之变得不准确。在破产申请之日，如果高顺位贷款人的贷款金额（包括应计利息和费用）超过了担保物的价值，则该贷款人的担保债权会被认为属于担保不足。如果担保物价值超过了高顺位贷款人的贷款金额，则该贷款人的担保债权会被认为属于有充分担保。随着破产案件的进行，额外利息的不断累加（债务人向贷款人所负的债务金额也随之增加），有担保贷款人的状态会在有充分担保和担保不足之间切换。

现举例说明：如果高顺位贷款人相信一家公司价值为 1 亿美元，其可能向公司提供 2500 万美元的贷款。几年后，该公司的业绩下滑，贷款人又向该公司提供了

500 万美元的贷款以助其走出困境。不巧的是，公司业绩仍未能得到改善，在对贷款人负有 3000 万美元贷款的情况下申请了破产程序。如果公司资产价值为 2000 万美元，则贷款人的债权属于担保不足。如果公司资产价值为 4000 万美元，则贷款人的债权属于有充分担保。

担保不足和有充分担保的概念与其说是科学，更多时候倒不如说是艺术。在一项破产程序中，公司资产的确切价值通常不甚明晰。对于有担保贷款人，《破产法》并没有指明应用何种标准来计算其债权担保物的价值。归根结底，公司的确切价值可能只有在出售该公司时才能确定。因此，相关方对有担保债权人是担保不足还是有充分担保存在争议，他们可能会各自聘请估值专家。如果相关方聘请了估值专家，潜在买方应当在破产案件的检索系统中查询这些专家准备的证据和报告。如果相关方没有聘请估值专家，潜在买方可以合理认为相关方已就有担保债权人有充分担保这一点达成共识，且公司价值至少等于有担保债务的金额。无论上述哪种情况，买方都可以根据公司的这一有用信息来准备自己的报价。

破产法院如何决定一项有担保债权是有充分担保还是担保不足

相关方通常会用私下沟通的方式来决定一项有担保债权是有充分担保还是担保不足，而非花费时间和金钱且冒着风险将和估值有关的问题提交到破产法院。相关方常常力争将评估价值、账面价值、原始成本、重置成本或清算价值之一作为最相关的评估标准，而清算人和评估人的意见尤为重要。一项有担保债权究竟是有充分担保还是担保不足，要回答这一问题，需要根据相关资产和当前的市场环境，对个案进行具体分析。不过，美国最高法院在《破产法》第 506(a) 条的语境下曾做出判决，认为担保物的替换价值是决定一项债权是有充分担保还是担保不足的最佳方法。[8]

在争辩有担保贷款人是有充分担保还是担保不足时，相关方需要注意其组织论点的方式。例如，当相关方在案件早期就充分保护这一点说明有担保贷款人属于担保不足的情况时，如果他们在案件后期就重组计划要求一个更高的估值，则他们之前的发言很可能会被对方用作反证。机敏的买方可以抓住相关方在要求充分保护时提出的较低估值，以便对重组计划中给出的较高估值进行压价。

鉴于担保物的估值具有较高的不确定性，当债务人使用担保物时，有担保债权人如何维护其对担保物享有的利益

由于有担保债权人对其协议得来的价值有权获得宪法上的保护，因而在有担保债权人的利益因债务人的行为有所减损时，《破产法》提供了充分保护的概念。

需要注意的是，只有有担保债权人的利益会受到保护。如果债权人的担保不足时，则其债权中有担保的部分受到保护，其债权中无担保的部分不受保护。

如果有担保债权人被视为有充分担保，则担保物价值超过有担保债务金额的部分被称为股本缓冲。破产法院可能会认为股本缓冲为有担保贷款人的利益提供了充分保护。某个破产法院在分析了几个案件后认定：大于或等于 20% 的股本缓冲构成充分保护，而少于 11% 的股本缓冲则不构成充分保护。[9] 各法院对 12% ～ 20% 的股本缓冲是否构成充分保护存在不同意见，相关判决结果因此具有不确定性。

随着应向有担保债权人清偿的申请后利息和其他费用的不断累积，股本缓冲的金额也会减少。一名有担保债权人有权就其担保利益享受充分保护，但无权就其股本缓冲的金额或担保物价值与债务金额的比例获得保护。

《破产法》如何定义充分保护

《破产法》第 361 条未明确定义充分保护，但其授权破产法院通过以下三种方式提供充分保护：[10]

1. 一笔现金付款或定期的现金付款。
2. 额外的或替代性的担保。
3. 通过其他方式兑现同等价值。

上述三种方式之间不存在排他性的关系，破产法院可能根据具体情况授权其他方式来实现充分保护。

《破产法》第 361 条在判断有担保债权人是否应当获得充分保护时参考了同法第 362 条（自动中止程序）、第 363 条（使用、出售或出租财产）及第 364 条（获取信贷）。如果有担保贷款人被拒绝通过自动中止程序获得救济，并因此不能占有担保物，则其有权寻求充分保护。[11] 如果债务人被允许使用、出售或出租财产，而该财产上附有有担保贷款人的担保权，则有担保贷款人有权寻求充分保护。[12] 例如，如果债务人在其财产上创设新的权利负担，而该权利负担的优先级高于债权人在该财产上的担保权，则该有担保债权人有权寻求充分保护。[13]

破产申请前的有担保债权人是否能在破产案件中收取利息

上述问题的答案要视情况而定。如果有担保债权人有权获得充分保护，则破产法院被授权批准破产申请后的利息付款。[14] 如果债权人有充足的股本缓冲，则破产法院可能会认为破产案件中的利息付款并无必要，毕竟股本缓冲本身即提供了充分保护。

只要破产申请前的有担保债权人有充分担保，则其有权在债权申报中加入申请后的利息及破产程序中的合理费用、开销和收费，前提是上述金额在破产程序中尚未得到偿付。[15] 相关利率是适用申请前的利率、违约利率或其他利率通常取决于信贷协议的条款、案件事实和相关判例法。申请后利息和其他费用的累加金额受限于股本缓冲的金额，且不会使有担保债权人变得担保不足。

破产申请前的有担保债权人是否能在破产案件中收回本金

上述问题的答案是否定的。由于所有债务都会在破产申请日加速到期，立即变得可偿付，原本的本金偿付日程就变得无关紧要了。有担保债权人能收回的本金金额最终将在重组计划中确定。

第一顺位担保债权人占有担保物时，是否对第二顺位担保债权人负有任何义务

在得到完全清偿前，第一顺位贷款人对其占有的担保物享有近乎完全的控制权。根据《美国统一商法典》，第一顺位贷款人有义务通过商业上合理的方式来处置与其他贷款人共享的担保物，而这一义务不能被免除。第一顺位贷款人可以决定就担保物中的某几项提起出售程序、提起该程序的顺序、出售担保物的对象以及出售是否应当公开进行。同时，第二顺位贷款人通常会同意接受一段有限的冻结期（例如 90 ～ 180 天），在该冻结期内，第二顺位贷款人会避免对与其他贷款人共享的担保物寻求任何救济。

丧失有担保的地位

除了处于担保不足状态外，债权人在破产案件中是否可能丧失其有担保的地位

上述问题的答案是肯定的。如果根据相关法律（例如州法），有担保债权人的担保权被认为未经完善或存在其他瑕疵，该债权人可能在破产程序中丧失其有担保的地位，成为无担保债权人。《破产法》赋予拥有控制权的债务人（或破产受托人，视情况而定）广泛的权力，以避免债务人财产上存在任何未经完善的担保权，并将有担保债权人转变为无担保债权人。[16]

除此之外，根据关于贷款人责任的几种法学理论（这些理论主要为了促进贷款人公平对待借款人），债权人也可能丧失其有担保的地位。如果贷款人未能公平对待借款人，借款人可以向贷款人提起包含多个法律请求权的诉讼，且这些请求权通

常能在《破产法》的语境下发挥很大作用。不过，虽然相关方为了争取谈判筹码，有时会威胁向申请前的有担保贷款人提起贷款人责任的诉讼，但贷款人责任的举证责任相当高。

《破产法》为贷款人责任明确规定了两种救济：衡平居次和重新定性。[17]一个有担保债权人因为这两种救济中的任意一种，都可能在破产案件中丧失其有担保的地位。美国特拉华州的破产法院最近在兰德控股公司（Randor Holding）的破产案件中探讨了上述问题，以下是从该案件节选的法院判决。

> 破产法院法官彼得·沃尔什注意到，联邦第三巡回上诉法院在亚微米系统公司（In re SubMicron System Corp.）㊀一案中，探讨了在考察重新定性的申请时应考虑的因素。第三巡回法院在亚微米案中讨论将债权重新定性为股权这一问题时提到，会存在这一救济，是因为破产法院拥有衡平性质的权力，以确保“实质不会受制于形式，技术方面的考虑不会阻碍实质正义的实现”。第三巡回法院还将重新定性这一救济区别于衡平居次的原则。在第三巡回法院看来，重新定性应关注的焦点是“债权是否实际存在”或者“什么是一项投资开始时最合适的定性”。与此相反，“只有当一个合法债权人的清偿顺序因衡平法的要求滞后于其他申请人时”，才为衡平居次提供了正当理由。
>
> 第三巡回法院在亚微米案中定义重新定性时注意到，“决定是否应当重新定性一项债权时，机械性的判断是不够的”。这一问题“委托（法院）进行一项深度问询：定性一项权利是债权还是股权，其实是法院在试图分辨当事人以某种称呼赋予一份文件特定性质时，他们想要的可能是别的性质的东西。当事人的意图可以从当事人的合同中推断，可以从他们的实际行为推断，也可以从案件的相关事实推断。因此，对于上述问题要具体问题具体分析才能得到答案”。[18]

一项申请在什么情况下受限于衡平居次或者重新定性

在衡平居次的情况下，破产法院行使类似于衡平法院的职能，变更一名债权人相对于其他债权人可以获得清偿的顺序（或在股权人的情况下，变更一名股权人相对于其他股权人可以获得清偿的顺序）。

衡平居次的情况通常发生在法院认为将特定的贷款人获得清偿的顺序向后调

㊀ 该案全称（包括检索编号）为 Cohen v. KB Mezzanine Fund II (In re SubMicron System Corp.), 432 F.3d 448 (3d Cir. 2006)。——译者注

整到更公平或更符合衡平法时，且通常是因为该贷款人存在不当行为。[19] 例如，一名债权人声称有担保的债权可能会被视为是无担保的，破产法院可能会剥夺其担保权，并对其和其他无担保债权一视同仁（或给予同等权利）。[20] 从实际角度来说，这一变化意味着一名期待可以获得几乎全额清偿的债权人最后只能获得少量清偿或得不到清偿。又比如，一名无担保债权人的债权在经过衡平居次后，只能在所有其他无担保债权人的债权得到清偿后才能获得清偿，因此失去了平等权利。[21]

与上述相反，在重新定性的情况下，法院的关注点不是贷款人的（不当）行为，而是相关文件本身。重新定性可能会产生与衡平居次类似的效果，但其具体做法有所不同。法院会在字面意思上将债权重新定义为股权。从实际角度来说，无论一名债权人获得清偿的顺序被推后到与其他无担保债权人一样，或是被视为股权人中的一员，如果这两种情况都不能使该债权人获得清偿，则两种情况对该债权人而言没什么差别。

什么人比较可能要求进行衡平居次或重新定性

正如我们在本章前面讨论过的，随着第二顺位的担保贷款突然变得常见，在今天的破产案件中，无担保债权人前面排着比以往多得多的有担保债权人。实际上，在很多今天的破产案件中，无担保债权人通常什么清偿都拿不到。在这种情况下，无担保债权人可以采取的策略之一是主张某些债务（例如第二顺位或第三顺位的担保贷款），仅仅在名义上有担保，实际上则是由公司所有者的股权投资伪装而成。[22]

兰德控股公司（简称兰德）的案件提供了一项最近（尽管不成功）的先例，在该案件中，无担保债权人提出了上述主张，而特拉华州的破产法院做出了回应。

> 在特拉华州，兰德控股公司的第 11 章案件于 2006 年 11 月 16 日结案，其判决中提到了这一情形。[23] 当兰德控股公司开始出现财务问题时，对冲基金 Tennebaum（即 Tennebaum Capital Partners）及其两个关联方参与其中。Tennebaum 对兰德进行了 2500 万美元的优先股投资，向兰德提供了 9500 万美元的贷款，供其对已有的有担保债务进行再融资，并额外向兰德提供了 2350 万美元的有担保贷款。根据兰德与 Tennebaum 签订的投资者权利协议，Tennebaum 任命了兰德董事会中的四名董事，拥有在规定的税息折旧及摊销前利润（EBITDA）未达标时任命更多董事的权利，并就某些雇用协议和关联交易拥有一票否决权。尽管 Tennebaum 自始至终仅拥有兰德不到 20% 的股权，却得到了如此多的权利保护。

兰德的债权人委员会（被委派以代表兰德的无担保债权人的利益）在其诉状中指责Tennebaum想借用向兰德提供贷款的方式收购兰德，而并不期待兰德偿还贷款，即所谓“通过贷款来拥有”的战略。在债权人委员会看来，Tennebaum知道其就有担保贷款坚持索要的条款是兰德所无法履行的，并最终会导致贷款违约。在诉讼中，债权人委员会要求：①将Tennebaum对兰德的有担保贷款重新定性为股权，或作为一种替代方案，通过适用衡平居次，将Tennebaum的有担保债权降格为与其他无担保债权人一样的债权；②禁止Tennebaum使用其有担保债权中的1.28万美元来对兰德的资产出售进行信用投标；③由于Tennebaum是兰德的“内部人”，因而兰德有权收回其在破产申请日之前的90天至1年内支付给Tennebaum的金额。

Tennebaum很幸运，经过漫长的审理，Walsh法院认为债权人委员会未能提供足够证据或现有的法条和判例法不能支持其申请。破产法院驳回了债权人委员会的所有申请，在所有事项上的判决均有利于Tennebaum。这一判决很可能使有担保债权人和董事会更有动力选择特拉华州作为破产案件的管辖法院。[24]

破产法院就债权人的债权做出衡平居次的判决时，通常会考虑哪些因素

衡平居次是一项不寻常的行为，破产法院因此应当仔细检阅与债权人行为有关的事实和情况。要为决定何时适用衡平居次而创设明确的指南是困难的。如果存在这种指南，当事方会更具创造性和更迂回地设计出一套规避这种指南的方案。因此，破产法院在这方面应当保持灵活性，这样才能应对那些会导致不公平和不公正结果的最新商业变化。这一点对商业人士来说可能有点令人沮丧，商人总是认为法律应当提供明确的规则，而法院应当客观地对这些规则加以适用。不过，破产法院既应是普通法的法院，也应是衡平法的法院，而《破产法》的基本信条之一便是为所有债权人提供公平和公正的救济。因此，在处理破产程序的特定问题时，衡平居次是一项重要且具有灵活性的工具。即便如此，衡平居次的适用还应当是审慎和作为最终救济的，当其他《破产法》规定的法律救济不奏效时，才是适用衡平居次的好时机。

总体而言，破产法院在决定是否适用衡平居次时会考虑广泛意义上的三类因素：①债权人方面是否存在不公正行为；②如存在，该不公正行为是否为债权人提供了不当利益或损害了其他债权人的利益；③准予衡平居次的救济是否与《破产法》的其他规定相一致。

对管理层和私募股权人这类内部人而言，破产法院会施加更高标准的审查。内

部人可以利用其对公司的影响和控制来提供不当利益、徇私情或者导致不公正的结果，从而使破产法院认为有必要准许衡平居次这类不寻常的救济。

如果潜在买方遇到了可能涉及衡平居次的情形，我们会强烈建议该买方咨询破产法律师，以评估案件详情。为摆脱棘手的衡平居次问题，就公司的出售展开谈判可能是好的方式之一。

最近涉及衡平居次而又引人注目的破产案件包括：[25]

- Adelphia 案。Adelphia 公司的债权人委员会对两类贷款人提起了衡平居次的申请，一类是各种信贷协议中的经纪人，另一类是根据任何信贷协议在任意时间买入债务的贷款人。上述主张始于这些贷款人存在与 Adelphia 的前管理层进行交易的嫌疑，而 Adelphia 针对其前管理层也提起了从公司获取非法收入的诉讼。值得注意的是，该案的重组计划为无担保债权人提供了全额现金赔偿，且赔偿包括利息。由于债权人根据重组计划可得到本金和利息的全额赔偿，因而地区法院做出如下判决：①（其他）债权人不会从诉讼中受益，因此债权人委员会缺乏提起诉讼的初始依据；②要求衡平居次的申请应当被驳回，因为无论债权有无担保，贷款人都可以得到全额清偿。[26]
- Elrod 案。该案的破产法院判决一名有担保债权人有权针对另一名债权人的债权寻求衡平居次的救济，前提是与授予衡平居次有关的损害仅限于寻求衡平居次的债权人（即不是所有债权人都会遭受该损害）。[27]
- Kreisler 案。两名第 7 章债务人个人成立公司，购买针对其自身财产的有担保债权。如果允许这项有担保债权成立，无担保债权人将无法获得任何清偿。破产法院将债务人的行为视为不当行为，并针对其购买的债权适用了衡平居次原则。地区法院维持了这一判决，而联邦第七巡回上诉法院推翻了原判。第七巡回法院注意到债务人的行为可能属于不当行为，但并不会损害其他债权人的利益。因为无论有担保债权是由原来的有担保债权人所有还是由债务人成立的公司所有，其他债权人能够得到的救济（即无救济）并不会发生改变。[28]
- Schlotzsky 案。联邦第五巡回上诉法院判决认为，适用衡平居次的重要因素是使得该债权居次对于弥补债务人或（其他）债权人从不公正行为中受到的损失是必要的。第五巡回法院（在 Schlotzsky 案中）表示，由于破产受托人未能证明作为被告的内部人向债务人出借的贷款损害了债务人或一般债权人利益，因而使该内部人的有担保债权居次是不恰当的。法院还从事实和法律的层面驳回了受托人有关“加重破产”的主张。[29]（本书第10章会就加重破产的理论展开详细的讨论。）

- Winstar Communications 案。联邦第三巡回上诉法院推翻了下级法院关于使贷款人的无担保债权劣后于股权利益的判决。就此问题，第三巡回法院给出的理由是《破产法》不允许债权人的债权劣后于股权利益。[30]

在2008～2009年的经济衰退中，很多破产案件中的有担保债权人都持有杠杆债券，无担保债权人由此只能获得极少清偿。不过，我们接下来会考察无担保债权人，其境况在2010年的破产案件中有很大好转。

尾注

1. See 11 U.S.C. §506.
2. See 11 U.S.C. §506(a)(1).
3. See 11 U.S.C. §553(a).
4. See 11 U.S.C. §362(a)(7).
5. See Harold S. Novikoff, “Common Intercreditor Agreement Provisions,” Wachtell, Lipton,Rosen & Katz,April 2006;available at http://www.abiworld.org/committees/newsletters/financebank/vol3num3/SiblingRivalrieII.pdf, last accessed April 14, 2010. See also Model First Lien/Second Lien Intercreditor Agreement Task Force, “ Model Intercreditor Agreement;available at http://www.abanet.org/dch/committee.cfm?com=CL190029, last accessed April 13, 2010.
6. See 11 U.S.C. §547(b).
7. http://www.uscourts.gov/bankruptcycourts/bankruptcybasics/chapter11.html#cash,last accessed April 13, 2010.
8. See *Associate Commercial Corp. v. Rash*, 520 U.S. 953 (1997).
9. See *In re McKilips*, 81 B.R. 545 (Bankr. ND Ill. 1987).
10. See 11 U.S.C. §361. The precise wording of the third item is as follows: “ Granting such other relief . . . , as will result in the realization by such entity of the indubitable equivalent of such entity’s interest in such property.”
11. See 11 U.S.C. §362(d)(1).
12. See 11 U.S.C. §363(e).
13. See 11 U.S.C. §364(d)(1)(B).
14. See 11 U.S.C. §361.
15. See 11 U.S.C. §506(b).
16. See 11 U.S.C. §§544, 545, 546.
17. See 11 U.S.C. §510(c).
18. Leon R. Barson, “*Radnor Holdings*: Delaware Bankruptcy Court Rejects Creditors’ Committee’s

Effort to Recharacterize Secured Creditor's Claims as Equity," *Pepper Hamilton Bankruptcy Update*, March 12, 2007; available at http://www.pepperlaw.com/publications_update.aspx?ArticleKey=867, last accessed April 13, 2010.

19. See, for example, *Citicorp Venture Capital, Ltd. v. Comm. of Creditors Holding Unsecured Claims*, 160 F.3d 982, 986-87 (3d Cir. 1998); and *Bayer Corp. v.MascoTech, Inc.* (*In re Autostyle Plastics, Inc.*), 269 F.3d 726, 749 (6th Cir. 2001).
20. See 11 U.S.C. §510(c)(2).
21. 《破产法》第 510(c) 条特别规定："在通知和听证后，法院可以依据衡平居次原则，为了将一项被允许的债权的全部或部分分配到另一项被允许的债权的全部或部分，或者将一项被允许的利益的全部或部分分配到另一项被允许的利益的全部或部分，准予衡平居次；命令受限于衡平居次的该债权的担保权被转让到债务人财产中。"参见 11 U.S.C. §510(c)。
22. Michael Klein and Ronald R. Sussman, " Recharacterization Battles Likely in Next Roundof Bankruptcies, " Turnaround Management Association,October 20,2008;available at http://www.turnaround.org/Publications/Articles.aspx?objectID=9859,last accessed April 13, 2010.
23. *Official Comm. of Unsecured Creditors of Radnor Holdings Corp. v. Tennenbau Capital Partners, LLC* (*In re Radnor Holdings Corp.*), Adversary Proceeding No.06-50909, Chapter 11 Case No. 06-10894 (Bankr. Del. filed November 16, 2006).
24. Mark Berman, " Lessons for Hedge Funds Investing in Distressed Debt, " *Nixon Peabody Private Equity Newsletter*, January 22, 2007; available at http://www.nixonpeabody.com/publications_detail3.asp?ID=1676, last accessed August 19,2010.
25. See " Update: Lender Liability Theories, Trends and Defenses, " ABA Section of Business Law Spring Meeting, April 16, 2009; available at http://www.abanet.org/ buslaw/committees/CL190000pub/materials/2009/spring/lender-liabillity.pdf,last accessed May 14, 2010.
26. See *Adelphia Recovery Trust v. Bank of Am., N.A.*, 390 B.R. 80 (S.D.N.Y. June 18,2008).
27. See *Elway Co., LLP v. Miller* (*In re Elrod Holdings Corp.*), 392 B.R. 110(Bankr. D. Del. August 7, 2008).
28. See *In re Kreisler*, 546 F.3d 863 (7th Cir. 2008).
29. See *Wooley v. Faulkner* (*In re SI Restructuring, Inc.*), 532 F.3d 355 (5th Cir.June 20, 2008).
30. See *In re Winstar Comm. Inc.*, 554 F.3d 382 (3d Cir. 2009).

第6章
无担保债权人

债权人的记性比债务人好。

——本杰明·富兰克林

概览：无担保债权人

在最近这些年，无担保债权人的作用发生了何种变化

本书第6章将勾勒出无担保债权人在破产程序中常见的行为轨迹。与金融行业的很多其他事情一样，无担保债权人的整体地位在最近的经济危机中也经受了史无前例的压力。因此，本章的讨论包括了无担保债权人在近年来的历史作用的演进(尤其是过去五年来，第二顺位的担保权融资戏剧化地增多以后)。

第6章也介绍了无担保债权人的官方委员会。该委员会被称为破产程序的“监察者”，并对特定案件的走向起着不可或缺的作用。当债务人寻求法院批准，以签订一项不属于日常经营范围的协议或处置其资产时，债权人委员会扮演的独特角色赋予其向法院提出建议的权利。该委员会因此也成为决定债务人破产案件的走向和成败与否的关键因素，常常影响着债务人进行重组或清算的可能性。

从概念上讲，无担保债权人在破产程序中有哪些作用

理论上，在有担保债权人得到清偿后，危困企业的剩余价值将归属于无担保债权人。股权人在公司会欣欣向荣这一点上下了赌注并输掉了赌注。有担保债权人保

守放贷，其利益受担保物保护；无担保债权人的风险 / 回报定位则处于较平衡的中间地带。危困企业进行重组后，无担保债权人众望所归地成为企业的新主人，也因此对企业如何从破产中崛起发挥着关键作用。

《破产法》通过创设无担保债权人的官方委员会作为债务人在危困企业重组过程中的对立方，默认了上述债务人 – 债权人关系的理论框架。

无担保债权人的官方委员会（有时被简称为债权人委员会或 UCC）代表了各式各样的无担保债权人，这些无担保债权人在破产申请前可能与公司进行过各种不同的交易，但在破产申请后却面临着相同处境：债务人欠他们钱，且他们对欠款不享有担保利益或清偿的优先级。《破产法》承认破产牵涉着复杂的法律程序，实质上仿照着其他美国法院处理原告 – 被告法律关系的架构，将债务人与债权人委员会放在对立地位。

纵观整个破产程序，对于债务人进行重组的努力，债权人委员会是主要提出批评的人，且经常与债务人就重组计划的条款进行谈判。总体来说，债务人有着提出一项重组计划的排他性权利，但无担保债权人有权对此投票。这使得破产程序中的权力处于均衡状态，且在理论上能帮助公司找到最优的解决方案。

上述框架在近年来发生了何种变化

上文描述的机制一直运行得不错，直到第二顺位的担保贷款在过去五年中异军突起。就其本质而言，第二顺位担保贷款的投资者希望获得的经济收益类似于投资债券，但在投资标的表现欠佳时，可以先于贸易债权人及无担保债权人获得清偿。金融市场的上述显著发展挑战了国会当初制定《破产法》的预期，而国会尚未修订《破产法》，以应对债权人内部的这一结构变化。

在 2008 ～ 2009 年的经济危机中，担保贷款（尤其是第二顺位担保融资）的增多导致无担保债权人经常处于亏损状态。因此，杠杆证券的持有者通常为有担保债权人，而非无担保债权人。由于在重组中分不到什么好处，无担保债权人在谈判时没有太多主动权，其诉求也得不到有力支持。不过，对于利用其影响力坚持到了 2010 年的无担保债权人，由于投资标的的估值回复到了经济危机前的水平，其坚持获得了多倍回报。一旦杠杆证券从有担保债权转为无担保债权，权力的天平又重新倾向于官方委员会。

虽然无担保债权人的官方委员会继续在破产案件中发挥作用，但是其影响已被大大削弱，仅限于为其成员争取小额赔偿。例如，优先权债权通常属于债务人资产，有担保债权人不能对其设置担保，这为无担保债权人（在付完律师费后）就此获得小额赔偿提供了机会。

随着债权人委员会在破产程序中的影响式微，是否可以认为该委员会在困境并购中的作用也被相应削弱

这不尽然。危困企业的买方还是应当与无担保债权人的官方委员会及其顾问保持良好关系，这些人既可能协助出售过程，也可能拖延出售过程。

基于《破产法》的授权，即使无担保债权人明显处于亏损状态，债权人委员会仍可反对债权人出售资产的提议、启动竞价程序的提议以及其他对完成一项出售而言所必需的提议。此外，债权人委员会可以是重要的信息来源，以提供关于公司及其资产和业绩的最新信息。更重要的是，在出售完成后，某些无担保债权人（尤其是供应商、员工及房东）可能成为潜在买方的重要工作伙伴。如果潜在买方希望在出售完成后更换管理层，债务人可能会对买方产生敌意，债权人委员会则可能成为买方的有力同盟。

出于上述和其他原因，潜在买方可能需要严肃考虑向无担保债权人提供一些救济，即便他们其实并无必要这么做。

无担保债权人的债权

哪类人通常会提起无担保债权的诉讼请求

无担保债权人可能包括：

- 债券、公司债、次级票据及其他无担保证券的持有人。
- 已向债务人寄出商品或提供服务但尚未收到付款的供应商，这类债权人通常被称为“贸易债权人”。
- 被拖欠薪资的员工。
- 与债务人签订租赁协议的房东，债务人拒绝继续履行租赁协议，而该协议项下的租期尚未到期。
- 被判决有权从债务人处获得损害赔偿的原告。
- 向债务人提供了服务，但尚未收到水电费的水电公司。
- 开放式掉期产品、期货或其他与债务人进行交易的对手方，假设该对手方截至破产申请日有盈余。
- 尚未收到债务人应缴税款的政府部门。

是否所有无担保债权人的债权都享有同等权利

尽管无担保债权人的优先级都低于有担保债权人，但他们之间还是可能有受偿

顺序的区别（假设无担保债权人能获得清偿）。

如果一项债务被分为多个等级，债券持有人可能会同意某些持有人享受更高的清偿优先级。例如，就债券持有人而言，一家公司可能会发行清偿优先级较高的次级债券，也可能发行清偿优先级靠后的次级债券。

《破产法》针对不同种类的无担保债权人设定了有关清偿顺序的特别规则，[1]但这些规则大多只针对消费者破产，不针对商业破产。

何为关键供应商

对一家公司的运营而言，总有一些供应商是必不可少的。当公司陷入困境时，即使其尚未提出破产申请，供应商可能已经意识到这一状况，并开始限制收到付款前的预先发货。举个例子，当公司出现拖欠付款的行为模式时，供应商会认定其客户已陷入困境。随着上述情形越来越严重，供应商在收到上一笔欠款前会拒绝发送新订单的货物，或者会要求公司在发送货物时即付现款。当公司失去一个供应商时，其可从该供应商的竞争对手处获得供货，但前提是后者尚未意识到公司处于困境或者未对公司进行充分的信用调查。不过，公司在很多情况下都依赖于一个其他供应商无法取代的特定供应商，这类供应商被称为关键供应商。

关键供应商在破产程序的债权人序列中处于什么位置

由于关键供应商可以拒绝提供公司继续经营所需的货物，其在破产程序中有很强的谈判筹码。正因如此，大多数破产法院在案件开始时便允许公司对关键供应商在破产申请前提出的无担保债权进行全额清偿。这样一来，关键供应商不仅先于其他无担保债权人获得清偿，也先于有担保债权人获得清偿。更重要的是，关键供应商可以获得全额清偿，而其他债权人最终也许只能获得部分清偿。

《破产法》于何处提供了衡量一个供应商是否为关键供应商的机制

《破产法》没有关于关键供应商的明文规定，破产法院会照常行使其衡平权，为关键供应商提供救济。[2]即便如此，关键供应商的概念有必要被限定在一个较窄的范围内。如果所有的贸易债权人都能获得全额清偿，那么公司大概也无须进入破产程序了。

判断一个特定的供应商是否为关键供应商，其依据为必要性原则。根据该原则，向关键供应商进行清偿必须允许重组，并且能向剩下的债权人支付比没有该清偿时更多的补偿。如果没有对关键供应商进行清偿，重组会失败，债务人及其财产均会蒙受重大损失。某个破产法院曾为适用必要性原则建立了一套三步法则[3]：

1. 债务人对于特定的债权人有迫切需求。

2. 除非债务人能与债权人进行交易，否则该债务人会：

a. 冒着遭受损失的风险；

b. 就其财产的持续经营价值损失某些经济利益，且该损失超过了对该债权人进行清偿的数额。

3. 除了清偿该债权人的债权外，没有其他实际的或法律的解决方案。

在凯马特超市（Kmart）的破产案件中，债务人将清偿关键供应商这一理念推向了一个荒谬的极致——其在破产案件开始时要求向超过2300名供应商提供全额清偿，清偿总额超过300万美元。破产法院批准了债务人的申请，一位债权人奋力反抗并决定上诉。地方法院在上诉中支持了破产法院的请求，而联邦第七巡回上诉法院在第二轮上诉中推翻了下级法院的判决，并要求这些所谓的关键供应商退回他们从债务人处收到的清偿款。[4]上诉法院认为，在破产法院批准债务人关于关键供应商的申请之前，可能因这一申请受到不利影响的债权人未收到合理通知。此外，上诉法院还担心，破产法院在依据必要性原则批准债务人的关键供应商申请之时，并未对经营、财务及其他方面的证据进行充分审查。债务人不得不对其关键供应商提起诉讼，要求他们退回清偿款。这些诉讼为债务人平添了不少难题，大大增加了其律师费用，还惹恼了公司曾希望保持密切联系的供应商。

一些评论家相信，凯马特超市一案极大限制了可以适用关键供应商原则的情境。

> 凯马特超市案的判决并未彻底否定关键供应商这一概念，但确实使这一原则的适用变得困难。除了破产法院衡平权的限制，凯马特超市案提出在任何供应商被认定为关键供应商并获得清偿前，有必要满足更高的程序性和证据性标准。至少在第七巡回法院看来，破产法院应当就以下事项做出判断：①在无担保债权人中划出清偿先后之分是不是推动重组的唯一办法；②处于不利地位的债权人的处境是否至少能优于没有向关键供应商提供清偿的情形。
>
> 不断演化的判例法表明，关键供应商优先获得清偿正变得越来越难，但也并非全无可能。更高的证据标准或更长的通知期限可能使某些供应商拒绝与债务人继续合作。一种可能的结果是债权人会继续与债务人的业务往来，而更高的举证责任只会筛选掉那些在类似条件下只想着取得比其他债权人更好待遇的“关键”供应商。[5]

破产申请前的无担保债权人在破产案件中是否能收取利息

上述问题的答案是否定的。破产申请前的有担保债权人有权在破产程序中收取利息，作为《破产法》第 506(b) 条为其提供的充分保护。不同于上述有担保债权人，破产申请前的无担保债权人无权享受这一待遇。不过，在被称为有偿付能力的债务人案件（这属于极为罕见的情形）中，股权人能获得清偿，无担保债权人也能就其申请的票面金额获得 100% 的清偿。在有偿付能力的债务人案件中，无担保债权人可以在其申请中要求就破产程序中累计的利息获得清偿。换言之，由于无担保债权人已经不可能获得超过 100% 的清偿，因而如果能就申请后利息获得清偿，实际上是提高了其申请的金额。不过，实际上，在重组计划中能用于向无担保债权人提供清偿的现金额度取决于退场融资时募集的流动资金金额。

无担保债权人获得清偿的形式与其是否有权收取申请后利息无关。不管无担保债权人获得清偿的形式为全额现金、现金加上新发的期票、现金加股权还是其他形式，关键都在于重组计划载明的清偿金额是否已超过其全部的申请金额。

在有偿付能力的债务人案件中，计算无担保债权人的申请后利息时采用何种利率

如果一个重组计划涉及向无担保债权人偿付申请后利息，该重组计划的提议者应当决定使用什么样的利率。决定使用的利率又有三种主要选择：合同利率、违约利率和法定利率。

第一种选择是采用合同（例如票据合同或供应商合同）中约定的利率。由于合同当事方当初经过协商才就合同中约定的利率达成一致，因而用这一利率来计算申请后利息也较为公平。不过，考虑到不同合同中约定的利率可能会差异很大，对这些合同中的每一位无担保债权人采取不同的利率可能就没那么公平了。此外，很多无担保债权人的债权申请可能并不会以一份载有约定利率的合同为基础。

第二种选择是合同中约定的违约利率。很多合同会载明在违约时提高约定利率，例如提高两个百分点。鉴于合同当事方同意这一更高的利率，为公平起见，破产法院也应尊重当事人的约定。从实务角度而言，在很多情况下，如果破产法院不尊重合同约定，债权人很难就违约利率获得利息的清偿，而合同中关于违约利率的约定也就没有意义了。上面我们提到使用合同约定利率的公平性问题也同样适用于使用违约利率的情形。

第三种选择是相关法域的法定利率。使用法定利率最关键的好处在于，所有无担保债权人在计算申请后利息时会采用相同的利率，即这一问题得到了公平的处

理。但是反过来说，剥夺某些债权人使用他们在合同中争取来的约定利率或违约利率的权利，可能显得不那么公平。通常而言，合同的约定利率或违约利率会显著高于法定利率。理论上，约定利率或违约利率反映了当事方签订合同时，金融市场对风险－回报的配置。

直到国会修订《破产法》以解决在有偿付能力的债务人案件中计算申请后利息的利率问题，各州法院及各破产法院对这一问题的处理方式应当都会存在极大差异。

破产申请前的无担保债权人在什么情况下能就利息获得清偿，能否举例说明

在柏利希尔画廊（Berry-Hill Galleries）的破产案件中，无担保债权人就其债权主张的金额获得了全额清偿以及平均五个百分点的额外利息。该破产案件由纽约南区的破产法院主持审理，于 2005 年 12 月开始，2007 年 3 月结束。该案件中有偿付能力的债务人是一个家族经营到第四代的画廊，其资产包括美国早期艺术和位于曼哈顿上东区的地产。由于优先顺位的贷款人拒绝在贷款到期后延长贷款期限，而相关诉讼也使债务人无法向新贷款人再融资，债务人于是提出了自愿破产申请。

柏利希尔画廊案件涉及的情形是无流动性，而非无偿付能力。公司的全部资产超过了其全部债务，但未决诉讼和拒绝合作的优先顺位贷款人使其无法筹集更多的资本来维持日常运营。因此，无担保债权人相信当公司重获流动性时，他们能够获得全额清偿。出于以上原因，无担保债权人的官方委员会不同意其在公司的重组计划中获得部分清偿，并向债务人提出要求，即无担保债权人仅在至少能获得全额清偿时才会投票支持重组计划。不过，只有当退出融资能提供足够流动性以偿付 DIP 贷款、（给律师及其他顾问的）应付管理费用、法院费用、无担保债权人的债权时，无担保债权人才能就全额债权获得现金清偿。

事实证明，要募集上述资金极为困难。最终，无担保债权人的官方委员会和退出融资的贷款人就贷款达成一致，条件是：①退出融资的贷款人对担保物提供的担保范围表示满意；②无担保债权人同意投票支持重组计划，而该重组计划为无担保债权人提供全额清偿加上平均约五个百分点的利息。经过一系列不寻常的安排，贷款人的家族在重组后的公司中仍持有 100% 的股权。

其他类似的破产案件（即无担保债权人获得了其债权主张金额的全额清偿外加申请后利息）包括 Adelphia、科聚亚（Chemtura）、商业地产巨头通用成长置业公司（GGP）以及六旗集团（Six Flags）。

破产申请前的无担保债权人是否能在破产案件中就本金获得清偿

不能。本书第 5 章提到的充分保护原则并不适用于无担保债权人。

无担保债权人是否还有权就其他款项获得清偿

上述问题的答案是肯定的。某些票据协议或债券协议包含修复条款（make-whole provision）或买入保护。本书第 14 章会详细讨论这些概念。这些概念在有偿付能力的债务人案件中具有相关性，因为票据持有人、债券持有人及其他无担保债权人收到的清偿款项比其债权主张的金额更多。除了申请后利息，上述债权人可能有权主张修复或非买入性质的清偿。通常而言，这两个概念相互排斥。特定的无担保债权人是否有权获得这些清偿主要取决于相关事实，而有资历的律师可以就适用的法律协议和判例法提供适当的解释和建议。《破产法》没有直接提及修复条款或买入保护，但第 502(b) 条禁止就未到期的利息提供偿付（请参考本书第 4 章关于到期和未到期利息的讨论）。

涉及无担保债权的特别情形

是否有其他种类的无担保债权

上述问题的答案是肯定的。《破产法》为涉及无担保债权的特殊情形提供了特别保护，表 6-1 总结了上述特殊情形。

表 6-1　针对无担保债权的特别情形

特别情形	《破产法》	关键案例
终止退休人员的福利计划（针对年金计划）	第 523(a)(18) 条及第 1114 条	• Bastian Co. • Delta Air Lines • Fruehauf Trailer • Kaiser Aluminum • Oneida • Philip Services • Resol Manufacturing • WCI Steel
驳回劳资谈判协议（针对工会合同）	第 1113 条	• Allied Holdings • Bildisco & Bildisco • Bruno's Supermarkets • Delphi • Horsehead Industries • Ionosphere Clubs • Mesaba Airlines • United Air Lines

（续）

特别情形	《破产法》	关键案例
解决集合侵权之诉	第524(g)条	• A. H. Robins (Dalkon Shield) • Babcock & Wilcox（石棉） • Combustion Engineering（石棉） • Dow Corning（胸部注射物） • Eagle-Picher（石棉） • Johns-Manville（石棉） • National Gypsum（石棉） • Owens Corning（石棉） • UNR Industries（石棉）
解决环境污染及有毒物质侵权之诉	第523(a)(7)条及554(a)条	• *In re Chateaugay Corp. v. LTV Corp. v. LTV Steel Co.*, 944 F.2d 997 (2d Cir. 1991) • *In re McCrory Corporation*, 188 B.R: 763 (S. D. N. Y. 1995) • *Midlantic National Bank v. N.J. Dept. of Environmental Protection*, 474 U.S. 494, 106 S.Ct. 755 (1986) • *Ohio v. Kovacs*, 469 U.S. 274, 105 S.Ct. 705 (1985) • *Torwico Electronics, et al v. N.J. Dept. of Environmental Protection*, 8 F.3d 146 (3d Cir. 1993)

本书无意一一展开这些复杂情形。实际上，每好好探讨一种情形大概都可以单写一本书，也需要参考经验丰富的破产从业人员的意见。以下的问题将处理一些与无担保债权相关的基本概念。

公司提交破产申请会对债务人的年金计划产生什么影响？年金计划是否会自动终止

上述问题的答案是否定的。《1974年员工退休收入保障法》将年金计划的终止规定为单独事项，债务人的破产申请可能需要对其加以考虑。事实上，很多经历了破产的公司都保留了其年金计划的完好无损。

如果债务人（在年金术语中被称为年金计划出资人）在年金计划结束前提交破产申请（无论是第7章清算或第11章重组案件），且在年金计划结束时仍处于破产，则被称为年金福利担保公司（即PBGC，本书第7章会详述）的联邦政府机构会基于提交破产申请之日（而非年金计划的终止日）来决定有担保的年金福利金额，该金额在破产案件中会成为一项无担保债权。《破产法》第1114条规定了终止向退休员工提供保险福利的情形。[6] 总体而言，债务人不能单方面修改或终止一项年金计划，而是必须以诚信和善意与年金计划的代表人进行协商。

一旦年金计划终止，债务人和受其控制集团中的每个成员必须单独和连带地对年金计划中未出资的福利债权和额外费用负责。受债务人控制的集团包括处于共同控制之下的业务，例如一家母公司及其控股 80% 的子公司。

作为《2005 年赤字削减法案》的一部分，国会于 2006 年修订了《1974 年员工退休收入保障法》，要求一个进行重组的债务人在终止一项未完全出资的年金计划时（无论该债务人是否进入破产程序），向年金福利担保公司支付一项额外的终止费用。[7] 目前，还没有太多破产案件对这一相对较新的法律加以解释。[8]

雇主如何终止年金计划

终止年金计划的方式有三种：标准的、困境中的和非自愿的。首先，雇主可以通过标准终止的方式来终止年金计划，但只有在向年金福利担保公司证明其有足够资金支付对计划参与者的欠款时才可以采用这种方式。年金计划需要向保险公司购买一项年金保险（该保险会在每位员工退休时提供终身福利），或在特定年金计划允许的情况下，一次性发放能覆盖所有员工的全部福利。在购买该年金保险前，年金计划的管理者应提前向其员工发送通知，并在通知中载明员工可以选择一家或多家保险公司以提供年金。当雇主已购买年金保险或向员工支付一次性费用后时，年金福利担保公司的担保也随即终止。

如果年金计划的出资额未全额缴足，处于财务困境的雇主可以申请困境终止。要提出这一申请，雇主必须向破产法院或年金福利担保公司证明只有年金计划终止，雇主才有可能继续经营。如果困境终止的申请被批准，年金福利担保公司将作为受托人接管年金计划，并以年金计划的资产和年金福利担保公司本身的担保资金在法律规定的限度内向员工发放年金计划项下的福利。《1974 年员工退休收入保障法》规定了四种困境终止，即破产清算[9]、破产重组[10]、继续经营[11]以及不必要的负担[12]。

由于年金计划的终止是《1974 年员工退休收入保障法》而非《破产法》项下的权利[13]，在非自愿终止中，年金福利担保公司可以在以下几种情况下终止年金计划。简而言之，其包括：①年金计划没有达到年金福利担保公司的出资标准；②年金计划无法发放其应发放的福利；③年金福利担保公司的长期担保责任会被不合理地加重。

在破产案件中，债务人考虑是否驳回一份工会合同的关键因素包括哪些

对希望在破产程序中恢复、驳回或修改工会合同的债务人而言，表 6-1 中所列

的案例提供了关键指引。总体而言，国会制定《破产法》第 1113 条的初衷是为了鼓励债务人与工会达成双方均能接受的协议，并且使既有的劳资谈判协议继续有效。[14] 因此，债务人不能单方面终止工会合同。反之，《破产法》第 1113 条要求债务人以善意努力与工会的授权代表进行谈判，包括在驳回劳资谈判协议前为谈判提供合理机会。在谈判中，债务人只能就工会合同提出必要的改动，并且必须向工会提供充分信息，以供其评估债务人的提案。如果双方无法达成一致且债务人希望驳回劳资谈判协议，债务人必须向破产法院证明该驳回对其重组而言是必要的。

根据《破产法》第 1113 条，如果债务人遵循了上述程序，则工会（或其授权代表）在无充分理由的情况下拒绝接受债务人提出的修改，且考虑到债务人的剩余资产，驳回劳资谈判协议明显更有利，破产法院可以批准债务人要求终止劳资谈判协议的申请。作为折中做法，破产法院有权对劳资谈判协议进行暂时性的修改以提供临时救济，前提是这么做对债务人的持续经营或避免对债务人财产造成无法挽回的损害而言是必要的。[15]

在有毒物质侵权的诉讼中，解除债务人责任存在哪些限制

关于在破产程序中处理环境清理和有毒物质侵权，表 6-1 所列的五个案例算得上是关于这一主题的关键判决。总体来说，当债务人属于《综合环境反应、赔偿和责任法》(《美国法典》第 42 卷第 9601 条及以下，简称为 CERCLA，又称超级基金法）下的潜在责任方（PRP）时，债务人的环境责任就随之产生了。简而言之，债务人依据《破产法》第 554(a) 条利用破产程序以摆脱其受污染财产的尝试是不成功的。根据《破产法》第 554 (a) 条，“在送达及听证后，拥有控制权的债务人可以摆脱某些财产，前提是该财产对债务人财产造成了沉重负担或其价值对于债务人财产而言不足为道”。[16] 相反，《破产法》第 523(a)(7) 条对债务人免责做出了广泛的除外规定，该条相关部分指出，只要债务属于“应向某一政府部门缴付且使政府部门获益的罚金、罚款或没收物”就不可被免除责任，而这一规定总体上包括债务人的环境责任。[17]

对于在破产程序中涉及环境诉讼的五个关键案例，一位知名的环境诉讼律师曾做出如下总结：

> 在多数情况下，你所遇到的与受污染财产相关的问题都出于提前计划的不可能性。对于无法预见的可能性，当然很难提前计划。但考虑到你必须处理很多复杂的技术和法律问题，在有能力提前计划的范围内，

你应当想到由某几方提出破产申请的可能性。

要简化这些判决是困难的，但当破产程序涉及受污染财产时，以下几种结果都可能产生：

- 如果补救义务被减轻为金钱补偿，其作为债务将被解除。尽管债务人可以摆脱眼下的财务义务，受污染的财产还是存在，未来还是可能产生补救义务。
- 如果财产价值超出了其清理成本，受托人可以出售财产，买方（很可能是折价购买了该财产）应承担补救义务。
- 如果补救成本超出了财产价值，且财产的状况不至于危害公共健康或环境时，受托人可以弃置该财产，由债务人在破产程序结束后对该财产承担补救义务。
- 如果财产存在危害，受托人在采取使其变得安全的措施前不能弃置该财产。采取相关措施的成本属于管理费用，可能有优先权，也可能没有。
- 如果州政府负责清理财产（事实上很多案件中都由州政府负责清理），该州政府很可能在财产上设置担保权以收回其清理成本，而是否能收回成本取决于该财产是否能以高于补救成本的价格出售。

拥有受污染财产的债务人能尽的最大努力是使破产法院将补救成本视为债务，并解除债务人的该债务。在这种情况下，债务人很可能会失去这一财产，但不用再承担债务。债务人可能面临的最坏情况是在破产程序结束后仍拥有受污染财产并承担补救义务，而承担补救义务的成本超过了该财产的价值。较为折中的结果是要求解除环境债务的破产申请提交后，潜在责任方展开讨论并尝试达成和解，使债务人得以以协商达成的数额解除债务。如果作为潜在责任方的债务人支付的赔偿金额减少，其他潜在责任方支付的金额便会相应增加，即使相关决定是在破产的语境下做出的也一样。[18]

债权人委员会的角色

无担保债权人的官方委员会如何成立且如何运转

根据《破产法》，债权人委员会的成立是强制性的。债权人委员会的主要目的是代表所有普通无担保债权人的利益，并使其获得最大限度的清偿。

根据美国法院的官方解释：

> 债权人委员会由美国破产受托人任命，通常由对债务人持有前七大无担保债权的无担保债权人组成（《美国法典》第11卷第1102条）。该委员会的主要任务包括：就破产案件的管理事项与拥有控制权的债务人沟通，调查债务人的行为及业务经营，参与制订重组计划（《美国法典》第11卷第1103条）。在破产法院批准的前提下，债权人委员会可以聘请律师或其他顾问，帮助其履行职能。债权人委员会是确保拥有控制权的债务人妥善进行管理经营的重要护卫者。[19]

在债权人委员会中履职完全出于委员会成员的自愿。根据破产案件中一方提出的申请，破产法院可以命令无担保债权人的官方委员会更换成员，以确保无担保债权人的利益能获得充分代表。[20] 上述更换可能是必要的，例如在破产案件中，某些无担保债权人就其债权进行了交易之时。

在债权人委员会中任职有哪些利弊

在债权人委员会中任职需要承担重大责任。通常而言，委员会一个月要开几次会议，为尽可能地减少会议的中断，这些会议通常以电话会议的形式召开。

一方面，在债权人委员会中任职可能带来以下好处：

- 以集体的形式表达意见，可能比个体分别表达意见更有效率。
- 影响债务人和破产法院的决定。
- 集中计算管理成本，并从债权人财产中统一补偿。
- 将债权人的律师费用和财务顾问费用从整体上减到最少。
- 获取保密信息并获知案件进展。
- 有机会与同行业的其他人建立联系。
- 在重组后与债务人加强联系。

另一方面，在债权人委员会中任职也可能产生以下弊端：

- 需要投入大量时间。
- 作为全体无担保债权人的受托人。
- 需要保证相关信息的保密性。
- 不得就债权进行交易。
- 如果重组没有顺利进行，可能会对与债务人的关系产生不利影响。

无担保债权人官方委员会的主席担任何种角色

债权人委员会将选举一名成员作为主席。通常而言，主席是金额最大的无担保债权的债权人或者在破产程序方面有重要经验。主席不享有特别投票权或约束委员会的权限，债权人委员会通常会制定章程，以明确主席及其他成员（如副主席及秘书长）的职责。

主席的职责可能包括：

- 召开（或指示其顾问召开）债权人委员会会议，或者授权债权人委员会在必要时召开会议。
- 主持债权人委员会会议。
- 指示顾问为债权人委员会会议准备议事日程。
- 选任合适的下属委员会。
- 在其没有被选任为成员的下属委员会中依职权作为固定成员。
- 履行债权委员会可能委托主席履行的其他职责，只要不与章程相悖。

尽管潜在买方可能也会尝试联系债权人委员会的主席，但从实践角度而言，先联系债权人委员会的法律顾问或财务顾问可能是更好的做法。通常来说，债权人委员会的成员不喜欢直接与第三方打交道。

无担保债权人的官方委员会享有哪些权限

《破产法》第 1103(c) 条提供了债权人委员会可以使用的工具。依据该条，债权人委员会可以[21]：

1. 就破产案件的管理咨询破产受托人或拥有控制权的债务人。
2. 调查债权人的行动、行为、资产、负债、财务状况、业务的经营状况、继续经营的意愿以及与破产案件或制订重组计划相关的任何其他事项。
3. 参与重组计划的制订，向被委员会代表的无担保债权人告知委员会就制订任何重组计划所做的决定，汇总债权人同意或拒绝某项重组计划的决定并向法院提交。
4. 根据《破产法》第 1104 条申请委任一名受托人或审查官。
5. 为委员会代表的无担保债权人的利益，履行其他职责。

《破产法》第 1103(c)(5) 条是具有灵活性的兜底条款，以便破产法院具体情况具体分析，从而使得债权人委员会能充分代表无担保债权人的利益。此外，《破产法》还明确授予债权人委员会就任何事项向破产法院发表意见的权限。[22] 如本章此前提到的，债权人委员会通常被视为破产案件的监察者，这正是由于委员会享有上述权力以代表其成员。

《破产法》第1103(c)(5)条所提供的灵活性的限度也常常受到考验。一项常见的异议是债权人委员会在破产程序中为对抗其他参与方所产生的费用，尤其是在无担保债权人明显入不敷出时。在这种情况下，破产法院通常偏向于债务人和有担保债权人提出的激烈反对，而非强迫他们为债权人委员会种种琐碎的和挥霍性的行为买单。如果破产法院拒绝为债权人委员会聘请顾问产生的费用提供补偿，债权人委员会一味攻击债务人和有担保债权人以获取谈判筹码、为无担保债权人争取利益的行为确实可能适得其反。

谁是无担保债权人的官方委员会的顾问

根据《破产法》第1103(a)条，在破产法院准许的情况下，债权人委员会可以聘请律师事务所、财务顾问及其他顾问以代表其利益。[23] 这些顾问的费用由债务人财产承担，即在理论上，无担保债权人将从他们未来可能收到的清偿款中间接为债权人委员会买单。

通常而言，债权人委员会的顾问大部分时间都用来审阅债务人提交的文件并向债权人委员会总结这些文件的内容。顾问也会花时间与债务人的顾问就与破产程序相关的种种问题进行协商。

无担保债权人的官方委员会是否有权聘请顾问并使债务人财产承担相关费用

上述问题的答案是肯定的。债权人委员会向破产法院申请就其顾问的相关费用从债务人财产中获得直接支付。无论债权人委员会的成员或债权人本身都无须直接支付上述费用。不过，如果债权人个人决定为自己聘请顾问，债务人财产一般不会承担此类费用。

何为341会议

债权人委员会在破产申请日之后的头几个星期就会成立。美国破产受托人将根据《破产法》第341条召开债权人会议，[24] 该会议通常被称为341会议或成立大会。在该会议中，美国破产受托人将选择在债权人委员会中任职的债权人。美国破产受托人还会对债务人的经营进行大致检视，包括债务人的财务困境、破产申请的推动因素、管理层的重整能力、业务前景以及公司重组的相关战略，个体的债权人也可以参与这项调查。通过破产案件编号，通常可以查到341会议的日期、具体时间和地点。尽管该会议可以在法院或法院附近召开，但破产法院不会主持该会议。实际上，《破产法》明文禁止破产法院参与341会议。[25] 在本书第12章将详细介绍的预组破产中，由于债务人已就重组计划取得了债权人的同意，因而各方可能会向破产法院申请要求美国破产受托人不再召开 341 会议。[26]

潜在买方可能会希望参与 341 会议，这是其从参会各方收集有用信息的重要渠道，尤其是在案件早期，很多申请尚未被包括在案件的检索编号中时。潜在买方参与 341 会议的另一原因是向各方宣告其有兴趣购买公司，并且希望就出售程序获得信息。

对于希望成为假马竞标人的潜在买方而言，使各方尽早意识到其购买公司的意愿尤为重要（参见本书第 13 章中关于第 363 条出售的讨论）。

在无担保债权人的官方委员会成立前，谁来审阅债务人的申请并决定是否提出异议

在债权人委员会成立前，美国破产受托人（参见本书第 7 章）负责审阅债务人的申请并可以对其提出异议。另外，在此期间内，鉴于债权人委员会尚未成立，破产法院也会根据更高的审查标准来审阅债务人的申请。

无担保债权人的官方委员会是否可以提出重组计划

可以。在债务人的排他期届满后，债权人委员会可以提出重组计划。此外，个体的债权人也可以提出重组计划，但需要自行承担相应费用。本书第 12 章将会就重组计划及排他期进行详细的讨论。

无担保债权人的官方委员会是否可以提议出售公司

视情况而定。如果债权人委员会提出了一项重组计划并由债权人投票决定是否采纳，该计划中可以包括出售程序。不过，鉴于《破产法》第 363 条仅提及破产受托人（《破产法》第 1107 条加上了拥有控制权的债务人），债权人委员会并未得到明确授权来提议一项第 363 条出售。[27] 如果债权人委员会希望出售公司，其可以在其他与此无关的问题上利用谈判筹码来达成这一目标。

无担保债权人的官方委员会是否可以在出售公司的拍卖程序中作为竞标方

不可以。债权人委员会的职能不包括在全部或部分出售公司的拍卖程序中作为竞标方。不过，债权人委员会的成员却可以作为竞标方，并利用其在破产程序中获得的信息来制定自身的竞标策略。

下一章将介绍破产程序中的其他重要参与方，这些参与方可以向包括债权人委员会在内的其他参与方提供建议。

尾注

1. See 11 U.S.C. §507.
2. See 11 U.S.C. §105.
3. See *In re Co-Serv, L.L.C.*, 273 B.R. 487, 498 (Bankr. N.D. Tex. 2003).
4. See *In re Kmart Corp.*, 359 F.3d 866 (7th Cir. 2004).
5. Gregory R. Schaaf, " Are There Any Critical Vendors Left?" Greenebaum Doll&McDonaldPLLC,2005;availableathttp://library.findlaw.com/2005/Feb/6/133644.html, last accessed April 19, 2010.
6. See 11 U.S.C. §1114.
7. See ERISA §4006(a)(7)(B), 29 U.S.C. § 1306(a)(7)(B).
8. 例如，参见 *Pension Benefit Guaranty Corporation v. Oneida, Ltd.*, 562F.3d 154 (2d Cir. April 8, 2009)，在该案中，联邦第二巡回上诉法院推翻了纽约南区破产法院的判决，并将应向年金福利担保公司支付的某些“终止费用”定性为申请前的不确定债权，可以在破产程序中被解除。
9. See 29 U.S.C. §1341(c)(2)(B)(i).
10. See 29 U.S.C. §1341(c)(2)(B)(ii).
11. See 29 U.S.C. §1341(c)(2)(B)(iii)(I).
12. See 29 U.S.C. §1341(c)(2)(B)(iii)(II).
13. See 29 U.S.C. §1342.
14. See 11 U.S.C. § 1113.
15. See 11 U.S.C. §1113(e).
16. See 11 U.S.C. §554(a).
17. See 11 U.S.C. §523(a)(7).
18. Diane W. Whitney, " Bankruptcy and Contaminated Property, " *For the Defense*, January 2010; available at http://www.dri.org/(S(nexbt5555cpoaoqwkyctil55))/articles/Toxic/FTD-1001-Whitney.pdf, last accessed August 21, 2010.
19. U.S.Courts, " Reorganization under the Bankruptcy Code " ; available at http://www.uscourts.gov/bankruptcycourts/bankruptcybasics/chapter11.html#committee, last accessed April 19, 2010.
20. See 11 U.S.C. §1102(a)(4).
21. See 11 U.S.C. §1103(c).
22. See 11 U.S.C. §1109(b).
23. See 11 U.S.C. §1103(a).
24. See 11 U.S.C. §341(a).
25. See 11 U.S.C. §341(c).
26. See 11 U.S.C. §341(e).
27. See 11 U.S.C. § § 363, 1107.

第7章
顾问及其他参与方

"世界上大部分重要的事情
都是由那些在看不见希望时还不断尝试的人完成的。"
——戴尔·卡耐基《如何赢得朋友及影响他人》

概览：破产程序中的顾问及其他参与方

破产程序中有哪些顾问及其他参与方

几乎在所有商业破产中，都有多个扮演重要角色的顾问存在。在大多数法律程序中，债务人和债权人都会聘请律师。过去这些年来，随着案件越趋复杂，一个案件中存在多个顾问的情形也变得越来越常见，其中可能包括财务顾问（也被称为重组顾问）、重整咨询师、会计师及其他顾问。本书第6章讨论了无担保债权人的官方委员会，除此之外，还可能有该等债权人的非官方委员会以及股权人的正式委员会。最后，破产程序中还存在数个行政参与方。举几个例子，这其中包括美国破产受托人、案件审理以及案件代理人。本章将详述这些参与方的具体角色。

与其他任何行业一样，顾问也有好有坏。我们建议严肃对待选择顾问这件事。顾问的声誉及其处理特定问题的经验同等重要。重整管理协会（TMA）发布的重整、重组及困境投资行业名录中所列的以下破产顾问属于优秀顾问的典范：

- 破产法律师
  - ❑ John (Jack) Wm. Butler, Jr.，美国世达律师事务所（Skadden, Arps, Slate, Meagher & Flom）
  - ❑ Harvey Miller，美国威嘉律师事务所（Weil, Gotshal & Manges）
- 重整咨询师
  - ❑ Jay Alix，AlixPartners
  - ❑ Dominic Dinapoli，FTI Consulting
- 财务顾问
  - ❑ Henry Miller，Miller Buckfire
  - ❑ William Repko，Evercore Partners

债务人和债权人为什么会在破产程序中聘用顾问

管理层通过日常经营会熟悉很多法律概念，他们的经验通常包括《合同法》《劳动法》《证券法》、诉讼以及其他与商业相关的领域。幸运的是，只有很少的管理层需要接触《破产法》，哪怕仅有一次。显然，管理层并不需要经常接触这一领域以形成自己的独到见解。几乎所有面向管理层的商业战略培训都假设公司有足够的流动性。

因此，管理层在涉及他们不太熟悉的领域（诸如《破产法》、无偿债能力、缺少流动性）时会主要依赖于其顾问。在很多情况下，破产顾问的角色并不仅限于提供建议，还包括做出决定，尤其是当商业问题与复杂且技术性的法律问题交织在一起时。与其他领域的法律一样，《破产法》也会随着破产法院的每个判决和资本市场的每个变化不断演进。因此，破产顾问需要不断更新他们的专业技能。虽然并不存在一位对破产程序各个方面都同样精通的顾问，但在选择破产顾问时，避开那些用客户的钱财来提升自我的顾问极为重要。

债务人方面的顾问需要扮演的角色更像是管理层的理疗师。毕竟，管理层通常已经没有其他人可以信赖，并会由于破产带来的混乱和压力而疲惫不堪。在这种处境下，管理层往往难以掩饰他们的困惑，会承认自己的错误，怀疑自己的判断，质疑董事会、身为管理人员的同僚、自己的直接上级甚至是家人。同时，管理层多半也会担心自己丢掉工作，并且内疚于自己的领导不当使公司走下坡路、令其他人丢掉饭碗。

类似地，债权人委员会的顾问可能发现自己所代表的委员会成员并不熟悉破产程序。债权人委员会的成员可能代表一家大型机构，其自身并没有多少动力来达成一个特定的目标。这些成员通常更看重自己的本职工作，对待破产案件并不像他们的顾问那样上心。此外，债权人委员会的各成员之间可能存在利益冲突，顾问在这种情况下也需要担当裁判者。债权人委员会的顾问往往要在很紧的时间表内引导债权人委员会分析复杂的法律和商业问题，并做出重大决定。

破产法院在监管顾问时发挥什么作用

破产法院在监管顾问时主要有两大作用，即决定利益冲突的相关事项以及批准费用和支出。

破产法院非常关心顾问实际和潜在的利益冲突以及某个顾问的利益是否与其客户不一致。法院严格遵循相关规则，与利益冲突相关的披露应是广泛和包括性的。由于重组的结果不仅取决于债权人与债务人之间的谈判，还取决于债权人之间的协商，因此顾问有必要在代表客户时保持客观且不受其他参与方的影响。尤其是在大型破产案件中，对于案件牵涉的各种各样的债权人，要排除他们之间的利益冲突是一件有挑战性的事情。这也是为什么有些顾问（律师除外，我们接下来会单独分析律师）会与那些拥有广泛客户基础的大型机构撇清关系，而选择经营小而精的事务所。顾问可以代表各方，但也有些顾问会将其业务集中于债务人一方或债权人一方以进一步减少潜在的利益冲突。如果截至破产申请日，有些破产申请前的顾问已经累计了一定费用，这些顾问有可能选择豁免该等费用，以避免自己成为客户的债权人而被取消担任顾问的资格。

在《2005 年防止破产滥用及消费者保护法》颁行以前，如果某个财务顾问在破产申请前担任债务人证券的投资银行，例如为发行债券担任承销商，则该财务顾问及其律师会被禁止在破产申请中代表债务人。国会做出这项限制的初衷是确保债务人顾问的中立性，以避免顾问只顾着保护自己的利益。如果债务人的顾问需要重新检视之前进行的交易，而在破产申请前后债务人雇用的是同一个顾问，则让该顾问检查和批评自己此前提出的建议时难免存在利益冲突。尽管美国证券交易委员会反对修改《2005 年防止破产滥用及消费者保护法》之前适用的规则，证券行业的说客仍成功说服国会修订《破产法》取消了上述限制。

在破产程序中，各方如何聘请顾问

在希望聘请顾问时，各方会向破产法院提交聘用申请，待破产法院在发送通知和进行听证后批准（该批准包括认可各顾问不存在利益冲突、其资质和薪酬）。聘用申请也会附带一份由顾问事务所的管理人员出具的誓词。《联邦破产程序规则》

第 2014 条要求一项聘用申请包含如下内容：[1]

1. 证明有必要聘请顾问的特定事实。
2. 希望聘请的顾问姓名。
3. 选择聘请该顾问的原因。
4. 该顾问将提供的专业服务。
5. 与薪酬相关的任何拟议安排。
6. 该顾问与债务人、债权人、任何其他的利益关联方、前述人士的律师和顾问、美国破产受托人或任何在美国破产受托人处任职的人士之间的所有联系。

破产法院对上述要求采取严格解释。对所有相关的联系进行完全披露是专业顾问而非破产法院的职责。

《破产法》第 327 条规定了债务人的专业顾问的聘用问题[2]，第 1103 条规定了债权人委员会的专业顾问的聘用问题。[3]需要注意的是，破产法院对会计师一词的解释是宽泛的，其包括了财务顾问、投资银行以及其他财务方面的专业人士。

聘用申请及其附带的誓词有时对潜在买方而言也是有用的，这其中包括了各个顾问的联系方式。此外，聘用申请及其附带的誓词中关于各顾问角色的描述可能暗示了公司想要出售一部分或全部资产（而非重组）的可能性。

破产法院面对顾问的聘用申请时会考虑哪些因素

破产法院批准一位专业顾问的聘用申请要求申请人满足两项条件：①该专业顾问不应有利害关系；②该专业顾问没有与债务人财产相对立的利益。以上两项判断都应以特定事实为基础，且破产法院强调申请人应当进行完全披露。未对相关事实进行完全披露可能导致破产法院拒绝批准申请或认定该人士不适合担任顾问。

《破产法》第 101(14) 条将满足以下条件的人士定义为无利害关系人：[4]

1. 其不是债权人、股权人或内部关系人。
2. 其现在不是，且在破产申请日前两年内不是债务人的董事、管理人员或员工。
3. 实质上不存在与债务人财产相对立的利益，也不存在与任何债权人或股权人相对立的利益（无论是因为与债务人存在任何直接或间接的关系或由于其他任何原因对债务人享有利益）。

尽管《破产法》第 327(c) 条要求申请人没有实际的利益冲突，法条并未定义何为“实际的利益冲突”。[5]实践中，法院是否拒绝一位专业人士的聘用申请取决于对相关情况的仔细考察，包括实际和潜在的利益冲突，甚至连不当行为都有可能成为判定一位专业人士不适格的依据。在特定情形下，客户可以通过正式程序豁免利益冲突，以解决不适格的问题。

在取得破产法院的批准前，顾问是否被禁止开展相关工作

以上问题的答案是否定的。事实上，提交聘用申请及获得批准的过程充满繁文缛节。对于困境中的公司而言，时间就是一切，因此使顾问尽早开始工作（而无须担心其收不回薪酬）是极为重要且值得提倡的。

正因为顾问通常都在获得破产法院的批准前开始了实际工作，法院可以追溯性地批准顾问的聘用申请，这在拉丁文中被称为“nunc pro tunc”。不过，如果破产法院拒绝了某个顾问的聘用申请，该顾问需要放弃其在法院做出决定前因其开展工作而产生的任何应计费用。

破产顾问如何收取费用

《破产法》规定，债务人[6]和债权人委员会[7]各自聘请的顾问薪酬均由债务人财产支付。同时，有担保贷款人的信贷协议中通常也会规定，因聘请律师及其他顾问产生的合理费用和开销应计入有担保贷款的余额。债权人个人可以聘请顾问，但应当自己承担相应费用，而不能将该费用计入其债权金额。

由债务人财产向债务人和债权人委员会聘请的顾问支付的费用被归为管理费用。被聘用后，各顾问会向破产法院提交月度费用申请。破产法院会举行听证以批准每份费用申请，债务人在这之后可以向顾问支付费用。由于重整贷款（DIP 贷款）的贷款人以及某些破产申请前的有担保贷款人对破产人资产享有担保利益，因而这些人士需要批准破产人财产中用以支付债务人及债权人委员会聘请的顾问的现金金额。信贷协议中规定可以用来向顾问支付费用的 DIP 贷款金额被称为管理费用的除外项。

提供破产方面的专业意见是一桩极其有利可图的生意。正如喜剧演员罗宾·威廉姆斯（Robin Williams）讲的俏皮话，“Carpe per diem[⊖]——抓住那张支票”！出于其专业性，破产律师通常按小时收费。诸如投资银行家一类的重组顾问则一般按月度收费，并在交易完成后额外收取成交费。总体而言，债务人方面聘请的顾问会比债权人方面聘请的顾问收取更高的费用，这主要是因为债权人顾问的工作一般仅

⊖ 此处为拉丁文俗语“Carpe diem”的巧妙误用。“Carpe diem”对应的英文为“seize the day”，即及时行乐之意。作者在此引用罗宾·威廉姆斯的双关语，将拉丁语的及时行乐误指为抓住支票（英文原文为 seize the check），具有讽刺意义。——译者注

限于审阅债务人顾问准备的文件，并就此提出异议。根据一般经验，债务人方面聘请的顾问收取的费用一般是债权人方面聘请顾问的 3 倍。

加州大学洛杉矶分校（UCLA）的教授 Lynn LoPucki 调查了众多破产案件中顾问收取的金额。他设计了一个计算器，可以基于特定假设（如债权人财产的资产总额）来预估一个破产案件中所有顾问费用的总和（具体可以参见 lopucki.law.ucla.edu/feecalculator.asp）。此外，LoPucki 教授及其在加州大学洛杉矶分校的同事 Joseph W. Doherty 教授还撰写了一些文章，抨击破产专业顾问收取的费用过高，并警告这一系统中存在某些积弊。[8]关于一个破产案件可能产生的费用，本书第 2 章提供了更详细的信息。

破产案件中的顾问与潜在客户如何对接

破产顾问的圈子相对较小。鉴于破产顾问通常不会有（尽管他们也许希望有）回头客，他们的客户基本都是经人推荐得来的。破产顾问有时能与兼任债权人委员会成员的困境债务投资人达成一致，但他们仍需取得多数委员会成员的同意票。诸如重整管理协会（www.turnaround.org）、美国破产协会（www.abiworld.org）以及破产和重组顾问协会（www.airacira.org）这样的组织为顾问们进行社交和就下一份案件获得推荐提供了机会。例如，美国破产协会有超过 5000 名自称为“破产专业人员”的缴费会员，包括消费者和商业破产方面的专家人士。

潜在买方应当持有怎样的见地？买方在与债务人或债权人方的顾问打交道时应秉持怎样的原则

当买方考虑购买一家处于困境的特定目标公司时，其应当识别出债务人、无担保债权人的官方委员会以及有担保贷款人的所有顾问。通过法院电子记录公共访问入口（PACER），这些顾问的名称和联系方式可以在相关破产案件的顾问聘用申请和随附的誓词中找到。据此，买方可以判断其利益与债务人还是债权人更为一致。

如果一个买方希望成为购买危困企业的职业买手，则与多个破产顾问建立起信赖关系可以使其获益匪浅。鉴于破产程序中往往存在紧急情况，买方与不同顾问之间的信赖关系极为重要。总体而言，顾问希望买方是经验丰富的，他懂得出售困境资产这一过程中错综复杂的状况，在财务上拥有丰富的资源且有能力完成一个项目。由于破产顾问的圈子很小，因而买方应当注意自己的名声，他们在一个案件中的表现很可能影响其形象和接下来在交易中的谈判。

破产律师的角色

破产律师与公司律师相比有何不同

破产律师属于专门人士，其业务是《公司法》与诉讼的结合。破产是《公司法》中的一个小分支，大多数公司律师对《破产法》仅有一般性的了解，而公司律师对最新判例和破产中出现的各种问题之间的细微差别缺乏深刻的理解。此外，公司律师基本也不出庭，在诉讼实务和程序上经验不足。

不幸的是，有些公司律师会告诉其现有或潜在的客户他们能够处理破产方面的问题。我们强烈建议将要参与公司破产的参与方（例如潜在买家）聘用一名经验丰富的破产律师，无论该公司是否正式进入法院的破产程序。

当地律师的角色是什么

大多数法域要求破产法院的首席律师在该法域拥有执业资格。由于破产法院是联邦法院而非州法院，因而律师需要拥有相应联邦法域的执业资格。例如，如果一个破产案件在纽约南区法院提起，首席律师应当拥有纽约南区的执业资格。上述规定是为了保护当地律师事务所的营生。对于纽约南区这样的法域，曼哈顿有很多律师事务所有具备相应执业资格的律师。然而，对于特拉华州这样的法域，虽然很多公司在特拉华州注册且特拉华州拥有丰富的《破产法》先例，该州也是很多破产案件的诉讼地，但该州却没有很多足够有能力和资源处理复杂破产案件的律师事务所。因此，首席律师需要与当地律师合作，并在类似特拉华州这样的法域中推进破产案件。

当地律师的主要任务包括定期出庭并准备向破产法院提交的各类文件。当地律师的办公室可能被用来进行质证、谈判以及召开会议。视某一律师事务所和某位律师的经验和资源而定，当地律师可能会承担更多角色。尽管律师事务所会采取措施以避免重复收费，律师事务所之间的沟通（包括因沟通产生的误解）和协调成本仍不可避免地增加。

美国全国性的律师事务所，例如美国世达律师事务所（Skadden, Arps, Slate, Meagher & Flom）有时会在类似特拉华州威尔明顿市这样的地点设立办公室，以避免聘请当地律师并因此承担费用。其他律师事务所会在诸如特拉华州这样的法域与多家当地律师事务所保持互惠关系，并相互推荐客户。一家知名律师事务所在某一案件中与某家当地律师事务所代表不同的利益方，而在另一案件中联手代表同一客户，这样的情形也是很常见的。因此，律师事务所之间的关系通常非常密切。

在特拉华州，知名的当地律师事务所包括：

- McCarter & English, LLP
- Morris, Nichols, Arsht & Tunnell LLP
- Pachulski Stang Ziehl & Jones LLP
- Pepper Hamilton LLP
- Richards, Layton & Finger PA
- Young Conaway Stargatt & Taylor LLP

通常而言，每个破产案件的卷宗开头都会列明债务人和债权人委员会所聘请的当地律师。潜在买方可以通过附在破产案件卷宗之上的聘用申请找到首席律师的联系方式。大多数时候，潜在买方会希望就出售程序与首席律师建立起直接联系。不过，与当地律师建立联系有时也是很有好处的，尤其是当潜在买方认为当地律师可以就破产案件的发展趋势和将来的其他破产案件分享一些有用信息时。

没有在某一法域取得执业资格的律师是否可以与当地律师一起出庭

不能——除非某个律师向法院提出了“ pro hac vice”的申请且得到了法院的批准。“ pro hac vice ”是拉丁语词，意为“仅此一次”或者“仅限这一场合”。这也是个法律术语，用来表示一位律师被允许参与某一特定案件，尽管他不具备在该法域的执业资格。不具备某一法域执业资格的律师需要向破产法院提出申请，明确提出他们仅此一次被视为具备执业资格。如果没有获得破产法院的批准，这些律师便不能出庭参与辩论。

仅此一次的申请通常很快就能得到批准，且很少会被耽搁。如果一个案件中当事人聘请了当地律师，当地律师在破产法院批准首席律师的仅此一次申请期间可以代表当事人出庭。

特别律师的角色是什么

如果一家公司存在一些针对特定行业或公司的复杂情况，例如处于一个受规制的行业或有着复杂的公司结构，则债务人会聘请特别律师来处理这些例外情形。尽管债务人聘请的律师事务所会雇用一流的破产法专家，但在其他领域可能不具备合适的资源或专业储备。通常而言，债务人会聘请其在破产申请前的公司律师作为特别律师，因为这些律师对各类非破产的复杂问题最为熟悉，例如环境、工会、年金以及诉讼方面的问题。

对于是否批准一项针对特别律师的聘用申请，破产法院通常会采用一项分三步骤的测试：

1. 聘用该律师是否符合债务人财产的最大利益。
2. 对于聘用该律师需要解决的问题而言，该律师是否存在与债务人财产相对立的利益。
3. 聘请特别律师的需求是否足够大，以至于整个破产案件几乎都存在对特别律师的需求。

总体而言，破产法院倾向于不批准聘用特别律师的申请，以避免增加总体费用和其他不必要的管理费用。如果债务人聘用了特别律师，债权人委员会可能会认为自己也需要聘用在相关方面具备专长的特别律师，以此类推。

一流的商业破产律师事务所有哪些

律师会换雇主，律师事务所会相互兼并，破产案件也有结束的时候。出于上述原因，一流律师事务所的名单始终在发生变化。类似《交易》（*The Deal*，参见 pipeline.thedeal.com 以查询详细信息）这样的出版物会根据进行中的破产案件（前提是律师事务所自行向出版物提交自己正在从事的交易）划分顶级律师事务所，并定期排出顶级律师事务所的榜单。在每一行业和法域中，通常都由特定的律所享有最佳声誉，因此采访推荐人、核查参照物以及提出问题对于排出这一榜单都是有必要的。此外，一些律所更擅长向债务人提供法律意见，另一些侧重于债权人委员会，还有一些则偏重服务于单个债权人。表 7-1 列出了一些有代表性的顶级破产律师事务所，但这个清单并非没有遗漏。由于破产案件越来越复杂，因而小型精品破产律师事务所的时代基本已经逝去。当今的破产事务更多地由大型律师事务所接手，其业务遍及与公司、证券、诉讼、劳工、年金、环境、税务以及知识产权相关的法律领域。

表 7-1 在破产案件中担任首席律师的律师事务所撷选

破产案件中担任首席律师的律师事务所
Akin Gump Strauss Hauer & Feld LLP
Bingham McCutchen LLP
Blank Rome LLP
Bryan Cave LLP
Cadwalader, Wickersham & Taft LLP
Duane Morris LLP

（续）

破产案件中担任首席律师的律师事务所
Greenberg Traurig LLP
Holland & Knight LLP
Jones Day
King & Spalding LLP
Kirkland & Ellis LLP
Klee, Tuchin, Bogdanoff & Stern LLP
Kramer Levin Naftalis & Frankel LLP
Latham & Watkins LLP
LeBoeuf, Lamb, Greene & MacRae LLP
Lowenstein Sandler PC
Morgan, Lewis & Bockius LLP
Pachulski Stang Ziehl & Jones LLP
Reed Smith LLP
Saul Ewing LLP
Skadden, Arps, Slate, Meagher & Flom LLP
Weil, Gotshal & Manges LLP
White & Case LLP
Winstead PC

破产律师能拿到多少报酬

尽管要给出概括性的结论并不是一件容易的事，破产律师的薪酬有一个明显的趋势，即收费很高，最受欢迎的破产律师收费甚至超过每小时 1000 美元。破产律师的高收费对于破产顾问行业整体（而不仅仅是律师）带来了一些公共关系方面的挑战，尤其是在美国政府主导的救市时期。本书第 2 章曾讨论过的雷曼兄弟破产案件中超过 10 亿美元的费用和支出即可为证。

抛开上述挑战不说，破产律师收费的确切金额首先基本取决于与潜在客户的协商，然后（至少是在债务人方面）取决于破产法院的批准。律师代表的利益方（例如代表债权人还是债务人）、破产案件的规模（例如破产申请前的债务金额）、案件的复杂程度（例如债权人的数量及潜在争议点的多寡）以及在特定时点破产律师的供需关系均可能影响破产律师的实际收费。

表 7-2 列出了破产律师每小时收费的排名，先从债务人律师的角度，后从债权人律师的角度。总体而言，债务人律师收费更高。如此前所述，这主要是因为债权人律师的工作主要集中于审阅债务人律师的工作成果并相应提出异议。

表 7-2 破产律师按小时收费排名 (单位：美元)

债务人律师

	律师事务所	破产案件	年份	每小时收费金额
1	Jones Day	Chrysler LLC	2009	1 175
2	Paul, Weiss	Samsonite Company	2009	1 025
3	Kirkland & Ellis	Atrium Corp.	2010	995
4	Gibson, Dunn & Crutcher	Building Materials	2009	995
5	Simpson Thacher & Bartlett	Qimonda Richmond	2009	980
6	Kirkland & Ellis	Dura Automotive	2006	975
7	Paul, Weiss	Progressive Moulded	2008	975
8	Kirkland & Ellis	Majestic Star Casino	2009	965
9	Kirkland & Ellis	Lear Corp.	2009	965
10	Kirkland & Ellis	DBSD North America	2009	965

债权人委员会的律师

	律师事务所	破产案件	年份	每小时收费金额
1	Cooley Godward Kronish	Linens Holding Co.	2008	780
2	Akin Gump Strauss Hauer & Feld	Pegasus Satellite	2004	775
3	Cooley Godward Kronish	Shoe Pavilion Inc.	2008	760
4	Bingham McCutchen	NRG Energy Inc.	2003	750
5	Bingham McCutchen	Parmalat Finanziaria	2003	750
6	Cooley Godward Kronish	Shoe Pavilion Inc.	2008	750
7	Bingham McCutchen	Outboard Marine	2000	750
8	Bingham McCutchen	EOTT Energy Partners	2002	750
9	Bingham McCutchen	Teleglobe Inc.	2002	750
10	Bingham McCutchen	Global TeleSystems Inc.	2002	750

资料来源：pipeline.thedeal.com.

财务顾问的角色

所有债务人都有财务顾问吗

不是的。不是所有的债务人都会正式聘请财务顾问以提供投资银行类的服务，例如募资以及剥离资产，《破产法》也不要求债务人聘请财务顾问。不过，在更复杂的案件中，财务顾问通常会参与破产案件并进行复杂的财务分析、主导出售程序并参与与债权人的谈判。如果一名债务人没有聘请财务顾问，他就有赖于首席财务官以及其他内部资源以展开募资和出售程序。作为备选方案，债务人也可以倚靠律师以及危机管理人来替代财务顾问的角色，因为律师及危机管理人已经很熟悉公司的资产、运营以及公司所在的行业。

由于需要尽量减少管理费用，DIP 贷款的贷款人也会对债务人是否分别聘请财务顾问、危机管理人、会计师及其他顾问的决定产生影响。

重组顾问与传统的投资银行家有何不同

本书讨论的所有法律、财务、会计、税务、尽职调查和估值方面的问题都使重组顾问的工作比传统的投资银行家更有挑战性。除了掌握传统投资银行业务涉及的领域（例如并购业务）外，重组顾问还需要掌握很多其他方面的知识，例如《破产法》。传统的投资银行家很少接触法院，重组顾问则往往需要向法院提交经宣誓的书面证词、担任专家证人，并定期向法院提交报销相关费用和支出的申请。

重组顾问是实用性的专家且通晓各行各业，而传统的投资银行家通常选择在某一行业积累经验。危困企业的财务顾问需要具备高度的创造性，因为其参与的各个项目都存在非常不同的事实和问题。

在客户方面，传统的投资银行家通常与公司管理层一起工作，后者具备充分资源以回答关于公司过去和将来业绩表现的财务、会计、运营和其他方面的问题。与此不同，重组顾问通常需要自行寻找上述问题的答案。传统的投资银行家所接受的大部分工作能在数个星期或数个月内完成，重组顾问则需要针对同一破产案件的不同问题工作上几年。

在薪酬方面，重组顾问通常按月收费以填补过多的费用支出，而传统的投资银行家几乎不这么做。这两类财务顾问都会在完成项目任务时收取成交费。

一流的重组顾问事务所有哪些

在过去十年中，提供重组顾问服务的事务所急速增多。随着《2005 年防止破产滥用及消费者保护法》中关于利益冲突的规则发生改变，越来越多的投资银行增设了重组业务，用来对其传统业务进行反周期性的风险对冲。与商业破产律师事务所的排名类似，诸如《交易》这样的出版物也根据进行中的破产案件（前提是事务所自行向出版物提交自己正在从事的交易）选出了顶级的重组顾问事务所。表 7-3 列出了一些有代表性的顶级重组顾问事务所，但这个清单并非没有遗漏。

表 7-3 重组顾问撷选

重组顾问
BDO Capital Advisors
Blackstone Group

（续）

重组顾问
Brown Gibbons Lang & Company
Carl Marks & Co.
Conway Del Genio Gries & Co.
Duff & Phelps
Evercore Partners
Gleacher & Company
Gordian Group
Greenhill & Co.
Houlihan, Lokey, Howard & Zukin
Imperial Capital
Jefferies & Co.
KPMG Corporate Finance
Lazard
Loughlin Meghji & Company
Macquarie Capital
Mesirow Financial
Miller Buckfire & Co.
Moelis & Co.
Navigant Capital Advisors
Perella Weinberg Partners
Peter J. Solomon Co.
Rothschild
SSG Capital Advisors

财务顾问的工作一般包括哪些事项

上述问题的答案很大程度上取决于财务顾问是服务于债权人委员会、债务人还是其他利益相关方，也取决于财务顾问承接的工作是否涉及与破产法院打交道（例如是否涉及第11章重组）。如前文所述，债权人方面的顾问工作通常集中于审阅债务人方面的顾问的工作成果并相应提出异议。为了更好地说明财务顾问通常的工作范围，以下清单列出了财务顾问华利安（Houlihan Lokey）在2002年的Thermadyne Holdings破产案件中代表无担保债权的债权人委员会时所承担的工作范围：

- 评估债务人及其子公司的资产和负债情况。
- 分析及审阅债务人的财务和运营报表。
- 评估与任何计划相关的债务人融资或退出融资的所有方面。
- 在委员会要求的情况下提供估值或其他财务分析。

- 对于出售债务人资产或重组计划，就相关的财务问题和选择进行评估。
- 编制、分析任何计划并向委员会进行说明。
- 提供证词。

除了起草上述清单中提及的文件，债务人方面的顾问工作也涉及募资（无论是以 DIP 贷款、无担保债权、股权还是其他融资的形式）。通常而言，上述业务会就成功募集的资金金额收取成交费，这与不涉及困境资产的普通并购业务中的募资类似。

在破产案件中，财务顾问如何收费

破产律师按小时收费，投资银行提供的重组服务通常按月收取定金，加以成交费。对于大型破产案件，按月收取的定金少则 17.5 万美元，多则 40 万美元。成交费的金额差异也很大，一项针对通用成长置业公司（GGP）的破产诉状的分析显示，在 2001 ～ 2010 年的 30 项交易中，成交费少则 600 万美元，多则 3000 万美元（见表 7-4）。总体而言，各方预估的财务顾问费用一般是债务人在破产申请前固定债务的 0.10% 至 0.20%，募资通常会带来附加费用。同理，财务顾问费用也涉及很多例外情形。

重整咨询师的角色

重整咨询师与传统的管理咨询师有何不同

理解上述问题的途径之一是将重整咨询师（有时也被称为危机管理咨询师）视作管理咨询师这个宽泛概念下的一个分支。作为一项基本原则，传统的管理咨询主要提供提纲挈领的公司战略。比如，传统的印刷商可能会雇用管理咨询师，为其进军电子媒体的市场制定战略。再比如，目前越来越多的商业需求集中于引入具备管理库存生产方面专长的运营或信息技术方面的咨询师，以便为改进库存管理系统提供战略上的帮助。其他公司可能会聘请管理咨询事务所来协助其整合最近收购的业务的运营。

重整咨询与上述对运营咨询需求增多的趋势保持一致（见图 7-1）。作为一项基本原则，重整咨询师积极参与其客户的业务，在特定时间内仅接受一定量的工作。这类咨询师的角色通常包括作为临时性的管理层参与到公司的管理（例如作为首席重组官），并为危困企业带入全新的视角和经验。重整咨询师也经常被指责过度节省开支和限缩现金流，包括接管与特定供应商的联系。最后，很多重整咨询师也经常对公司的资产负债表来一个大改造，包括积极与银行和其他债权人联系、拟定贷款计划、募集资金或者甚至出售业务。

表 7-4　2001 年 4 月至 2010 年 1 月的破产案件中，债务人聘请的投资银行收费超过 30 亿美元的案例撷选

破产案件	破产申请日	平均月度收费（美元）	成交费（百万美元）	预估的总费用（百万美元）	破产申请前债务（10 亿美元）	预估的总费用占破产申请前债务比例（%）
General Motors	06/01/09	400 000	30.0	36.2	74.4	0.05
CIT Group	11/01/08	350 000	30.0	34.9	62.3	0.06
Lehman Brothers	09/15/08	400 000	17.5	24.7	613.0	0.00
Lyondell Chemical	01/06/09	350 000	18.5	22.1	24.0	0.09
XO Communications	06/07/02	250 000	20.0	20.5	6.7	0.31
SemGroup	07/22/08	300 000	15.0	20.4	3.1	0.66
WorldCom	07/21/02	300 000	15.0	20.4	30.8	0.07
Pacific Gas & Electric Co.	04/06/01	225 000	20.0	20.0	13.4	0.15
Delphi Corp.	10/08/05	250 000	15.0	19.5	5.4	0.36
Conseco, Inc.	12/17/02	250 000	16.0	19.0	5.1	0.37
Calpine	12/20/05	250 000	14.0	18.5	17.2	0.11
Nortel Networks	01/14/09	250 000	15.0	18.0	4.6	0.39
Charter Communications	03/27/09	250 000	16.0	17.5	21.8	0.08
Tribune Company	12/08/08	200 000	14.0	17.0	13.0	0.13
UAL Corp.	12/09/02	217 000	15.0	16.4	16.8	0.10
AbitibiBowater Inc.	04/16/09	308 000	10.0	16.3	6.7	0.24
US Airways (2002)	08/11/02	250 000	16.0	16.0	7.8	0.20
Williams Communications	04/22/02	200 000	12.0	15.6	5.6	0.28
Enron	12/02/01	281 000	10.0	15.1	9.2	0.16

（续）

破产案件	破产申请日	平均月度收费（美元）	成交费（百万美元）	预估的总费用（百万美元）	破产申请前债务（10亿美元）	预估的总费用占破产申请前债务比例（%）
R.H. Donnelley Corp.	05/28/09	200 000	13.0	14.6	10.0	0.15
Extended Stay	06/15/09	200 000	13.0	14.2	7.4	0.19
Delta Air Lines	09/14/05	200 000	10.5	14.1	17.0	0.08
Kmart	01/22/02	225 000	12.5	13.5	4.7	0.29
Lear Corporation	07/07/09	250 000	10.9	13.1	3.5	0.37
Adelphia	06/25/02	225 000	13.0	13.0	16.3	0.08
Capmark Financial Group	10/25/09	250 000	12.5	12.5	8.9	0.14
Mirant Corp.	07/14/03	225 000	7.0	11.1	8.6	0.13
Idearc Inc.	03/31/09	300 000	9.0	10.2	9.3	0.11
Smurfit-Stone	01/26/09	250 000	9.0	10.0	4.1	0.24
US Airways (2004)	09/12/04	175 000	6.0	7.6	6.1	0.12

资料来源：通用成长置业公司（GGP）的破产案件诉状。

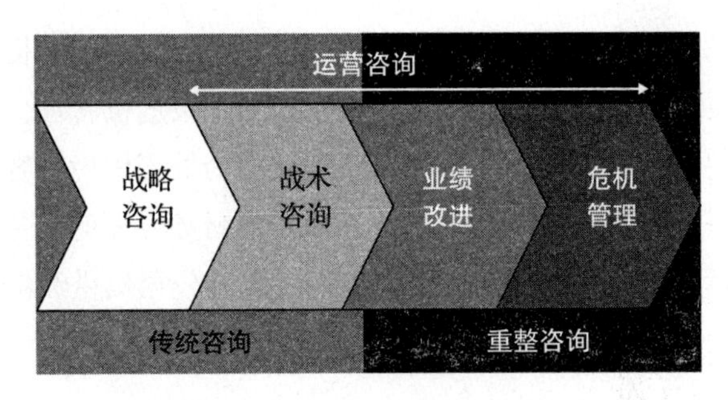

图 7-1 管理咨询的分类表

传统咨询师与重整咨询师的另一个不同之处在于公司管理层看待他们的方式不同。怀疑论者可能会认为，某些管理者聘用传统的管理咨询师来评估某一问题就像购买保险（管理者可能会说："好吧，我同意那个战略可能不怎么管用，但那是咨询师的主意。"），但大多数管理者可能不会谦卑到承认公司的经营已经恶化到需要聘请重整咨询师的地步。

一流的重整咨询师有哪些

重整咨询方面的先驱是 Jay Alix，即 AlixPartners 的创始人。AlixPartners 后来更名为 Questor，是一家针对困境资产的私募股权公司。该事务所自 1981 年设立，总部在密歇根州的底特律市，Alix 当时即认识到汽车行业需要一项特殊的咨询服务，而该服务没有被包含在传统咨询公司（如麦肯锡咨询公司、波士顿咨询公司、贝恩咨询公司和博思艾伦咨询公司）提供的服务中。重整咨询行业此后成为一流会计师事务所的执业领域，后者看到了将其业务扩展到处于困境中的客户这一商机。在过去十年中，各种复杂的兼并、收购、首次公开发行、剥离资产和招募，使得独立的重整咨询公司汇聚成一个欣欣向荣的行业。目前，有两类重整咨询公司：一类向重大破产案件（例如通用汽车或雷曼兄弟的破产案）大量提供咨询师，另一类向中等规模的公司提供规模较小且主要由资深咨询师组成的团队，其主要关注公司的重整事宜。两类公司也会经常互相争夺市场。

此外，危机管理行业中还存在大量单独承揽业务的咨询师，他们与破产律师、贷款人银团、公司董事会均保持着强有力的联系。这些咨询师常常通过他们在一个极有挑战性的破产案件中的出色表现赢得良好声誉。凭借较低的费用开销和资深的专业服务，这些咨询师成为知名的重整咨询公司的替代方案，他们审慎、高效且收费合理，而知名的重整咨询公司有时会给客户带来他们并不想要的曝光率。

表 7-5 列出了比较具有代表性的两类危机管理公司。诸如《交易》这样的出版

物也根据进行中的破产案件（前提是危机管理公司自行向出版物提交自己正在从事的交易）选出了顶级的危机管理公司，并定期排出顶级危机管理公司的榜单。如果债务人没有单独聘请重组顾问，其中的很多公司会为处于困境的客户提供财务方面的咨询服务；另一些公司则提供其他不涉及破产的财务方面的服务，以便这些公司在破产案件结束后继续为客户服务。例如，FTI 咨询公司提供经济、诉讼、战略通信、技术等方面的咨询。

表 7-5 顶级重整咨询公司以及危机管理公司

重整咨询及危机管理	
一类：关注重大案件	二类：关注中等规模案件
AlixPartners	Alliance Management
Alvarez & Marsal	Bridge Associates
Capstone Advisory Group	Buccino & Associates
FTI Consulting	Conway MacKenzie & Dunleavy
Kroll Zolfo Cooper	CRG Partners
Mesirow Financial	Donlin Recano
	GlassRatner
	Grant Thornton
	Huron Consulting Group
	Marotta Gund Budd & Dzera
	MorrisAnderson & Associates
	NachmanHays
	Qorval
	Traxi
	XRoads Solutions

遴选重整咨询师如何触发贷款人责任

贷款人的角色通常是被动的，其不参与借款人日常运营的管理。但当借款人的借款陷入违约或其他形式的困境时，贷款人的担心也是可以理解的。贷款人可能会促使借款人聘请重整咨询师来协助管理借款人，以提高借款人的业绩并解决导致困境的问题。

另外，借款人可能会认为重整咨询师是贷款人派来的间谍，其目的是在破产或清算程序中改善贷款人的处境。此外，借款人的管理层可能会否认公司处于困境，从而抵制贷款人协调重整咨询师介入公司的努力。借款人的管理层也可能对其财务预测和提高营业收入、盈利和现金流的能力表现得更为乐观。如果贷款人过于强势、在决定公司如何管理日常运营时过于主动，还有可能因此触发贷款人责任。

在上述情况下，一般惯例是由贷款人推荐三名重整咨询师，并由借款人从中挑选一名进行聘用。

重整咨询师的工作一般包括哪些事项

重整咨询师提供的最常见的服务是为公司编制和更新为期 13 周的现金流预测。根据公司所面临的问题的性质，重整咨询师可以提供以下的一种或多种服务：

- 生产
  - ❑ 精简生产制造的流程
  - ❑ 六西格玛[1]战略
  - ❑ 整合工厂
- 供应链
  - ❑ 减少库存
  - ❑ 精简供应商并提高效率
  - ❑ 向亚洲外包业务
- 市场
  - ❑ 最小库存管理单元（SKU）的合理化
  - ❑ 重新定价
  - ❑ 使已有产品重新获得曝光率
- 客户服务
  - ❑ 吸收新客户
  - ❑ 安装 CRM 软件系统
  - ❑ 对收费和募集的修正
- 人力资源
  - ❑ 调整薪酬
  - ❑ 福利方面的开源节流
  - ❑ 与工会进行谈判
- 财务重组
  - ❑ 流动性的管理
  - ❑ 更新一般化的开支
  - ❑ 减少营运资本

---

[1] 六西格玛（Six Sigma）战略属于品质管理范畴的概念，旨在生产过程中降低产品及流程的缺陷次数，防止产品变异，从而提升品质。——译者注

美国破产受托人的角色

美国破产受托人在破产程序中扮演什么角色

正如美国破产受托人的使命宣言中所述："美国破产受托人的使命是通过《破产法》的实施，对私有的受托人进行监管并保持优质的运营，从而提高整个国家的破产体系的完整性和有效性。"[9] 为了使根据《破产法》而提起的破产案件得到更公正、迅速和经济的解决并维护公共利益，美国破产受托人对破产案件中各参与方的行为进行监管，监督相关的管理职能，并保证相关行动符合适用的法律和程序。

如美国法院所阐释的：

> 美国破产受托人在监管第 11 章重组案件的进程和行政事务时起到了主要作用。美国破产受托人负责监管拥有控制权的债务人的业务运营及其运营报告和费用的提交。此外，美国破产受托人还监管专业人士的费用和报销申请，以及向法院和债权人委员会提交的重组计划和披露声明。在第 11 章重组案件中，美国破产受托人还会召开与债权人的会议，这一会议通常被称为"341 会议"（参见《美国法典》第 11 卷第 341 条）。在 341 会议上，美国破产受托人和债权人可以就债务人的行动、行为、财产和破产案件的管理提出问题，债务人需要做出经宣誓的回答。
>
> 美国破产受托人会在一些事项上对拥有控制权的债务人提出特定要求，例如要求其报告月度收入和运营开支，开设新的银行账户，以及为现有雇员支付与扣缴所得税和其他税费。如果拥有控制权的债务人没有向美国破产受托人履行报告义务、没有履行破产法院的指令或者没有采取恰当措施以使案件得到确认，美国破产受托人可以向法院提出动议，将第 11 章重组案件转变为依据《破产法》其他章节所进行的案件或者撤销案件。
>
> 在北卡罗来纳州和亚拉巴马州，破产管理人履行着美国破产受托人在其他 48 个州所履行的职能。破产管理人这一项目下属于美国法院的行政事务办公室，而美国破产受托人这一项目下属于美国司法部。为了本书的目的，提及美国破产受托人之处也适用于破产管理人。[10]

破产受托人与美国破产受托人有何不同

尽管两个角色中都包含"受托人"一词，这两个概念却着实不同。正如本书第 4 章所讨论的，破产受托人接管债务人财产，取代拥有控制权的债务人的角色。破产受托人管理公司的日常运营，并就破产程序中的所有方面进行协商，包括重组计划或清算计划。与此相对，美国破产受托人仅参与破产案件法律方面的管理，并不参与公司的业务运营。

美国破产受托人项目在联邦政府中处于何种地位

美国破产受托人项目是美国司法部的组成部分之一。司法部长选派美国破产受托人并对其提供协助。美国破产受托人的行政办公室位于华盛顿，该办公室负责提供总体性的政策和法律指导，对项目的实质性运营进行监管，并履行行政职能。在司法部长的授权下，行政办公室的董事负责监管董事办公室、总法律顾问、行政事务办公室，审查和监管部门以及研发与企划部门的职员。在美国破产受托人项目下的独立办公室实施联邦破产法时，行政办公室也会向其提供行政和管理上的支持。在识别和调查破产方面的欺诈和滥用行为时，美国破产受托人可以与联邦检察长、联邦调查局以及其他法律执行机构进行合作。

在哪里可以获取关于美国破产受托人项目的信息

请访问 www.justice.gov/ust 或者拨打电话 (202) 307-1399。

美国破产受托人如何收取薪酬

债务人财产负责支付美国破产受托人的薪酬。根据法律规定，拥有控制权的债务人应当按季度向美国破产受托人支付薪酬，直至破产案件的类型被转换或被撤销。[11] 季度付费的金额从 250 美元至 10 000 美元不等，取决于债务人每个季度的支出金额。

如果所有案件参与方（如债权人、贷款人、债权人委员会、公司管理层以及股权人）就某一事项达成一致，美国破产受托人是否仍有权提出异议?

上述问题的答案是肯定的。事实上，在上述情况下提出异议是美国破产受托人项目最重要的功能之一。如果所有案件参与方合谋破坏破产程序的完整性并因此达成一致，美国破产受托人有义务提出异议，并请求破产法院驳回案件参与方提出的申请。

审查官的角色

在第 11 章重组程序中，破产审查官担任何种角色

根据《破产法》第 1106(a)(3) 条，除非接到特殊指示，在第 11 章破产案件中

被任命为审查官的人员应当“调查债务人的行动、行为、资产、负债以及财务状况，债务人的业务运营，其继续经营的愿望以及与案件或制订重组计划相关的任何其他事项”。《破产法》第 1106(a)(4) 条规定，除开其他事项，审查官应当“提交其开展的任何调查的报告……包括已查明的与欺诈、欺骗、不称职、失职、管理不当、在管理债务人事务时的不合规或与债务人财产的诉由相关的任何事实”。如果破产审查官的报告中包括上述事实，则有助于原告起诉所涉的人员或机构并获得赔偿，且赔偿的资金来源不限于原告起诉的破产实体的资产，而可能包括该破产实体藏匿在其他地方的资产。

破产案件中是否经常存在审查官

由破产法院选任审查官的情况不那么常见。除非有特别严重的问题需要引入新的参与方来解决，通常没有必要增加管理债务人财产的成本。破产法院和美国破产受托人毕竟都是破产程序中中立且客观的参与方。此外，债务人与债权人之间的对抗性程序也会使其中一方对案件的所有相关方面进行评估。只有当客观情况迫使各方开展耗时颇长的分析并且需要第三方专家介入时，才会产生对审查官的需求。通常而言，这类情况好比“房间里的大象”，即存在各方都希望避而不谈的问题，这也许是由于存在利益冲突。在其他情况下，破产程序中可能涉及犯罪或其他反常问题，因此需要提请特别注意。

如果潜在买方看到一个案件中存在审查官或者可能任命审查官，这也许是个警告，提醒买方该案件中存在混乱、难以解决的僵局或面临程序上的窘境。买方应小心对待这类案件，关于这类出售的决定可能会受到显著推迟，由谁来做出最终决定也不甚明晰，因此参与这类案件很可能只是白费时间。不过，上述问题有时也会为买方带来好处，尤其是当这些问题吓走了其他买方的时候。

Jenner & Block 律师事务所关于雷曼兄弟的审查官报告即一个案件需要审查官报告的明证（尽管这个例子略有些极端）。这一文件有上千页，花了一年才写完且花费超过了 3000 万美元。如本书第 3 章所讨论的，雷曼兄弟的破产申请是自 1929 年的大萧条以来引起全球最广泛关注的经济危机的最后一个催化剂。该报告由法院指派的审查官 Anton Valukas（即 Jenner & Block 律师事务所的主席）写就，其中最使人印象深刻的部分是对雷曼兄弟滥用风险控制的描述。这一报告也花了超过 300 页的篇幅来描述做假账的行为，控诉雷曼兄弟利用会计方法将资产从其账簿上抹消。

虽然对上述会计方法进行详尽介绍超出了本书的范畴，但下文较为简明地总结了几个最为重要的问题：

- 主要金融机构会定期在回购市场从事交易。该市场实际上提供的是短期流动性交易：金融机构在出售一项资产的同时同意在未来几天回购该资产。出售资产的收益通常被用于为日常运营提供资金，并且在大部分案件中有几天时间是尚未被偿清的。典型的回购交易在披露中被作为融资活动的现金流，资产和与其相对应的债务仍记在资产负债表上。
- 根据审查官的报告，雷曼兄弟经常参与被内部人士称为回购 105 的交易。在该等交易中，被出售的资产相当于公司收到的现金的 105% 或者更多。比起通常的回购交易，这类交易的好处十分显著：会计准则允许这类交易被视为“出售”，而非融资。因此，资产仍留在雷曼兄弟的资产负债表上，且回购 105 交易减少了向投资者出示的负债表上显示的债务金额。据说，雷曼兄弟自己的全球财务管控官曾告诉审查官，“这类交易的唯一目的就是减少资产负债表上的负债，其并不带有实质性的交易目的”。

另一个使审查官报告成为必要的极端案例是 WorldCom 的破产案件。本书第 3 章详细讨论过这一案件，其最终导致了《2002 年萨班斯－奥克斯利法案》的出台。

非官方的债权人委员会的角色

某些债权人可能希望在官方委员会之下成立小团体，以便组织与其他破产参与方的谈判，分摊顾问的开销并促进关于破产案件的沟通。由于这类委员会未被《破产法》授予与无担保债权人的官方委员会以及股权人的官方委员会类似的权限，因而被称为“非官方的”或“自发组织的”委员会。《破产法》授权破产法院在利益相关方提出请求时为债权人指派额外的委员会。[12]

成立非官方委员会的一个常见情形是有担保的债券持有人或第二担保顺位的债权人开始联手，以应对他们处于有担保贷款人和无担保债权人之间的处境。集团诉讼中的原告在被告提起破产程序时也有可能成立非官方委员会。

债权人如何成立非官方委员会

通常而言，律师事务所会协助成立非官方委员会，以期之后被该等委员会聘用。主要债权人有时会召集其他债权人。非官方委员会的成立通常先于债务人进入破产程序，方便债权人在法院程序之外进行协商。

谁在非官方委员会中任职

《破产法》规定官方委员会应有七名成员，但对非官方委员会却无此规定。因此，被非官方委员会代表的债权人可以自行决定委员会的组织架构。

非官方委员会的职责有哪些

在成立非官方委员会之时，被代表的债权人可以选择制定类似于无担保债权人的官方委员会所使用的章程。不过，由于《破产法》未对非官方委员会进行规定，因而其不存在法定义务。

非官方委员会享有何种权限

由于非官方委员会代表对债务人案件享有利害关系的债权人，因而其有权对债务人的提议提出异议，并向破产法院提出自己的提议。非官方委员会的章程可以授权其在与债务人和其他债权人的谈判中约束被其代表的债权人。

谁来为非官方委员会提供意见

非官方委员会通常会聘请律师事务所，有时也会聘请财务顾问或其他顾问。由非官方委员会代表的债权人需要支付因该委员会产生的费用，因此非官方委员会希望尽量减少支出。

非官方委员会是否有权聘请顾问，并由债务人财产支付相应费用

虽然非官方委员会通常无权就其顾问的费用和开支申请报销，由非官方委员会代表的债权人却可以就这些费用的报销与债务人进行协商，其筹码是针对重组计划或其他事项投赞成票。在相关费用产生以前，非官方委员会是否能就其费用得到报销通常是不确定的。

股权人的官方委员会的角色

在第 11 章案件中，公司股东是否可以成立委员会并在重组计划中代表自己的利益

美国破产受托人可以依申请为公司股东选任委员会。如果美国破产受托人没有进行选任，破产法院可以在公司股东确实在破产案件中存在利害关系的情况下自行

选任委员会。

此外，只要公司尚未失去重获偿付能力的希望，公司股东即可申请破产法院为其选任股权人委员会，将法院对债权人的关注也分一部分给股权人。[13] 股权人委员会的成立并不常见，但也绝非不会发生，一名专注于这一领域的律师表示其在调研了上百个案件后找到了六个案件。[14] 不过，2010 年以来，随着有偿付能力的债务人逐渐增多，股权人委员会的数量也在相应增加。该委员会及其顾问的目标是在重组计划或清算计划中尽可能多地为股权人争取利益。

最后，公司股东有多种途径向破产法院申请保护其权利。例如，在 Adelphia Communications 的第 11 章重组案件中，其股权人的官方委员会积极争取了多项法律权益，包括终止债务人的排他期，迫使公司召开股东大会以选举董事，促使公司出售其电缆资产，对即将赋予潜在买方的交易保护措施提出异议，参与债权人委员会对公司破产申请前的商业银行及贷款人提起的诉讼并提出新的主张，以及对已确认的重组计划提出申诉。

如何成立股权人的官方委员会

根据《破产法》，美国破产受托人有义务为无担保债权人成立官方委员会，但可以选择是否为股权人成立官方委员会。[15] 如果美国破产受托人选择为股权人成立官方委员会，则破产法院必须批准该决定。

作为以上方案的替代方案，如果在破产程序的任何阶段确有必要成立股权人的官方委员会以代表股权人的利益，任何利益相关方均可申请成立该委员会。[16] 如果破产法院同意了这一申请，其将指示美国破产受托人指派委员会的成员。

根据利益相关方的申请，破产法院可以决定更换股权人官方委员会的成员，以保证股权人的利益得到充分代表。[17] 例如，如果某些股权人在破产程序中卖掉了自己的股份，即可能有必要进行上述更换。

根据《破产法》第 1102(b)(2) 条，美国破产受托人将选择愿意就任的前七大股权人，以此成立股权人的官方委员会。[18]

破产法院在考虑成立股权人的官方委员会时会考虑哪些因素

总体而言，希望成立官方委员会的股权人将承担较重的举证义务。为股权人成立官方委员会属于特别救济，仅在少数例外情况下才会得到批准。毕竟，如果股权人能够盈利的话，公司应当有能力避免破产。破产程序基本都会涉及无偿债能力的情况，即股权人将面临亏损。因此，在指派股权人的官方委员会时，最重要的考虑因素是看股权人是否只希望用债务人财产来碰碰运气（反正成立委员会的申请不试白不试），还是他们确实存在应当被保护的利益。

破产法院会审阅为股权人指派官方委员会的申请，以判断：①股权人是否有实质可能性在破产案件中获得有意义的分配；②如果不成立该官方委员会，股权人的利益是否无法被恰当主张。股权人需要提供具备说服力的证据，以表明他们确实有可能获得盈利；关于这一点，仅凭推测是不够的。如果无担保债权人的官方委员会已经在为优先顺位较低的投资人积极主张权益，并在债务人的重组过程中提出了充分质询，则破产法院有可能认为股权人的权益已经得到充分主张。

破产法院还可能将申请为股权人指派官方委员会的时机纳入考虑。如果申请得太早，可能会产生过高费用，尤其是当公司刚决定破产是其面临的最佳选择之时。如果申请得太晚，则可能被牵涉进债务人和债权人的谈判。不过，随着破产案件的进行，公司的运营也许会得到大幅改善，资本市场可能回暖，而不利因素将会减少，以至于股权人又开始相信他们的投资能重新获得回报。同时，过于乐观的无担保债权人也可能使股权人认为他们最好还是自己为自己争取利益。

潜在买方应当尽量避免陷入是否应为股权人成立官方委员会的纷争，否则其投标可能在无担保债权人与股权人的争斗中成为牺牲品。意向书和关于估值的口头说明都可能受到各参与方的仔细盘查，潜在买方甚至需要就公司估值出庭作证。无担保债权人和股权人最终还可能就重组计划达成一致并放弃出售计划，这样一来，潜在买方的时间就白费了。

股权人的官方委员会是否有权聘请顾问，并由债务人财产支付相关费用

有权。根据《破产法》第 1103 条，股权人的官方委员会有权聘请律师事务所和其他顾问。[19] 上述专业人士的费用由债务人财产承担。因此，如果股权人明显处于亏损状态，由债权人从他们应得的清偿部分中为成立股权人的委员会这项没有实际意义的服务买单就显得尤为不合理。

索赔代理人的角色

在破产案件中，索赔代理人扮演何种角色

大型破产案件涉及很多技术和事务方面的复杂事项，管理这些事项超出了破产法院法官和工作人员的预算和精力，因此破产法院通常会批准债务人聘请索赔代理

人的申请。

被聘请的索赔代理人可以负责以下事项：

- 管理债权申报的申请，包括在网上管理一般申请的日程信息、债权申报的证据和案件数据。
- 通知和通信，包括提供迅捷的复印和邮寄服务，以保证及时和准确地准备法院指令、341 会议的通知、关于债权申报截止日期的申请、债权申报的申请、提案和附件。
- 就重组计划征集投票和计票。
- 向债权人分配收益，包括根据债权人的类别计算现金和保证金，为存在争议的债权设立准备金。
- 管理网上数据库，包括为潜在贷款人和买方提供信息。

能担任索赔代理人的事务所有哪些

很多公司都提供索赔代理人的服务。纽约南区的破产法院将以下事务所列为其批准的事务所（参见 www.nysb.uscourts.gov/claimsagents.html）：

- Administar Services Group（参见 www.administarllc.com）
- BMC Group（参见 www.bmcgroup.com）
- CPT Group（参见 www.cptgroup.com）
- Delaware Claims Agency（参见 www.delawareclaimsagency.com）
- Donlin, Recano & Company（参见 www.donlinrecano.com）
- Epiq Systems（参见 www.epiqbankruptcysolutions.com）
- J. P. Morgan Trust Company（参见 www.jpmorgan.com/visit/settlement）
- Kurtzman Carson Consultants（参见 www.kccllc.com）
- Logan & Company（参见 www.loganandco.com）
- Phase Eleven Consultants（参见 www.phaseeleven.com）
- Poorman-Douglas Corporation（参见 www.poorman-douglas.com）
- Omni Management Group（参见 www.omnimgt.com）
- The Altman Group（参见 www.altmangroup.com）
- The Garden City Group（参见 www.gardencitygroup.com）
- XRoads Case Management Services（参见 www.xroadscms.com）

索赔代理人如何获得薪酬

索赔代理人的费用和开支由债务人财产承担。

清算人和评估人的角色

清算人和评估人在破产案件中担任何种角色

清算人（其通常也提供评估服务）负责处理债务人不想要的资产，为无力偿债的公司提供流动性，在破产案件中发挥着极为重要的作用。债务人不想要的资产可能包括多余库存、绩效低下的门店、被淘汰的设备、多余的固定物、未使用的商标或专利、收不上来的应收账款、不良贷款和其他事项。对上述资产进行清算，对挽救公司的剩余业务而言可能非常重要，一旦终止绩效低下的业务运营，公司的剩余业务也许能重新焕发生机。处理上述资产的服务包括恢复有担保资产的价值，宣传和管理资产拍卖过程以及担任清算咨询师。清算人的客户主要集中在零售、金融和制造行业。

在零售业相关的破产案件中（例如 Linen's Things 和 Circuit City 的破产案件），清算人迅速且高效地将门店库存转化为现金，从而在破产程序中发挥了极为重要的作用。上述情形被称为结束营业（going-out-of-business，即 GOB）的出售，清算人通过努力转化了大量收益，可以用于向债权人提供清偿。如果向有担保贷款人提供的担保不足，对于 GOB 出售所能产生价值的预估可能会引发参与方之间的争议。有经验的清算人几乎已发展出一套完美的公式，用来将 GOB 出售所能产生的清偿金额最大化，随着时间推移，清偿金额也会相应减少。此外，清算人会帮助优化每个门店的人员配置，并通过有效的宣传手段来刺激销售增长。有经验的清算人有时还会通过加强的宣传攻势和高峰时段的消费人群在 GOB 出售中引入新商品以增加销量。

危困企业的潜在买方应当特别注意清算人和评估人对于公司及其所处行业出具的意见。清算人的官方网站通常包括关于待售资产的最新信息。

一流的清算人有哪些

美国国内的很多地方性事务所能够提供处置特定资产的服务，而专门服务于大型破产清算的事务所包括 Gordon Brothers Group（参见 www.gordonbrothers.com）、Great American Group（参见 www.greatamerican.com）、Hilco（参见 www.hilcotrading.com）、

Maynards Industries（参见 www.maynards.com）以及 SB Capital Group（参见 www.sbcapitalgroup.com）。除了上述这些通才型的清算人外，以下几个事务所专门服务于处置与房地产和过期租约相关的资产，包括毕马威公司金融的房地产部门（KPMG Corporate Finance，参见 www.kpmg.com）和 DJM Realty（参见 www.djmrealty.com）。此外，有些网站提供拍卖服务（如 eBay），可以用来清算单个的物品。

清算人和评估人如何收费

如果清算人和评估人提供的是付费服务，例如出具一份评估报告，则在破产法院批准的情况下，清算人和评估人的报酬可以由债务人直接支付。不过，正如上面提到的，不少清算人愿意向债务人财产支付（而非由债务人财产向其支付）待处置资产价值的一个经保证的最低金额，其获利的是该金额和最终的出售价格之间的差价。在其他情况下，清算人和债务人财产可以就拍卖中所获的收益分成，或者事先谈妥佣金收费表。

政府机构的角色

美国证券交易委员会（SEC）是否会在破产程序中保护投资者

总体而言，SEC 承担的角色是有限的，主要包括以下事项：

- 审阅披露文件，以判断公司是否向投资者和债权人提供了他们需要知悉的信息。
- 确保公司股东在有必要的情况下由官方委员会代表。

尽管 SEC 不会就重组计划的商业条款进行谈判，但对于涉及破产案件中公众投资者权利的重要法律问题，SEC 享有发言权。例如，如果 SEC 认为，公司的管理人员和董事利用《破产法》来逃避针对他们的证券欺诈诉讼，则 SEC 很可能会参与破产程序。[20]

联邦存款保险公司（FDIC）如何参与金融机构的财务困境

与 FDIC（www.fdic.gov）控制或提供资助的银行相关的困境并购案例有很多起。在 2007 ～ 2008 年的金融危机中，不良贷款使银行备受煎熬并带来了折价出售案例的激增，这一状况一直持续到 2010 年。其中，由 FDIC 资助的交易不仅有小型的地方性交易，例如2010年3月由佐治亚州托马斯顿市的Upson银行承担佐治亚州德卢斯市的Century Security银行的存款[21]，也包括上十亿美元的并购。大型银行的并购案例包括BB&T收购Colonial BancGroup（该收购于2009年8月完成，总资产达255亿美元）[22]，IMB Management收购IndyMac（该收购于2009年3月完成，总资产达235亿美元）[23]以及BBVA Compass收购Guaranty Bank（该收购于2009年8月完成，总资产达120亿美元）[24]。从买方的角度而言，由FDIC资助的交易消除了大部分信用方面的不确定性，并常常伴随着对买方较为有利的损失分摊协议。[25]

毫无疑问，各银行潜在违约的浪潮促使FDIC于2009年8月颁布了新规则，允许和鼓励私募股权公司收购破产的银行。[26]根据新规则，私募股权公司至少应当持有破产银行三年，投资者应当维持等值于银行总资产10%的高质量资本（这通常被称为"一类普通股本"，与FDIC此前所要求的15%的一类杠杆比率要求相区分)，而被私募股权公司持有的银行资本不得向其投资者和某些关联方提供贷款。[27]

不过，FDIC随后又缩小了私募股权公司参与收购破产银行的范围。在FDICS于2009年11月6日宣布资助加利福尼亚州帕萨迪纳市的East West Bancorp收购加利福尼亚州旧金山市的美国联合银行（United Commercial Bank）的公告中，FDIC披露"其鼓励私募股权基金通过在控股公司层面的私募投资，从而参与破产银行的收购"。[28]

什么是年金福利担保公司（PBGC）

《1974年员工退休收入保障法》创设了年金福利担保公司（即PBGC，参见www.pbgc.gov）这一联邦公司。[29] PBGC目前在超过29 000个单一业主和多名业主资助的固定收益养老金计划中（defined-benefit pension plan）为超过4400万名美国雇员和退休人员提供保障。PBGC的资金不来源于一般税收收入。国会为其运营设定了保险费用，资金实际来源于固定收益养老金计划的出资人、投资收益、委托PBGC管理的养老金计划的资产，以及从应为养老金计划出资的公司所获得的清偿。

通常还有哪些其他政府机构参与困境并购交易

视情况而定，反垄断监管机构（尤其是联邦贸易委员会和司法部）也可能参与困境并购交易。本书第10章讨论了困境并购交易中反垄断所扮演的角色，其中特别探讨了所谓的破产企业抗辩。

视不同案件涉及的特定行业而定，特定行业的监管机构也可能参与困境并购交易。某些受特别规制的行业（例如金融服务业）可能面临大量的此类监管机构。例如一个涉及银行业的交易，取决于该交易的规模、复杂程度和其他相关因素，可能有 FDIC、货币审计办公室（OCC）、美国财政部、储蓄机构监管办公室（OTS）以及其他监管机构介入其中。如本书第 2 章讨论的，被称为《多德－弗兰克法案》的《2010 年华尔街改革与消费者保护法》正在改变对于金融机构的监管框架，并为金融机构的破产提供了新的指引方案。

上述所有这些参与方参与了困境并购的多个方面，包括金融、估值、尽职调查、会计、税务和法律等多方面的问题。这些问题会在本书下一部分集中讨论。

尾注

1. See Fed. R. Bankr. P. 2014.
2. See 11 U.S.C. §327.
3. See 11 U.S.C. §1103.
4. See 11 U.S.C. §101(14).
5. See 11 U.S.C. §327(c).
6. See 11 U.S.C. §§327, 328, 329, 330.
7. See 11 U.S.C. §§328, 330, 1103(a).
8. See Lynn LoPucki and Joseph W. Doherty, " Professional Overcharging in LargeBankruptcy Reorganization Cases," *Journal of Empirical Legal Studies* 5,(2008), p. 983; "Rise of the Financial Advisors: An Empirical Study of the Division of Professional Fees in Large Bankruptcies, " *American Bankruptcy Law Journal* 82 (2008), pp. 141-174; and " The Determinants of ProfessionalFees in Large Bankruptcy Reorganization Cases, " *Journal of Empirical Legal Studies* 1, (2004), pp. 111-142.
9. Department of Justice, U.S. Trustee Program, " Strategic Plan & Mission " ; available at http://www.justice.gov/ust/eo/ust_org/mission.htm, last accessed April 22, 2010.
10. U.S. Courts, " Reorganization under the Bankruptcy Code" ; available at http://www.uscourts.gov/bankruptcycourts/bankruptcybasics/chapter11.html#trustee, last accessed August 30, 2010.
11. See 28 U.S.C. §1930(a)(6).
12. See 11 U.S.C. §1102(a)(2).
13. 同上。
14. 关于股权人委员会的这一资料来源于就职于基金公司 Saybrook Capital（位于加利福尼亚州圣莫妮卡市）的 Jonathan Rosenthal，其为 Kmart 案和 Adelphia 案的顾问。在其发表于重整管理协会网站（tma.org）以及商业周刊在线（bwonline.com）的文章中，Jonathan Rosenthal 提到："有一个股权人委员会不一定能保证股东得到更好的结果，但至少股东有了一个争取权利的机会……一旦你有了官方认可的身份，你在法庭中的地位也会截然不同。法官会听取你的意见，公司也有义务支付你聘请法律和财务顾问的费用。”

15. See 11 U.S.C. §1102(a)(1).
16. See 11 U.S.C. §1102(a)(2).
17. See 11 U.S.C. §1102(a)(4).
18. See 11 U.S.C. §1102(b)(2).
19. See 11 U.S.C. §1103.
20. See http://www.sec.gov/answers/bankrup.htm, last accessed August 30, 2010.
21. See http://www.fdic.gov/bank/individual/failed/cent-security.html, last accessed August 30, 2010.
22. Eric Dash, “ BB&T Takes Over Failing Colonial BancGroup, ” *New York Times*,August 14,2009;availableathttp://www.nytimes.com/2009/08/15/business/15bank.html, last accessed May 17, 2010.
23. See http://www.fdic.gov/bank/individual/failed/IndyMac.html, last accessed August 30, 2010.
24. PR Newswire, “BBVA Compass Acquires the Banking Operations of Guaranty Bank,” August 21, 2009; available at http://www.prnewswire.com/news-releases/bbva-compass-acquires-the-banking-operations-of-guaranty-bank-62282437.html, last accessed August 30, 2010.
25. The FDIC Web site has an excellent Q&A resource for loss sharing. See http://www.fdic.gov/bank/individual/failed/lossshare/index.html, last accessed May 17, 2010.
26. Russell J. Bruemmer et al., “ FDIC Releases Final Policy Statement Governing Private Equity Investments in Failed Banks,” WilmerHale, August 27,2009;available at http://www.wilmerhale.com/publications/whPubsDetail.aspx?publication=9242, last accessed May 17, 2010.
27. 同上。
28. See http://www.fdic.gov/news/news/press/2009/pr09201c.html, last accessed August 30, 2010.
29. 关于这一背景的讨论大部分来源于 PBGC 的网站（www.pbgc.gov)。与其他联邦监管机构的网站类似，PBGC 的网站也为理解这一复杂领域提供了关于基本术语和必要原则的简明易懂的介绍。

第三部分

The Art of Distressed M&A

避免常见的陷阱

为了避免棘手的税收、会计和法律缺陷而使用的精明的操纵手段将会使其投资回报高于平均水平。在困境中，几乎没有答案是显而易见的，正如大家所说，细节决定成败。为了在并购的困境中确定最优策略，买方和卖方在触及所有权收购或出售目标之前必须考虑诸多战术问题。这些工作可能很复杂，需要消耗大量的时间，以至于头脑麻木，但这些工作却能给那些坚持者和创造性思考者提供机会。

然而，几乎所有在本部分中讨论的主题都需要经验丰富的专业人士的建议，其中的当事人也离不开这些专业人员的帮助。在大多数的困境中，税收、会计和法律等方面的问题总会与财务、经营、行业所面临的挑战交织在一起。因此，就连最好的法律和会计专业人员也不具备这种程度的多功能思维方式，即使他们想这样做，所需要的该公司的全部信息也是很难获得的。

因此，项目负责人为了实现稳健的分析，必须积极协调好律师、会计师的投入与管理层、顾问和投资银行家的报告这些交叉部分。这意味着，项目负责人必须做好准备去细查、监督和质疑法律与会计专业人员调查过程的细节与结论，而不是简单地接受他们的报告。

项目负责人应认真地选择法律和会计专业人士，因为经常会出现一些不寻常的例外、需要注意的事项以及不成文的规则，这些情况的出现会使目前所处的困境变得更复杂，因此项目负责人应选择那些在处理这些问题上有充分经验的专业人士。所以，公司的现有外部专家可能会在还没意识到的情况下离开他们的安乐窝，但仍未能留给他们的客户一些有意义的答案或者明确的解决方案。请参考本书第 7 章关于专门从事困境解决顾问的讨论。

良好的交易结构通常需要制定一个精心的、综合的战略，以平衡来自各领域的专家提出的数据和意见。这个过程会经常出现反复，在交易的各个方面循环往复直至达到平衡。这种挑战往往让人联想到与水球搏斗——当你好不容易控制了一部分时，另一部分又弹起来了。然而，只有在进行耐心细致和打破陈规的思考时，确实才会发现那个帮助危困企业脱离混乱局面的独木桥。

为了帮助困境并购项目负责人面对这些复杂问题，本书的关键部分讨论了两个截然不同的会计问题：第一是重组，它的重点在于债务重组、债务清偿以及贷款合同修改；第二是破产，包括净营业亏损的来龙去脉和所谓的新起点报告。这个概述表明，世界上不存在完全一样的两个困境，而关键是要从过去的案例中汲取经验，以解决未来的困境。结尾部分简要概述了困境并购的法律风险，关注点包括困境交易下的受托责任、反垄断法（反托拉斯法）和欺诈性转移，而困境交易包括庭外重组和破产。

第 8 章

重组会计：TDR、偿清与修改

世界上最难理解的事情是个人所得税。

——阿尔伯特·爱因斯坦

危困企业的会计概论

在困境并购过程中，买方是否应该将其关注点放在会计和税收问题上

如果一提到美国财务会计准则委员会（FASB）或美国国税局（IRS）所制定的规则会让你目光呆滞的话，请不要害怕，因为即使是爱因斯坦也会被会计和税收法规的复杂性所迷惑。尽管如此，跨越这些规定几乎是每一次困境收购的重要环节。如净营业亏损的保护和其他税收的特性，这些因素都对交易结构高度敏感，这就意味着交易结构的改变可以在实质上影响一个特定机会的回报。尽管会计和税收规则在事实上具有高度的技术性（如果不是完全晦涩难懂），但我们仍然敦促交易决策者在重组过程中应尽早地考虑会计和税收因素。

一般情况下，在重组过程中有三个主要的拐点可能会影响公司的账面价值和税务会计。它们是：[1]

- 庭外重组中的债务重组。
- 《破产法》第 11 章中提到的备案申请。
- 重整破产中的第 363 条出售条款或一个独立的重组计划。

在提供了基本的会计和税收定义之后，本章总结了一些庭外重组的财务报告和所得税的因果关系，包括不良债务重组。随后在第9章会介绍一些经常出现在破产程序中的会计和税务问题。这个讨论不仅阐述了对净营业亏损的保护，也提供了关于新起点报告的概述，这一过程是每一项重组业务都必须经历的，但令人惊讶的是关于这一过程的相关文献却非常少。

注意1：困境并购受税法和会计准则的影响往往是处在不断演变的过程中，有些演变的速度如同冰川融化那样缓慢，而有些演变的速度则如同闪电那般迅速。

注意2：咨询有资质的税收和会计专业人士。

定义计税基础

税基是什么

资产计税基础是企业按照税法的规定进行核算所提供的资产负债表中资产的应有金额。一项资产的初始基础不仅会随着后来资本支出而增加（即改进和修缮），也会随着折旧、摊销和其他费用而减少，最终成为纳税人经调整后的资产计税基础。事实上，调整后的资产计税基础代表资产的剩余成本可以通过折旧或出售的方式进行弥补。通过这种销售方式产生的销售收入与调整后计税基础之间的差异是因课税目的而产生的收益或亏损。

高计税基础和低计税基础，哪个更有利于资产所有者

资产的高计税基础几乎总是比低计税基础更有利于它的所有者，因为它可以减少税收。计税基础越高，折旧或摊销扣除额度就越大（在允许的条件下），并且资产后续处置的收益也越小（或者说损失越高）。

计税基础如何影响传统的并购结构

作为持续经营的公司，它的购买行为应该结构化才能最大限度地提高收购资产的计税基础。

当买方直接购买持续经营的资产，而目标公司则以出售或交换资产为基础进行计税时，资产的计税基础就构成了买方的成本。这被称为成本或递增基数。当买方通过购买该企业的股票而间接获得持续经营的资产时，所拥有资产的目标计税基础一般不受影响。这就是所谓的结转计税基础。尽管被收购公司的股票所有权发生变化，但被收购公司的资产基础却被保留了。

如果买方对目标公司资产的预期成本超过其预期的结转计税基础，那么以资产收购或递增交易方式的买方一般比股权买方获利更多。对于目标公司的资产，如果买方的预期结转计税基础超过其预期的成本基础，对买方来讲，股权收购一般比资产收购更有利。对上述的阐述归纳在表 8-1 中。

表 8-1 资产收购和股权收购的计税基础的对比

交易记录类型	卖方	买方	首选
资产（直接购买）	对出售资产课税	递增基数 = 购买价格	当买方递增基数超过其结转计税基础
股权（间接购买）	对出售资产不课税	结转计税基础 = 卖方调整后的成本基础	当买方结转计税基础将超过其递增基数

上述选择方式还有一些例外，主要情况如下：①买方将获得在结转计税基础交易的有利税收属性——净经营亏损、税收抵免、会计处理方法，但这些不存在于递增交易中（这往往出现在企业困境的情况下）；②买方的这种税收属性超过在成本交易中获得的目标公司的资产递增基数的价值。

卖方（特别是当卖方为非上市公司时）可能会有关于税收（以及法律）属性或免税购买资产和股权的补偿问题。例如，由于存在众多因素（如公司结构、税收基础、净营业亏损等）的影响，因此卖方可能会因出售资产而非股票而面临不利的税收后果。同样，如果卖方有选择性地处理资产，仍保留了一定的负债，但这些负债却是买方不愿承担的，那么卖方仍有可能要自己负责这些债务。这些差异很可能成为交易条款谈判的组成部分，并直接反映在购买价格上。

在《并购结构的艺术：缓解金融、税收和法律风险的技术》——并购艺术系列丛书中，对持续经营收购的税收和法律进行了详细的讨论。

如何考虑困境并购下计税基础的变化

当由于高计税基础和低价值资产导致目标出现明显的未实现的赋税损失时，买方可能会很有兴趣地保持债务人的税收属性。这是构建困境并购中非常关键的一步。事实上，这些未实现的损失往往出现在债务人最有价值的资产中，因为它们可以被用来保护重组实体的未来收入免受收入税的影响。

相反，因为美国国内税收法典（IRC）关于损失限制的规则（如第 382 节中的限制，将在第 9 章进行讨论），当目标没有出现明显内置税收损失时或当这种损失部分或完全消除时，买方在保留债务人税收属性时可以确立一个更低的优先级别。

买方能否保留债务人税收属性的决定因素是什么

这个问题受到了众多法令、监管和司法要求的限制，其中很多内容会在本章和下一章中予以说明。一般来说，关键的问题在于重组是以免税交易的方式还是以课税交易的方式构建。困境并购中的基于免税与课税的不同处理方法与传统并购中基于股票和资产的税收处理方法相似。总的原则是，免税交易会使用结转计税基础并保留债务人的税收属性，而课税交易会使用递增基础并且不再保留上述属性。

当其他条件都不变的情况下，以下两种免税结构下保留债务人的税收属性是可能的：①历史债权人能够接受用他们的债权与危困企业的债务或股权进行交换；②债务人的资产转移给了第三方收购方，并且债权人通过获得第三方收购方的股权以解决其债权问题。

当出现以下三种情况时，更可能出现应税交易的是：①债权人不希望继续持有债务人在交易后的收益（无论是以债务或股本的形式）；②第三方收购方不愿使用股权进行交易；③税收属性将受到重大损失限制的影响或者不再具有经济意义上的吸引力。

破产法院之外债务重组的会计和税务结果

庭外重组中最常见的会计及税务问题

如前所述，庭外重组可以采取许多不同的形式，包括修改信用条款、债务互换、债转股或直接债务偿清等方式。与绝大多数的庭外重组一样，在这些方式中反复出现的税务 / 会计问题的关键在于这些交易能否给公司创造收入。

从会计的角度来看，什么时候庭外债务重组能够创造收入

从会计的角度来看，债务偿清能为发行公司产生会计收益（或损失）。

然而，特定处理方法的使用取决于特定重组的结构、因素和环境。如前所述，这种庭外重组可以采取许多形式。一般来说，最常见的有以下三种形式。

1. 资产互换。依据资产互换，由债务人用全部或部分的贷款换取特定的资产。债务人登记两项潜在收益或损失：①基于互换资产的账面价值和公允价值的差异，决定资产处置中的收益或损失；②基于债务账面价值与偿付资产公允价值的差异，决定在债务重组中的收益。
2. 债转股。根据债转股，债权人将贷款转换为债务人的股权。一般情况下，

如果债权人接受的股权价值低于其债权的总量，债务人将获得收益。

3. 修改债务条款或债务互换。根据修改债务条款或债务互换，债务人和债权人正式就新贷款条件达成一致——不论是以直接修改的方式还是通过发行新债务的方式。以上交易的会计处理取决于两个因素，第一个因素是指是否有作为困境债务重组（troubled debt restructuring，TDR）的交易资格（更广泛的可修改贷款的子集）。

在获得困境债务重组的交易资格的情况下，债务人必须登记年内的清偿收益，但只用于新的债务工具的总现金流小于之前的债务工具的账面价值（即在新协议下，总现金支付是否小于债务的账面价值）的情况，如表 8-2 的例示。

表 8-2　TDR 会计：债务人收益记录

3(a) 修改债务条件

最初事实：假设债务人 D 按照 12% 的年利率从债权人 C 处借了 6 000 万美元。这笔贷款还有两年到期。由于资金问题，D 并未支付过去一年的利息。如下所示，这笔贷款的账面价值目前是 6720 万美元。

贷款金额	$60 000 000
年利率	12%
每年支付的利息	$7 200 000
账面价值：	
贷款本金	$60 000 000
未支付的利息	7 200 000
账面价值	$67 200 000

修改场景 1：C 同意调整 D 的贷款，C 同意：①放弃 720 万美元的应计利息；②剩余的两年利息从每年 720 万美元降到每年 300 万美元；③贷款到期价值从 6 000 万美元减少到 4 500 美元。如下所示，新贷款的现金流量总额 $5 100 万美元。

第一年利息费用	$3 000 000
第二年利息费用	$3 000 000
新到期价值	45 000 000
未来现金流量	$51 000 000

因此，债务人获得收益 1 620 万美元，该收益为原贷款账面价值 6 720 万美元和新债务 5 100 万美元的未来现金流量之间的差额。

账面价值	$67 200 000
减：未来现金流量	(51 000 000)
债务人获利	$16 200 000

第二个因素是，如果新债务工具的总现金流预计超过之前的债务工具的账面价值，债务人不会对重组损益进行登记。相反，在对新债务进行偿付的整个时间表中，债务人会积累初始债务账面价值与重组后现金支付之间的差额作为利息费用，如表 8-3 的例示。

表 8-3 TDR 会计：债务人无收益记录

修改场景 2：假定初始条件如表 8-2 所示，但这次不再如修改场景 1 的变化，在该场景中 C 只是同意在两年内偿还全部的 7 500 万美元。因为，新债务的总现金流量为 7 500 万美元，且大于现有 6 720 万美元贷款的账面价值，D 在结算日没有获得任何收益或损失。

然而，D 仍需计算新贷款的实际利率并记录未偿还贷款的年非现金利息支出。经计算，新贷款的实际利率（基本上是参照内部收益率 IRR 进行计算）为 5.64%。

账面价值（第 0 年）	$67 200 000
支付利息（第 1 年）	—
利息支付（第 2 年）	—
结算价值（第 2 年）	75 000 000
新的实际利率	5.64%

在贷款期剩下的两年当中，D 记录了利息支出。第 1 年的应付利息是 380 万美元，而第 2 年的应付利息是 400 万美元。如下所示：

第 1 年利息支出	
账面价值	$67 200 000
新的实际利率	5.64%
第 1 年利息费用	$3 792 957

第 2 年利息支出	
账面价值	$70 992 957
新的实际利率	5.64%
第 2 年利息费用	$4 007 043

最后，我们注意到这笔贷款账面价值的每年增长额必然等于应付利息支出而非现金支出。在这种情况下，该贷款成为零息债券。因此，贷款余下两年的账面价值依附于赎回价值。如下所示：

账面价值（第 0 年）		$67 200 000
应计利息（第 1 年）	$3 792 957	
账面价值（第 1 年）		70 992 957
应计利息（第 2 年）	4 007 043	
账面价值（第 2 年）		75 000 000

如何使交易具有困境债务重组的资格

为了将交易修改为具有困境债务重组的资格，债权人必须向债务人做出让步，除了经济或法律原因之外，债权人将不考虑引起债务人财务困难的其他原因。[2] 因此，在这个定义下，以下所列举的让步足够重要使其获得资格：

1. 在债务的剩余年限中约定的绝对利率或或有利率的降低。

2. 以优惠利率将到期日延长。

3. 债务的绝对或或有账面价值和到期金额的减少。

4. 绝对应计利息或或有应计利息金额的减少。

因此，并不是所有的贷款修改都能使其具有困境债务重组的资格。例如，假定拥有良好信用与足值抵押品的债务人会想要利用市场所提供的更低利率来重组资产抵押贷款。这种利率上的让步并不是因为债务人的财务困难所引发的，所以不能被认为是困境债务重组。

如果交易不能满足困境债务重组，那么标准会怎么样？对账目有什么影响

如果交易不具备困境债务重组的资格，那么接下来的问题是，新的债务工具与以前的债务工具相比是否有“条款的显著变化”。

如果这两项工具确实在本质上存在着不同的条款，交易很有可能被认为是为了会计目标而清偿债务，从而引起债务人的会计收益或损失。这些会产生以下的延滞效应：

- 新债务工具应按公允价值记录。这个债务总量应该被用来确定债务清偿损益以及新债务工具的实际利率。
- 由债务人向债权人支付与清偿旧债券相关的费用，这费用被包含在债务清偿损益的确认中。
- 由第三方产生的与交换或变更直接相关的费用（如法律费用）要与新债务工具挂钩，并使用类似于债务发行成本的利率法将这些费用分摊在新债务工具的贷款期限内。

如果新旧债务工具的条款之间并不存在本质上的不同，这种情况下的交易极有可能会被看成对原有贷款的修改。

- 对于会计核算不存在债务清偿和即时损益。债务人必须根据原有债务的账面金额和经修订的现金流量计算一个新的实际利率。其会对账面金额以及修订后的现金流量进行调整，这期间会出现增加（但不会减少），这是因修改而增加了一个嵌入式转换期权的公允价值（该计算方法是比较修改或交换前后嵌入式转换期权的公允价值的差异）。
- 由债务人向债权人支付的替换或修改债务清偿的费用再加上现有的未摊销的溢价或折价，通过利率法以利息费用调整的方式分摊在替换或经修改的债务工具的剩余期限内。
- 与交换或修改直接相关而产生的第三方费用应在发生时费用化。

图 8-1 为决策树，该图示遍历了是否将特定债务互换核算为 TDR、债务清偿或贷款修改的各个关键决策点。

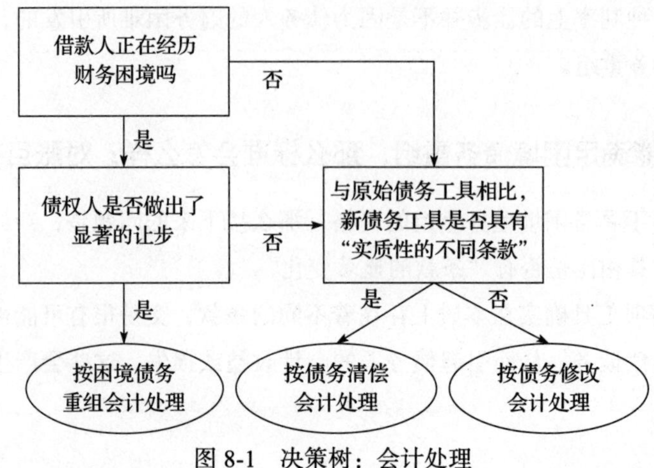

图 8-1 决策树：会计处理

包含新债务工具的非困境债务重组与之前的债务工具相比是否具有"实质性不同条款"的决定因素是什么

以下三个条件的任意一个都属于实质性不同条款的定义。

1. 在新债务工具的条款下，现金流量的现值（PV）与原有债务工具条款下剩余现金流量的现值相比至少存在 10% 的差异。
2. 债务修改或交换影响了嵌入式转换期权的条件，因此嵌入式转换期权的公允值的变化值（该计算方法是比较修改或交换前后嵌入式转换期权的公允价值的差异）至少是原始债务工具在修改或交换之前当前账面金额的 10%。
3. 债务工具的修改或交换加入了实质性转换期权，消除了对修改或交换日有实质性影响的转换期权。

表 8-4 展示的是特定情况下的案例分析。

表 8-4 贷款重组的案例分析

事实：D 在 2011 年 1 月 1 日从 C 处借入 1 000 万美元，利率 13%，期限 10 年。随后一段时间利率下降，在这段时间内 D 完成了其内部计划，D 和 C 同意在 20×5 年 1 月 1 日将税率降低至 10%，同时 C 将贷款规模增加到 1 500 万美元。最初的 10 年期限保持不变。
问题 1：这是 TDR 吗？
图 8-1 显示债务人未经历财务困难。因此，该交易并不是 TDR，但到底是贷款修改还是债务偿清呢？问题 2 将回答决定这两种不同重组方式的关键因素。
问题 2：与原始贷款工具相比新工具是否具有"实质性的不同条款"？
这个问题的答案取决于在新债务工具的条款下未来现金流量的现值与原有债务工具条款下未来现金流量的现值相比是否至少存在 10% 的差异。分析如下：
该案例的现金流量的现值的变化为 15.8%，超过 10% 的阈值。因此，新债务工具确实与原本的贷款存在着"实质性的不同条款"。采用债务清偿记账而非贷款修改记账会更合适。

（续）

原始本金	$10 000 000		新本金	$15 000 000
原利率	13%		新利率	10%
折现率（与利率相同）	13%		折现率（原利率）	13%
剩余期限（年）	5.0		剩余期限（年）	5.0
原始贷款现值	$10 000 000		修改后贷款本金现值	$8 141 399
			修改后贷款利息现值	5 275 847
			减：修改后贷款本金增加	(5 000 000)
修改后贷款现值	$8 417 246	←	减：修改后贷款现值	(8 417 246)
现金流现值改变（金额）	$1 582 754			
现金流现值改变（比例）	15.8%			

债务人循环信用贷款的变化有哪些？这些变化如何影响债务人的财务报告

庭外重组经常会包含债务人循环信贷融资的变化。该交易的会计影响将取决于新贷款与原来贷款之间融资能力的对比。融资能力是剩余期限与最大信用可用额度的产物。

如果新贷款的融资能力大于或等于原来的贷款，借款人应推迟支付债权人的费用、第三方费用以及原来贷款中未摊销的成本，将这些费用的支付分摊到新贷款期限当中。

相反，如果新贷款的融资能力小于原来的贷款，债务人应做出两方面的调整：①推迟支付给债权人和第三方的费用，将这笔费用分摊在新贷款期限内；②支付与融资能力减少部分成比例的原贷款中未摊销的成本，将剩余的递延费用分摊在新贷款期限内。

所得税的影响是什么？在什么情况下债务重组会产生应税所得

虽然这里使用的术语和破产会计指导中所使用的有所不同，但它们适用于相同的基本原则：当发行人折价发行债券时，以债务取消（cancellation of debt，COD）收入的形式产生应税所得。

什么是债务取消（COD）收入，在庭外重组中如何处理它

根据基本原则，若债权人取消的负债少于债务人负债金额，则会产生债务人的应税债务取消收入。这项规则起源于美国最高法院关于 Kirby Lumber 的案例[3]，随后这项规则被编入美国国内税收法典（IRC）的第 61 章第 (a)(12) 条。但该规则下也存在一些例外，这些例外被编入了 IRC 第 108 章 (a) 分章，在这些例外情况下不对债务取消收入进行征税。对于这些例外情况，特别是那些与无力偿还或正式破产

申请相关的例外将在第 9 章中进行更详细的阐述。

庭外重组通常不符合这些例外情况（除非债务人已无力偿还）。债权人极少同意简单地减少庭外债务重组金额；[4] 大多数交易包含贴现债券回购、债权股权互换、债权互换或债务条件的修改。这些方案的税务处理通常取决于具体案件的事实因素与环境。然而，合法性检验的关键是看这些交换或修改能否被视为用以换取现有债务的新债务的发行（无论是债务、股权或混合方式）。

以下进一步考虑更广泛的框架：

1. 涉及私人持有债务的交换或修改是否包含于这些交易当中？如果涉及，IRC 一般不向此类交易征税。在大多数情况下，只要贷款余额不减少，以及修改后债务的应付利率在修改期至少等于适用联邦利率（AFR）[5]，债务修改就不会导致 COD 收入，即使该修改在其他方面意义显著。
2. 因税收目的而公开交易但并未存在条款“显著”的变化的债务修改是否包含于这些交易当中？如果是，IRC 通常把这样的交易当作私人持有债务进行同样的处理。
3. 因税收目的而公开交易的债务交换是否包含于这些交易当中（无论是债转债或是债转股）？如果是，交易一般会对其发行公司产生应税 COD 收入，该金额通常是该债券公允市场价值超过其税基的部分。
4. 涉及公开交易债务与股权的交换（包括激发兑换的有利条件）是否包含于这些交易当中？在这样的情况下，公司可以从 COD 收入的价值中扣除该诱发机制的价值，从而降低由该交易创造的应税所得额，但该交易不会导致退休金溢价。

在上述既定规则下以税收为目的的已具备债务交换资格的一项交易，需要注意的是要对该交易从新债务工具的利息抵税程度的潜在局限性方面进行评估。新债务工具的利息抵税一般受到以下三种情况的限制。

1. 新债务工具被认为是以税收为目的的股权。一种新债务工具满足的条件越多，越可能被认为是债务。上述条件包括新债务工具是否具有固定的到期日且不会被延长得太久，债务偿还义务是不是无条件的，债权人对违约是否有合理的补救措施等。
2. 新债务工具的发行伴随着显著的原始发行折价（OID），这是指债务工具所规定的到期赎回价格要高于其发行价格，并触发适用高收益贴现债券 (AHYDO) 的其他要求。特别是要分析贷款期限超过五年的任何零息票债券或实物偿付债务工具的 AHYDO 属性。如果债务工具属于 AHYDO，[6] 适用利息抵税的部分可被推迟直至以现金进行利息的实际支付，而一部分可能永远也不会具备这种资格，即使最终支付了这一部分利息。

3. 新债务工具是一种无资格的债务工具。这种情况通常发生在新债务工具的利息或本金是根据债务人（或关联方）的股权价值来确定的，或者在新债务工具的利息或本金的绝大部分都是由债务人（或关联方）的股权进行偿付的时候。这种情况会在可转换债券或类似债务工具的情况下出现。当转换为可选时（无论是发行人还是持有人拥有选择权利），该工具都被认为是无资格债务，除非选择权是实质性确定将会被执行的。“实质性确定”的阈值尚未解决，但它可能会被认为是一个合理的报告状态，而且该阈值不会被价外转换期权所触发。通过平价期权转换的情况还不太清楚，但由于“实质性确定”术语所暗示的高门槛平价期权转换可能也不是问题。当新债务工具实际上为无资格债务时是无利息的、是可抵税的，即使该利息在已支付的情况下。

什么是债务条款的“重大修改”

根据财政法规 §1.1001-3(c)(1)(i) 的定义，修改是指“任何变更，包括对债务发行人和持有人的合法权利与义务做出任何整体或部分的删除及补充，同时这些变更是否由明示协议（口头或书面）、参与者的行为或其他形式所证实。”该定义也是指与依照原本债务工具条件自动发生的权利或义务相比所出现的变化。此外，只要期限仍为两年且参与者对债务工具没有做其他的改变，那么单纯的利率修改是不包括在该修改定义之内的。

修改是否重要取决于参与者的合法权利和义务是否出现了一定程度的“经济意义显著”的改变。为此，仅仅是对传统会计方式或金融契约进行补充、删除或修改的话一般是不会构成重大修改的。

相反，一般被认为具有经济意义显著变化的改动才是重大的修改，这包括以下内容：[7]

1. 债务工具收益率的改变，而非那些微量变化。当债务工具采用的是固定利率、浮动利率，或遵循可选择的付款计划，微量变化的阈值将取 25 个基准点的年收益或 5 个百分点的未修改债务工具的年收益中的变化较高值，或有支付的债务工具不能使用这个微量限额。
2. 按期付款的实质性延期。“实质性”这一概念的确认取决于事实和环境测试。尽管如此，如果推迟期不超过五年或 50% 的原有债务工具期限这两个条件中期限较短的那个条件，那么在这个安全阈值范围内债务人通常都认为推迟不属于实质性延期。

3. 变更债务人。变更债务人被认为是一项重大修改，除非债务是无追索权外。
4. 变更付款预期（例如变更优先权或抵押品，从追索权到无追索权的改变，反之等）。
5. 变更债务工具的本质。其包括因税收目的而将债务工具转换为非债务工具。

债务何时会被认为是为了税收目的而进行公开交易的

如果在发行日前后 30 天的任何时间内，出现以下情形，债务则会被认定为是以税收为目的而进行公开交易的：[8]

- 在经注册的全国性的证券交易所、同业报价系统或特定的外汇交易市场中进行交易。
- 在指定的合约市场或银行同业拆放市场上交易。
- 出现在流通体系。该流通体系是指通过一个或多个经纪人、交易商或贸易商的最新报价（包括利率、收益率或其他定价信息）或是最近销售交易报价媒介的实际价格（包括利率、收益率或其他定价信息）为公允市场价格的确定提供合理依据[9]。
- 交易商、经纪人或贸易商能否随时为该债务工具提供报价。

如果债务交换或修改产生了 IRC 所规定范围内的 COD 收入，是否会对它进行一次性全部征税

假定交易产生 COD 收入，并假设该情况下既不会出现无力偿付，也不适用于破产例外的第 108 条，最近的立法就可能依旧对其有效。2009 年的《美国复苏与再投资法案》规定债务人可以推迟确认在 2009 年和 2010 年期间产生的应税 COD 收入。根据产生收入的年份，债务人可能完全将收入推迟四年或五年，在随后的五年内确认收入估价。（与本章后面部分所讨论的《美国复苏与再投资法案》中的其他条款不同的是，这项 COD 条款并不局限于小型企业。）

如果债务人通过将资产转移给债权人来解决担保债务将会怎么样

重组无论是通过庭外重组还是作为正式破产程序的一部分，往往都涉及出售或转让资产。在其他条件不变的情况下，以上处置都会形成纳税，如果进行财产转移且实现款项超过资产的计税基数，纳税人通常会实现第 1001 条的收益。

在重组的过程中，债务人有时将资产转让给有担保债权人用以全部或部分清偿债务。这类转让仍然构成应税事件并被等同于资产出售，即使未发生现金交易。为了计算第 1001 条的收益，债务人资产的调整基数是相对简单的；它与债务人为了现金而直接变卖资产所使用的基数没有区别。相反，实现金额（或是出发点稍有不同，出于税务目的的购买价格）取决于有担保债务是否具有追索权。

如果是无追索权债务，购买价格是转让时有担保债务的面值。因此，债务人认为收益或损失等于债务清偿总量与转让之前债务人的资产调整计税基数的差异。整个收益或损失都属于第 1001 条且并未出现 COD 收入，另外资产的当前市场价值也不纳入分析过程。

如果是有追索权债务，通过从转让中实现的 COD 收入和第 1001 条收益或损失这两个方面进行分析。准确的税收处理取决于资产处置是否全部或部分满足了有担保债务的清偿。

第一，债务人被视为做出了资产的应税处置。债务人所记录的第 1001 条收益或损失等于资产的公允市场价值和该资产债务人调整计税基数之间的差额。

第二，任何额外取消的债务量都被视为 COD 收入。即如果财产的价值小于有追索权的负债，参与方可以保留超额负债作为一项持续的债务义务，也可以免除这一负债。如果剩余的负债被免除，免除的金额将构成 COD 收入，被视为普通收入，除非这种情况适用于破产例外情况。

在表 8-5 中列出了一个示例。

表 8-5 资产转让征税的案例展示

假设债务人 D 拥有一台称为汽车人的机器，目前的市场公允价值为 7 500 万美元，其中 4 500 万美元为计税基数。几年前，D 将汽车人进行了抵押，从债权人 C 处获得 1 亿美元。D 正与债权人协商庭外重组，并且他将汽车人转让给 C 用于全部清偿 1 亿美元的贷款。

- **场景 1**：无追索权贷款。如果 C 在无追索权基础上向 D 提供 1 亿美元的贷款，唯一的抵押品是汽车人，D 将会获得第 1001 条的 5 500 万美元的收益。即用实现的 1 亿美元（或债务的面值）减去 4 500 万美元的 D 的设备计税基数。
- **场景 2**：有追索权贷款。如果 C 借给 D 的贷款还可以对 D 公司其他资产进行追索 D 仍会获得 5 500 万美元的收益。但是，这些收入将会分成第 1001 条的 3 000 万美元的收益（公允市场价值 7 500 万美元减去 4 500 万美元计税基数）和 2 500 万美元的 COD 收入（债务的票面价值减去汽车人的市场公允价值）这两部分。

（单位：百万美元）

汽车人的市场公允价格	75
汽车人的计税基数	45
有担保债券的面值	100

（续）

场景 1：无追索权		场景 2：有追索权	
债务人实现总量	$100	债务人实现总量	$75
即：有担保债券的面值		即：汽车人的市场公允价值	
债务人持有的计税基数	45	债务人持有的计税基数	45
第 1001 条收益（损失）	$55	第 1001 条收益（损失）	$55
		超额债务减免	
		债务的面值	$100
		汽车人的市场公允价值	(75)
		COD 收入	$25

如上述讨论所示，重组为公司提供许多选项来处理他们自身的问题。下一章将探讨第 11 章重组中所涉及的会计问题。

尾注

1. 第 7 章清算的会计和税收应用不在本章阐述的范围之内。但是，本系列书籍的姐妹篇《并购结构的艺术：缓解金融、税收和法律风险的技术》中覆盖了清算配给的税收影响。
2. 为了评估借款人是否遭受财务危机，债权人可能会考虑以下因素，包括：①借款人现阶段是否对所有债务都出现违约；②借款人是否已经申请破产程序或是即将申请破产；③除了现有的债权人之外，借款人能否从其他途径获得资金支持，并且是以与其他无财务问题借款人一样的有效的市场利率；④预计现金流量不足以偿还到期债务；⑤借款人是否拥有已被退市的尚未偿还债务；⑥由于信用状况的恶化，因而借款人很难获得融资渠道。
3. 284 U.S. 1 (1931).
4. 如果债务人已无清偿能力，在庭外重组中使用一次性直接债务清偿是不多见的。
5. 每个月都会发布适用联邦利率，可以通过以下网址查阅 http://www.irs.gov/app/ picklist/list/federalRates.html。
6. IRC 的第 163（i）节将适用高收益贴现债券（AHYDO）定义为由公司发行的任何债务工具，且该债务工具伴随着（a）从发行日起有超过五年的贷款期限；（b）到期收益等于或超过适用联邦利率外加 5% 之和；（c）显著的 OID 特征。如果在任何应计期结束之前与发行日五年之后的期间当中，包含在该期间内总收入的总金额超过以下合计数：①在应计期结束之前该债务工具的利息支付总额；②债务工具的发行价格与其产生的到期收益。有一新增公式决定永无资格的利息减免的额度。对于无资格的利息减免，债务工具产生的到期收益必须大于适用联邦利率外加 6% 之和，即更高的无资格收益，会产生更高的无资格利息减免。
7. 值得注意的是，债务人不会进行大量的改变，所做出的变更只要个别地满足正文中所列举的例外即可。
8. Treasury Regulation §1.1273-2(f).
9. 同上。

第9章

破产会计：NOL和新起点报告

我没有保镖，但是我有两位经过严格训练的注册会计师。

——埃维斯·普里斯利

破产的会计处理：概述

当公司进入第11章破产重组时需要注意哪些关键的税收和会计问题

虽然公司都存在许多税收和会计方面的问题，但当公司依照第11章重组申请破产时，这两方面的问题显得尤为重要：①净营业亏损移后扣减的留存（对破产公司而言此项金额相当可观）；②新起点报告的启用（在公司脱离破产保护后立即生效）。虽然这些问题极其复杂，但理解这些内容是非常重要的。因此，第9章的大部分内容都是对这两个问题的探讨。

美国财务会计准则委员会（FASB）在第11章中的什么位置为公司提供了会计指导

FASB的会计准则汇编（ASC 852）——“重组”一节为第11章中非政府经济实体的重组提供了会计和财务报表指导（期望公司能持续经营），或是出现在第11章中的法院批准下的重组计划。[1]

根据ASC 852条款，若重大事件的发生没有影响或改变该公司应用美国通用会计准则（GAAP）时，该公司在破产申请中通常会继续按照破产法院管辖区外的经济业务来记录收入。

然而，财务报表使用者的需求却发生了变化。这种变化反过来会促使公司的财务报告也需要做出相应的改变。在概念层面上，关于这些变化反复讨论的主题就是要对与重组直接相关的交易事件和与持续经营相关的事件进行区分。因此，只要不与 ASC 852 指导发生冲突，美国通用会计准则（GAAP）就仍然适用。

哪些会计变更通常会在公司提出破产申请后立即生效

在公司申请破产后，即刻发生变化的会计变更中最重要的是，公司必须要能区分破产申请前的负债是否受制于和解（在破产申请前拥有的负债，或在文件发行后才为人们所知的担保和非担保负债），以及破产申请后产生的负债。正如在本书前面所指出的，《破产法》的自动冻结条款，防止了未经美国破产法院批准的破产申请前的债权人抢占公司的资产。出于同样的原因，在未得到破产法院的批准时，债务人不能履行破产申请前的债务清偿义务。在许多情况下，债务人摆脱破产之前，破产申请前的负债都无法得到偿还。相反，破产申请后的负债应该在企业的日常经营中得到支付。

什么是破产申请前的应税义务？在第 11 章公司破产申请中它们是如何被处理的

有少数例外显示，在破产过程中税务机关会像其他债权人一样被对待。与申请前收入有关的税收义务的清偿顺序，通常在其他非担保债权之前，但在担保债权之后（除非税务机关在公司申请破产前要求其税务担保权）。像其他债权人一样，税务部门需要对未付的申请前赋税提交文件证明，这常常会增加税务审计的可能性。（正如谚语所说，祸不单行！）与申请前纳税义务相关的缺点就是可能会产生信托基金税。

信托基金税是指在支付给美国财政部或其他税务机关之前，从与第三方交易中代扣并交由信托基金持有的钱。典型的例子就是从员工工资中扣除的钱（例如所得税、社会保障和医疗保险税）。对于延迟向财政部上缴就业税的行为，国会建立了相应的惩罚措施。此外，根据联邦和大多数州的税法，如果公司没有全额支付税收，那么有权签署公司纳税申报单的特定人员（如官员、董事、雇员）可以以个人名义为信托基金税负责。因此，破产法院批准支付申请前的信托基金税是有标准做法的，特别是对于那些不属于公司财产也不属于债务人财产的钱。

正在经历财务困难的债务人是否可以扣除已无力偿还债务的应付利息，这个问题一直困扰法院、美国国税局、纳税人多年了。[2] 早在十年前，在对道康宁公司[3]的案件处理上，破产法院与国税局的首席法律顾问 (CCA) 200801039 (1/4/08) 一起所做出的相关决定至少创建了一个可防御的状态。不过，纽约市律师协会最近提出建议：一旦债务人申请破产保护，那么，关于利息和原始发行折价（OID）的应计常规便不再适用，在这种情况下，协会一般会要求债务人使用收付实现制。[4] 因此，这是一个与法律发展联系尤为密切的问题。

最终，特定情况下的事实和环境会在很大程度上影响债务人是否能够对破产申请前债务进行利息抵扣，以及贷款人必须应计利息收入。但是简而言之，只要有无条件支付利息的义务存在，债务人一般可继续扣除申请前债务利息（即负债可能不会受到或有事项的影响），虽然这种抵扣在无偿债能力、破产或已确定（几乎可以确定）无法支付利息的情况下已被拒绝使用。[5] 另外，在利息成为"可疑收回"之前，贷款人通常都必须应计利息收入。[6]

从税收角度出发，公司申请破产后的首要影响是什么

税务条例仍然将该公司视为不变的税收实体，其纳税年度也不会改变。同样，公司的历史税务属性也不变（暂时的）；这意味着在破产过程中税务亏损移后扣减仍然有效。此外，如果公司在破产前是某联合集团的成员，那么破产申请后该身份仍会被保留。

然而，这里出现了两个新问题：①保留了债务人的税收属性，特别是其亏损的移后扣减和移前扣减；②避免了债务取消（COD）收入。这两个问题都会在本章的后续内容中有更为详细的讨论。

何为亏损的移后扣减和移前扣减

如果公司纳税人在特定年份内的免税额超过其应税所得，那么超过的部分就会成为纳税人的净营业亏损（NOL）。美国国内税收法典（IRC）第172节，允许如亏损企业这样的纳税人通过提交修正的纳税申报单，利用其NOL抵扣随后几年的应税收入（移后扣减）或抵扣早些年发生的应税收入（移前扣减）。对于大多数纳税人来说，NOL可以向前结转2个纳税年度，向后结转20个纳税年度。

在2009年，国会通过两个法律临时修改了这些移前扣减和移前扣减的期限：

第一，《2009年美国复苏与再投资法案》允许年均总收入低于1500万美元的企业，可以将其在2008年以前纳税年度产生的净营业亏损（NOL）进行移前扣减长达五年。

第二，《2009年的工人、房主和企业援助法案》允许所有企业（除了受到过不良资产救助计划（TARP）资助的企业外）对2008年或2009年产生的NOL（但不能同时选择两年）移前扣减长达五年。如果决定用NOL移前扣减前五年的全部时

间，那么它只能用来抵销前五年最多 50% 的应税收入。[7]

在 IRC 的其他规定下，特定年份内无法使用的税收流失和税收抵免的其他类型，可以向前或向后结转到其他纳税年度。这种减免或抵扣的例子包括资本损失、超额外国税收抵免以及信贷投资。在某些情况下，损失限制条款适用于亏损企业在变更所有权后的五年内的 NOL 与未实现的内部固有损失的使用（即计税基数超过了资产的公允市场价值）。一般来说，涵盖了利用 NOL 结转的 IRC 规则也适用于以上其他情况。为了简单起见，以上所有这些情况都被归为亏损结转一类。这也是我们接下来要讨论的问题。

另外，第 11 章中的 NOL 维持问题在很大程度上受限于税法中规定的 C 类公司。这是因为大多数其他商业实体，如税法中规定的 S 类公司和有限责任公司（LLC）等，从税收角度来看它们都属于传递性实体，[8]它们在公司层面上并不存在需要维持的 NOL。对于传递性实体来说，NOL 的概念是在股东 / 成员的层次上进行处理的。例如，一家 S 类公司的每位股东必须将所有超过其拥有的股票和债券基数的损失或抵扣都当作暂时性的（拒绝的）损失来处理。这一暂时性的损失可以被无限期地向后结转，直到它可以用于 S 类公司产生的未来收入为止。

在困境交易中亏损结转扮演的是什么角色

净营业亏损和其他有利的税收属性可以增加税后现金流量。无论亏损公司仍保持独立还是在亏损出现时就已转手，有利的税收属性所带来的显著价值的增加能帮助企业持续经营下去。在某些情况下（会受到分开报税限制年（SRLY）规则和本章后面所描述的其他限制），潜在买方甚至有机会利用移后扣减损失来抵销由买方自身经营所产生的税务负债。然而，在过去的许多年中，国会和美国国税局（IRS）对个人使用的损失移后扣减施加了诸多限制，但在亏损发生时就已经获得公司所有权的情况除外。例如，在实际所有权发生变更后（本章的后面部分会给出定义），NOL 的抵扣具有一定的限制，称为国内税收法典第 382 条限制。

什么是国内税收法典第 382 条限制，它是如何计算的

在第 382 条的限制下，新发生亏损的公司（或宣告破产的公司）使用申请前净营业亏损的能力是受到一定限制的，其每年的限额相当于公司在股权变更前的即时股票市场价值（不是账面价值）乘以国税局的长期免税率（这种长期免税率使用的是所有权变更月份当月所发布的数据，然后即被锁定。因此，NOL 限制不会随国税局每月发布的最新长期免税率而重置。本章后面部分会对这个过程进行更详细的描述）。

要对这些要求进行评估，首先必须对如下三个问题加以分析：①是否以美国国内税收法典（IRC）第 382 条为导向对所有权进行变更；②债务人的股权价值是多少；③目前长期免税率是多少。

即使收购方已经通过了所有的这些评估，为了克服第 382 条的限制，它还必须满足持续性经营企业的要求，才能利用新发生亏损公司的 NOL。公司的持续经营意味着被收购公司主营业务的延续，或者在股权变更后的两年内，该公司经营资产的主要部分仍被持续使用。即便从税收法律的标准来看，这些规则都是异常复杂的。

最后，净营业亏损的留存问题，在重组情境下比在破产情景下更为复杂。这是因为在美国法典的第 11 章下经历了正式破产程序的亏损公司的重组得益于第 382 条限制下的两次法定股权分割。本章后面部分会对这些被称为无偿债能力和破产免责的股权分割进行更为详细的解读。

你能提供一个第 382 条限制的例子吗

表 9-1 展示了在第 382 条下什么是 NOL 限制的实际应用。在这个例子中，我们假定 X 公司已按照第 11 章申请了破产，并持有 15000 万美元的破产申请前的 NOL。假设公司按照第 382 条（在下一节讨论）进行了价值 1 亿美元的所有权变更，在公司完成变更之后对这 15 000 万美元申请前亏损的使用能力将被限制在每年 403 万美元的额度（按 1 亿美元的股权价值乘以目前 4.03% 的长期免税率）。即使公司能够充分利用之前所提到的 20 年的移后扣减结转期限，但这个过程只产生了 8060 万美元的净营业亏损，也就相当于公司实际损失了 6940 万美元的未来收入抵销款项。

表 9-1　第 382 条对 NOL 限制的描述

破产前的 NOL 价值		$150 000 000
公司股权变更时的股权价值	$100 000 000	
股权变更当月的长期免税率	4.03%	
年度 NOL 限制	$4 030 000	
移后扣减结转年限	20	
被允许的 NOL 最大值		80 600 000
损失掉的 NOLs 的金额		$69 400 000

这个例子所展示的最终影响就是 NOL 的现金价值减少了近一半。虽然由于在特定情况下的各因素和环境的影响，实际情况和案例中所展现的精确的数值结果会有所不同，但是如第 382 条定义的所有权的变化，往往确实会侵蚀大量 NOL 的现金价值。

为了满足第 382 条，何时会进行所有权的变更

与大多数税务事项一样，对是否为了满足第 382 条而进行的所有权变更的测试具有一定的技术含量。

如果在测试期刚结束的时候，此时的一个或多个拥有公司 5% 及以上股份的股东所持股份比例与过去三年中任何时间点（也被称为测试期）以上股东所持股份的最低比例相比超过 50 个百分点，那么亏损公司的所有权发生变更。[9] 为了便于衡量测试期，一“年”被认为是一个滚动的 365 天（闰年为 366 天）。

测试期是已发生所有权转移的破产过程中的任意时点。无论何时，只要有一位持股 5% 的股东的持股比例发生了变化，就会出现所有权转移。那些个别持股比例不足 5% 的股东，当他们在单次发行或互换交易中收购股票时，也可能会触发这个测试期。

因为当持股比例达 5% 的股东的持股出现增加时，这种情况才会被考虑进来。如果在测试期结束后，持股比例达 5% 的股东的持股比例出现下降或是仍保持测试前任何时期的最低股权比例，那么这些大股东都不会再进入评估的范围。此外，为了达到 5% 的测试目的，所有持股比例不足 5% 的股东（即市场中大部分散户）被认为是一个单一的持股比例为 5% 的股东。

更重要的是，如果债权人有权将他们的债务转换为债务人未来的股权资本，那么该债权人的预计利息将被包括在所有权变更测试中。同样，参与方一般不能通过卖出标的股票的看涨期权而规避测试；如果他们的行为触发了第 382 条的所有权变更，那么某些股票期权将被视为已行权。

这听起来比较有技术性。你能在第 382 条的规定下提供一些所有权变更的例子吗

这里有一些例子：

- 通过单一交易进行所有权变更的例子。A 和 B 各自拥有一家亏损公司 40% 的股票。剩余的 20% 的亏损公司的股票是由 100 个互不相关的个人投资者所持有，且这 100 人中没有一人拥有 5% 以上的股份。2010 年 9 月 13 日，C 购买 A 和 B 所拥有的该亏损公司的全部股票。C 现在持有这家亏损公司 80% 的股份。此时所有权已发生了变化，因为 C 的持股比例从 0（在三年测试期间的最低持股比例）增加到了 80%。这 80 个百分点的增幅超过了前面所规定的 50 个百分点的增幅。

- 通过多次交易实现所有权变更的例子。亏损公司发行了股票 100 股。A、B 和 C 分别拥有 50、25 和 25 股股票。

  2011 年 1 月 1 日，A 向 B 卖出了亏损公司 30 股股票，B 现在拥有股票数为 55 股。按百分比计算，B 的持股比例因此上升了 30 点，从 25% 上升到 55%。本次独立的交易不超过 50 个百分点的临界值。

  然后，在 2012 年 1 月 1 日，C 向 A 出售他的全部股票，A 现在拥有股票数为 45 股。A 的持股比例从而增加了 25 个百分点，从 20% 增长到 45%。

  虽然 A 的交易发生在 2012 年，且也为一项独立的交易，同时未超过 50 个百分点的临界值，但是 B（在 2011 年）和 A（在 2012 年）曾是持股比例达到 5% 的股东。总的来说，A 和 B 的持股比例在测试期间增加了 55 个百分点。该情况与 A 在第一次交易中降低了其持股比例是不相关的；测试衡量的是与三年测试期的最低持股比例所进行的比较。增加的 55 个百分点超过前面讨论的 50 个百分点的临界值。

- 因为三年测试期的限制，未发生所有权转移的例子。A 拥有亏损公司全部 100 股的流通股股份。A 在 2010 年 1 月 1 日向 B 出售 40 股。因此，B 的持股比例上升了 40 个百分点，从 0 上升到 40%。这不触发 50 个百分点的临界值。

  然后，在 2013 年 7 月 1 日，A 出售 20 股给 C，作为独立的交易，C 的购买使他的持股比例增加了 20%，同样没有超过 50 个百分点的临界值。此外，C 的交易不能与 B 的合并，因为 B 收购的发生时间已超出了三年测试期的规定。

存在任何结构化技术时能否在这些情境中保留亏损公司的净经营亏损

在某些情况下，当交易涉及直接优先股时，各方可以避免触发第 382 条的损失限制。尽管如此，仍然对满足这种类型优先股的资格有相当大的限制。除其他限制外，优先股一般不得：

- 有投票权（除非存在股息拖欠）。
- 明显地参与企业发展。
- 有超过本次股票发行价格的赎回或清算权（除了合理的赎回或清算溢价外）。
- 可转换为普通股。

这个结构化替代方案所面临的挑战是一些投资者可能发现这些限制会使配置到危困企业的资本的可感知风险 / 回报变得不具吸引力。也就是说，即使亏损公司重组成功，但有资格的优先股对亏损公司只有很少的或根本没有控制权，通常优先股也不会参与从股价升值获利。

第 11 章的破产过程不就是一个典型的所有权变更的例子？这不是对正在重组公司的净经营损失的保留产生结构性偏见吗

对于所有实际问题，亏损公司的股权所有权转移在破产背景下是特别常见的，这是因为大多数在破产之前持有股份的股东与那些持有破产后公司股份的股东发生了变化。然而，在《破产法》下的公司重组至少可以获得一些适度的法定救援。(值得注意的是，这种救援只适用于正式破产的亏损公司，而不适用于正在进行庭外重组的公司。)

根据美国国内税收法典第 382(l)(5) 条，如果亏损公司的历史股东、债权人在所有权变更之前获得超过 50% 的总表决权和根据破产重整计划新重组公司的股票价值的 50%，那么在正式破产程序期间发生所有权变更便不会引起第 382 条的限制。只有相对于旧的冻结的债务进行股票转移时，转移给债权人的股票才能累计接近上述 50% 的要求。这里的债务是指：①在提交第 11 章的申请前[10]，债权人所持有的至少 18 个月的债务；②在原先企业正常贸易或业务日常过程中产生的债务，且由一直享有债务利息的持有人持有。最后这一规则防止在破产申请的 18 个月内被秃鹫基金收购的持有大量未偿债务的债务人公司利用第 382 (l)(5) 条的保护。

如果亏损公司在脱离破产保护的两年内出现实际所有权的变更，那么其违反第 382(l)(5) 条中的法定救援，同时也会完全失去净经营亏损。这是出于保护类似净经营亏损的重要资产的强烈需求，亏损公司可以请求法院对脱离破产保护的两年内所出现的股权转让加以严格限制。然而在实践中，往往被证明上述要求对许多正在经历第 11 章重组的大型公司来说过于严格。即使完成一系列所有权的转让仍不违反法定救援，但亏损公司的净经营亏损仍将在以下两种环境下受到限制。

1. 在某种程度上，除了美国国内税收法典的第 108(e)(10)(B) 条外，第 382(l)(5) 条适用于将股份转让给老债权人，不考虑债转股的优点，亏损公司的净经营亏损结转仍可能减少到债务取消（COD）收入的 50%。COD 收入在本章后面部分将进行更详细的描述。
2. 从净经营亏损中减去过去三年内向成为债务人公司股东的债权人支付的固定利息费用，同时减去与债务取消相关的金额。以一家高杠杆的公司为例，净经营亏损的减少可能导致债务人破产申请前损失的显著减少。

存在所有权变更的破产公司可以选择不适用上述规则，而允许使用常规的第 382 条的限制规则。如果亏损公司做出了本次选择，为了确定第 382 条的限制，公司的价值被允许用来反映在破产程序中因债权人放弃或取消债权所产生的价值增加。

如何计算亏损公司的股权价值

为了便于对第382条的限制进行分析，亏损公司的股权价值指的是股权变更之前公开发行股票的公允市场价值（FMV）。所包含的亏损公司的股权价值是指所有优先股（包括前面所述的不计入所有权变更测试的直接优先股）的价值。以下是被排除在股权价值计算范围外的内容（从而使亏损限制更为严格）：

- 非经营资产，特别是投资资产（即使是从经营资产剥离产生的现金）。如果亏损公司1/3及以上的资产都为非经营资产，在这种情况下，与这些资产相关的负债均为抵销条目。
- “近期”注入资本的价值（称为反注入规则）。为确定第382条的损失限制，相关制度认为，在所有权变更两年内的任何资本注入都是“近期”注入资本。“近期”注入资本不包括设立公司时的注资、亏损出现之前的注资或为了满足基本经营费用的注资。

当正式估值缺失时，使用公开交易股票价格来估计一家上市公司的价值是合理的。对于一家非上市公司，引起所有权变更的交易中的股票价格可能被用来确定公司的价值。

直观地说，陷入困境的公司似乎有较低的股权价值。如果亏损公司的净经营亏损价值受到了所有权变更前股权价值的限制，那么这不就对危困企业保留净经营亏损制造了一个巨大的障碍吗？

在其他条件相同的情况下，答案是肯定的。因为从理论上来讲，在危困企业的情境下，亏损公司的股权价值可能是非常低的。因此，在这种情况下，第382条的损失限制可能也异常低，这意味着会丧失大部分净经营亏损的现金价值。

幸运的是，依据“所有权变更”的定义，正在经历正式破产程序公司的“股权价值”的应用中包含了一些法定救援。（再次强调，这种救援不适用于庭外重组的亏损公司。）根据美国国内税收法典第382(l)(6)条，在所有破产债务取消发生后，亏损公司可以对自己进行估值。为了计算亏损公司的第382条限制，上述估值会导致股权价值的显著偏高；反过来，这也会增加可用于抵销未来应税收入的净经营亏损额。不过，上述限制对非经营资产和注资仍然适用。

长期免税率是如何计算的

如前所述，随着所有权的变更，长期免税率被用来计算第382条每年对净经营亏损的限制。长期免税率每月都会发生变化，它等于该月和前两个月中美国国税局定期公布的税收裁定的最高税率。（例如，2010 年 9 月的税率为 3.86%。）从指定网站上可以很容易地获得最新的长期免税率。[11]

在破产情况下，债务取消（COD）收入如何处理

根据一般性原则，债权人对债务的取消额度小于负债总额，因此引起对债务人的应税 COD 收入。这个规则起源于美国最高法院对 Kirby Lumber 的诉讼，[12] 随后被编入了美国国内税收法典第 61(a)(12) 条。美国国内税收法典第 108(a) 条包含了这个规则的几种例外情况。[13] 假设纳税人符合下列任一例外情况时，债务人一般不确认 COD 收入：

- 发生在正式破产时的债务免除。第 11 章破产下的别除权优先于美国国内税收法典第 108 条中的其他别除权。此外，不同于其他的别除权（值得注意的是，破产别除权描述如下），破产别除权不存在金额限制。
- 纳税人无力偿付时发生的债务免除。美国国内税收法典免除与纳税人无偿债能力债务金额相等的 COD 收入。任何超过无偿债能力债务金额的都被视为应税 COD 收入。
- 对合格的农场债务进行免除。
- 对合格的不动产业务负债进行免除。

然而，这存在着一个权衡：在某种程度上，由于破产别除权的掩饰债务人不承认存在 COD 收入，因而债务人必须减少在美国国内税收法典第 108(b)(5) 条的规定下自身所面对的应计折旧资产基数，或者减少与未确认 COD 收入等量的税收属性。[14] 从实际操作角度来看，这种在当期的 COD 收入和税收属性随后减少两者之间的权衡，意味着无偿债能力和破产别除权与永久的税收免除比起来更像是延期执行。[15]

美国国内税收法典第 108 条还包含了一个可被减少税收属性的优先级列表，其中排在首位的就是净经营亏损（实现这个目的是最重要的）。第一位被减少税收属性的净经营亏损是指纳税免除的年度内所产生的损失，紧跟其后的是净经营亏损结转出现的顺序。在这两种情况下，减少是发生在同等金额兑换的基础上，且优先于第 382 条的任何限制。因此，触发了第 382 条限制的公司受 COD 规则的影响较小，因为他们的净经营亏损已经被大幅度打折了。

按照顺序，在净经营亏损的税收属性被减少之后，随后被减少的是额外税收属性，一般商业抵免、替代性最低税抵免、资本亏损结转、资产基数、被动活动损失和抵免以及外国税收抵免、伴随着的附加属性的长尾效应。资本亏损结转和资产基

数的减免是按同等金额进行兑换的，而列示的其他税收属性的减免是按面值的 1/3 进行兑换的。

如果 COD 收入超过可用于减免的税收属性时，接下来需要分析的是债务人是否为合并纳税集团的母公司或其成员。如果不是，COD 收入就不存在进一步的税收影响。如果答案是肯定的而且排他性的 COD 超过了重组实体的税收属性减免，整个集团的合并属性将受到减免。这种减免受到集团中其他成员的所谓的外部属性的限制（如净经营亏损和抵免的结转），但不包括内部属性的限制（如折旧资产）。

当债务人为传递性实体时，可以适用以下特殊规则：

- 如果债务人为 S 类公司，只有当 S 类公司破产或无偿债能力时，别除权才可使用并只能用在 S 类公司层级上。
- 如果债务人是合伙关系或有限责任公司，别除权可以在合伙人或会员级别上使用。一般来说，这意味着即使合作制 / 有限责任公司的债务人面临破产或无偿债能力，合伙制 / 有限责任公司的 COD 收入将传递给其合伙人或成员。只有那些也面临破产或无偿债能力的合伙人与成员才能利用别除权和避免确认 COD 收入。

美国国内税收法典如何定义无偿债能力

正如本书所述，术语无偿债能力在不同的背景下有着不同的含义。（本书的第 1 章更详细地讨论了不同监管当局对无偿债能力术语的不同的定义。）根据美国国内税收法典第 108 条，无偿债能力意味着负债超过了资产的公允市场价值。这些资产的价值是以持续经营为基础来衡量的，一般包括商标、商誉等无形资产。[16] 尽管对合理储备这点的规则总有出入，但合理储备应该为或有负债计提。[17]

决定债务人是否在无偿债能力过程中所面临的另一个问题是无追索权的债务是否应该被计算在内。为此，在计算中所包含的债务数量受到无追索权债务超过债务抵押资产的公允市场价值的限制——在引发 COD 收入的交易中无追索权负债可以被减免。

纳税人是否无偿债能力以及纳税人无偿债能力的临界值的问题都是由纳税人债务减免前的资产和负债的数额决定的。在实际处理中，这些计算会受到美国国税局主观和老练的挑战。虽然内部估值分析的文档已足够，但是纳税人仍需获得第三方评估以支持其报告的立场是可取的。

例如，一家公司拥有 4000 万美元资产与 1 亿美元负债，该亏损公司被认为是无偿债能力的。在这种情况下，取消 2000 万美元的债务不会引起 COD 收入，因为在其他条件不变时取消的金额不超过6000万美元，或者说亏损公司在这种情况下仍是无力偿债的。然而，如果我们对情境做出改变，取消6500万美元的债务，那么亏损公司将产生500万美元的COD收入，因为这次取消的债务金额超过了其破产之前的债务。

进入第11章破产时会产生的会计与税收影响

当一家公司进入第11章破产时，最常见的会计和税务问题是什么

几乎所有的公司都认为新起点会计（也被称为新起点报告）是一个不可避免的焦点问题，因为它是正式重组过程的终结点。新起点会计指的是公司在满足破产重组所提出的具体要求后必须承担的资产负债表的彻底改革。这个过程隐含的概念是指让公司在脱离破产保护的那天以一个“新的实体”的身份将它们的资产、负债和股权重现呈现出来。

采用新起点会计的公司其本质上就像是“点击了重置按钮”，即将公司的资产和负债基数从历史结余到公允价值进行了重申。在这种方式中，运用的是类似于企业并购下对目标企业所应用的购入会计法。

公司什么时候应该采取新起点会计

公司是否必须采用新起点会计是由美国会计准则汇编（Accounting Standard Codification，ASC）852所掌控的。如果公司同时符合以下标准就必须采用新起点会计。

1. 破产前的资不抵债。在重组计划确认当前的新兴实体的重组价值（定义如下）必须小于所有破产申请后负债的总金额加上所有被允许的申请前负债的总金额。对该要求的另一种思考角度是，新兴的实体在破产前其资产负债表上显示的必须是无偿债能力债务。
2. 重大所有权变更。在确认之前，破产申请前具有表决权的股东所得到的重组企业有表决权的股份必须少于50%（即他们必须失去控制权）。该控制权的丧失必须具有实质性，而非暂时性的；新控制权不能回到在重组计划被提交或确认瞬时之前就已存在的股东手中。由于这个原因，因而新起点会计在上市企业中比私人企业更常见，因为后者往往不涉及重大所有权变更确认计划。

很多公司为了能够使用新起点会计而将其资产的账面价值提高到公允价值，但是由于上述两个标准的存在有助于确保公司不会以使用新起点会计作为唯一目的而申请第11章的破产保护。当两个标准都得到满足时，重组后的公司被认为与原企业完

全不同，从而得出结论，将全新的会计基础用于该新兴公司的资产和负债是合适的。

如果新兴实体不同时符合上述两个标准，那么该公司仍不具备使用新起点会计的资格，其必须继续使用未经修改的美国通用会计准则（GAAP）来作为资产和负债的记账基础。不过，公司仍然需要声明因确认计划受到影响的负债的现值。

公司的重组价值是什么

重组价值（就使用新起点会计的公司而言，重组价值不同于第 382 条限制下的股权价值）是指在破产法院批准公司的重组计划的当前重组实体的资产价值。一般来说，实体的重组价值是指买方在考虑负债之前购买新兴实体资产所愿意支付的价格（包括在重组发生之前将被处理的那部分资产的预期变现净值）。重组价值将满足破产申请后的负债和允许支付的清偿和利息。

最好的出发点就是对法院批准的重组计划（POR）进行贴现现金流量的估计分析。然而，对这个估值过程的最好的描述方式也许是价格发现，它所使用到的谈判和诉讼与初始分析差不多。同时，还需要谨记的是，在各方参与者逐渐达成统一的 POR 过程中，公司的估值往往会出现许多次改变。为此，更重要的是，新兴实体努力更新其新起点会计以反映这些估值分析的最终结论。

公司实施新起点会计的过程应该是什么

即使在破产标准下，新起点会计的实施过程仍是复杂的。站在高处看，该过程是根据新兴实体在重组计划批准时的“公允价值”将其重组价值分配到可辨认资产（包括有形资产和无形资产）和负债当中。这个过程遵循的是由 FASB ASC 805 所规定的“企业合并”程序。[18] 如果重组价值超过新兴实体的有形资产或可辨认无形资产的总额，超过的部分应作为公司的商誉报告在新的资产负债表上。

什么是公允价值，以及在新起点会计背景下如何将它分配给资产和负债

公允价值被定义为“在自愿缔约方之间所购买（或发生）和出售（或结算）的资产（或负债）的交易金额，也就是说，非强迫清算销售”交易的独立评估可用于确定一些资产和负债的公允价值。资产的后续销售也可能提供价值证据。

以下是向特定个人的资产和负债进行分配的一般准则：

- 现值取决于法院批准的折现率，其包括应收账款（扣除不可收回的估计津贴）、应付账款和其他应付索赔，以及其他负债，如担保、假期工资、递延薪酬、不利的租赁、合同与承诺、重组中的工厂关闭费用。

- 按照剩余经济寿命调整的原材料库存，工厂和设备的当前重置成本。
- 有价证券、财产和被出售或暂时使用的设备的净变现价值。
- 成品和商品的预计售价扣除处置成本和重组后实体销售的合理利润补贴的总额。
- 在产品库存按照成品的预计售价扣除完成生产成本和处置成本，以及基于类似成品的利润所需要的重组后实体的完工和销售的合理利润补贴的总额。

重组价值超过分配给有形资产、金融资产和可辨认资产总的公允价值的部分，为不可辨认无形资产或资产和商誉提供了证据。

在实施公允价值分配的过程中所出现的最常见的问题是什么

有一些问题在实施和制订计划时特别重要，请谨记：

- 什么是资产的“最高和最优使用”？公允价值并不取决于参与方所持资产的预期使用，而是由其他的市场参与者的使用所决定。一个明显的例子就是重组实体拥有但目前并未使用的商标（这种情况遍布整个金融服务行业，在这个行业中有许多已经“退休”了的传奇收购者，如DLJ、基德尔·皮博迪和所罗门兄弟等）。因此，商标的公允价值是由市场参与者对其最高和最优的使用所决定的，而不是由新兴公司决定的。
- 资产或负债的主要市场是什么？一般来说，主要市场是指实体资产出售或负债转移最活跃的市场，通常在这个市场中重组实体会正常地开展业务。如果不存在主要市场，就会将焦点转移到最有利的市场。交易成本往往是决定什么市场是资产或负债的最有利市场的一个关键因素。
- 公允价值计量适当反映的是“脱手价格”还是“入手价格”？公允价值的定义主要围绕的是脱手价格——出售资产所得或转让负责支出的总价格（即交易成本之前的价格）。这与入手价格正好相反，入手价格代表的是收购资产所支付的或承担债务所得的价格。这个问题与资产或负债的分类非常相关，即其中有一个可衡量的买卖差价。

新兴实体何时必须确认无形资产

如前所述，超过分配给各种有形资产的公允价值的重组价值为不可辨认无形资产或资产提供了证据。

在这种情况下，通常出现的问题是，该公司是否应该将这个超额价值确认为一种特定的无形资产或具有更广泛定义的商誉。一般来说，无形资产被确认为一种非商誉的资产必须满足两个条件：①无形资产是由合同或法律权利产生的；②无形资产是可分离的。如果资产不符合这两个标准之一，那么该资产就必须记录在最初的商誉金额当中。

如果新兴实体能够从更广泛的组织中分离无形资产，随后对其进行出售、发放许可、租赁、交换或以其他方式将资产转让到另一个实体，那么这种无形资产被认为是可分离的。因此，合同或法律权利可能会产生一种无形资产，它不能被分离或出售，而可分离的资产同样代表一种无形资产，即使重组后的实体是打算将资产随后进行出售的，具体包括以下例子：

- 可获得的客户名单。虽然它不是一份合同权利，但该名单是可分离的，因此它代表的是一种无形资产。然而，无预定散客客户群却不是无形资产，因为它们是不可分的。
- 15年后到期的可获得专利。无论实体公司是以出售或以其他方式处置它，该专利代表的是一种法律权利，因此属于无形资产。
- 不能申请专利的技术。虽然这并不是以合同或法律权利为基础的资产，但是技术是可分离的，因此它也代表了一种无形资产。
- 雇员的五年期竞业禁止协议。该协议是以合同权利为基础，因此它也是一种无形资产。然而，那些可以随意终止合同的员工的劳动力通常不被视为无形资产，除非该员工受到了某种形式的就业协议的约束。

与有形资产不同的是，无形资产通常不存在“主要”或“活跃”市场。那么，如何确定无形资产的公允价值呢？

资产的理想公允价值是以活跃市场中的市场报价为基础的。然而，这种情况通常只适用于该资产为一种商品的时候；无形资产几乎是不可替代的，即使该资产是分离的。另外，新兴的实体应考虑使用以下三种方法中的任意一种来确定其公允价值：

1. 收益法。这是最常用的方法，该方法是用现金流量贴现法（DCF）来分析该资产的预期未来现金流量。与其他情况的DCF分析一样，无形资产的贴现现金流量的现值对贴现率的选择特别敏感。
2. 成本法。此方法是通过无形资产的重置成本来估计其价值。当待解决的资产是唯一的或具有高度专有性时，很难对该资产套用一个合理的或其他适当的成本，所以这种方法的效果可能会不佳。
3. 市场法。这是第三种方法也是最后的方法，该方法参照的是在其他公平交易中的可比资产的购买价格。这种分析方法在并购中十分常见。例如，在估值过程中对可比公司或可比交易进行分析。然而，市场法在对无形资产的估值使用中面临着较大的难度，因为不存在针对该资产的市场，而且该资产的交易价格也不会被普遍使用。

关于新起点会计处理有什么样的披露要求

新兴实体的披露声明应包括与新起点会计处理相关的特定信息。这些信息通常会出现在预估资产负债表的脚注中，包括以下内容：

- 调整个人资产和负债的历史金额。
- 债务减免金额。
- 留存收益或赤字消除余额。
- 用于确定重组价值的假设和测量技术，包括折扣率、税率、预测期等。

资产负债表格式上应该包含四列，表中所陈述的信息连接了前任到继任公司的账面价值。这四列内容给出的是前任公司的数据、重组计划的影响、新起点会计的采纳效果，以及继任公司的数据。同理，重组后的公司应该将其收入和现金流量表中的数据从继任公司期间分离出来（以及相关的注释）。

在一家公司的财务报表中，新起点资产负债表是什么样的

下面的讨论阐述的是李尔公司的相关信息，李尔公司是一家汽车零部件供应商，该公司在 2009 年 7 月 7 日申请了破产。随后破产法院在 2009 年 11 月 7 日批准了李尔公司的重组计划，这成为该公司采用新起点会计的生效日期。表 9-2 包含了在该日期下资产负债表的四列内容：

表 9-2 新起点资产负债表举例 （单位：百万美元）

	前任公司 2009-11-7	重组调整 [1]	新起点调整 [9]	继任公司 2009-11-7
资产				
流动资产：				
现金与现金等价物	1 493.9	(239.5) [2]	—	1 254.4
应收账款	1 836.6	—	—	1 836.6
存货	471.8	—	9.1	480.9
其他流动资产	338.7	—	6.7	345.4
流动资产合计	4 141.0	(239.5)	15.8	3 917.3
非流动资产：				
资产、厂房及设备净值	1 072.3	—	(4.7)	1 067.6

（续）

	前任公司 2009-11-7	重组调整[1]	新起点调整[9]	继任公司 2009-11-7
商誉净值	1 203.7	—	（582.3）	621.4[8]
其他非流动资产	518.0	（20.2）[3]	161.6	659.4
非流动资产合计	2 794.0	（20.2）	（425.4）	2 348.4
	6 935.0	（259.7）	（409.6）	6 265.7
负债与所有者权益（赤字）				
流动负债：				
短期负债	$30.4	—	$—	$30.4
债务人持有资产定期贷款	500.0	(500.0)[2]	—	—
应付账款	1 565.6	—	—	1 565.6
应计债务	884.7	（1.8）[2]	17.5	900.4
长期负债中的流动部分	4.2	—	—	4.2
流动负债合计	2 984.9	（501.8）	17.5	2 500.6
非流动负债：				
长期负债	8.2	925.0[2][4]	—	933.2
其他长期负债	679.7	—	（37.7）	642.0
长期负债合计	687.9	925.0	（37.7）	1 575.2
和解债务	3 635.6	(3 635.6)[4]	—	—
所有者权益（赤字）:				
继任公司A序列优先股	—	450.0[2][4]	—	450.0
继任公司普通股	—	0.4[4][7]	—	0.4
继任公司资本公积	—	1 635.8[4][7]	—	1 635.8
前任公司普通股	0.8	0.8[5]	—	—
前任公司资本公积	1 373.3	(1 373.3)[5]	—	—
前任公司库存普通股	（170.0）	170.0[5]	—	—
未分配盈余	（1 565.9）	2 070.6[6]	（504.7）	—
累计的其他全面损失	（60.8）	—	60.8	—
李尔公司的股东权益（赤字）	（422.6）	2 952.7	（443.9）	2 086.2
非控制性权益	49.2	—	54.5	103.7
所有者权益（赤字）	（373.4）	2 952.7	（389.4）	2 189.9
	6 935.0	(259.7)	（409.6）	6 265.7

以下总结了在表9-2中新起点资产负债表所披露的一些关键脚注。在适当的情况下，我们对这些脚注披露还加入了一些评论或其他补充。

- 脚注1～7：重整计划的影响。这一系列的脚注总结了由于重整计划的批准所产生的现金净流出，以及对资本化债务的发行成本和其他资本项目的影响。

1. 代表在计划完成的生效日所记录的金额，包括和解负债的结算、DIP协议的满意度、新债务的发生和相关的现金支付、A 序列优先股和普通股的发行以及前任普通股的取消。

2. 这种调整反映了在生效日时所记录的净现金支付，包括在第一担保权贷款和现金溢余下的初始与延迟的吸引资金。

第一担保权下的借款	$ 375.0
减：债务发行成本	（12.7）
第一担保权——净收益	362.3
第二担保权的预付款	（50.0）
A 系列优先股的预付款	（50.0）
DIP 协议的清偿	
本金及应计利息	（501.8）
净现金支付	$（239.5）

3. 这种调整反映的是与 DIP 协议的满意度相关的 3290 万美元的未摊销债务发行成本的勾销，抵销了与第一担保权贷款相关的资本化债务发行成本（见上述 2）。

4. 这种调整反映了和解债务的结算（见下文“和解债务”）。

和解债务结算	$（3635.6）
继任公司 A 序列优先股发行（a）	500.0
继任公司普通股和认股权证发行（b）	1636.2
第二担保权贷款发行（a）	600.0
和解债务结算收益	$（899.4）

（a）超额现金偿债净额之前。

（b）见下方（7）将重组和解价值转为继任公司普通股的价值（包括资本公积）。

5. 这一调整反映的是取消前任公司的普通股。

6. 这一调整反映的是上述重组调整的总体影响。

和解债务结算收益	$（899.4）
前任公司普通股票取消（见上述 5）	（1204.1）
注销未摊销债务发行成本（见上述 3）	32.9
	$（2070.6）

7. 在生效日时，重组和解价值转为继任公司普通股价值如下所示：

重组价值	$3 054.0
减：第一担保权贷款	(375.0)
第二担保权贷款 (c)	(550.0)
其他债务	(42.8)
A 序列优先股 (c)	(450.0)
继任公司普通股和认股权证的重组价值	1 636.2
减：认股权证的公允价值 (d)	305.9
继任公司普通股重组价值	$1 330.3
2009 年 11 月 7 日的流通股数量	34 117 386
每股价值 (e)	$38.99

(c) 超额现金偿债净额生效之后。

(d) 参见注 13“股本”了解认股权证的公允价值的更多信息。

(e) 用每股 38.99 美元来记录继任公司普通股的发行。

- 脚注 8：继任公司商誉。这个脚注说明了如何计算继任公司商誉的账面价值，即建立一个 6.21 亿美元的商誉账户，来反映 62.65 亿美元的重组价值超过 56.44 亿美元的继任公司资产的公允价值的总量。(这导致了前任公司约 9 亿美元的商誉账面余额的减记。)

8. 继任公司资产和商誉的重组价值的调整如下所示：

重组价值	$3 054.0
加：负债（不包括债务和启用新起点会计之后的调整）	3 108.0
非控制性权益的公允价值	103.7
继任公司资产的重组价值	6 265.7
减：继任公司资产（不包括商誉和启用新起点会计之后的调整）	5 644.3
继承公司的商誉——继承公司资产的重组价值超过其公允价值的部分	$621.4

- 脚注 9：新起点调整。这冗长的脚注总结了新起点报告对新兴实体资产负债表中的个人资产和非债务责任形式项目的调整。对李尔公司资产负债表中

关键公允价值的调整包括以下内容：

- 客户 / 技术无形资产：1.62 亿美元的价值增值。与李尔公司的无形资产相关的年度摊销费用为 2200 万美元。
- 固定资产：500 万美元的价值减值。这包括李尔公司价值 1400 万美元的土地与建筑物价值的减值与该公司 900 万美元的机械与设备的价值增加。
- 成品库存：账面价值提高 900 万美元。
- 股权投资（非合并报表的合资企业）：增加 900 万美元。
- 非控制性权益（合并报表的合资企业）：增加 5500 万美元。

9. 代表启用新起点会计后将资产和负债调整为公允价值，或由 ASC 805 规定的其他方式。重大调整总结如下：

注销前任公司的商誉	$1 203.7
继任公司的商誉（见上述 8）	（621.4）
注销前任公司的无形资产	29.0
继任公司的无形资产调整（f）	（191.0）
养老金固定收益计划调整（g）	（55.0）
库存调整（h）	（9.1）
资产、厂房和设备调整（i）	4.7
对非合并附属公司的投资调整（j）	（8.7）
非控制性权益调整（j）	54.5
注销前任公司累计其他综合损失和其他调整	120.0
初始会计调整的税前损失	526.7
与新起点会计调整相关的税收优惠（k）	（22.0）
新起点会计调整的净亏损	$504.7

（f）无形资产——本次调整反映的是生效日所确定的无形资产的公允价值。获取有关无形资产评估的进一步信息，参见注 4“重大会计政策的摘要”。

（g）养老金固定收益计划——这种调整主要反映的是 2008 年 12 月 31 日计量日和生效日之间假设的差异，如与收益支付义务相关的计划资产的预期回报率和加权平均贴现率。有关该公司的养老金固定收益计划的额外信息，参见注 12“养老金和其他退休福利”。

（h）库存——在生效日调整库存金额为公允价值。原材料由目前的重置成本计算，在产品的价值是用成品的销售价格减去预估的处置成本、完成成本和销售工作的合理利润补贴来进行计算。成品价值是用预估销售价格减去预估处置成本以及销售工作的合理利润补贴进行估计的。

(i) 资产、厂房和设备——在生效日调整资产、厂房及设备金额为公允价值，并考虑最高最优的使用资产。公允价值估计是建立在独立评估基础上的。在评估中使用的关键假设是基于收入法、市场法和成本法的适当结合。

(j) 非合并报表子公司投资及非控股权益投资——将这两种投资的金额调整为其估计的公允价值。估计的公允价值是基于内部和外部的估值，使用的是传统的估值方法，包括可比市盈率法、折现现金流量法和协商交易价值法。

(k) 税收收益——这一数额反映的是有关注销商誉和其他综合损失的税收优惠，该金额部分抵销了与无形资产以及资产、厂房和设备公允价值调整相关的税务费用。

额外披露的前任和继任公司的分开数据应出现在随后的财务报表中，包括从破产期间开始的历史数据。以下是摘自李尔公司于2010年2月5日所披露的第四季度收入状况。

新起点会计

公司于2009年11月9日脱离了破产程序，于2009年11月7日开始使用新起点报告，依据ASC 852的“重组”要求，新起点报告会分为两个部分：以2009年12月31日为截止日的两个月的报告（这期间所提及的公司为继任公司）；以及截至2009年11月7日的一个月和十个月的报告（这期间所提及的公司指的是前任公司）。该表述方式是遵循美国通用会计准则（GAAP）的规定，继任公司被认为是一个新的实体以实现新的财务报告，这也反映了新起点报告的应用情况。因此，2009年11月7日以后的该公司的财务报表是不可与脱离第11章破产程序之前的任何时期的财务报表进行比较的。为了在李尔公司披露的收入报告中阐述上述目的，该公司已合并前任和继任公司的结果，得出截至2009年12月31日的三个月和十二个月期间的合并数据。然而，由于伴随着新起点报告的应用出现的对合并财务报表的各种调整，包括资产估值调整、负债调整和债务收入的取消确认，因此继任公司的经营业绩不可与前任公司的情况相比。该收入报告所披露的财务信息提供了适用期间继任公司与前任公司的符合GAAP的财务结果，以及上述合并后的结果。

表9-3为李尔公司的第四季度利润表。该表阐述了李尔公司如何将其2009年的财务结果拆分并报告在两列表格中：破产前的财务结果表述为前任公司（包括第11章

重组的影响，比如债务清偿和新起点会计)；破产后出现的财务结果表述为继任公司。

总结一下我们对于困境并购中会计问题的讨论。下一章将提出另一组程序问题，即在破产过程中法律风险的关键问题以及如何缓解这些风险。

表 9-3 从破产后收入报告中得到的利润表作为示例 （单位：百万美元）

李尔公司及其子公司的合并报表

（下表中除每股价格外，其他指标单位均为百万美元）

	2 个月	10 个月	12 个月	
	继任公司	前任公司	合并报表	前任公司
	2009-12-31	2009-11-7	2009-12-31	2008-12-31
净销售额	$1 580.9	$8 158.7	$9 739.6	$13 570.5
销售成本	1 508.1	7 871.3	9 379.4	12 822.9
销售、一般和管理费用	71.2	376.7	447.9	511.5
无形资产摊销	4.5	4.1	8.6	5.3
商誉减损支出	—	319.0	319.0	530.0
利息支出	11.1	151.4	162.5	190.3
其他支出净值	17.9	47.3	65.2	89.1
重组条件与新起点会计调整净值	—	（1 474.8）	（1 474.8）	—
所得税前合并利润（损失）	（31.9）	863.7	831.8	（578.6）
所得税费用	（24.2）	29.2	5.0	85.8
合并后净利润（损失）	（7.7）	834.5	826.8	（664.4）
无控制性权益净利润（损失）	（3.9）	16.2	12.3	25.5
李尔公司的净利润（损失）	$（3.8）	$（818.3）	$814.5	$（689.9）
基本每股净利润（损失）	$（0.11）	$（10.56）		$（8.93）
稀释后每股净利润（损失）	$（0.11）	$（10.55）		$（8.93）
对流通股进行加权平均				
基本	34.5	77.5		77.2
稀释后	34.5	77.6		77.2

尾注

1. 在 FASB 采用新编制规则之前，新起点会计是由美国注册会计师协会（AICPA）立场公报 90-7“破产法下重组实体的财务报告”（SOP 90-7）所管理。虽然 SOP 90-7 不再具备权威性，但它在很多情况下仍具有启发性。SOP 90-7 于 1990 年 11 月开始实施，第一次为脱离破产公司采用何种会计基础提供了指导意见。在 SO P90-7 出现之前，公司在完成重组之后是没有统一的会计准则可以采用的。See Edward E. Nusbaum and Judith Weiss, “ Preconfirmation Contingencies in Fresh-Start Reporting and an Update on Disclosure of Risks and Uncertainties,” *Journal of Corporate Accounting and Finance*. Summer 1994, p. 575.
2. See, for example, New York City Bar, Committee on Taxation of Business Entities, “ New York City Bar Report Regarding Proposals for Accounting Treatment on Non-Performing

Loans," July 23, 2008; available at http://www.nycbar.org/pdf/report/ABCNY%20 CityBar_%20Distressed_debt.pdf, last accessed April 25, 2010 (hereinafter " New York City NPL Tax Proposal").

3. 270 B.R. 393 (Bankr. E.D. Mich. 2001).
4. See New York City NPL Tax Proposal, note 2, p. 13.
5. 在当时未被扣除的应计但未支付利息如果在之后的某日被支付了就可能会被扣除。
6. 纽约市不良贷款税建议书，注解 2，第 20 页。纽约市不良贷款税建议书包含了各种冲突的案例法的完美解释，同时为创建更多统一的法律途径提供建议。
7. 关于 2009 年工人、房主和企业援助法案的讨论请参见珍妮特·佩吉（Janet Pegg）的"Turning NOLs into Cash"，UBS，2009 年 11 月 5 日。
8. 传递性实体指的是一层税收许可的结构，而非两层税收许可结构。这有四种类型的传递性实体：①合伙制企业，包括无限责任合伙企业和有限责任合伙企业；②有限责任公司；③ S 类公司；④提交了与母公司合并所得税申报表的 C 类公司。C 类公司的收入会被双重课税，但合并申报表条款通常会允许只对合并申报表集团的最终母公司进行课税。通常只对 S 类公司的股东收入层面进行课税。对合伙制企业的收入也只进行单次课税，仅对分配给非公司合伙人的收入进行课税（除非该合伙人为 S 类公司），而对合伙制企业分配给公司合伙人的收入将进行双重课税，因为这些收入是直接由公司获益所得的。
9. 少量的股票减持累计接近该数值时会不经意地触发所有权变更。
10. 根据小额补贴原则，债务人通常拥有询问义务来决定债务是否在要求期内被持有。在一些情况下，一旦破产重组程序已经开始，债务人就可能会寻求阻止其债务交易的禁令。这可能有助于保护在破产出现时破产豁免的可用性。
11. See, for example, http://pmstax.com/afr/exemptAFR.shtml, last accessed August 24, 2010, and http://www.rothcpa.com/archives/005713.php, last accessed March 2, 2010.
12. 284 U.S. 1 (1931).
13.《2007 年抵押贷款债务减免的税收豁免法案》(Pub. Law 110-142）在 IRC 的第 108(a)(1)(e) 节和 108(h) 节下为释放合格主要住宅欠款创建了一个新的豁免。这个豁免适用于在 2007 年 1 月 1 日至 2010 年 1 月 1 日释放的合格主要住宅欠款（随后适用期延长至 2013 年 1 月 1 日）。这个豁免只适用于个人破产情况，因此，该豁免并不在这章的讨论范围之内。
14. 债务人不能对同一债务申请两次破产豁免，即使债务人随后再次申请破产。
15. 如果新兴实体随后大幅销售资产、清理债务或停止营业，那么因这些原因而递延的 COD 收入将被提前。
16. 因为 IRC 对无偿债能力的定义包括公允市场价值和无形资产两个概念，所以无偿债能力测试能证明这在现实世界中的应用是很困难的。
17. 按照先例，仅当发行人能有充分的证据"证明他被要求支付那些声称是债务的义务"时，或有债务可能被包含在无力偿还的决定中。D. B. Merkel, CA-9, 99-2 USTC ¶ 50, 848, 192 F.3d 844, *aff'g* 109 T.C. 463, Dec. 52, 423 (1997).
18. ASC 805 was formerly known as Financial Accounting Standard (FAS) No.141R, " Business Combinations."

第 10 章

降低困境并购中的法律风险：信义义务、反垄断及欺诈性转让

智慧常常怎么等也等不来，所以我们不能因为它来得晚就拒绝它。

——费利克斯·弗兰克福特（Felix Frankfurter），美国最高法院法官

概述：困境收购中的法律风险

在困境并购过程中应留心哪些关键的法律风险

一方面，当一家公司正在经历财务和经营压力时，买方或卖方最不想遇上的就是法律问题。另一方面，可能正因为各种法律问题没有得到妥善积极的处理，公司才会面临困境。当一家公司已经处于危险的境地时，法律问题的不当处理可能使其加速进入死亡漩涡，从而不可避免地进入破产清算。交易中的法律问题可能埋伏着“地雷”，交易的参与方必须不惜一切代价避免引爆这些“地雷”。甚至当公司看似病入膏肓时，仍有可能找到创造性的解决方案来拯救公司。因此，我们应当记住弗兰克福特法官的谆谆教诲。事实上，机敏地运用法律手段通常可以挽救狼狈的局面，并将之转化成投资良机。

法律程序贯穿于重组过程，因而值得对其进行详细论述。本书第 10 章重点关注了购买、出售或为处于困境的业务进行融资时特别需要注意的三大法律风险：①董事的职责；②反垄断方面的考虑；③欺诈性转让问题。本章总结了这三个方面的

关键原则，并对困境交易所涉及的特别法律问题进行了说明。对于这三个方面的概述，请参照《并购艺术》第 10 章“董事义务”[1]、第 1 章“反垄断”[2]和第 4 章“欺诈性转让”[3]。

并购业务中的注意义务、忠实义务和诚信义务

州法律规定的忠实、注意和诚信的信义义务如何适用于并购业务

不管是在传统的并购业务，还是在困境并购中，董事和管理人员在批准交易时都必须着眼于公司的利益而不是他们自己的利益。他们在做出购买或出售的决定时必须尽到注意义务，并且诚信地履行职责。不断演进的判例法表明，忠实、注意和诚信这三个概念的含义正随着时间的推移而演变。

详细来说，董事作为受托人，负有忠实义务，必须依其任职公司与股东的最高利益行事。董事不得从事欺诈性交易或恶意交易。如果董事在某一特定交易中存在个人利益，法院往往会将举证责任转移至该董事，该董事必须举证，以表明交易是公平的，且符合公司和股东的最大利益。

董事也负有注意义务，其应代表公司股东做出经过慎重考虑的决定。这意味着董事应获得合理可用的信息，以便做出明智的决策，并对相关情形做出全面评估。这种全面评估包括一家企业是否具有可行的报告制度和合规制度，这是著名的 Caremark 案[4]的启示。

最后，董事负有诚信义务。诚信义务是一个非常宽泛的概念，并且是其他两项义务的基础。在 2005 年的迪士尼案中（该案由特拉华州衡平法院初审，其后由特拉华州最高法院维持了判决），首席法官威廉・钱德勒（William Chandler）写道，“对公司受托人在信义义务方面的要求不只包括上面讨论的狭义的注意义务与忠实义务，还包括真正地按照忠实和奉献的要求，依公司及其股东利益做出的一切行为”。[5]

在某些情况下，董事会的履职行为可能面临严格的审查。例如，如果董事任职的公司正面临或涉及破产，则董事在批准有关控制权变更的交易时应尤其谨慎行事。本章后文将对这方面的情况进行更深入的探讨。

如果董事及管理人员履行了其受托的注意、忠实及诚信义务，那么根据非破产法下的经营判断法则，即使事后发现他们的商业决策存在缺陷，一般也会免于诉讼。

何谓经营判断法则

经营判断法则是法院在股东起诉董事违反公司信义义务时所适用的司法原则。

简言之，如果董事的行为符合其受托的注意、忠实及诚信义务，经营判断法则就会保护董事，使其免于被追究相关责任。

管理人员和董事的决定不应受到得益于后见之明的法院的抨击——这是经营判断法则背后的公共政策理论基础。该法则假设“在制定商业决策时，公司董事会在知情的基础上采取行动，并真诚地相信他们的行为符合公司的最大利益”。[6]因此，如果董事在做出商业决策时善意行事且无重大过失，法院一般会免于追究董事仅仅是决策失误或不够谨慎的责任。[7]作为一般规则，这种思路强调了董事对管理层报告[8]或专家意见的依赖性。[9]

即使董事没有采取妥善的注意措施，其也仅对违反职责使公司遭受损失的直接结果承担个人责任。这意味着公司损失与个人失职之间的因果关系仍需得到证明[10]。所谓的“他人行为”是一个敏感话题：只有当某一董事参与了其他管理人员和董事的不当行为，因过失未能发现该不当行为，或从事不当行为的人员为该董事所指定之时，该董事才对其他管理人员和董事的不当行为负有责任。[11]

法律解释的细微差别使得信义义务和经营判断法则复杂化，相关主题的法律专著甚至长达6000多页。[12]多数大型律师事务所在以上概念和最新的相关案例方面均提供了良好的指导。

即使有经营判断法则，在什么情况下，一些法院仍会判定董事应负个人责任

一般情况下，大多数法院认为，如果一个董事在履行职务时未能达到合理程度的勤勉，则该董事不能援引经营判断法则为其辩护。这里的“未能达到合理程度的勤勉”是指如果该董事知道或应该知道他没有足够的事实基础做出某个判断，却又未能做出合理的努力来进一步调查。[13]另外，以史密斯诉范戈科姆（Smith v. Van Gorkom）案中的观点为代表，一些法院认为“对重大过失的定义越狭窄，判断董事做出的商业判断是否明智的标准就越恰当”。[14]

此外，如果董事导致公司从事非法或违反公共政策的活动，则该董事一般不能援引经营判断法则来为自身进行辩护。即使董事以公司利益为前提行事，也应对公司因前述行为蒙受的任何损失负责。[15]

公司董事是否可以采取任何法律策略，从而进一步保护自己不受不适用经营判断法则的攻击

在影响深远的范戈科姆（Van Gorkom）案之后，特拉华州的立法者在该州的《普通公司法》中增加了一条规定，允许公司在其成立证书中为董事提供免责条

款[16]。这一规定限制或彻底消除了董事因违反信义义务而使公司蒙受经济损失时所负的个人责任。这样一来，即使原告证明董事存在重大过失，不受经营判断法则的保护，董事仍可以对其违约行为进行免责。

不过，在以下三种情况下，免责条款一般不会保护董事：①违反忠实义务；②非善意的作为或不作为；③故意的不当行为、知法犯法，或在其他情况下从交易中获取不正当个人利益。

另外，个别董事也可以通过在董事会会议纪要中记录其对董事会决议的异议，从而避免因整个董事会的决议而被追究个人责任。不过，在某些情况下，董事可能不得不使用其他手段，如威胁会提起诉讼。

最后，董事应仔细查阅公司董事和管理人员的保险政策（即董事高管责任保险），包括其状况、覆盖范围和除外情形，以了解如何避免因自己的决策而被追究个人责任。

高级管理人员和其他管理人员呢？经营判断法则如何适用于他们的决策

从上述免责规定的创设至少可以看出，特拉华州的立法者并没有像保护董事那样保护公司管理人员。如特拉华州法院在2009年的一个案件中指出的，“虽然有立法的可能性，目前法律尚未规定授予公司管理人员类似的免责权”。[17]不过，通过董事高管责任保险，公司的高级管理人员和其他管理人员仍可获得对其个人责任的一定保护。

股东在出售大宗股票时应该考虑什么

对于出售大宗股票的股东而言，最重要的考虑因素之一是股东应视情况行使注意义务。这可能包括对潜在买方进行合理调查：当这些股东可以合理预见获得股份的人士（这里的“人士”和本章其余部分的“人士”均包括公司）将从事显然是对公司有害的活动，如掠夺、诈骗或管理不善时，法院将追究控股股东的责任。在规划股票出售事宜时，潜在卖方应充分了解潜在买方的动机、资源、声誉、交易记录、利益冲突和其他与公司或交易有关的重要情况。

另一个考虑因素是控股股东对少数股东应尽的忠实义务。这一义务通常表现在控股股东以溢价出售股票时。例如，如果一家公司拥有大量供不应求的、可以以高于市场价格出售的产品时，控股股东可能有不得以溢价出售股份的信义义务。从理论上说，股东收取溢价将构成侵占公司机会罪（即股东会侵占并对一部分企业商誉进行不当使用）。

此外，一些法院对控股股东提出要执行“均等机会”，这要求控股股东向所有其他股东提供卖出与控股股东同比例股份的机会。许多法院拒绝应用这个不实用的原则。[19]

这样一来，如果大宗股票的买入受到挑战，法院将审查收购的具体事实，以确定其公平性。

最近涉及对上市公司股东应尽忠实义务的并购案例是什么

在 2006 年的奥利弗诉波士顿大学案（Oliver v. Boston University）中[18]，特拉华州衡平法院判定被告在合并之前和合并期间涉嫌违反属于信义义务之一的忠实义务，应向原告股东赔偿 480 万美元及利息。

被告波士顿大学是制药公司 Seragen 的控股股东，而原告是曾经持有 Seragen 普通股的一群前少数股东。原告对 Seragen 被另一家制药公司 Ligan 收购前发生的某些交易提出异议，如大宗股票的发行稀释了已有的股权价格。少数股东还对并购收益的分配提出了异议。原告主张，通过批准各种在价格与流程方面并非对所有股东公平的金融交易，波士顿大学违反了对少数股东应尽的信义义务。

关于诚信义务的判例法发展如何？最近有没有涉及诚信义务的法院判例

在新兴通信（Emerging Communications）一案中，法院判定九名董事批准某一特定的合并方案违反其对少数股东应尽的信义义务。随后，因为原告未能就“相关董事的不诚信或不忠实提供初步证据，以供相关董事提出反对意见或证明”[20]，法院认定其中四名董事基于公司的免责条款（该条款存在于公司与董事及管理人员的赔偿协议中）可以被免于追究责任。换言之，如某个专家在一篇综述中就诚信义务所做的说明：“违反信义义务不会自动推定被告必须就不诚信或不忠实的指控提出相反的证明。如果原告不能出示相关证据，法院会认为董事违反诚信义务仅仅是因为缺乏应有的注意。”[21]

困境并购中的信义义务

当公司濒临破产时，董事的职责会如何发生变化

当一家公司濒临破产但尚未进入破产程序时，董事需要在更多相互冲突的利益之间取得平衡。虽然判例法关于这一主题并无确切的定论，根据早期的判例法，当破产被提上议事日程时，董事的职责也会相应地改变。值得注意的是，在发生于 1991 年且颇有影响力的里昂信贷银行（Credit Lyonnais）案中，特拉华州衡平法院

认为，当公司达到所谓的破产界限（zone of insolvency）时，董事职责可能需要从实现股东价值的最大化转变为实现企业价值的最大化。[22] 换句话说，当一家公司濒临破产时，董事信义义务的重点将从股东价值的最大化转向最大限度地为债权人提供清偿。

因此，前面所述的通常应对股东尽到的注意与忠实义务，转而成为对债权人应尽的义务。《信托法》——即所谓的公司的信托基金原则——为复杂交易再添一层难度。总的来说，这一原则规定：一旦公司无偿债能力，其资产就会为了债权人的利益而被代管。在这一原则的指导下，如果不同的债权人对于债务人资产有不同的债权，陷入财务困境的公司董事和管理人员应避免将该公司的资金和其他资产在公司内部混合或与关联公司的资产混合。根据《信托法》的基本原则，受托人不得混合资产以损害任何资产上的债权。作为受托人，董事的决策一般会受到前面所讨论的经营判断法则的保护，但一些法律专家认为，经营判断法则可能不适用于在法院监管程序（如破产程序）之外做出的董事会决策。[23]

最近的特拉华州判例法似乎在逐渐削弱或至少是在限制适用里昂信贷银行案中的标准。例如，在 2004 年的一个判例中，特拉华州衡平法院认为，董事可以在信守对公司债权人应尽的法律义务的同时，寻求一种自认为最有利于公司及其股东的做法。在生产资源集团公司诉 NCT 集团案（Production Resources Group, L.L.C. v. NCT Group, Inc.）中[24]，法院判定，即使董事的决策产生了负面后果[25]，经营判断法则也会保护以应有的注意做出善意决策的董事，因此驳回了债权人向无欺诈行为的管理人员和董事提出的信义义务方面的索赔请求。

特拉华州最高法院在吉渥拉（Gheewalla）案中采取了更强硬的立场。在这个 1997 年的判例中，法院认为即使公司处于破产界限内，董事的关注点也不应发生变化："为维护股东利益，这些董事必须继续以公司的最佳利益为前提行使其商业判断，对公司及其股东履行信义义务。"[26] 值得注意的是，吉渥拉案的判决还强调债权人的权利不会产生直接的索赔请求，而是会引起派生诉讼——至少在特拉华州如此："从法律意义上讲，一个无偿债能力或达到破产界限的特拉华州公司的债权人没有权利对公司董事提出违反信义义务的直接索赔请求。"[27] 这是因为债权人与股东有不同的立场：根据合同、隐含的诚信和公平交易义务、破产法、欺诈和欺诈性转让方面的法律以及其他形式的债权人权利，债权人的权利已得到充分保护。[28] 当公司丧失偿债能力时，这些债权人还可以发起派生诉讼。[29] 与此相对，债权人的直接索赔在其他州是有可能的。[30] 显然，关于这方面的法律讨论仍在继续。

鉴于董事的作为或不作为均可能引发法律责任，因此董事尤其应当谨慎行事。

例如，在巴克海特区美国公司（In re Buckhead America Corp.）案中[31]，判决认为董事违反了对债权人应尽的信义义务，因为其在公司无偿债能力或“行将破产”时授权了一项交易，在该交易中，子公司承担了1.75亿美元的长期债务用以收购母公司的股票。同样地，在布兰特诉希克斯及缪斯（Brandt v. Hicks, Muse）案中，破产法院认为，当某个交易使公司无偿债能力或只留下不合理的少量资本导致公司濒临破产时，债权人的权利是最重要的，且破产受托人不得代表公司起诉董事。[32]

我们强烈建议董事咨询法律顾问，上述讨论与联邦证券法下的董事职责也有关系。董事会信义义务的扩张本身是否算作需向SEC备案的重大事件，目前还不得而知。一方面，董事会信义义务的扩张往往导致重要贷款协议违约风险的增加，因此显然需要对此进行公开披露。另一方面，过早地披露董事会职责的扩张，实际上会损害董事会最大限度地提高企业价值的能力。

什么是破产界限？什么时候公司会达到破产界限

相互冲突的判例法对于所谓的破产界限带来了许多不确定性，事实上，一些专业人士甚至质疑破产界限是否真的存在。破产界限这一概念指的是公司接近实际破产的那段时期，这意味着公司可能仍然有偿付能力，但无力偿付债务在当时已经是一个严重的问题。如果公司最终进入破产程序，那么可以得出这样的结论：公司很可能在破产之前的一段时期已经无力偿付债务，这就是为什么可撤销的优先权和欺诈性转让指控会考虑债务人在破产申请前的偿债能力。这个概念产生了相应的法律理论，即造成一家公司的加重破产（deepening insolvency）可能需要承担责任。本章后文会详细讨论这个问题。如果一家公司通过安排所谓的救援融资、完成部分或全部业务的困境出售或使其现金流状况得到改善（例如由于意想不到的新业务、诉讼中出人意料的胜利或政府救市），从而避免了破产，则对其偿付能力的担忧将变得毫无意义。

本书将讨论这些议题，并在讨论时假设实际破产和达到破产界限之间没有显著区别。在本书第1章的讨论中，我们可以通过资产负债表测试、股权测试以及不合理的过少资本测试来判断一家公司是否有偿债能力。

从实际（较为悲观）的角度看，如果董事会需要询问一家公司是否达到了破产界限，那么该公司可能已经陷入了实际破产。在这种情况下，比较谨慎的态度就是不要太乐观，并做好最坏的打算。

需要注意的是，破产意味着会存在长期资产负债的问题，这不同于缺乏短期现金流的流动性问题。董事、管理人员和债权人应该考虑以下问题，以了解公司所处的困境：

- 公司信贷协议中的财务承诺是什么？公司是否已违反这些财务方面的承诺？
- 公司未来13周的现金流预测究竟有何意义？从中是否能看出财务性承诺违约的可能性？
- 是否有短期的再融资解决方案，以解决或预防流动性危机？
- 贷款人是否同意宽限协议下的某些条件，给公司时间解决问题？
- 与供应商签订的合同的付款期限能否延长或在会计上“将短期债务计为长期债务”，以降低营运资金的需求？
- 应收账款或应付账款的账龄报表有何含义？
- 供应商是否存在拒绝运送新的补给货源或要求付款后交货的情形？
- 公司资产的账面价值是否反映当前市值？
- 是否有资产负债表外的负债需要考虑？
- 公司的资产评估是否需要更新？
- 公司部分资产的总价值是否超过整个公司的资产价值？
- 是否存在可以迅速清算的盈余或无关资产？
- 是否存在应停止或出售的不产生利润（产出利润不理想）的业务部门？
- 公司提高价格的策略是否会因销量减少而无影响？
- 公司最近的积压订单会产生什么影响？
- 如何通过减少开销、合理安排最小存货单位（SKU）及提高经营效率来改善现金流状况？

加速公司破产的行为是否引发法律责任

有可能。近年来，多个联邦巡回法院讨论了仍在不断发展的加重破产这一概念，即债务人的企业资产由于欺诈性的公司债务扩张和破产程序之外公司寿命的延长而受到损害。[33]“如果公司本可以解散但没有及时解散，而是凭借虚构的债务苟延残喘，那么在这种损害本可以避免并且破产公司的价值本可以被挽回”的情况下，对公司财产享有债权的债权人可以基于上述损害起诉破产公司的董事和管理人员。[34]

引用这个概念的判例法十分有限，这似乎也表明司法者认为加重破产理论只适用于涉及欺诈而不仅仅是过失的情形。[35]以下是法院适用加重破产理论的几种情形[36]：

- 董事利用虚假的财务报表来增加资本和股东投资，加重了偿付债务的困难，导致公司破产。

- 母公司和董事以欺诈手段隐瞒公司无力偿付债务的事实，继续经营无偿债能力的公司。
- 公司出于过失，制定了导致公司债务失控从而破产的财务报表，或公司的会计师出于过失批准了导致公司债务失控从而破产的财务报表。
- 公司顾问出于过失制定了评估报告，该报告导致公司继续进行收购并借入额外资金，从而使公司财务状况恶化。

此外，越来越多的法院判决认为加重破产并非单独诉由，而是与自我交易或欺诈相结合的诉由。[37] 例如，俄亥俄州的某一法院认为加重破产这一概念对于一些州的传统诉由来讲显得多余 [38]，而纽约州的一项法院判决表明，这个概念可能是一种损害赔偿理论。[39] 这一理论十有八九会随着法律的演进而继续发展。

如果认为公司可能破产或濒临破产，董事应考虑采取什么行动

董事至少应核实和更新公司的董事高管责任保险，董事高管责任保险对公司董事和管理人员个人有利，但相关费用由公司负担。董事会可考虑为自己雇用法律顾问，后者可在信义义务方面向董事提出建议。此外，董事可能需要仔细考虑是否向董事会提出辞呈。

为了处理公司治理方面的问题，许多董事会和董事会委员会已经为自身聘请了法律顾问。因此，董事似乎也应该为自己聘请独立的法律顾问来处理破产方面的事宜。事实上，许多公司的治理方针及董事会委员会的章程明确鼓励这种做法。[40] 在董事会与公司的利益发生冲突时，董事会通常更有必要聘请独立法律顾问来代表自身，以便处理与陷入困境的公司相关的事务。如果董事会与公司的利益相一致，那么更有效和经济上合理的做法是使董事会与公司聘用同一个法律顾问。如果董事会与公司的利益出现分歧，那么公司的法律顾问可能会建议董事会聘请独立法律顾问，董事个人也可以为自己聘请独立法律顾问。当然，董事个人可以在任何必要的时候为自己聘请律师，以听取独立的意见，但这可能涉及由董事个人承担的单独费用。

为了避免与破产公司有牵连而损害自己的声誉，董事可以考虑从董事会辞职（尽管届时可能为时已晚）。同时，董事需要花费许多时间履行高强度、高曝光度的董事职责来指导公司完成破产程序，而从董事会辞职可以避免这一切。另外，董事可能因为疲于学习或不愿学习本书中讨论的许多关于危困企业的特殊问题，从而从董事会辞职。

有人可能会争辩说，董事的自身利益应该通过坚持职守而不是辞职来维护。董事可以通过成功规划第 11 章重组计划、第 363 条出售或重整经营来恢复自己的名

誉，比起轻易逃避责任，这将为董事赢得更多的尊重。因为大多数破产法院确认的重组计划会规定为非债务人免责，包括董事、管理人员、债务人聘请的破产方面的专业人士、官方委员会及其成员的免责，个人责任可以因此减到最小。[41] 尽管破产法律对非债务人免责的适用情形有所限制 [42]，非债务人免责通常伴随着永久性禁令保护，其功能类似于授予债务人某些方面的免责。

破产案件开始后，如果公司拿到了本书第 14 章详细讨论的 DIP 贷款，任何控制权变更，包括董事会中的多数董事的变更，都可能导致 DIP 贷款项下的违约。因此，董事最好在公司授权提交自愿破产申请前决定好是否从董事会辞职。

如果一个董事继续在进入破产程序的公司中担任董事，则该董事此后在任何公司中担任董事，其董事高管责任保险的费率都会增加。一般来说，如果 A 公司的某个董事透露他曾在破产的 B 公司董事会任职，那么该董事在 A 公司的董事高管责任保险的费率就很可能会增加。但是，A 公司的董事高管责任保险调查问卷给了该董事一个机会来解释 B 公司的破产情形。如果该董事在 B 公司申请破产前就在 B 公司董事会任职，并代表 B 公司决定提交破产申请，那么这可能会同时提高 A 公司和 B 公司的董事高管责任保险的费率。如果该董事在 B 公司破产期间或之后才被委任为 B 公司的董事，那么这一事实可能会同时减小 A 公司和 B 公司的董事高管责任保险费率的增幅。显然，董事在回答董事高管责任保险的相关问题时，应谨慎地使用确切措辞。

破产受托人被任命后，董事会的作用是什么

如果破产法院指派了破产受托人，破产受托人将取代董事会接管债务人的业务。关于破产受托人的详细讨论请参见本书第 4 章。

困境交易中的反垄断问题

困境交易的反垄断分析与涉及持续经营的公司并购交易有何不同

破产语境下的收购仍须遵循反垄断法下的合并准则。与所有的并购交易一样，困境交易受《克莱顿法》[㊀]第 7 章的规定规制，并由联邦贸易委员会与司法部反垄断局执行。在适用《1976 年哈特・斯科特・罗迪诺反垄断改进法》（Hart-Scott-Rodino Act）的情况下，拟议困境交易的各方必须在进行交易前向联邦贸易委员会和司法部提供自身与该交易相关的信息。当交易涉及陷入困境的公司时，在这些要求上与涉

㊀ 在此指《1914 年克莱顿反垄断法》。——译者注

及持续经营的公司存在两个关键性的不同之处：审查的时机和破产企业的抗辩。

困境交易的反垄断审查时机有何不同

最终，不管公司是处于繁荣时期还是困难时期，无论是针对某一经济领域还是特定公司，反垄断法保持市场处于竞争状态的目标都同等重要。破产申请不影响反垄断审查的范围，而且破产法院无权否决或规避反垄断监管机构的决定。不过，破产程序会影响联邦贸易委员会和司法部进行反垄断审查的速度。由于严峻形势的紧迫性，相关政府机构没有很多时间来调查拟议交易的实质并评估所涉及的资产。因此，反垄断审查的实质性程序不应有所不同，只不过需要更快些。

破产企业抗辩的历史和公共政策的理论基础是什么

对于破产企业抗辩（也被称为破产公司原则）的法理，联邦贸易委员会和司法部联合发布的《横向合并指南》做出的解释如下：

> 对于正在合并的公司，如果其中一个的失败导致该公司的资产退出相关市场，那么合并不太可能创造或增强（合并公司的）市场支配力和促进其执行力。在这种情况下，合并后公司在相关市场的表现可能不会比合并被否决、相关资产离开市场的情形更差。[43]

破产企业抗辩的历史可追溯到1917年联邦巡回法院的一个判决。[44]最高法院于1930年的国际鞋业（International Shoe）一案中首次接受破产企业抗辩[45]，并于1969在公民出版（Citizen Publishing）一案中进一步加以使用。[46]简言之，当破产公司的唯一选择就是被从相关市场淘汰时，使用破产企业抗辩可以免除公司在反竞争合并方面的反垄断质询。

在国际鞋业一案中，最高法院基于以下两个原因推翻了联邦贸易委员会反对拟议合并的裁决：①两家公司所处的市场不同，它们的合并不太会在实质上减少竞争；②被收购公司面临金融危机。国际鞋业一案支持破产企业抗辩的概念，法院强调了破产对被收购公司的各方面（包括股东、债权人、员工等）的不利影响，指出由竞争对手收购原本即将破产的企业并不会从实质上减少竞争。

在国际鞋业一案中，最高法院对破产企业抗辩的支持似乎是基于避免企业清算的社会成本，特别是避免对破产企业的股东及其业务所在地的社区造成伤害。这种对社会成本的强调并没有在最高法院后来关于公民出版一案的判决中得到援引。在公民出版案中，最高法院认定该案的情况不符合破产企业抗辩的要求。没有证据表明公民出版的所有人正在考虑对这家报纸公司进行清算，而且收购公司也并不是唯一可能的买方。

由于清算的社会成本不一定会超过其他处置方式所带来的社会成本，因而许多人认为不应如此强调社会成本。但是，经过上述这些摇摆不定后，最高法院可能还是会对回归国际鞋业一案所采取的态度。国际鞋业一案发生在大萧条时期，其对社会成本的考虑似乎与当前的经济危机所孕育的经济政策相一致。

如本章后文所述，使法院接纳破产企业抗辩的法律门槛已经很高。因此，从实践的角度来看，破产企业抗辩并不会被经常使用。

破产企业抗辩有哪些法律要素

就涉嫌违反反垄断法在联邦法院进行抗辩时，这一积极抗辩应被包括在被告对原告诉状的答复中，且被告对此承担举证责任。出于谨慎的考虑，被告提供的证据应同时满足联邦贸易委员会与司法部在其指导原则中所规定的各项要求，以及判例法下确立的各种条件。

联邦贸易委员会与司法部联合发布的《横向并购指南》提出了四项要求，针对涉嫌违反反垄断法而提出的破产企业抗辩必须满足以下四项要求：

1. 宣称破产的公司必须在近期无法履行其财务义务。
2. 公司无法根据《破产法》第 11 章进行重组。
3. 虽然没有成功，但公司为寻求收购破产公司资产的合理备选方案已做出善意努力。[47]
4. 如果没有被收购，该公司的资产将退出市场。

法院适用的标准稍有不同，需要满足以下两个条件：

1. 被收购的公司必须处于破产状态。这意味着它面临“大概率的企业失败风险”[48]，如已经进入或即将进入破产或破产清算程序。[49]
2. 相对于拟议合并，被收购公司没有其他更有利于竞争的合理备选方案。[50]

反垄断法中的“破产条件”与“无偿债能力”有何区别

虽然这听起来像一个悖论，但并非所有无偿债能力的企业都满足法律意义上的破产条件。要使反垄断法下的破产企业抗辩成立，公司不仅必须在短期内面临财务困境，而且其在长期进行有效竞争的基本能力也应存在问题。如果一家公司存在杠杆过度的情况，需要一种新的经营策略或应当改进管理，则不太可能满足破产条件的标准。判断是否满足破产条件的标准着重于公司是否有能够支持其持续经营的有价值资产。正如一家主要的反垄断监管机构最近所解释的，“会计意义上的亏损并不一定对应持续经营过程中的真正经济损失，对那些承担了大量债务的公司而言尤其如此”。[51]

与无偿债能力的概念相比，破产条件的标准似乎与本书第 12 章讨论的重组计划的可行性要求或是从第 11 章重组转换到第 7 章清算所要求的证据联系更紧密。

从健康的公司中剥离一个亏损部门时是否可以用到破产企业抗辩

一般来说是可以的。联邦贸易委员会与司法部联合发布的《横向并购指南》允许一家健康的公司在剥离一个亏损部门时针对违反反垄断法的指控提出破产抗辩。[52]法院也普遍认可这种辩护，[53]相关要求如下：

1. 在应用适当的成本分摊规则时，该部门在经营情况下产生的现金流为负。
2. 如果不从公司剥离该部门，该部门的资产将在不久的将来退出相关市场（例如通过清算、遗弃或停止经营）。鉴于母公司出于规避反垄断法的目的，可能操纵与成本、收入和公司内部交易相关的会计程序，联邦贸易委员会与司法部在管理层就亏损部门提出的计划之外，还要求其他明确的证据。
3. 母公司已做出善意努力，尝试争取了收购破产企业资产的合理备选方案，该方案可以使破产企业的有形资产和无形资产继续存在于相关市场，且相比拟议并购对竞争构成的危害更小，但是这种努力没有成功。这一要求与前述破产企业抗辩的第三个要求相同。

母公司可能分配给亏损部门以支持其未来的经营和资金周转战略的资本额很难确定。因此，联邦贸易委员会与司法部反垄断局会考虑是否有第三方贷款人或投资者（即没有与潜在收购方进行反竞争合并动机的第三方）为亏损部门的重整提供资金，并要求提供相关证据。

成功运用破产企业抗辩的概率如何

由于对破产企业抗辩的要求非常严格，这些要求很少能被完全满足。1930 年以来只有少数几个法院的判决支持了破产企业抗辩[54]，最高法院自国际鞋业一案后再也没有在其他案例中采纳破产企业抗辩。此外，鉴于法律标准的严格，即使在企业合并中提出破产企业抗辩，联邦贸易委员会或司法部在调查后接受该抗辩的案例也很少。

一些评论家认为，目前的破产企业抗辩在理论上是没有必要的。能够满足对破产企业抗辩的严格要求的公司，根据联邦贸易委员会或司法部指导方针的竞争力影响分析，从一开始就不太可能会引起竞争或垄断方面的问题。也有人认为，对于破产企业抗辩的严格要求应该有所放松。这些评论家指出，在经济意义上，允许合并通常比让资产退出市场更好，因为资产退出市场时产能也会下降。最近，相关讨论都着眼于在经济危机之中放松对于破产企业抗辩的要求是否更好。为此，当严重的经济衰退并不影响更广泛的反垄断分析时，这可能是评价整体竞争环境时应考虑的一个相关因素。[55]

如果合并目标只是财务表现疲软而不是处于破产状态时怎么办？这对反垄断分析有什么影响

财务表现的疲软不能成为允许合并的主要理由。事实上，凯泽铝业（Kaiser Aluminum）一案中的上诉法院称之为“很可能是支持合并的最弱理由”。[56] 有趣的是，尽管凯泽铝业在这个发布于 1981 年判决后继续存续了二十多年，但它最终还是于 2002 年提交了一份自愿破产申请书。根据这一结果，读者可以自行判断 1981 年的判决是否恰当。

由于反垄断分析是前瞻性的，如果一家公司正在“挣扎”但不是已经病入膏肓，这种合并不太可能是反竞争的。如果这个苦苦挣扎的公司不能凭自己的力量成为一个有效的竞争对手，那么这种合并也不太可能从实质上减少未来的行业竞争。[57] 无论合并是否完成，竞争格局将大致相同。因此，法院通常认为，当考虑合并是否将从实质上减少竞争时，应将公司的财务表现的疲软“作为众多因素中的一个相关因素”加以考虑。[58]

一般意义上的欺诈性转让

什么是欺诈性转让法？什么样的资产并购交易会违反欺诈性转让法

欺诈性转让法（也称欺诈性转移法）起源于英国的普通法，其历史可以追溯到 1571 年伊丽莎白法（在伊丽莎白一世女王时颁布）的规定。[59] 欺诈性转让法现已载入《破产法》《统一欺诈性转让法》（UFCA）和《统一欺诈性转移法》（UFTA）。所有州均采用了基于联邦统一法案或普通法的欺诈性转让法。

根据《破产法》与州法的类似规定，在一定的条件下，财产的转让（如由被收购公司所给予的资产担保权或由该担保权担保的票据）可能被视为“欺诈”，有关各方需要根据相关规定避免财产转移或就此提起诉讼。[60]

如果债务人转移财产，并直接故意阻碍、拖延或欺骗债权人，法院可能判决此为欺诈行为。例如，一家公司背负5000万美元的无担保债务，但公司在提出自愿破产申请之前将价值200万美元且无权利负担的财产赠予首席执行官的女儿，这意味着债务人可以在未来继续使用该财产。[61] 本着衡平和公正的基本原则，破产法院不应批准这样的交易。

尽管如此，我们希望如此不寻常的情况很少发生。在许多案例中，“直接故意”是一个难以达到的标准。有鉴于此，如果资产收购方收到的资产价值“低于其合理价值”[62] 并存在下列三个条件之一，法院通常也会认定存在欺诈。

1. 公司在该等转让时无偿债能力或因转让而无偿债能力。
2. 转让导致公司只剩下低得不合理的资本金。
3. 公司已承担或将承担的债务超出其偿还能力。

不过，“低于合理价值”是一个在《破产法》中没有定义且模棱两可的术语。根据相关判例法，此术语并不一定指市场价值。[63] 只要可以适用州的止赎法（取决于发出取消抵押品赎回权和其他类似问题的意向通知），该术语可能指取消抵押品赎回权时实际支付的资产价格。[64] 顺便说一下，州的止赎法基本上可以认为是抵押法（因为取消抵押品赎回权最终要通过抵押协议来实现）。在美国，抵押法主要属于州法和普通法。当抵押品是可流通票据时，其受《美国统一商法典》（UCC）第3条的规制。对抵押品的法律处理一部分取决于持有抵押权的实体（即抵押权人）是谁。因此，尽管抵押法通常在州法和普通法的层面上运用，如果抵押权涉及联邦政府特许的机构，则抵押品的处置仍有可能受联邦法律的规制。[65]

此外，在不同法域下，无偿债能力的含义也不尽相同，其含义很大程度上取决于某一法域是否采用《统一欺诈性转让法》或《统一欺诈性转移法》。《破产法》对无偿债能力采用了联邦法的定义，即采用简单的资产负债表测试，并从债务人财产的公允价值中排除欺诈性转移财产和豁免财产。在联邦法下判断是否构成无偿债能力时，或有资产（例如出资权和代位求偿权）也应被计入资产价值。不过，如果要对或有资产或负债进行准确的估值，就必须考虑某一或然事件的发生概率，即资产变现或负债成为现实的可能性。[66]

《统一欺诈性转让法》采取的判断方法更为复杂，其将某一人士的无偿债能力定义为“目前能够出售的资产的公允价值低于其现有债务全部到期后需要偿还的负债金额”。[67] 目前能够出售的资产的公允价值指的是资产以合理速度在当前（而非理论上的）市场上出售的价格。债务人可以有超过其负债的资产（如果根据《破产法》，该债务人应不属于无偿债能力），但如果资产为长期资产且流动性较差，而债务却为短期债务时，则根据《统一欺诈性转让法》的定义，债务人属于无偿债能力。

《统一欺诈性转移法》将无偿债能力定义为负债金额超过其“合理评估的”资产总额。与《统一欺诈性转让法》采取的方式相比，这一资产负债表测试与《破产法》采取的判断方式更为相近，虽然《统一欺诈性转移法》并没有给出“合理评估”的定义。不过，《统一欺诈性转移法》创设了一个可反驳的推定：如果某一人士一直不支付到期债务，则应推定其为无偿债能力。这一推定的意义重大，即将证明在《统一欺诈性转移法》下有偿债能力的举证责任转移到了没有按时支付到期债务的债务人头上。由于欺诈性转移法所考虑的无偿债能力的确切日期为资产转移之日（非之前或之后），因而证明债务人在某一特定时间是否属于无偿债能力可能尤其困难。尽管如此，在采纳了《统一欺诈性转移法》的法域，债权人对此也有相应的解决办法。

如果债务人在提交破产申请前只偿付选定的债权人，法院是否会判定其为欺诈性转让

不一定。首先，债务人给予某个债权人优先权并不构成欺诈行为的初步证据。欺诈性转让法并不特别关注债务人财产的分配，它关注的是某些债权人利用债务人的可获得资产来获得清偿。

其次，正如前面所述，只要债务人得到的偿付不低于合理的对等价值，相关交易一般不会被判定为欺诈性转让。不过，一个主要的例外情形是当受让人被认为是债务人的知情人，且该知情人有合理的理由知道债务人已无偿债能力时，那么这种有选择性的债务偿付可能会被判定为欺诈性转让。

谁可以根据欺诈性转让法提起诉讼

根据《破产法》第 1107(a) 条，通常只有破产受托人或拥有控制权的债务人有“规避权”及指控欺诈性转让的权利。不过，法院会视以下特殊情况为例外情况。

> 债权人或债权人委员会在以下情形中可以就规避权提起派生诉讼：①已要求法定授权方采取行动；②该要求被拒绝；③根据法院采用的成本效益分析，如果成功索赔，则有利于债务人财产；④对于第 11 章重组案件中拥有控制权的债务人而言，这种不作为属于滥用自由裁量权（即“不正当的”）。[68]

上述情形的典型例子是当债务人缺乏足够的资金而提起诉讼。最后，债务人个人可能在有限的情况下（如破产受托人不起诉，且财产将成为豁免财产时）获得这

种起诉的权利。

如果公司在被收购后破产，谁会被起诉或被迫交出资金

对于任何人，如果其将债务加诸目标公司的资产时已经知道出借资金将用于支付目标公司的原股东，法院可以对其加以处罚。[69]

- 摆脱破产的实体可能需要对转让的全部金额（目标公司的收购价）负责。
- 目标公司的股东可能需要退回用于收购其股份的收购价。
- 知情的贷款人可能需要将其债权让位于其他债权人，或被要求退还收到的贷款还款。
- 公司聘请的为交易提供建议的专业人士可能需要退还他们收取的费用，否则将会因过失而被起诉。

即使没有欺诈任何人的意图，抵押物、票据抵押或担保是否会构成欺诈性转让

会。虽然欺诈性转让是专业术语，但与其相关的法律原则也适用于担保权和义务。无论是《破产法》还是州法的类似规定均允许将撤销担保权或相关义务定性为“欺诈”，即使不存在恶意或故意。当由银行资助的交易剥夺了被收购公司向一般债权人支付债务的能力时，无论这些交易是否实际上有意产生这样的效果，上述法律均可以用来保护被收购公司的一般债权人的利益。

何为上层担保和同层担保，上层担保和同层担保为什么不好

上层担保即子公司为母公司的借贷提供担保物。同层担保即子公司为姐妹公司的借贷提供担保物。根据法律，两者均不可取，因为提供担保物或担保的实体没有得到“合理的对等价值”，而获得该“合理的对等价值”的是担保提供方的关联方。[70]这便构成了欺诈性转让的（虽然不是唯一的）诱发因素。此外，各子公司通常被要求担保其母公司的所有优先顺位债务，但各子公司的资产只占总收购价值的一小部分。这样一来，每家子公司本身并无力偿还收购的全部债务，如果被担保方仅单独向子公司提出清偿债务的请求，则很可能导致该子公司丧失偿债能力。如果有关偿付能力的测试考虑到所有子公司会共同承担担保义务，则上述这种不合逻辑的结果是可以避免的。有些案例支持这一结论，但遗憾的是，尚没有明确的法律来消除这一风险。

相比之下，下层担保对债权人不构成特别风险。下层担保即母公司为子公司的借贷提供担保与担保物。

有没有办法来解决上层担保和同层担保的问题

有，但是相关交易需要通过以下三个附加测试：①不存在无偿债能力；②不存在不合理的资本不足；③有偿债能力。如果同时满足上述三个测试，则可以判定为没有发生欺诈性转让。然而，为了避免不能通过上述任一测试的风险，可以使用以下两种附加解决方案：①在收购完成前，合并提供担保物或担保的实体与借款人；②将贷款分成两个或两个以上的信贷安排，每一信贷安排由特定借款人提供（与信贷额度相称的）抵押品。如果使用后一种方案，应注意避免借入资金只是通过一个借款人到达另一个借款人或关联实体的手中。借入资金可以用来偿还真正意义上的对外债务，但如果借款主体之间的现金流表明这些独立贷款是虚假贷款，则相关交易可能会导致破产风险。在上述情况下，相应的担保权和担保应当被撤销。

上层担保或同层担保是否仅限于担保人欺诈性转让的资产净值

不是。事实上，将担保（及其担保权）金额限制在担保人提供担保时的资产净值，可以巧妙地确保担保人不会因提供担保而陷入破产，并可以因此消除欺诈性转让的问题。不过，除了有能力偿还债务且资本金没有低于合理程度之外，担保人必须具有破产意义上的必要资产净值，而不仅仅是美国通用会计准则下的资产净值。以资产净值提供担保的可行性尚未经过破产程序的论证，虽然这一概念看起来没什么问题，但没人能准确地预测法院会如何看待这一情形。

《2005 年防止破产滥用及消费者保护法》对《破产法》第 548 条有何影响

《2005 年防止破产滥用及消费者保护法》对联邦法下的欺诈性转让法有三个主要影响：

1. 对于 2006 年 4 月 20 日或以后提交的案件，修正案将追溯期限从以前的一年延长至两年。
2. 对于 2005 年 4 月 20 日或以后提交的案件，如果转让是在正常业务运营之外进行的，且债务人的收益低于合理的对等价值，则修正案授权受托人无须按照雇佣合同向知情人进行转让。在上述情况下，无须证明存在无偿债能力的情形。
3. 如果债务人进行自益信托的转让（其自身为受益人），且其实际意图为妨碍、拖延或欺诈债权人，则修正案允许受托人无须完成在破产案件开始前 10 年内进行的转让。

假设某项交易在复杂的交易结构下看似提供了充分对价，法院难道不会尊重这一对价吗

不，法院比这要聪明得太多。法院发展出了交易步骤原则来识破这样的骗局。该原则起源于普通法，但现在已被纳入美国税法。引用这一原则的法院判决相互之间存在很大的差异，但是交易步骤原则的适用性（即包含这些步骤的交易结构是否存在问题）取决于以下四个因素：

1. 各步骤间的相互依存程度。各步骤间的相互依存程度越高，交易结构越可能存在问题。
2. 有约束力的承诺。有约束力的承诺越少，交易结构越可能存在问题。
3. 各步骤间隔的时间。间隔时间越短，交易结构越可能存在问题。
4. 各方的最终结果或意图。交易结构看上去越像为某一特定结果而设计的，越可能存在问题。[71]

会计师事务所能否就有无偿付能力出具意见

不能。会计师事务所过去还时不时地提供这样的意见，让贷款人安心。1988年年初，当这些意见产生不良后果后，美国注册会计师协会（AICPA）禁止所有会计师事务所出具关于偿付能力的意见，因此由会计师事务所出具的类例意见短期内不太可能再出现了。不过，一些评估人或估值咨询师会给出这样的意见。

律师事务所会就是否违反欺诈性转让法出具意见吗

几乎从来不会。律师事务所一般拒绝就欺诈性转让出具意见，主要因为他们无法就偿付能力做出准确的判断，也因为律师一贯拒绝预测破产法院在一系列不可预见的情况下可能采取的行动。贷款人通常能够理解并接受律师在这方面不够配合，尽管他们有时也会在交易的交割时就此产生一些冲突。

Samex案：破产程序面对欺诈时的脆弱性，以及破产法院做出终局收购判决的相对性

以下案件以真实事件为基础，并记载于投标人与位于中西部地区某家制造公司的无担保债权人委员会的通信中。下文所述的信息是真实的，但各方名称是虚构的。

两家制造公司Retool和NewThink试图收购位于另一州的破产实体Samex。Samex提出破产申请时，其首席执行官宣布了董事会出售该公司的决

定。该出售将采用资产出售的结构，公司几乎所有的资产都将被出售。

Samex 的三大股东也是该公司最大的三个债权人，对公司享有有担保债务和无担保债务。不到两年前，同样是这些股东策划了一项逆向合并，从而控制了 Samex 的多数股权。这些股东 / 债权人随后取得了五个董事会席位中的三个席位，控制了董事会的决定权。他们成立了一家名为 TET 的投资集团，该集团给出了第一个投标（即“假马竞标”）。据称，这样做旨在成为经法院批准程序的一部分，以征求其他“竞争性”投标。投标人声称，其投标价格至少不低于公司所有的有担保债务金额，而这些债务的优先顺位高于其自身的债务。

TET 的投标一部分采用现金，另一部分采用债券。TET 的投标人表示，现金部分的上限为 2000 万美元，其金额大致相当于公司目前高优先顺位的担保债务金额。TET 的投标人还称，债券部分价值为 1200 万美元，代表 Samex 欠 TET 的债务金额（TET 的债权仅次于 Samex 的银行和其他贷款人，后者主要是租赁公司）。由于出价较低，该投标被认为主要用来吸引其他投标。董事会的无担保债权人委员会认为其他投标将会随之而来，因此批准了该投标。

Samex 的首席执行官表示，目标公司价值为 3200 万美元。该交易的交易结构仅为购买对价设置了上限，而不是给出购买对价。以下是协议原文（持有高优先顺位担保债权的商业银行的名称为化名）：

> 买方应向卖方就资产支付的现金对价（“购买对价”）应为（a）截至交割日，应向 Senex 银行支付的有担保债务的金额，加上（b）750 000 美元，加上（c）补救及交割费用（定义见下文），加上（d）作为批准决定的一部分，由买方特别承担的任何其他债务，加上（e）留任奖金（定义见下文）之和减去（f）交割日现金（定义见第 1.2 条）。尽管有前述条款，如果购买对价超过购买对价上限（定义见下文）或补救及交割费用超过 2 500 000 美元，则买方有权选择不支付购买对价，并且不完成交割。买方有权参与关于补救及交割费用的任何讨论。为了本协议的目的，“补救及交割费用”指下列各项的总和：（i）关于本协议附件 A 至附件 C 中列出的任何合同、租赁协议或许可协议、任何酌情签署的协议，为纠正其项下的任何违约所产生的金额；（ii）购买任何不属于卖方所有且用于业务的资产的选择权；（iii）为了消除不属于卖方所有且用于业务的资产上的担保权，向第三方支付的任何金额；（iv）债务人专业人士费用除外情形（定义于 DIP 贷款协议）所允许的卖方到期未还的任何费用；（v）委员会专业

人士费用除外情形（定义于DIP贷款协议）所允许的卖方到期未还的任何费用；（vi）卖方未向美国破产受托人办公室交纳的季度费用；（vii）卖方发生的不超过5万美元的清算费用。为了本协议的目的，“留任奖金”指应向附录2.1.1上所列的每名雇员支付的总金额，该金额等于（x）对于买方没有提供全职职位的每名雇员，该雇员目前从卖方收到且列于附录2.1.1的年收入的一半（每名雇员的年收入，称为“年薪”），以及（y）对于买方提供了全职职位的每名雇员，该雇员年薪的1/12。“购买对价上限”指（a）20 000 000美元（受限于第2.1.2条规定的调整机制），加上（b）买方选择承担的任何酌情签署的协议的补救费用，加上（c）作为批准决定的一部分，由买方特别承担的任何其他债务，减去（d）交割日现金。

其他竞标人以为3200万美元是实际出价，虽然这一价格对于资产出售来说有些过高，他们还是试着提出不低于假马竞标的条件。每个竞标人都有想要购买该公司的战略原因，即利用他们的新技术提高Samex的资产价值，以证明3200万美元是合理的购买价。尽管他们在投标过程中稍微降低了投标价格，但他们的投标还是超过了作为知情人的TET的投标价格。

在此之前，TET集团通过公司的破产申请，说服破产法院允许一家由TET集团选定的投资银行来监控和监督竞标过程。通过其自主拟定和操纵且不受法院监管的流程，该投资银行成功取消了所有其他投标人的竞标资格。

最后，基于该投资银行的建议，破产法院批准了留下来的唯一投标，即知情人的“假马竞标”。鉴于破产法院的判决强行降低了目标公司欠优先顺位担保债权人Senex银行的债务金额，知情投标人最终仅支付了不到2000万美元。

Samex有一家子公司叫RIF，其股东尝试对该交易提出异议。Samex通过股份收购成为RIF的全资母公司。在RIF的经营基本处于收支平衡的情况下，RIF随着Samex的破产被迫进入破产程序。由于破产申请，RIF的卖方持有的Samex股份几乎全部失去了价值。RIF卖方声称，Samex收购RIF和随后的破产申请表明TET一方存在欺诈，其目的是（通过Samex）以更低的价格来获得对RIF的控制。RIF卖方特别指出，作为知情人的TET利用破产程序取得对Samex的控制权（并通过Samex取得对RIF的控制权），挤走了RIF的股东，削弱了Samex股东的诉求，几乎没有给其他所有债权人留下任何东西，还使用Samex的资产作为收购RIF的资金。

一位在大型律师事务所专门负责受理针对董事和管理人员诉讼的律师在面

对上述事实时拒绝受理此案，并表示："我的结论是，由于破产法院批准了交易，破产程序中与收购相关的任何权利请求都很可能被驳回。因此，这不是一个我们愿意去起诉的案件。"

Samex 的竞标人、无担保债权人和少数股权投资者都认为，如果存在一个真正独立的竞标程序，他们可以获得更好的结果。然而，考虑到破产法院的法律地位，其判决是终局的。[72]

这一警示性的案例结束了我们对于困境并购相关法律问题的讨论。本书的下一部分（也是最后一部分）将从战略视角考察并购问题。

尾注

1. For more on directors' fiduciary duties, see Stanley F. Reed, Alexandra R. Lajoux, and H. Peter Nesvold, *The Art of M&A: A Merger/Acquisition/Buyout Guide*, Chapter 10 (New York: McGraw-Hill, 2010).
2. For more on antitrust basics, see Stanley F. Reed, Alexandra R. Lajoux, and H. Peter Nesvold, *The Art of M&A: A Merger/Acquisition/Buyout Guide*, Chapter 2 (New York: McGraw-Hill, 2010). For an extensive discussion of current antitrust law, see Alexandra R. Lajoux and Charles Elson, *The Art of M&A Due Diligence: Navigating Critical Steps and Uncovering Crucial Data*, Chapter 8 (New York: McGraw-Hill, 2010).
3. For more on fraudulent transfers, see Stanley F. Reed, Alexandra R. Lajoux, and H. Peter Nesvold, *The Art of M&A: A Merger/Acquisition/Buyout Guide*, Chapter 4 (New York: McGraw-Hill, 2010).
4. *In re Caremark Int'l Inc. Derivative Litigation*, 698 A.2d 959 (Del. Ch. 1996). This section, and some other parts of this chapter, incorporates some materials from Stanley Foster Reed, Alexandra Reed Lajoux, and H. Peter Nesvold, *The Art of M&A: A Merger/Acquisition/Buyout Guide* (New York: McGraw-Hill, 2007).
5. 特拉华州最高法院于 2006 年维持了这一案件于 2005 年做出的原判。(*In re The Walt Disney Company Derivative Litigation*, No. 411, 2005 (Del. June 8, 2006).
6. *Aronson v. Lewis*, 473 A.2d 805, 812 (Del. 1984), *overruled in part on other grounds by Brehm v. Eisner*, 746 A.2d 244 (Del. 2000).
7. See *Shlensky v. Wrigley*, 237 N.E.2d 776 (Ill. 1968).
8. See, for example, Cal. Corp. Code § 309(b).
9. Ibid.
10. 这一司法先例在公司法的语境下有着尤为长久的传承。例如，参见 *Barnes v. Andrews*, 298 F. 614 (S.D.N.Y. 1924)。
11. See, for example, *Francis v. United Jersey Bank*, 432 A.2d 814 (N.J. 1981).

12. Nancy E. Barton, Dennis J. Block, and Stephen A. Radin, *The Business Judgment Rule: Fiduciary Duties of Corporate Directors*, 6th ed. (New York: Aspen Publishing, 2009)—a 6,000-page book.
13. See, for example, *Francis v. United Jersey Bank*, 432 A.2d 814 (N.J. 1981).
14. 488 A.2d 858, 873 (Del. 1985) (emphasis added), *overruled in part on other grounds by Gantler v. Stephens*, No. Civ. A. 2392, 2009 WL 188828, at *13n.54 (Del. Jan. 27, 2009).
15. See, for example, *Miller v. American Telephone & Telegraph Co.*, 507 F.2d 759(3d Cir. 1974).
16. See 8 Delaware Section 102(b)(7).
17. *Gantler v. Stephens*, No. Civ. A. 2392, 2009 WL 188828, at *9 n.37 (Del. Jan.27, 2009).
18. 2006 Del. Ch. LEXIS 210 (Del. Ch., Dec. 8, 2006).
19. Anupam Chander, " Minorities, Shareholder and Otherwise, " *Yale Law Journal*,vol. 112 (October 2003).
20. *In re Emerging Communications, Inc. S'holders Litig.*, 2004 WL 1305745 (Del.Ch. 2004).
21. The duty of good faith is especially complex. For an excellent article discussing this duty, see Zachary S. Klughaupt, " Good Faith in the World of Delaware Corporate Litigation: A Strategic Perspective on Recent Developments in Fiduciary Duty Law," *FDCC Quarterly*, the official journal of the Federation of Defense and Corporate Counsel, Spring 2006; available at http://findarticles.com/p/articles/mi_qa4023/is_200604/ai_n16522834/pg_10, last accessed August 30, 2010.
22. *Credit Lyonnais Bank Nederland, N.V. v. Pathe Communications Corp.*, No. Civ.A. 12150, 1991 WL 277613, at *34 (Del. Ch. Dec. 30, 1991).
23. See Martin J. Bienstock and Robert L. Messineo, " When Financial Trouble Comes: A Guide for Directors," *Director's Monthly*, September 2001, pp. 1-8.
24. 863 A.2d 772 (Del. Ch. Nov. 17, 2004).
25. Production Resources Group, L.L.C. 诉 NCT Group, Inc. 案，863A.2d 772,787(Del.Ch.2004)。根据 Cooley Godward 的文章，“生产资源决定”扭转了一些法院和评论员对董事施加新的受托责任的倾向，有利于无力偿债公司的债权人或破产区的债权人。“新特拉华州决议明确了对无力偿债公司董事的责任和保护”。Coley Godward LLP，2005 年 3 月 22 日。
26. *North American Catholic Educational Programming Foundation, Inc. v. Gheewalla*,930 A.2d 92, 101 (Del. 2007) (emphasis added).
27. 930 A.2d at 103.
28. Ibid. at 99.
29. Ibid. at 101-102.
30. 例如，参见 Dulgerian 案 , 388 B.R. 142 (Bankr. E.D. Pa. 2008)，当债务人无力偿债时，根据宾夕法尼亚州法律，重新确定董事对债权人的义务；和 Medlin v. Wells Fargo Bank, NA (In re IG Services，Ltd.), Nos. 99-53170-C，99-53171-C，ADV 04-5041-C，2008 WL783551，at * 2-3 (Banker. WD Tex., 2008 年 3 月 19 日)，发现由经纪人 / 经销商关系

引起的违反信托责任的直接索赔。

31. 178 B.R. 956, 968 (D. Del. 1994).
32. *Brandt v. Hicks, Muse & Co., Inc.* (*In re Healthco Int'l Inc.*), 208 B.R. 288, 300(Bankr. D. Mass 1997).
33. *Official Committee of Unsecured Creditors v. R.F. Lafferty & Co., Inc.*, 267 F.3d340 (3d Cir. 2001).
34. 法院已经找到适当的诉由，并在这种情况下判决赔偿。同上注，第 350 页。
35. 例如，参见 Fehribach v. Ernst & Young LLP，493 F.3d 905,908（2007 年 7 月 7 日），加深破产的理论可能适用于管理人员与审计师等外部人员共谋的情况以及隐瞒“合作危险状态，如果先前披露，将使公司以重组形式存在”的情况 ;In re CitXCorp., Inc., 448 F.3d 672, 677 (3d Cir. 2006)（深化破产要求需要欺诈性行为而不仅仅是疏忽）；和 In re Global Service Group, LLC, 316 B.R. 451, 458（Bankr. SDNY 2004），“寻求获得‘深化破产’补偿的一方必须表明被告通过违反单独义务延长了公司的生命，或犯下了有助于一家公司的持续经营并增加其债务的可提起诉讼的侵权行为”。
36. See “ Directors' Duties in the Zone of Insolvency, ” March 8, 2007, Foley & Lardner LLP; available at http://www.foley.com/files/tbl_s31Publications/ FileUpload137/4010/Directors Duties Zone Insolvency.pdf, last accessed June 15, 2010.
37. See, for example, *In re SI Restructuring, Inc.*, 532 F.3d 355 (5th Cir. 2008); and *In re The Brown Schools*, 386 B.R. 37 (Bankr. D. Del. 2008).
38. *In re Amcast Industrial Corp.*, 365 B.R. 91, 119 (Bankr. S.D. Ohio 2007).
39. *In re Global Service Group, LLC*, 316 B.R. at 458.
40. 作为这一做法的典型例子，安泰保险（Aetna）的公司治理准则规定，“董事会成员有权就任何事项咨询公司管理层。此外，董事会及其下属的任何委员会有权聘请他们认为有必要聘请的律师和其他独立专家或顾问，而无须事先与公司的任何管理人员协商或者取得其同意”。此外，安泰的提名和公司治理委员会的章程规定：“委员会应享有相应的资源和权力来履行其职责，包括聘请律师和其他专家或顾问。”参见 http://www.aetna.com/investors-aetna/governance/ nominating_cgcc.html，最后访问于 2010 年 8 月 30 日。
41. See Wendell H. Adair, Jr., and Kristopher M. Hansen, “ The Discharge of Non-Debtor Parties in Bankruptcy, ” *Journal of Corporate Renewal*, Turnaround Management Association, May 1, 2000; http://www.turnaround.org/Publications/ Articles.aspx?objectID=1324, last accessed June 6, 2010.
42. See 11 U.S.C. §524(e).
43. See Section 5.0 of the Horizontal Merger Guidelines at http://www.justice.gov/atr/public/guidelines, last accessed June 6, 2010.
44. *American Press Ass'n v. United States*, 245 F. 91 (7th Cir. 1917).
45. *Int'l Shoe v. FTC*, 280 U.S. 291, 50 S. Ct. 89 (1930).
46. *Citizen Publ'g Co. v. United States*, 394 U.S. 131, 89 S. Ct., 927 (1969).
47. 见《横向并购指南》第 5.1 节第 39 条，载于 http://www.justice.gov/atr/public/guidelines,

最后访问于 2010 年 6 月 6 日。“以超过资产清算价值的价格购买危困企业资产的任何报价——相关市场以外的最高价值用途或购买危困企业股票的相当报价——将被视为合理的替代报价”。

48. *Citizen Publ'g Co.*, 394 U.S. at 137, *quoting Int'l Shoe*, 280 U.S. at 302.
49. See *United States v. Greater Buffalo Press, Inc.*, 402 U.S. 549, 555 (1971); *Citizen Publ'g Co.*, 394 U.S. at 137-138; *Int'l Shoe*, 280 U.S. at 302.
50. See *Citizen Publ'g Co.*, 394 U.S. at 137.
51. Remarks of Carl Shapiro, Deputy Assistant Attorney General for Economics, Antitrust Division, U.S. Department of Justice, Prepared for Delivery to ABA Antitrust Symposium, Competition as Public Policy, *Competition Policy in Distressed Industries*, May 13, 2009 (“Shapiro Remarks”), p. 21.
52. See Section 5.2 of the Horizontal Merger Guidelines at http://www.justice.gov/ atr/public/guidelines, last accessed June 6, 2010.
53. See, for example, *FTC v. Great Lakes Chem. Corp.*, 528 F. Supp. 84, 96 (N.D. Ill. 1981); and *United States v. Reed Roller Bit Co.*, 274 F. Supp. 573, 584 n.1 (W.D. Okla. 1967).
54. See, for example, *Int'l Shoe v. FTC*, 280 U.S. 291 (1930); *California v. Sutter Health Sys.*, 130 F. Supp. 2d 1109 (N.D. Cal. 2001); *Reilly v. Hearst Corp.*, 107 F. Supp. 2d 1192 (N.D. Cal. 2000); *United States v. Culbro Corp.*, 504 F. Supp. 661 (S.D.N.Y. 1981); *FTC v. Great Lakes Chem. Corp.*, 528 F. Supp. 84 (N.D. Ill. 1981); *United States v. M.P.M., Inc.*, 397 F. Supp. 78 (D. Colo. 1975); *Granader v. Public Bank*, 281 F. Supp. 120 (E.D. Mich. 1967); and *United States v. Md. & Va. Milk Producers Ass'n, Inc.*, 167 F. Supp. 799 (D.D.C. 1958).
55. 事实上，联邦贸易委员会的主席 Jon Leibowiz 在 2009 年的圆桌会议上表示，尽管存在经济危机，他领导的机构也将在合并案件中加强反垄断法的实施。参见美国律师协会，第 16 届执法官员的圆桌会议，华盛顿特区（2009 年），http://www.abanet.org/antitrust/at-source/09/04/Apr09-EnforcerRT4-29f.pdf，最后访问于 2010 年 8 月 30 日。
56. *Kaiser Aluminum & Chem. Corp. v. FTC*, 652 F.2d 1324, 1339 (7th Cir. 1981).
57. See, for example, *United States v. Gen. Dynamics Corp.*, 415 U.S. 450 (1974).
58. *FTC v. Arch Coal, Inc.*, 329 F. Supp. 2d 109, 157 (D.D.C. 2004).
59. 伊丽莎白法第 13 条规定：“对于土地、房屋、物品及动产，任何欺骗性和欺诈性的赠与、赠礼、赠款、分离、转让、结合、诉讼判决及执行……如果是为拖延、妨碍或欺骗债权人和其他人的目的且带有恶意、欺诈、欺骗、串通或诡计的目的和意图……该等行为将被撤销并完全无效。”
60. See generally M. Cook, “Fraudulent Transfer Liability Under the Bankruptcy Code,” *Houston Law Review* 17 (1980), p. 263.
61. 一些法律史学家可能认为，相关基本事实出自 1601 年的 Twyne 案，该案被认为是创设了“欺诈表征”测试的第一个判决，即如果一项转让同时满足以下测试的五个要素，则该转让将被视为欺诈：①被转让的财产构成债务人的所有资产；②债务人继续占有该财产和 / 或将其视为己有；③转让在未决诉讼期间进行；④转让是私下进行的；⑤受让人出于信任接受债务人的财产。

62. “合理的对等价值”这一概念值得注意，因为其在考虑对价的充分性时背离了传统的合同法理论，即在不存在欺诈的情况下，根据众所周知的“胡椒粒原则”（the peppercorn theory），即使是一粒胡椒也足以构成具有法律约束力的对价。
63. 见 BFP 诉 Resolution Trust Corporation 案，511 US 531（1994），认为抵押不动产的“合理相当价值”是实际收到的止赎出售价格，只要遵守该州止赎法的所有要求。
64. 例如，参见同上。止赎还包括税收出售。Kojima 诉 Grandote Int'l LLC 案（Grandote Country Club Co. Ltd 案），252 F.3d 1146, 1152 (10th Cir. 2001)，“在确定根据税收出售转让是否构成‘合理相当价值’的决定性因素是州的税收出售程序，特别是要求在竞标投标程序下公开进行税收出售的法规”。
65. 储蓄机构监管办公室（OTS）是下属于美国财政部的办公室，负责管理联邦政府特许的储蓄协会。货币审计官（comptroller of the currency）负责监管国家银行并授予其特许权。国家信贷管理局（National Credit Union Administration）负责监管联邦信贷机构并授予其特许权。
66. See, for example, *Federal Deposit Ins. Corp. v. Bell*, 106 F.3d 258 (8th Cir. 1997).
67. UFCA §2(1).
68. *Canadian Pa. Forest Prod. Ltd. vs. J.D. Irving, Ltd.* (*In re Gibson Group, Inc.*),66 F.3d 1436, 1446 (6th Cir. 1995).
69. 该列表是人们在 Martin D. Ginsberg 和 Jack S. Lewis 兼并、收购和收购中发现的一个释义：对税收、法律和会计考虑的事务性分析（New York：Panel Publishers / Aspen Publishers，2005），Sec.1506.2。
70. 例如，参见 Central Nat'l Bank 诉 Coleman 案 (B-F Bldg. Corp 案 .), 312 F.2d 691, 694 (6th Cir. 1963)，“在通常情况下……偿还另一个债务被认为是没有公平对价的转让”。
71. 参见 Robert W. Wood，“出售与重组：旁观者看法”，并购税务报告 10，2002 年 7 月 12 日，p. 5。
72. 参见 Kurt A. Mayr，“解锁锁定：根据破产法第 1125（g）节延期规划支持协议”，《破产法和实践杂志》，2006 年 12 月。这篇文章解释说，计划支持锁定协议“纪念债务人与一个或多个主要利益相关者之间已经商定的重组提案的重要条款（通常只是一个术语表）”。它还指出，封锁是“在庭外重组和所谓‘预先谈判’或‘预先安排’的第 11 章案件中的重要工具”。

第四部分

The Art of Distressed M&A

运行的交易结构

黎明前总是最黑暗的。同样地，“困境”和“策略”如同黑夜和白天一般，但它们是一个连续体。摆脱困境需要策略，相反地，任何明智的策略都必须考虑风险。

本书的这一部分旨在帮助买方和卖方在设计困境并购交易结构时如何进行战略性的思考与行动。一旦参与各方了解被并购公司的价值，那么不同潜在交易结构的可行性和困难点将变得更加明朗。事实上，因为在做出最后决定之前这一部分中所讨论的诸多方法都存在类似的解决方案，所以买方和卖方都应该比较与考虑每一种方法在真实情况下的优缺点。

- 本书第 11 章介绍的是通过将从各种估值方法中得到的结果进行三角形排列，从而对陷入困境的公司进行合理的估值。估值方法是本部分中所描述的所有交易结构的基础；事实上，估值方法也是选择最优交易结构的关键。
- 《破产法》中著名的第 11 章是关于对未来的重新规划；本书的第 12 章介绍的是如何规划未来。在这一章中，我们将介绍独立的重组计划、预包装计划以及预先安排计划。
- 第 13 章涵盖的是第 363 条出售条款和通过不良债权进而控制目标公司的交易（loan-to-own transaction）。正如第 13 章所解释的，第 363 条出售条款被认为只是对资产进行销售，这当中一般不涉及卖方债务向买方的转移。而通过不良债权进而控制目标公司的交易一般指的是以债权转股权为目的所进行的债务收购，从而拥有目标公司的标的资产或更广泛的业务。

- 我们在第 14 章进行总结并提出金融希望。第 14 章首先讨论的是为实现问题债务再融资以及增加其流动性、危困企业可选择的备选方案，然后集中讨论进入破产后债务人持有资产（DIP）贷款的获得。这最后一章阐述了在重组计划或第 363 条出售条款的背景下，对于公司来说如何获得退出融资。这使破产的“日落”变为新起点的“日出”，即使将情境延伸到当一家公司的财务需要成为另一家公司的融资机会时，我们都能从以上内容中获益，因此对于所有企业来说都会出现更伟大的繁荣。

第11章

危困企业估值的原则

对于每个复杂的问题都存在着一个简单的解决方法，但这个方法一般都是错误的。

——乔治·萧伯纳，爱尔兰评论家、剧作家

危困企业估值的综述

在破产中什么时候出现估值的概念

虽然《破产法》对估值没有明确的解释，而且破产法院通常也不会决定一家公司的价值，但是估值却渗透在整个破产过程中。我们从无数破产案件中选取下列几个例子，这些例子都表明了破产案件中的一个关键因素就是估值：

- 公司是否开始出现无偿债能力
- 申请前转让是否构成欺诈性转让
- 是否有足够的资本缓冲为担保债权人提供适当的保护
- 重组计划是否能通过债权人最佳利益的测试
- 破产案件是否应该从第11章变为第7章（反之亦然）
- 确定哪些债权人拥有重组计划表决权（或他们是否被视为已接受或拒绝该计划）
- 重组计划是否可行

虽然估值普遍存在于破产中，但不足为奇的是，估值也是破产过程中最具争议的因素。有时候各方参与者的主观观点大相径庭，而有时候为达到预期的结果操纵估值，特别是当风险高、压力大时。有些学者对此解释如下：

> 第 11 章中的估值错误会带来显著的财富后果。低估公司价值有益于得到股份或股票期权的债权人，估值也会影响资产配置和相关支出。由于存在相对优先级别，低估公司价值增加了优先级债权人的索赔比例。因此在第 11 章的程序中，优先级债权人有动机低估目标公司的现金流以增加其清偿额度……当管理层在重组计划下能获得股票或期权时，公司的价值也会被低估，这将为管理者创造一笔意外之财。最后，在重组计划下，公司向第三方投资者出售新权益证券时公司的价值会被低估。总的来说，我们的研究结果表明，在谈判中估值被“战略”性地使用以促成期望的谈判结果。[1]

破产法院为什么不确定公司的估值

与其专注于定义如何估计债务人资产，实际上美国国会建立了一个涉及《破产法》《破产规则》以及破产法院的破产程序，以通过民主协商使各参与者就估值达成一致。虽然评估方法和问题可能会随着时间的推移而变化，也可能会因不同的情况而有所不同，但立法者需要设计一个永恒的过程，这将适用于所有债务人的不同情况。因此，在这本书中，国会建立了一个灵活的过程，旨在为债务人提供一个新的开始并为债权人提供公平和合理的回报。

因此，破产法院通常不决定资产的价值，虽然他们可能会听到作为其他问题的一部分的关于估值的讨论。关于这些决定，破产法院需要评估所提交证据的说服力、所提供鉴定人的公信力、各种争论的逻辑性以及任何相关的判例法的先例。虽然之前的判例法可以提供宽泛的估值指引，但每个案件之间的估值细节通常都各不相同，因此与之前判例法直接相关的案例是不常见的。一般来说，许多破产法官将避免通过法庭陈述，或传达旨在让各方就估值问题达成共识的裁决以做出资产估值的决定。很多时候，各方在破产法官的严厉督促下重开谈判，之后他们会找到一个妥协的框架。

这个系统的设立是有意义的，因为毕竟破产法官通常不具备金融教育的背景。大多数的破产法官的背景涉及的是法律学院和法律实践，而这两种情况都不曾提供全面的估值训练。

破产中的估值方法与传统的估值方法有何不同

破产过程本身处于真空状态下，实际上对估值过程不产生影响。这可不是一件摇尾巴狗的事[⊖]！也就是说在评估某一特定资产或企业的价值时，破产程序采用传统的庭外评估方法。

然而，无论是庭外重组还是通过第 11 章的破产程序，在危困企业的估值过程中会出现两个重要的问题。首先，关于任何企业的价值，其核心在于找到买方愿意支付的最高价格和卖方能接受的最低价格的交叉点。[2]但是，这种传统的估值概念是建立在有效市场的假设基础上的——其中卖方有许多潜在的选择，而市场中也存在多个潜在买方。但是你如何去判断破产公司就是一个心甘情愿的卖方呢？同样，在破产背景下，潜在买方会受到诸多的限制，而且众多买方也会意识到困境交易所带来的不成比例的风险。

正如美国最高法院所强调的，这种挑战是进一步强调在债务人提出重组计划的排他阶段时所考虑的估值："计划授予的排他权没有对竞争性投标或计划制定任何规定，没有限制任何高额的价格都需要由法官在破产法院来决定，而是认为依赖市场才是决定价值的最佳方式。"[3]

如果不存在大量的、稳定的潜在买方，即使是公开招标的拍卖程序（如第 363 销售条款）也不能说其反映了有效市场的看法。[4]（事实上，正是市场的低效率才为买方以低价购买资产提供了大量的机会。）当面对陷入困境的企业时，买方和危困企业的债权人会相对保守地设定公司价值。一般而言，这是因为危困企业的销售市场是买方市场，而对于危困企业贷款的市场则是债权人市场。

困境情境下出现的第二个问题是处于财务和经营束缚的公司与其他持续运营的公司相比，可能会有更广泛的财务成果。这加深了使用广泛场景分析对破产企业估值的需要：比如当下一年度 GDP 增长 3%、1% 或出现负值时，公司的发展状况如何？无论是由于企业自身经营失误，或是行业下滑，还是其他市场性的信用问题，如果公司不能在两三年内完成高成本的退出融资，那么公司将如何运行？如果最近几年公司一直缩减研发开支以缓解紧迫的财务压力，那么该公司的品牌现在是不是已经成"次品"了？未来推出新产品的成功概率是多少？

这种因素的引入会比在持续经营估值中使用的因素具有更强的主观性。反过来，这会使企业"价值"的概念变得复杂化，这也向许多的潜在分歧和争端敞开了大门。

因此，当前的"争论"不是一家公司破产本身的估值，而是对该公司在困境下的估值。以下讨论将试图通过阐述在"困境"下的传统估值方法来平衡上述考虑。

危困企业的买方如何将其购买价格降到最低

大多数卖方都会有多个目标，包括价格、速度和交易达成的确定性。因此，买

⊖ 这仍然是重要的事物占据主导地位。——译者注

方不需要通过提出最高价格的方式来获得合同。买方可以通过向卖方提供非现金激励来实现交易，例如：

“我们将更快地完成工作。”

“我们有良好的融资记录，且完成过类似的交易。”

“我们能为签署收购协议提供一大笔存款。”

“我们能与你及你的团队配合默契。”

其他可以促成交易的激励措施还包括良好的管理条件，如公司股份、有利的就业合同、利润分享计划等。如果交易涉及私人企业的出售，就不存在社会因素的价值和效用的限制。但是，如果涉及的是上市公司的销售或合并，就需要谨慎地对待。这种考虑因素可能会导致牺牲股东利益的谋私交易的出现。在这种情况下，即使一直维持道德声誉的公司也会因此事件而受到苛责。[5]

购买（或收购）一家公司最棘手的问题之一，即是否以承担更大的风险或接受有重大缺陷的候选企业来获得较低的价格。这种风险或缺陷在并购贷款的借款人眼中会被放大，并且谈判的时机并不总是允许他们在签订合同之前先清偿贷款。因此就此形成一项重要原则：当价格合适时，他们快速地完成谈判并签字。自愿成交能带来较低的价格。（实际上一些最引人注目的成功交易就是在当买方看到管理团队和贷款人能接受那些重要的小瑕疵时实现的。）

另一种降低购买价格的方法是，只购买公司部分资产和某些部门，或以考虑合并后按公司出售计划来购买公司所有资产。

因此公司价值评估的基本方法是什么

在对公司进行估值时，首先会被问到的问题是，公司是按照持续经营企业的身份进行出售，还是依据清算来出售其资产。在清算中，估值是以公司单个资产的价值为基础的，即部分资产的总和超过其总体的价值。清算价值通常是指有序清算价值（扣除所有清算费用），而不是非理性的“甩卖”价格。从理论上说，清算价值应该是公司估值的最小值。

计算持续经营公司价值的方法有很多种。任何权威的估值指南都会推荐使用多种方法的估值，然后根据结果来确定公司价值。[6]总结得出，基本的方法（考虑组合使用，而非独立使用）如下所示：

- 估值基于可比公司的交易价格
- 估值基于未来预期现金流的折现值

- 估值基于公司盈利状况
- 估值基于公司股票及债券的市场价格
- 估值基于上述方法的特定组合（综合方法）

资产估值的基本原理

资产估值的基本原理是什么

正如对资产担保贷款的讨论（见本书第 14 章），简单来说，资产是公司现有的经济资源，公司对其拥有现有权力或其他特权。[7] 资产可分为有形资产或无形资产，但基于资产的融资者，其更倾向于有形资产或“硬”资产。[8] 对于特定业务来说，资产担保估值通常会产生最低的价值估计。这是因为这个过程一般只关注公司拥有的单个资产的总价值，而不是将公司作为持续经营的实体来进行评估。

关注资产的估值，无论资产是有形的还是无形的，都被称为估价，评估师遵循详细标准的实物守则——从不动产评估到经营业务评估。[9]

最重要的原则（1.1，整个标准都在重申）在于形成一个估价，评估师“必须意识、理解和正确运用公认的方式、方法和程序，这些都是产生可信估价的前提条件”。

例如，在对不动产估价时，有三种基本方法：销售法（资产当日的购买价格，也被称为市场价值）、成本法（重新购置该项资产的成本，也被称为重置成本）和收入法（通过出租或其他方式产生的资金）。评估师对每种方法都有相应的标准。[10] 美国评估师协会提供了大量的估价标准（见表 11-1）。[11]

表 11-1　基于资产的估值法

一、基于资产的估值法是指基于扣除负债后的资产价值使用一种或多种方法来确定公司所有权收益、证券或无形资产价值的一般方法。
二、在企业价值评估中，基于资产的估值法模拟了其他评估的成本法。
三、与自营企业，控股企业以及合营企业（混合制）相关的资产、负债和所有者权益。
A 自营企业是一家提供生产、销售、交易产品或服务等经济活动的企业。
B 控股公司是指从资产回报中获得收入的公司，其中包括自营公司或其他公司。
C 基于资产的估值法应从公司层面进行考虑，包括：
1. 投资或不动产控股公司；
2. 对企业的评估不应该仅限于持续经营的假设。
企业的特定所有者权益的估值可能需要或不需要使用基于资产的评估方法。
四、基于资产的评估方法不能单独用于评价持续经营公司，除非这个方法是买方和卖方常用的方法。在这种情况下，评估师必须支持使用这种方法。

资料来源：American Society of Appraisers, ASA Business Valuation Standards, BVS–III.

基于资产的指标有哪些，它们衡量的是什么

资产比率有三种，这些比率衡量的是有效性、流动性和杠杆率。[12]

使用资产的有效性指标

这些数字揭示的是如何管理企业。

- 会计收益率（ARR）表示税后平均收益（折旧后）除以投资期的平均账面价值。当会计收益率大于最小可接受收益率时，该业务将被接受。[13]
- 资产收益率（ROA）表示相比该行业中的其他公司，该公司如何利用其资源实现管理上的成功。资产收益率的计算是将公司税前净利润除以总资产。当资产收益率为1时表示每1美元资产所创造的利润为1美元。不同行业的资产回报率差异很大；很多“可登记”资产，如厂房、设备、库存（所有在资产负债表上记录或“登记”的资产）会有一个相对较低的ROA，而服务业公司具有较高的ROA，这是因为这些企业在经营过程中需要的“可登记”资产最少。
- 杜邦公式中的净资产收益率（ROE）显示多少现金是由现有的股权创造的。计算公式为净收入除以销售额再乘以两个乘数：即销售额除以总资产；总资产除以股东权益，最后的公式显示的是净收入除以股东权益。假设净资产收益率（ROE）为15%，就意味着以股权形式每投入1美元将创造出15美分的净收入。[14]
- 存货周转率向投资者传达的是公司销售产品的速度，这是以有形产品为销售对象的公司（不适用于服务型公司）的一个重要比率。该指标是用销货成本除以平均库存余额计算得来。
- 公司应收账款平均收款天数（也称为应收账款周转天数）帮助管理者和投资者评估应收账款的质量以及预测现金流量（预计收款时间）。该指标的计算方法是以前四个季度的净应收账款除以总销售额，再乘以365天。

使用资产的流动性指标

这些指标用于衡量其流动性。

- 速动比率（也称为酸性测试比率）衡量的是公司的短期流动性。该比率的计算方法是用速动资产（流动资产减去存货）除以流动负债（总负债减去长期负债部分）的比率。在持续经营的情况下，该比率的理想值约为1。如果该比率低于1，则意味着该公司可能会出现无偿债能力（即公司可能没有能力

偿付到期账款）。相反，如果该比率高于 1，则意味着该公司的资本尚未得到有效的使用（例如，是否该公司收取其应收账款的速度过慢）。虽然说速动比率超过 1 的公司被认为是"把黄金藏在了床垫下面"的公司，但不管怎么样速动比率超过 1 都是一件值得自豪的事。

- 流动比率（也称为营运资金比率）量化的是公司的中期流动性。该比率的计算公式是公司的流动资产（包括现金、存货和应收账款）除以流动负债（包括对信贷余额、30 天内到期的长期债务和应付账款）。虽然较高的流动比率对公司有益，但过高的流动比率表明该公司的存货比重过大。

使用资产的杠杆指标

这些指标评估的是公司的长期偿债能力。

- 负债权益比率量化的是与其账面价值相比，公司使用了多少杠杆。该比率的计算方法为总负债除以所有者权益，或付息长期总债务除以所有者权益。负债权益比取决于公司所处的行业。例如，汽车制造业等资本密集型行业的负债权益比往往大于 2，而个人电脑公司的负债权益比一般在 0.5 以下。高负债权益比（根据美国联邦银行的标准，0.75 以上为高负债权益比）表示公司"高度杠杆化"。因此，即使负债权益比为 0.5，也意味着同样的交易负债加倍。
- 资产负债率表示总资产中有多大比例是以借债的方式筹集的。该比率的计算公式为总负债除以总资产。如果资产负债率是 0.5，则表明该公司资产负债表上债务融资和股权融资的数量相等。如果资产负债率大于 0.5，则意味着公司大部分资产是通过债务融资获得的。如果资产负债率小于 0.5，那么意味着公司主要的融资方式为股权融资。

基于现金流的估值原则

什么是基于现金流的估值

从许多方面来看，基于现金流的估值是所有估值方法的鼻祖。这是因为所有的估值方法都是在直接或间接地回答同一个问题：我预期该业务在观测期内会产生多少现金？

值得强调的是基于现金流的估值，以及如企业价值倍数和市盈率等其他估值指标，这些指标体现的都是前瞻性的盈利预测，而非历史结果。这种预测在困境收购背景下显得尤为重要，因为历史的财务数据无法解释未来预期的重要业务的转变。[15]的确，在60年中这已经成为一项基本评估原则：当公司预计近期将会出现显著改善时就会对期望收益加以考虑。[16]值得一提的是管理大师彼得·德鲁克的名言："错误的假设是一场灾难。"换句话说，当对未来现金流进行假设时，请记住"如果输入的是垃圾，那么输出的也一定是垃圾"。

一家公司的现金流量是如何传递给财务报表的用户的

现金流量表（也被称为资金流量表）显示了现金的来源和用途。（事实上，在20世纪70年代之前现金流量表被称为资金来源及使用声明）。但现金流量分析面临着一个挑战，即公司使用了两种不同的方法来报告现金流量的情况：直接法和间接法。

其中，现金流量表的直接编制法可能更容易理解，因为它描述了一个真实的过程。这种方法很少或根本不需要解释：因为现金就是现金。然而，很少有公司使用直接法编制，这是因为美国会计准则汇编（ASC）230［以前称为财务会计准则公告（SFAS）95］规定，如果公司采用直接法编制现金流量表，就需要提供与间接编制法类似的补充报告。间接法是以公司的净收入为起点，然后调整为非现金应计项目。

无论使用哪种方法编制的现金流量表通常都包含三个部分。

经营性现金流

经营性现金流也被称为营运资金或经营活动自由现金流量，该现金流来源于企业内部经营。直接法计算经营性现金流的基本公式为：

销售货物和/或提供服务的收入
减：购买商品和/或接受劳务支付的现金
减：支付给员工或为员工支付的现金
减：支付的各项税费
等于：经营活动产生的现金流量

间接法计算经营性现金流的基本公式为：

净收入
加或减：将净利入调整至与经营活动产生的现金流量净额保持一致
营运资本的变化（应收账款/应付账款、存货等）
折旧与摊销
应计税收变化
资产处置中非现金的收益或损失

等于：经营活动产生的现金流量

投资性现金流

投资性现金流也是由企业内部产生的，但它来源于企业的非营业活动。例如投资或出售厂房和设备或其他固定资产所产生的现金，非经常性损益（意外或灾难），其他正常业务以外的现金来源。投资性现金流的计算公式如下：

从投资中获得的现金（例如股息支付、财产出售）

减：投资支付的现金（例如购买股票或财产）

等于：投资活动产生的现金流量

有些公司将“自由现金流”定义为经营性现金流减去投资性现金流。

融资性现金流

融资性现金流来源于外部融资，如债权人、投资者和股东。获得贷款、偿还贷款、发行股票以及支付股利都是现金流量表中该部分所包含的活动项目。融资性现金流计算公式如下：

发行股票或债券收到的现金

减：分配股利以及债务或股票回购所支付的现金

等于：筹资活动产生的现金流量

我已经知道了如何计算现金流，但如何将其转为对公司的估值呢

观察现金流量表，可以使投资者看到公司当前的现金状况。但是未来呢？这需要一个现金流折现（DCF）分析。

现金流折现分析包括未来多年的自由现金流量折现值和公司最终价值增加的现值。正如一位评论员所述，“在运用现金流折现模型分析公司价值时，‘终值’是最重要的因素”。[17] 在百富勤系统公司（Peregrine Systems Inc）[18] 及智尼电子公司（Zenith Electronics Corporation）[19] 的破产案件中，破产法院规定现金流折现分析作为确定公司价值的唯一方法。

现金流折现分析的基本步骤如下：

1. 企业不必考虑那些不产生未来预期现金流的各项流动资产和固定资产的价值，这些价值与计算未来现金流量折现值无关。
2. 在预选的时间范围内，逐年估计未来每年的销售额。（预选时间范围是指投资者持有资产直到出售之前的时间。）
3. 逐年估计毛利率，包括折旧费用。
4. 逐年估计息税前利润（EBIT）。

5. 逐年减去现金利息和预计的现金税款。
6. 逐年计算并减去每增加 1 美元销售额所需的平均边际增量营运资本成本（反之为缩减规模）。
7. 逐年计算并减去每增加 1 美元销售额所需投入的平均边际增量固定资本成本（反之为出售资产）。
8. 将折旧加回（反之为征收）。
9. 利用选定折现率的倒数估计前一年的预期收益，以便在限期结束后计算公司的剩余价值。
10. 使用风险调整后的资本成本贴现率，对包括剩余价值在内的所有价值进行折现。[20]
11. 加回所有不用于产生收入的流动资产和固定资产的预留价值（步骤 1）。总数将是基于其预期未来现金流量业务的现值（PV）。[21]
12. 如果投资者不希望无止境地预测现金流的话（这显然也是一项艰巨的任务！），一种更好的方法就是在业务稳定之前的一段合理时间内建立现金流量模型（5 ～ 7 年是最为通用的时间选择），然后计算出最终价值。在计算最终价值之前保证留出足够长的时间，因为这是能以永久稳定现金流进行衡量的方法。最后，这个最终价值将与观测期现金流量一样进行折现。
13. 由此，投资者可以通过比较公司现值与投资机会所需的现金支出来计算投资机会的净现值（NPV）。

这只是一种方法，众多的金融学教授已经设计好了计算 DCF 的电子计算表。[22]

现金流折现分析似乎假设公司当前正在产生正的自由现金流量。但许多破产或陷入困境的公司的情况比较特殊，因为这些公司并没有产生现金流，那又会如何呢

这就需要重组顾问的参与了。例如，为重组转变建立模型以展示出各种重组措施是如何改善其现金流量的。显然，减少债务负担以减少利息支出从而增加现金流量。整合工厂、精减人员、合理库存量单位（SKU），以及其他在初期需要支出的资金，但后期会使息税折旧摊销前利润（EBITDA）得到改善的类似措施。这也就是并购的用武之地。例如，出售部分业务以及重组剩余业务都会使债务比例得到合理控制并增加其现金流量。

因此，现金流折现分析通常是对危困企业进行估值的唯一方法，因为该方法可以在数年间捕捉到错综复杂的细节。其他估值方法，如可比公司分析法（在本章后

面部分将对此方法进行阐述)，该方法只关注一段时间，但这段时间很有可能会受到财务困境的影响。

采用现金流折现分析作为估值手段的缺点是什么

现金流折现分析的一个缺陷是终值可能在总价值中占很大的比例（如 90%）。如果终值所占总价值的比例过大，那么现金流折现分析可能是毫无意义的，因为现金流折现分析的期中现金流量与分析结果不相关。特别是当分析中使用的永续增长折现率越高，所得到的最终价值也就越高。例如，在最近对飞索半导体公司的破产决定中，[23] 一位财务顾问采用的是 -2.5% ～ 2.5% 的永续增长折现率确定了其终值，该永续增长折现率的中值为 0%。该财务顾问证实，0% 的永续增长率假设即使在特定市场收缩期，债务人的市场份额也会增长。相反，另一位财务顾问采用了 0% ～ 3% 的永续增长率来计算终值，该永续增长率的中值为 1.5%。在这种情况下，法院认为，1.5% 的永续增长率似乎与对债务人产品的行业预测得出的负增长率的结论不符。

现金流折现分析的另一个缺陷是它对采用的贴现率非常敏感。由于贴现率受到诸多主观因素的影响，因此，当处理方法逐渐成熟时，该评估方法也受到了一些批评。例如，计算贴现率的第一步就是选择一组可比上市公司来获得 β 值，该 β 值为计算加权平均资本成本（WACC）的组成部分。哪些公司包含在这个对比组中完全是由使用该分析方法的个人决定的。(在本章后面部分将讨论以估值为目的选择上市“对比公司”所需要考虑的相关因素。) 事实上，这也是近期飞索半导体公司的破产决定的关键因素。

总之，在飞索半导体公司的案例中，不同财务顾问使用的不同的估值数据输入对现金流折现分析估值结果有显著的影响！

但对于这些批评，我们认为可以用温斯顿 · 丘吉尔的话来描述类似的两难境地：“除了那些已被尝试过的，民主是最糟糕的政府组织形式。”因为该分析方法只关注现金流，而忽视了收益的会计基础形式，我们相信，现金流折现分析是一种出众的估值手段。然而，DCF 估值方法的使用者需要寻求充分的建议以保护模型中所反映的所有假设。

基于现金流的指标有哪些，它们衡量的是什么

- 经营现金流量比率（OCF）[24] 衡量的是公司经营活动产生的现金流量抵偿其流动负债的能力。该比率的计算方法是用经营现金流量净额除以流动负债，

如果该比率低于1，则表示该公司没有产生足够的现金以偿还目前的债务，即视为无偿债能力债务。

- 现金流动负债保障比率（CCD）是衡量公司偿还其流动负债的能力指标。CCD的计算公式如下：（经营活动产生的现金流减去现金股息）除以流动有息负债。该公式中的分子与留存经营现金流量一致。

基于证券的估值原则

基于证券价格的估值工作如何开展

任何公开交易的证券都能为判断该公司潜在的市场价值提供一些启示。有效运行的公共金融市场本身通常作为贴现机制来提供服务，该市场每分钟证券价格的变化都反映出了不同的运行模式，现金流量的预测以及工业 / 经济对市场的展望。

然而，即使在持续经营的假设背景下，这种估值方法也有一定的局限性。以近十年里最具竞争优势的苹果公司为例。从2009年6月至2010年6月，苹果公司的股价处于133美元到272美元的范围内，这意味着苹果公司的股权估值范围为1200亿美元到2480亿美元。显然，这12个月当中会有诸多因素影响苹果公司的业务：美国经济的改善、欧洲的信贷问题、iPad的推出等。但这些因素真有足够的影响力推动苹果公司股权价值增长近1300亿美元吗？即使在市场稳定时期，只要有人认为任何一家公司，在52周内其股价的变动范围由50%上升到100%的话，那么直观上有效市场理论也就似乎丧失了一定的解释力。

在破产和重组场景中这些情况更为真实。也就是说，基于证券的估值方法严重依赖于危困企业在市场上公布的即时的、有效的和正确的金融、法律及运营信息。通常情况下，事实并非如此，因为市场可能不了解破产案件所披露的信息。事实上，破产法院曾指出“破产的污名是严重压低公司证券市场价值的因素”。[25]同样，也有评论员指出，“证券的市场价值将取决于投资公众对企业未来前景的看法。这种看法很可能被最近刚结束的重组和企业未来几年美好的前景所过度扭曲”。[26]虽然破产公司的证券交易价值可以作为一个有效的参考值，但更为重要的是需要时常谨记——尾巴是摇不动狗的。正如乔治·萧伯纳所指出的那样，采用交易价格对危困企业进行估值的方法相对简单，但这样简单的答案往往是一个复杂问题的错误答案。

研究人员有一个更务实的观点：“在多数情况下，专门购买破产公司优先债权的投资者会合谋策划压低公司的价值，以期当公司进入破产程序时他们能从中获得公司包括股票在内的大部分价值。如果公司价值被低估了，市场会使其股价飙升，这样他们就能获得巨大的收益。”[27]

因此，如果基于证券的估值方法在某些时候受到质疑，且容易被他人操纵，为什么还要考虑使用这种方法呢？

这个问题的关键点在于为什么要考虑它，而不是完全依赖于它。估值是马赛克，每个单独的数据点是没有意义的。但是，当把每个数据点放在全视图上，图片就会变得更加清晰了。

因此，危困企业的准确估值将关注其所有证券的价格，包括债券的价格。事实上，一家危困企业的不同类别的证券价格可能反映出截然不同的复苏期和预期估值。

举例来说，一个破产实体有三层资本结构：①面值为 1 亿美元的银行担保债务，按面值的 80% 进行交易；②面值为 5 亿美元的无担保本票，按面值的 40% 进行交易；③ 4000 万股公开交易的股票，按每股 25 美分的价格进行交易。这些信息都归纳在表 11-2 中。

表 11-2　隐含在不同类型证券中的公司价值区间　（单位：百万美元）

	证券的账面价值	交易价格	证券的市场价值	隐含的公司价值
银行担保债务	100	0.80	80	80
无担保本票	500	0.40	200	300
股票（4000 万股）	N/A	0.25	10	610

虽然上述信息直观上不能一目了然，但三类证券展现的是截然不同的公司估值：

- 担保债权人估计他们的债券价值低于面值，或为 0.80 美元。即担保债权人间接认为，在不存在其他类别债券的情况下，其 1 亿美元的银行债券只值 8000 万美元。这一估值将企业价值拉低至 8000 万美元。
- 虽然无担保债权人也同样认为其债券价值低于面值，或为 0.40 美元，但这不意味着无担保债权人比担保债权人更乐观吗？从理论上讲，如果银行担保债务已实现全额清偿，那么在破产情况下本票实现价值的唯一方式就是使无担保债权人的支点证券获得大约 40% 的清偿。（这种简单化的信贷定价就是为了阐述这一点；在任何既定时期内本票的价值会受到许多变量的影响。）因此，在不存在股权的情况下，无担保债权人间接传递出在向担保债权人偿还了 1 亿美元之后，其票据价值为 2 亿美元的信息，即表明该企业的估值为 3 亿美元。

- 如果无担保债权人被认为比担保债权人乐观的话，那么只能用乐观过头来形容股东了！乍一看，这种情况也许并不明显：4000 万股每股价值为 0.25 美元的股票，总股本价值也仅为 1000 万美元。但是，在这种情况下，该股权估值间接说明了担保债权人和无担保债权人获得了全额清偿（清偿总额为 6 亿美元），另外还剩余了 1000 万美元的股权价值。这意味着企业的估值被拉高至 6.1 亿美元。

因此，在表 11-2 中所反映的基于证券估值的分析表明，一家公司的估值区间跨度相当的大，最低估值仅为 8000 万美元而最高估值竟然高达 6.1 亿美元。为什么会这样呢？其中的一个原因就是不同的投资者不约而同地为危困企业的未来经营表现赋予了完全不同的概率。或者说，一位行为金融学的学生可能会认为这个范围内的估值预期反映的是在选择每种资产类别时投资者所体现的特性和风险承受能力，比如有些投资者就特别墨守成规。因此，该学生可能还会认为担保债权人的本质是风险规避型，他们极有可能会对公司进行最为保守的估值，而股权投资者是属于风险偏好型的，因此他们对公司重整的前景极有可能是持有最乐观的态度。

不管怎样，以证券为基础的估值都是值得考虑的，因为至少该公司有一部分公开交易的证券。

其他估值方法

什么是基于盈利的估值

基于盈利的估值方法关注的是盈余质量，通常专注于经营活动所产生的盈利，而非非正常经营事件所产生的盈利。在一家运行正常的公司中，该估值方法是基于最近发生的和管理层计划中所解释的盈利。当将该方法运用在危困企业时，分析师应该汲取传奇投资者沃伦·巴菲特的智慧：“当骗子主导了公司的盈利报告时，利润就如同腻子一般柔软。”[⊖]

危困企业使用的基于盈利的估值方法是不同的。正如 DCF 部分所描述的，对一家融资或经营困难的公司估值时，通常需要对其进行好几年的预测（三年是一个较为合理的预测期），再加上对其诸多提升经营措施的考虑，以预测未来收益的好转。投资者可能会考虑什么是对“第三年收益”的合理的基于盈利的估值倍数，然后使用合适的折现率将公司价值折现到当前，这里的折现率反映的是在预测期内该

⊖ 即指随心所欲地操纵盈利。——译者注

公司所面临的宏观和微观的经济风险。

基于盈利的指标有哪些，它们衡量的是什么

- 平均报酬率是衡量盈利能力的基本方法。累计净收益除以经营期年数，然后再除以初始投资额，以获得年收益率。
- 内部收益率（IRR）是指使某投资项目净现值为零时的贴现率。该指标经常用于贴现现金流量的计算，但它也可以用于基于盈利的估值公式。该公式为 $PV = A_1 \div (1 + r)^{n_1} + A_2 \div (1 + r)^{n_2} + A_3 \div (1 + r)^{n_3} + \cdots$ 其中 PV 是投资的现值；$A_1, A_2, A_3 \cdots$ 为每个阶段所获得的收益；r 是我们需要确定的回报率，$n_1, n_2, n_3 \cdots$ 是从投资日起计算获利的时间段。
- 每股收益（EPS）代表的是公司为每股流通股所赚取的净收入。目前，美国财务会计准则委员会（FASB）正在调整每股收益的定义。[28] 拟定的新说法阐明了基本每股收益的计算应包括发行在外的普通股以及与普通股东一样有权分享当期收益的金融工具。通过降低美国公认会计原则（GAAP）和国际财务报告准则（IFRS）对 EPS 分母定义的差异，以及简化第 128 号声明的应用，这份经 FASB 的声明与国际会计准则（IAS）33 的调整一并提高了 EPS 指标的可比性。[29]
- 市盈率 (P/E) 为股票价格除以每股收益。该比率的计算可以使用历史收益或未来收益数据。从定义上看，市盈率的计算仅针对公司的股票价值，而不考虑其债务负担。因此有人认为这种计算方式是该指标的重大缺陷。
- 企业价值倍数（EV/EBITDA）与市盈率类似，但企业价值倍数的计算包含了公司的净负债（或总负债减去现金）。更特别的是，企业价值倍数定义为市值加上总负债再减去总现金，[30] 然后除以税息折旧及摊销前利润（EBITDA）。企业价值倍数的计算公式中用 EBITDA 替代了净收益，因此该比率受到“最低”收入和费用因素的影响较少。（即该计算公式中不包括营业外收入科目。）然而，值得一提的是，EBITDA 和净收入一样都体现了管理者对这些应计科目的判断。因此，EBITDA 的使用并非“万无一失”。企业价值倍数被认为是衡量以现金为基础的企业最好的指标，同时这也是作为基准来衡量行业平均水平最好的指标。（该指标的倒数 EBITDA/EV 用于计算投资回报率。）
- 重置价值表明，从头开始复制某项业务所需支付的成本。如果一家公司是

盈利的，买方可能会计算其重置成本，但投资者并不知道该公司产生利润的组成部分有哪些。一旦产生重置成本，资本的买方成本就会被用来发现哪些收益是需要满足内部收益率的，或哪些现金流必须要满足折现现金流量的。

- 利息保障比率衡量的是公司支付利息的能力，是评估高杠杆企业价值的关键因素。利息保障比率的计算公式为息税前利润除以年度利息费用，该指标的简单分析就可以提示投资者一些过度杠杆化的公司在2008～2009年经济衰退时会出现股价暴跌的情况。

混合估值方法有哪些例子

由于估值的复杂性，可以使用的混合估值方法数不胜数。其主要的混合估值方法如下：

- 现金流股权回报率™
- 现金流投资回报率®
- 总投资现金回报率
- 现金增加值
- 贴现现金流
- 经济增加值™
- 经济价值管理
- 企业价值
- 市场增加值
- 格雷厄姆相对价值
- 已动用资本回报率
- 净资产收益率
- 股东价值增值
- 总营业回报率（或股东总回报率）[31]

上述任何一种方法都可以用于危困企业的估值，但是如果企业已陷入严重危困时，最好还是坚持以资产为基础的估值方法。唯一可行的混合技术是那些相信危困企业无形价值的“经济”概念——其超过了盈利、现金流及证券价值，但对危困企业进行有意义的估值来说这可能还是太低了。

何为可比交易？如何使用可比交易对危困企业进行估值

企业估值的另一种方法是将其支付价格与可比交易所支付的价格进行比较。在最近的飞索半导体公司破产案例中使用了三种估值方法，可比交易法就是其中一种（另两种方法是折现现金流分析法和可比公司价值法）。

简言之，可比交易法基本上采用了本章前面所描述的估值技术以及某特定交易中所使用的支付倍数。然后，通过对预期收入合并、成本节约以及其他特定交易变量进行适当的调整，将这些倍数运用到估值公司上以获得其隐含价值。

由于可比交易法是将持续经营的公司价值运用在陷入财务危机或经营困难的公司身上，因此这种方法（与之后讨论的可比公司法类似）经常会失败。这个做法就如同将苹果与橘子相比较，无法相提并论。

更严重的是，试图从可比交易倍数中剔除收入合并和成本节约等变量是徒劳的，因为通常这些变量是不会公开披露的。

可比公司法如何作为估值的基础

可比公司法涉及标识一组对照公司，并为这些公司选择市场敏感度乘数，如市盈率、市净率和企业价值倍数（息税折旧摊销前利润），然后将这些衡量指标的均值用于评估被估值公司的财务状况。这种方法是基于市场对特质类似的企业估值相似的理念。通过可比公司分析确定的估值通常并不能反映买方在并购交易中所支付的控制权溢价，或者是在公共和私人资本市场上用于破产实体以反映其未来经营不确定性的折现率。

类似于可比交易分析，在构建可比公司分析的对照组时，通常选择与被评估公司处于同一行业的公司。这些公司应具备相似的基本特征，如收入规模、盈利能力和信贷质量。虽然最理想的方式是将这一分析直接瞄准被估值企业的竞争对手，但在实际中，可比公司分析的范围应更广泛才是。该分析还应调整各可比公司的资本结构，以便更准确地将其与被估值公司进行比较。

一般情况下，只有上市公司才能使用可比公司法，因为非上市公司不会公布其财务报表也不进行股票交易，所以可用数据不足。因此，只有当存在可比上市公司时才能使用可比公司法。通常 4 ～ 8 家可比公司形成的代表性对照组就可实现对比分析。如果可比上市公司很少或不存在的话，那么就应该放弃这种估值方法而选用其他方式。例如，在放射性协会（Radiology Assoc., Inc.）公司诉讼案件中，[32] 破产法院认为，拟定的可比公司之间的差异如此之大，以至于在这些公司之间进行比较是没有意义的。

只要有足够的上市公司作为对照组，可比公司法有一个关键的优势：该方法使用上市交易的股票价格来推进对比过程；当前的股票价格通常被看成最好的估值指标之一，因为当前交易价格反映的是平衡了众多投资者对影响公司未来表现的各种因素的主观观点之后的结果。就这个方面来说，可比公司方法对公司的风险状况、竞争压力、商业周期和前景给出了最新的判断。

在确定可比公司的名单之后，可比估值倍数将被用于为被估值公司建立起一个相对估值范围。用可比公司市盈率的均值或中值乘以被估值公司的盈利来实现相对估值，这有助于确定该公司的具体估值，但也有可能会误导投资者。所以更好的方法就是还需综合考虑被估值公司的相对优势和劣势。

试图对危困企业使用可比公司分析还面临着另一个挑战：破产企业的静态收益和现金流可能暂时会相对低于其正常化的盈利状况。因此，很难将可比公司价值倍数用于危困企业的最新财务数据上。相反，通常需要将该价值倍数运用在预测财务结果上（1 ～ 2 年的预测期较为典型），如果适用的话，还需将隐含估值折现为现值。如果将可比公司分析应用于预测财务结果，那么在计算动态倍数时需要确保使用的同样是可比上市公司的预期财务数据。

尾注：

1. Stuart C. Gilson, Edith S. Hotchkiss, and Richard S. Ruback, " Valuation of Bankrupt Firms," *Review of Financial Studies* 13, no. 1 (2000), pp. 43, 45–46.
2. A third element in many situations is, how much is a lender willing to lend against the asset or business?
3. *Bank of America National Trust and Savings Association v. 203 North LaSalle Street Partnership*, 526 U.S. 434, 457, 119 S.Ct. 1411, 1423 (1999) (internal citation omitted).
4. But see *In re SM 104 Limited*, 160 B.R. 202, 228 (Bankr. S.D. Fla. 1993). (" [T]he bidding process itself works to drive the price paid for the equity in the reorganized debtor up towards its fair market value. ")
5. 2005 年 5 月 27 日，在 AT&T 代理管理咨询服务备忘录中记录着，“虽然财务交换比率的关键问题被搁置，但代理声明表明，在 2005 年 1 月 24 日至 28 日这周内，双方的代表律师基本上就拟议的合并协议达成一致，包括潜在的所有‘社会考虑因素’，例如多尔曼成为合并后公司的主席并当选 SBC 的董事（与另外两位 AT&T 的董事成员一起）以及他那份诱人的薪酬合同”。代理管理咨询服务，AT&T，2005 年 5 月 27 日，p. 12。这份内部客户报告的引用是经过许可的。
6. 这种方法来源于罗伯特 A. G. 蒙克斯和亚历山德拉·里德·拉杰科斯《企业价值评估》(组

约：彭博 / Wiley, 2010）。我们在这里的讨论是鉴用了 Monks-Lajoux 的研究框架。

7. 该定义来源于正在进行的工作：国际会计准则理事会（IASB）和美国财务会计准则委员会（FASB）的联合概念框架项目。参见" Project Update: Conceptual Framework, Elements and Recognition"; 网址为 http://www.fasb.org/project/cf_ phase-b.shtml，最近登录时间为 2010 年 6 月 12 日；以及" Notes from Joint Meeting of the IASB and FASB," 2008 年 10 月 20 ～ 21 日，网址为 http://www.fasb.org/ news/SDR_10_20-21_08.pdf，最近登录时间为 2010 年 6 月 12 日。IASB 框架是由国际会计准则委员会（IASC）于 1989 年 4 月批准并于当年 7 月发布，2001 年 4 月至今由 IASB 使用。该框架写明"资产是指因过去事项形成的，由主体控制且预期会导致未来经济利益流入主体的资源。"参见" Framework for the Preparation and Presentation of Financial Statements," 2009 年 1 月 1 日，网址为 http://www.iasb.org/NR/rdonlyres/4CF78A7B-B237-402A-A031-709A687508A6/0/ Framework.pdf，最近登录时间为 2010 年 6 月 12 日。

   与衡量财务状况相关的因素最直接的就是资产、负债以及所有者权益。这些名词定义如下：

   (a) 资产是指因过去事项形成的，由主体控制且预期会导致未来经济利益流入主体的资源。
   (b) 负债是指主体因过去事项而承担的现时义务，该义务的履行预期会导致含有经济利益的资源流出主体。
   (c) 所有者权益是指在扣除所有负债后，主体所拥有的资产的剩余权益。

8. Cheryl Moss, Vice President, Friend Skoler & Co., Inc., Saddle Brook, New Jersey, interviewed June 10, 2010.

9. " Uniform Standards of Professional Appraisal from the Appraisal Standards Board of the American Appraisal Foundation "; available at http://www.uspap.org/2010USPAP/USPAP/frwrd/uspap_toc.htm, last accessed June 10, 2010.

10. USPAP 2010–2011, Standards Rule 1-4; available at http://10. www.uspap.org/2010USPAP/USPAP/stds/sr1_4.htm, last accessed June 10, 2010.

11. "价值评估行业统一操作标准"，参见上述注解 9。

12. 该列表从蒙克斯和拉杰科斯的研究中截取，参见上述注解 6。

13. 示例："对于所有固定资产的购买你的投资理念是至少满足 15% 的平均 AAR。最近，你正在考虑购买一些价值 96 000 美元的设备。这种设备的使用期为三年，按照直线折旧法三年后该设备的账面价值为零。预计该项目在三年中每年产生的净利润分别为 5500 美元、12 400 美元以及 17 600 美元。"

    分析：

    三年间平均净利润为（5 500 + 12 400 + 17 600）/3 = 11 833.33

    平均投资成本为（96 000 + 0）/2 = 48 000

    AAR = 11 833.33/48 000 = 24.6%

    AAR 高于 15%，因此接受该项目。

    出处同上。

14. 当额外的现金投资增加资产负债表的资产方，这个过程确保的是额外的现金投资不会以先前投资的现金回报出现。出处同上。

15. See *Matter of Genesis Health Ventures, Inc.*, 266 B.R. 591, 614 (Bankr. D. Del.2001).
16. See, for example, *Consolidated Rock Prods. Co. v. DuBois*, 312 U.S. 510, 525-526 (1941); *Group of Institutional Investors v. Chicago, Mil., St. P. & Pac. R.R.Co.*, 318 U.S. 523, 540-41 (1943).
17. Lawrence P. King, ed., *Collier on Bankruptcy* 7, 15th ed. rev. (1997), 1129.06[2][a][ii][E] [quoting Peter V. Pantaleo and Barry W. Ridings, " Reorganization Value, " 51 *Business Lawyer* 419, 428 (1996)].
18. No. 02-12740 (Bankr. D. Del. June 13, 2003) (accepting the discounted cash flow method " as the appropriate method to determine enterprise value in this case," where revenues and earnings were anticipated to experience wide swings rather than becoming normalized).
19. 241 B.R. 92, 104 (Bankr. D. Del. 1999) (relying on experts who applied the discounted cash flow method to a company with volatile cash flows).
20. 根据一篇经典的金融文献，分析师在此就有了可替代方案。"具有争议的问题在于净现金流的期望值是否需要对'调整后的风险'比率进行折现，还是先对该现金流按风险进行调整然后再按无风险利率进行折现。"上述经典金融文献为 Lutz Hacgert and R. M. edelson, " An Analysis of the Kuhn-Tucker Conditions of Stochastic Programming with Reference to the Estimation of Discount Rates and Risk Premia, " *Journal of Business Finance*, September 1974, pp. 319–455。
21. Stanley Foster Reed, Alexandra Reed Lajoux, and H. Peter Nesvold, *The Art of M&A: A Merger/Acquisition/Buyout Guide*, 4th ed.（New York: McGraw-Hill, 2007）.
22. 参见佐治亚理工大学 Charles Mulford 教授的示例 http://cwmulford.com/CoAnalysis.htm。财务报表分析模型包含几个 Excel 工作表，旨在完成企业的财务报表和现金流量分析。该模型的运行需要三年的资产负债表和利润表的数据。
23. *In re Spansion, Inc., et al., Chapter 11, Debtors. U.S. Bank National Association, as trustee, Plaintiff, v. Wilmington Trust Company, Spansion, Inc., Spansion Technology LLC, Spansion LLC, Cerium Laboratories LLC and Spansion International, Inc. Defendants*. Case No. 09-10690 (KJC), Adv. Pro. No. 09-52274. United States Bankruptcy Court, D. Delaware. April 1, 2010.
24. 作者承认"彩衣傻瓜"的 Phil Weiss 的作品是这两处描写的来源。
25. *In re New York, New Haven and Hartford R.R.*, 4 B.R. 758, 792（D. Conn.1980）.
26. Bruce A. Markell, " Owners, Auctions, and Absolute Priority in Bankruptcy Reorganizations, " *Stanford Law Review* 44 (1991), pp. 69, 73.
27. Gilson et al., note 1, p. 65, n. 33.
28. See Financial Accounting Standards Board, " FASB Issues Revised Exposure Draft on Earnings per Share, " news release, August 7, 2008; available at http:// www.fasb.org/news/nr080708.shtml, last accessed June 12, 2010.
29. 美国财务会计准则委员会，"每股收益，FASB 第 128 号修订声明"，公开草案（修订），财务会计准则的拟定声明，2008 年 8 月 7 日；网址为 http://www.fasb .org/draft/rev_ed_eps_amend_st128.pdf，最近登录日期为 2010 年 6 月 12 日。

30. 这种方法是“彩衣傻瓜”网站博客上一位笔名为 Olikea 的投资者推荐的。他解释道：“原因之一就是该方法在考虑‘企业价值’时是有用的，与简单地考虑‘市值’是不同的，因为当 A 公司想要直接收购 B 公司时，那么 A 公司不仅按现价买下 B 公司的所有股份，而且 A 公司还要承担 B 公司的债务。如果 B 公司手中持有现金，这实际上就是一个‘当单折扣’，因此需要从收购成本中扣除这一部分。”参见网址 http://boards.fool.co.uk/Profile.asp?uid=208767628，最近登录日期为 2010 年 6 月 12 日。
31. 这些方法的详细讨论，请参见蒙克斯和拉杰科斯的著作，上述注解 6。
32. 611 A.2d 485, 490（Del. Ch. 1991）.

第 12 章
困境并购的策略：重组计划

从开始的时候就要考虑结束。

——史蒂芬·柯维，高效能人士的七个习惯

重组计划综述

什么是重组计划，它在破产程序中起到了什么作用

在第 11 章中所描述的债务人出现之前，破产法院必须确认该公司的重组计划（plan of reorganization，通常简称 PoR，或者简单地称作计划）。国会通过设计这样一种确认程序来实现民主制衡机制：首先拥有控制权的债务人提出重组计划，然后债权人对此进行投票，最终使破产法院批准这份计划。这种设计通过给每一方谈判筹码使他们都能做出合理的让步，从而创造出各参与方之间健康和紧张的氛围。谈到重组计划，各方应牢记破产程序的主要目标：①经营业务的新开始，包括破产申请前债务的免除；②将资产公平合理地分配给债权人。在本章中，我们将解释关于重组计划的提议、投票以及获得确认的相关过程和关键问题。

重组计划是各方当事人及其顾问想要通过操纵破产过程以达到其最初目的的最后阶段。关于确认重组计划的听证会上各方所表现出来的运筹帷幄、装腔作势、相互结盟、谈判协商、劝诱哄骗和法律诉讼等这些行为将破产程序推向高潮。不管债权人对于重组计划是投票支持还是反对，也不管破产法院对该计划的合法性是否做出了裁定，重组计划的确认最后会将所有的法律与金融理论推向最终的实践测试。

在这场实践测试中所有的事实都将被揭露：哪些谈判策略是虚张声势的，哪些论据具有可取之处，哪些联盟是稳固结实的，哪些当事人变换了立场，哪些想法是值得被投资的，哪些回报率将会超过预期，哪些支出将会令人失望。因为确认程序通常会进行多轮的提案、反对、谈判和修改这四个步骤，因此对于潜在买方来说至关重要的是要时刻关注最新的重组计划。

在经过不断的反复斗争之后，如果重组计划仍然无法通过实践测试，那么即使当事人万分不情愿，他们也不得不得出结论：清算是更适合目前状况的方法。但有时候清算的威胁可能会导致两败俱伤的情况出现，因此有必要说服那些固执的拒不让步者同意这份重组计划。在其他时候反对者可以利用清算的威胁从谈判中得到实惠。在极少数情况下，如果重组计划的谈判陷入了僵局，破产法院可能会根据联邦破产法驳回该申请，既不重组也不清算。

任何一个重组计划的关键好处在于可以借助拒不让步的少数反对派的法律助力。事实上，这样做的好处是因为债务人可以通过联邦破产法来寻求一个解决方案，而不是走庭外重组或是各州破产程序。在本章中，我们将解释重组计划确认程序中所涉及的技术问题，比如强制破产重组、填鸭式计划、锁定和其他概念，以实现借助反对派法律助力的好处。此外，我们将描述中小投资者如何运用一定的防御能力获得谈判筹码，如债权人试验、可行性测试、绝对优先规则的最佳利益。

重组计划是潜在买方收购危困企业的一种方法。一般来说实现这种方法主要有两种途径。第一种途径是通过重组计划完成第 363 条出售条款对公司的整体收购，而非部分收购。在这种情况下，买方应做好准备去解决第 13 章以及本章将讨论的涉及第 363 条出售条款的所有问题。在一些美国司法管辖区中，受托人要求破产公司的任何出售要根据重组计划执行，而非按照单独的第 363 条出售条款进行。第二种途径涉及重组计划融资，这种出现在破产过程中的融资是以取得公司的控制权为目的的。

在本章中，为了确认重组计划，我们需要核查重组程序的以下几个方面：

- 保护期
- 重组计划的类型
- 披露声明
- 重组计划的内容
- 确认书

虽然估值从来没有出现在起草、谈判或确认重组计划这一系列过程中的任何一个显耀的位置，但它却几乎隐含在每个阶段，并对每个阶段都产生重要影响。从杠杆证券的确定，到退出融资的取得，到回收的计算，再到相关测试的评估，对公司进行估值通常是这些步骤中最为重要的因素。因此，在评估拟议的重组计划之前，各方通常都需要形成自己对公司估值的看法。

保护期

谁可以提出重组计划

在破产程序的后期，任何一方都能提出重组计划，但是在保护期内只有债务人才有这样做的权利。《破产法》特别指出，破产财产受托人、无担保债权人委员会、个人债权人、股东以及契约受托人均可提交重组计划。[1] 申请该计划的实体被称为计划倡议者。

不属于以上分类的潜在买方由于不是利益方，因此不能提交重组计划。但是，如果某个潜在买方有提出申请的愿望，他可以通过购买一个债权人的债权，并利用该债权人在破产程序中的地位来提出计划。通常情况下，潜在买方为了获得这个计划的支持者，最务实的做法就是与债务人或债权人委员会进行结盟。

何为保护期和征集期

保护期是指在破产过程中，只有债务人可以提出重组计划的那个阶段。保护期开始于请愿书的日期。《破产法》第 1121（b）条解释说，债务人有 120 天的时间向破产法院提交重组计划。[2]

虽然提出一个合适的重组计划是一项复杂的工作，但实际情况是债务人只需要提交一个预留计划以满足《破产法》规定的 120 天的条款即可，并可以在日后对这个预留计划进行修改；这是因为《破产法》第 1121（c)(2）条没有规定提交的重组计划必须是一成不变的。

重组计划的提交会自动触发请求征集期的开始，它为债务人提供了额外的 60 天保护期。因此，各方时常所提及的债务人保护期其实是指 180 天，而非 120 天，因为只要提交了一份预留计划之后保护期就会自动延展。在时间的计算上不包括事件当天，这里所说的事件当天指的是申请日，当然时间的计算上也不包括最后一天。如果最后一天是周六，周日或法定节假日，那么，保护期时间的计算推迟到节假日结束后的第二天。[3] 然而，保护期中的其他周六、周日和法定节假日都包含在保护期的天数计算内。

如果债务人，即事件中的拥有控制权的债务人或破产财产受托人（视情况而定）不能在 120 天内提交重组计划，债务人的保护期将自动结束，随后任何利益方均可提交重组计划。[4] 破产法并没有列出债务人保护期一旦终止还能恢复的相关条款。

潜在买方应该在准备开始收购时衡量债务人保护期的状态。由于在破产程序开始阶段要保持各方权力的平衡，潜在买方首先要做的就是接近债务人。如果保护期已经终止，买方应该评估他们重组计划的最大支持来自哪一方或哪几方。如果保护期已接近尾声，买方可能想要等待看看接下来会发生什么。

债务人是否可以获得保护期和征集期的延长

是的。债务人可以请求破产法院延长其保护期和征集期。[5] 但债务人必须提出延期请求的原因，并把延期请求的通知传达给各利益方，还必须在向破产法院申请之前举办听证会。债务人可从公司融资方面的压力、评估其战略选择的耗时、陈述与各方债权人谈判的困难等方面来解释和说明提出延期申请的原因。

按照例行要求实现的多个延展期和第 11 章中复杂的案例描述的大多是公司破产的情况。潜在买方应查看破产法院予以延展的破产案卷以确认延长的保护期最终何时结束。有时，这些案卷中会用文字表明此次延展是保护期的最后一次延展，在这种情况下今后所有的延展请求将会被拒绝。

如果债务人申请延期失败了，其他利益方还可以代替债务人提交申请。有时债权人更愿意债务人维持其排他性，而不是在众多意见相左的债权人中创建一个供他们提出竞争性重组计划的免费战场。

潜在买方还应该对保护期延期请求的听证会予以特别关注，因为由此可能会透露出破产案内部运作的关键信息。如果延期申请收到了一个或多个反对意见，那么，这些反对意见的本质可能是各债权人的目标和各方的谈判情况的体现。听证会可能涉及债务人重组过程的信息披露，包括其在销售方面和拉拢潜在投标人方面取得的进展。当债务人试图为延期请求争取更多的支持时，债权人会对债务人的这些努力进行分析和研究，那么在这种情况下，延期诉求和听证会就会泄露债务人的经营、财务和周转的信息。

对保护期和征集期可延长的时间有没有限制

有限制。《2005 防止滥用破产法和消费者保护法》（2005 BAPCPA）增加了新要求以限制保护期和征集期的延展。根据《破产法》第1121（d）（2）条规定，如果从申请日起超过了18个月，那么120天的保护期不能再延长；如果从申请日起超过了20个月，那么180天的保护期和征集期联合期就不能再延长了。[6]

有人认为破产程序花费的时间太长了，例如，美国联合航空公司花了三年时间来确认其重组计划，而阿德尔菲亚公司更是花了四年多的时间。就破产程序耗时长的说法国会对此也做出了相应的回应。此外，也有人认为，重组顾问为了获得更高的费用而延长了重组计划的谈判，议员正在回应此种担心。

此外，对保护期的新限制打破了有担保债权人和破产借款人之间的平衡，使其更有利于保护有担保债权人。正如先前第5章所讨论的，《破产法》试图通过允许债务人继续使用为贷款人提供担保的抵押物来平衡这些相互竞争的利益，但这种情况只有当各方都认可贷款人的利益受到充分保护时才会实现。除了要求提供充分的保护之外，保护期的新限制为有担保债权人还提供了进一步的保障措施。有担保债权人可以迫使破产债务人创造一个可行的策略，以尽快解决公司的问题或者交出抵押品。因为在此前，破产债务人可以利用法官的同情心使他们的保护期无限延长来威胁有担保债权人的利益。

最后，对保护期的延展进行限制还会使购买危困企业的潜在买方显著受益。因为在这种情况下拥有控制权的债务人必须处理好在创建重组计划以及获得足以确认该计划的债权人支持票数的过程中伴随着的严格的时间限制的问题，所以拥有控制权的债务人可能会得出以下结论：出售公司才是最理想的方案。与潜在买家就公司出售事宜进行谈判可能比和债权人就重组计划事宜进行谈判更为容易。通常情况下，潜在买方是有丰富经验的专业人士，他们知道如何有效地进行谈判并迅速地进行交易。然而，债权人可能是由一些非专业的个人、小商小贩以及目标不一致或有着非理性预期的政府机构等所组成的杂乱无章的集合体。与不同债权人的无效谈判会激怒拥有控制权的债务人，在这种情况下债务人可能会更容易接受潜在买方的建议，特别是保护期剩下的时间越来越少的时候。

可否缩短保护期和征集期

可以。在特殊情况下，破产法院可以同意利益方提出的缩短债务人保护期至120天以内或保护期和征集期的联合期至180天以内的要求。[7] 利益方必须为其请求提供理由，并将受到破产法院按照最高要求和标准进行审理，因为120天和180天的期限被视为债务人的法定权利。

为了获得其抵押品，对管理层失去信心的有担保债权人可能会将缩短债务人保护期的诉求隐藏起来，[8] 以顺其自然的方式任命破产受托人，[9] 或将重组案件转化为第 7 章中所讨论的清算。[10]

重组计划的类型

重组计划能采取的形式有哪些

债务人的重组计划可以是一个独立计划、预先包装计划或预先安排计划。在本节中将对以上每种重组计划进行讨论。

在无预先包装或预先安排的情况下，一家公司的破产过程可以归纳为自由下落式破产。如果债务人和债权人就重组计划没有达成一致意见，该公司可能会遭遇一个会危及其未来的、漫长的、有争议的、昂贵的破产过程。这种不确定性会使客户投入到竞争对手的怀抱，刺激员工去其他企业就业，还会助长供应商收紧付款条件。在自由下落式破产过程中，潜在买方可能会发现，该公司特别容易接受较低的报价，但这也说明买方会面临买到一家比他预期更糟糕的公司的风险。

何为独立的重组计划

独立的重组计划是指不涉及公司出售的重组计划。事实上，该计划考虑的是该公司的业务重组和资产负债表重组，以使其能够在第 11 章中作为一个持续经营的企业出现。

何为预先包装破产

预先包装破产（也称为预包装）是指债务人和债权人之间签署的一份具有约束力的关于重组计划的条款和条件的申请前协议。预先包装破产的各方当事人企图减少偶然事件发生的可能性。债务人在申请前期间与债权人协商、披露、记录重组计划，并且债权人已同意为支持该计划进行投票。在此阶段中，虽然各方对如何重组公司以及调整资产负债表已经达成一致，但是他们仍然认为在没有《破产法》的权力和保护下他们不会履行协议。在有法律保护的前提下，债务人会继续提交自愿破产申请，并及时提出意见一致的重组计划。虽然本协议并不会涉及所有的债权人，但是如本章后面描述的那样必须要保证有足够数量的投票来支持和确认此重组计划。预包装破产的各方的主要意图是缩减破产的时间跨度、成本，并降低出现混乱局面的可能性。《破产法》及其规则都承认预先包装破产的合法性。[11]

当对一个预先包装破产进行评估时，潜在买方首先应确定该协议是否涉及全部或部分公司的出售。如果不是这样，买方试图说服各方当事人撤回对独立重组计划承诺的这一做法很可能是在浪费时间。如果协议中确实包含公司出售内容，那表示在各参与者心中可能已经有了一个特定的买家，而这位潜在买方如果想要参与收购，那么他（她）在尽职调查、融资和谈判的道路上还有很长的路要走。即使是在竞标的情况下，投标竞争者也可能会处于明显的劣势。

如果潜在买方接近危困企业是为了其全部或部分申请前业务的出售，买方可使用预先包装破产尽快地完成出售。这种做法对买家的好处在于这是一个快速的、合作的破产过程，它将尽可能地避免在销售过程、买方资格、交易结构和估值等方面出现异议。

表 12-1 显示了近期预先包装破产的例子，并显示出在达成共识后计划确认过程的速度之快。

表 12-1 第 11 章近期预先包装破产的例子

借款人	破产法院	申请日期	确认日期	天数
洞察力保健服务控股公司	特拉华联邦地区法院	5/29/2007	8/1/2007	64
倍力健身控股公司	纽约南区法院	7/31/2007	9/17/2007	48
雷米全球公司	特拉华联邦地区法院	10/8/2007	12/16/2007	69
SIRVA 公司	纽约南区法院	2/5/2008	5/12/2008	97
弗斯公司	特拉华联邦地区法院	7/15/2008	8/26/2008	42
CIT 集团股份有限公司	纽约南区法院	11/1/2009	12/10/2009	39
R.V. 中心有限公司	特拉华联邦地区法院	11/5/2009	12/8/2009	33
席梦思公司	特拉华联邦地区法院	11/16/2009	1/5/2010	50
干燥粉科技有限公司	特拉华联邦地区法院	3/30/2010	5/25/2010	56

在纽约南部地区，这个拥有企业破产司法管辖权的地区，有为预先包装破产申请程序提供详细的地方性制度。[12]

何为预先安排破产

如预先包装破产那般，预先安排破产（也称为预先谈判破产）是指债务人和债权人之间就重组计划条件与条款所达成的申请前协议。但与预先包装破产不同的是，在预先安排破产中并未达到作为具有约束力的协议所需要的债权人的支持数量。虽然债务人已经从关键债权人处取得禁售协议来支持该计划，但它仍然需要从其他许多债权人那里争取选票。尽管在债务人提交自愿破产申请之前，主要当事人已对条款的大致轮廓达成一致，但是在某些情况下可能并没有形成实质性的条款。

在这种方法下，参与各方都希望能够缩短公司破产过程中的时间，因为重组的关键条款和整体战略在原则上已经达成一致。此外，该公司可以将这个消息向那些紧张的客户、坐立不安的员工、焦急的供应商和其他心情不悦的相关人员进行宣布，因为债权人基本上已经批准了公司的战略方针，所以破产程序的完成将会更快，而且对公司的破坏性也会更小。为了避免加重公司的困境，尽可能地保持客户、员工、供应商和其他相关人员的平静、合作的态度，这种做法通常对各方都是有益的。

无论公司发送何种消息，它的潜在买方还是应该调查清楚该公司是出售全部还是部分业务。即使预先安排破产考虑了独立重组计划，但原则上所达成的协议不具有约束力，而且某些当事人可能对销售过程更感兴趣。此外，预先安排破产下的任何原则性申请前协议通常都具有试探性，当随着时间的推移某些债权人关于销售过程的看法可能会改变。

如果潜在买方接近危困企业是为了其全部或部分申请前业务的出售，那么在预先包装破产不可行的情况下，买方可能会利用预先安排破产去完成销售。这种做法对买方的好处在于这也是一个快速的、合作的破产过程，它将减少关于出售过程、买方资格、交易结构和估值方面的异议，但减少异议的程度并不像预先包装破产那样明显。

要重点关注的是，预先包装破产和预先安排破产这两个名词经常被新闻媒体，甚至有关破产的专业从业人员随意互换使用。因此，潜在买方需要和各方确认申请前协议是否已具有约束力，是否已有足够数量的债权人来支持和确认该重组计划。对破产诉讼事件表和首日听证笔录的审核也可能有助于潜在买方去解释债务人和债权人之间协议的性质。

近期预安排破产的例子包括读者文摘协会有限公司、李尔公司、美森耐公司、奇基塔品牌国际有限公司和电影画廊公司。

债务人如何就重组计划争取支持

当为重组计划争取支持时，债务人可能从债权人那里寻求禁售协议（也称计划支持协议）来保证债权人对这个计划的支持。申请前禁售协议是预先包装破产能继续进行的关键机制。申请前禁售协议也会出现在预先安排破产中，在这里债务人会寻求关键债权人的可靠承诺。债务人也可以通过申请后的禁售协议以获得一部分债权人的可靠承诺，并将其作为与另一部分债权人进行谈判的筹码。

尽管在为重组计划争取债权人支持之前向债权人传递披露声明有要求，但《破产法》是明确承认禁售协议的。

接受或拒绝该计划可以从债权或权益的持有者那里征求意见，如果这种征求方式适用于非破产法，以及如果这些持有人在适用于非破产法的案件开始前被征求过意见。[13]

披露声明

何为披露声明

《破产法》要求每一个重组计划都附有披露说明。[14] 虽然说重组计划解释了债权和股权的处理方式与解决办法，但披露声明提供了有关债务人和债务人的财产信息，以便各方能够对该重组计划投出明智的一票。拥有控制权的债务人通常在提交重组计划之前先向破产法院提交披露声明。

《破产法》第1125条规定，债务人的披露声明必须提供充分的信息，而且必须在发布和听证会之后才会被破产法院批准。[15] 对于潜在买方来说，披露声明往往是一个非常有用的工具，因为它通常涵盖了对公司运营的财务预测和对公司估值的最新、最详细的信息，包括由该公司的顾问、评估师和咨询师编写的披露报告。尽管潜在买方可能对公司的预测和估值会有不同的看法，但披露声明却提供了有用的可供比较的切入点。如果重组计划的谈判是一个长期过程，不断更新的披露报表可以揭示出公司的业绩到底是改善了还是恶化了。然而，《破产法》明确指出，破产法院可以批准那些不包含债务人估值或债务人资产评估的披露声明。[16]

在财务顾问参与出售的情况下，潜在买方应该将披露声明中的财务信息和出售备忘录中的数据进行比较。虽然投资银行的出售备忘录通常会注明关于所含信息准确性的免责声明，但披露声明却是由债务人提交给破产法院的正式的法律文件。因此，披露声明能更可靠和更清晰地代表该公司的情况，并能最大限度减少市场的过分热情和炒作。

《破产法》解释说，债务人可以针对不同类别的债权人使用不同的披露声明。[17] 但是，同一类型中的所有债权人必须接受相同的披露声明。例如，债务人可能希望对某些类别的债权人提供比别人更多的细节。这对潜在买方来说是非常重要的，因为它能确保潜在买方收到的是最详细、最实用的披露声明。

在披露声明中的充分信息意味着什么

《破产法》规定了披露声明中充分信息的含义：

这类信息包含了充分的细节。对债务人、所有继任的债务人和以债权和股权的持有者作为假设投资者来说，只要债务人的特征和历史情况，以及账簿记录包括此计划中对联邦税收结果潜在材料的讨论情况是合理可行的，那么这将使相关的假设投资者就该计划做出明智的判断，但充分的信息不需要包含任何其他可能或建议性的计划，也不需要确定披露声明是否提供了足够的信息等此类的说明，因为法院考虑到了案件的复杂性，以及提供额外信息对债权人和其他利益方所产生的收益与成本。[18]

为了提供充分的信息，破产法院回顾了众多案件并创建了需要披露的事实列表，如表 12-2 所示。[19]

表 12-2　披露声明中充分信息的例子

- 导致提交破产申请的事件
- 可用的资产及其价值的说明
- 公司的未来预期
- 披露声明中的信息来源
- 免责声明
- 第 11 章中的债务人的现状
- 预定的要求
- 第 7 章清算中给债权人的估计收益
- 用于产生财务信息的会计方法，并负责这些信息的会计师的姓名
- 债务人的未来管理
- 第 11 章的重组计划或其摘要
- 预计行政开支，包括律师费和会计师费
- 应收账款的可收回性
- 财务信息、数据、估值及与债权人接受或拒绝第 11 章计划的决定相关的预测
- 该计划下引起债权人风险的相关信息
- 从优惠或其他可撤销转让中恢复的实际或预计可变现价值
- 非破产背景下的诉讼可能性
- 债务人的税务属性
- 债务人与子公司的关系

虽然《破产法》规定，破产法院可以批准未提供债务人估值或债务人的资产评估的披露声明，[20] 但估值通常会包括在披露声明里。因此，潜在买方可以查看债务人的披露声明以使他们获得更为专业的观点。如果该公司处于第 22 章的情况下，潜在买方可以下载之前的破产案件的披露声明来对照在这次案件中使用的适用于当前程序的估值方法。此外，如果该公司的竞争对手在之前已经通过了第 11 章的重组程序，潜在买方也可以查看这些案件中的披露声明。

对于公开上市的公司，证券交易委员会可以对债务人的披露声明是否包含足够的信息发表评论。据 www.sec.gov，美国证券交易委员会 (SEC) 将“审查披露文件

以确定该公司是否已告知投资者和债权人他们所需要了解的重要信息……虽然SEC对重组计划的经济条款不进行协商，但代理人会在那些重要的法律问题中表明自己的立场，这些法律问题也会影响其他破产案件中的社会公众投资者的权利”。不过，《破产法》禁止证券交易委员会和其他政府机构诉请破产法院提供关于披露声明是否包含足够信息的命令。[21]

重组计划的内容

破产法院如何决定是否确认重组计划

要确认重组计划，破产法院必须考虑几个因素。首先，法院必须确定某些强制性内容是否存在以及该计划的其他内容是否被《破产法》所允许。其次，法院确定计划是否符合表12-3所总结的因素。

表12-3 重组计划的确认因素

- 重组计划符合《破产法》的所有适用规定。
- 该计划支持者符合《破产法》的所有适用规定。
- 该计划是在诚信的基础上提出的。
- 该计划中对专业人士的付款是合理的。
- 该计划的支持者公开身份及其与重组后的公司及附属公司的董事和高管的关系。
- 该计划支持者公开身份及对由重组后的公司雇用的内部人士的薪酬。
- 有利率管辖权的任何监管机构已批准计划中的利率变动。
- 该计划通过了债权人最佳利益的测试。
- 除非所有权利和利益的代表投票批准该计划（或在此计划下不受到损害），否则至少要有一个受损的非内部阶层投了赞成票。
- 随着时间的推移，行政开支以现金支付。
- 该计划通过了可行性测试。
- 所有破产费用已被支付。
- 如果计划考虑继续支付养老金计划，支付符合《破产法》第1114条。
- 所有财产转让符合适用的非破产法。
- 该计划满足了绝对优先的规则。

本章中将对每个因素进行更详细的讨论。一般情况下，为使重组计划得到破产法院的确认，重组计划的设计需要得到专业人士的建议。

《破产法》对重组计划的要求是什么

关于重组计划的强制性要求，《破产法》第1123（a）条规定[22]即使有任何其他适用的非破产法，计划必须：

（1）指明符合 1122 条的债权类；507(a)(2)，507(a)(3) 或 507(a)(8) 条中其他的债权类以及股权类。

（2）明确在此计划下不受损害的任何债权或股权。

（3）明确在该计划下受损害的债权或股权的处理方式。

（4）为同一类型的债权或股权提供相同的待遇，除非特定的债权或股权持有人同意针对此类债权或股权提供较差的待遇。

（5）为计划的实施提供充分的选择，例如——

（A）债务人保留的全部或任何部分的不动产；

（B）将全部或部分不动产转移给一个或多个实体，不管该转移是在计划确认之前或之后进行；

（C）一个或多人对债务人的兼并和吸收；

（D）出售全部或部分不动产既不受担保权的限制，也不受股权人对全部或部分不动产的分配限制；

（E）满意或修改任何担保权；

（F）取消或修改任何契约和类似的工具；

（G）固化或豁免任何违约；

（H）延长到期日、改变利率或变更发行证券的其他条款；

（I）修正债务人的章程；

（J）债务人发行证券，本段（B）或（C）所指的任何实体发行证券，以获取现金、财产、现有的证券，换取债权或权益或任何其他适当的目的；

（6）如果债务人是一家公司，或者是本款第（5）（B）或（5）（C）提到的任何公司，应在债务人章节中加入条文以禁止其发行无表决权的证券，并为不同类型的具有表决权的证券提供权利的适当分配，包括在任何证券相对于其他类型的证券对股利有优先权的情况下，特别是在股利支付违约出现时，就选举代表这类具有优先权的股东成为董事会成员。

（7）其仅包含了符合债权人和股票持有人的利益，以及在该计划下挑选管理人员、董事或受托人及其后继者的方式与相关公共政策相一致的规定。

（8）如果债务人是个人，在该计划下，债务人的个人劳务收入的全部或部分在计划生效后用以向债权人进行支付，甚至包括债务人的其他未来收入，这种规定对于计划的执行是十分必要的。

在重组计划中哪些是《破产法》所允许（但不要求）的

除了对重组计划的强制性要求外，《破产法》第 1123（b）条允许重组计划的发起人提出其他的条款：[23]

除本节的第（a）款外，计划可以：

（1）削弱或放弃任何未受损害的有担保或无担保的债权或股权。

（2）依据本节第 365 条，为在本节中未被拒绝过的债务人提供假设、拒绝和分配任何履行的合同或是未到期的租约。

（3）提供（A）属于债务人或有关产业的任何股权或债权的解决或调整；（B）由债务人、受托人或为了某些目的所指定的财产代表人对任何此类债权或股权的保留和执行。

（4）提供全部或绝大部分产业的出售，以及销售收益在债权或股权持有人间的分配。

（5）修改担保债权持有人的权力，而非由不动产担保物权所担保的债权；或者是无担保债权的持有人的主要住所；放弃不影响任何类别的债务持有人的权利；

（6）包括与本节中适用规定相符的任何其他适当的规定。

重组计划是否必须为每个特定的债权人提供回报

不，在重组计划中，债务人必须按照求偿等级和优先级别进行债权分类，以决定债权人所获得的回报。[24] 因此，重组计划不能过多地解释债权人的某个个体将会获得什么，而是应更多地描述是如何对债权人的债权进行分类的，以及将如何对待每一种债权。无论是披露声明，还是重组计划都不能为个人债权与债权类别的匹配提供指导。因此，要确定一个特定的债权人的回报，观察者必须首先复核债权人的债权证明，然后确定该债权是否存在任何未解决的反对意见，再次根据债权人所拥有的债权进行分类确认，最后检查在最新重组计划中的此类型的债权人所享受的待遇。

何为管理便利型债权

通常情况下，当一家公司按照《破产法》第 11 章开始自愿申请时，就会发现该公司存在许多小债权人。在实际操作中，给这些小债权人发送通知，与他们进行沟通，征求他们的选票，向他们进行收益分配，这些行为将花费比他们债权总额更多的行政费用和专业费用。国会也意识到债务人向这些债权人进行整体支付是对各方参与者都更有效的方式。[25] 因此，几乎所有的重组计划都会包含一个管理便利类型的债权人分类，这些债权人的投票将被视为批准该计划的支持票数。一般地，这个类型的债权人的合计数量是微不足道的。

何为绝对优先规则

绝对优先规则是指确保所有债权人都获得公平合理的分配，这是《破产法》的基本原则——要求对次优先债权人进行任何清偿之前，更多的高级别优先债权人已得到全额偿付。分配的优先级通常被称为“瀑布”，让我们把这种方式想象成许多水桶排列在一起，这里的每一个水桶所装的都是前一个水桶装满后溢出来的水。

《破产法》第 1129（b)(2）条以复杂的编纂方式使绝对优先规则能实现上述结果。总体而言，《破产法》第 1129（b)(2）条核查每一类债权人的待遇，以确定其清偿是否公平公正。绝对优先规则侧重于债权人的分类，这和侧重于债权人个体的最大利益有所不同。

首先，《破产法》第 1129（b)(2)(A）条解释到，每一类担保债权必须接受它们的担保权或明确等价物的允许量的全部价值。[26] 在第 506（a)(1）条中，担保债权将被调整至其担保权允许量的全部价值，那么调整之后担保债权的余额就成了无担保债权。[27] 因此，《破产法》第 1129（b)(2)(A）条基本上是在重复解释公正公平的重组计划必须向优先债权人进行清偿这一理念。但实际上，大多数公司都以其全部或绝大部分资产的总体担保权为担保获得了优先贷款。在这种情况下，如果公司的资产价值小于优先贷款的金额，破产法要求重组计划需向优先债权人提供全部清偿，而不会向次优先债权人提供清偿。

其次，《破产法》第 1129 (b)(2)(B)(i) 条第一次承认，如果重组计划为无担保债权人在其债权允许范围内提供了全额清偿，那么该计划就是公平公正的。[28] 如果某类无担保债权人只获得了部分清偿，《破产法》第 1129（b)(2)(B)(ii）条规定该类无担保债权人中的次优先债权人无法获得清偿，以保证重组计划的公平公正。[29]

在绝对优先规则中是否存在例外情况

是。新价值例外包括即使更多的优先债权人仅得到部分清偿甚至没有得到任何清偿，次优先债权人，如股权持有人，一般也会获得部分甚至全部的清偿，通过这种方式诱导次优先债权人为重组后的公司提供“新价值”。

一般来说，为了使这种例外得以应用，这种新价值必须以现金或现金等价物的形式兑现，而不是“血汗股权”。此外，新价值必须是确认重组计划的“必需品”，但目前对它的真正定义还不是很清楚。如果来自申请前的股权持有人的现金投入是避免清算的必要条件，而且也没有第三方愿意进行类似的投资，那么正在进行重组的该公司是一家可行的持续经营的企业这一说法似乎是令人怀疑的。

在1978年以前的判例法中，绝对优先规则和新价值例外都存在。然而，美国国会将绝对优先规则明确列入1978年的破产法中，但其中并没有提及新价值例外。因此，当国会制定绝对优先规则时，一些法院就已经把新价值例外看作被国会隐晦接受了的，而其他一些法庭却认为它的排除就意味着国会否决了它。1999年，美国最高法院限制了新价值例外的应用。最高法院裁定，这种新价值必须参与到金融市场的竞争中，而不是只提供给优先股权所有者。[30] 因此，如果想把新价值例外应用到特定的破产案中就需要引进一位经验丰富的、熟悉相关司法管辖区的判例法的破产律师。

债权人是否能获得超过其债权的清偿

不能。任何债权人获得超过其债权（超过100%）的清偿（包括适当情况下的应计利息）都是不公平，也是不公正的。“公平公正”要求的第二要素是不能有任何债权或股权持有人被支付了超过其所有权允许的溢价。一旦参与者获得或持有等于其债权数额的财产，就会停止对参与者进行清偿。

如果回顾债权和股权的基本概念，那么这个规定的制定原因就显现出来了。根据合同向债权人支付规定数量的利息和本金；在此之后，剩余收益才支付给股权所有者。[31] 一位顶尖的破产律师解释说，“包含在早期版本破产法的公平公正的标准要求是确保不存在优先债权人获得超过其债权（超过100%）的清偿，即在获得全额清偿之后不再进行偿付”。[32]

然而，在支付给股权持有人收益之后债务人仍有偿还能力的情况下，该计划可能会因无担保债权人而支付超过100%贷款本金的款项，如果无担保债权人有权享有破产申请后的收益、赎回保障以及超过贷款本金的提前赎回费用。参见本书第6章以获取关于破产申请后收益的更详细的信息和第14章关于赎回保障和提前赎回费用的定义。在这种罕见的情况下，无担保债权人的债权数量会因为这些因素而增加，使他们可能最终收到包括增加金额在内的超过100%的偿付。但是请注意，虽然他们可能会收到超过全部本金金额的偿付，但他们并没有获得超过100%的债权。

重组计划中债权人的最大利益是什么

为了满足债权人的最大利益，重组计划必须向每一位债权人个人进行偿付，该清偿数额应高于假设在清算程序中得到的清偿数额。[33] 与侧重于债权人类别间公平性的绝对优先规则不同的是，债权人的最大利益是从债权人个人的角度出发进行考虑的。

清算价值的概念有多种解释，包括强制清算价值、有序清算价值、公平市场价值和重置价值。在计算以上各种清算价值时必须从可变现总收益中扣除清算费用。为了计算第 11 章重组中债权人的最大利益，判例法明确指出该过程使用的是持续经营价值的衡量方法而非没收抵押品价值的方法。[34] 尽管在这一点上之前的判例也不是特别清楚，但是这仍表明了如果一家公司以可持续经营的状态被销售，该公司应按此种方式进行估值，而不应将公司拆解为单个资产进行零星出售。潜在投标人应该知道，他们与债务人或其顾问的通信可能会作为在预设出售公司的估值的证据。

债权人通过投票支持重组计划，放弃其在债权人最大利益里的权利。[35] 因此，如果重组计划为某类型债权人提供了低于清算价值的偿付时，为了满足《破产法》的要求，所有该类型债权人都需要对此计划进行投票。由于债权人的最大利益侧重于债权人个体，所以这并不能满足需要大多数债权人支持该计划的要求。

即使重组计划提供了低于清算价值的偿付，但这仍有许多让债权人为其投上支持票的理由。特定的债权人可能更有兴趣看到该公司存活下来，而不是进行清算。例如，除了恢复他们申请前的工资水平之外，公司内部人员可能还会看重他们重组后的持续就业的问题。其他债权人可能会更注重在短期内就能获得一部分的偿付金额，而不希望经过一个漫长的清算程序后获得最终的偿付。此外，各债权人可以从披露声明的债务人声明中查看重组后的公司价值与清算公司所得收益之间的不同。例如，如果某些债权人对重组后公司的股权的看重程度超出债务人的想象，那么他们可能更希望获得股权补偿，即使是股权补偿数额明显要低于他们将在清算假设中所能得到的补偿。最后，在某类债权人对其他类债权人也有追索权的情况下，该债权人会对有利于其他类债权人的计划进行投票，以获得其整体回报的利益最大化。债权人的最大利益在这种利益冲突中为债权人提供了一定的保护。

何为重组计划的强制批准

重组计划的强制批准是指在其他各方反对的情况下仍获得确认该计划的决定。选择联邦破产方案而非庭外重组的一个关键因素是对“强制批准”的各方参与者的影响能力，因为这些参与者的行为可能不够理性，抱有不切实际的期望，或者进行恶意磋商，所以需要强制批准手段来维持秩序。此外，强制批准的能力还可以用来处理那些无法找到债权人的重组计划。在实践中，许多的重组计划都是通过《破产法》中的强制批准得以确认的，因为所有债权和股权持有者不可能都获得全额偿付或者都支持该计划。

重组计划强制批准的关键在于它并不是《破产法》中定义的条款，其所涉及的是绝对优先规则和债权人的最大利益。通过《破产法》第1129条建立的目标规则，国会创造了一个使所有债权人都能获得公平公正清偿的体系，由此为重组计划的各组成部分设立了最低门槛。如果债权人不愿意投票支持拟议的计划，可只要重组计划遵循的是《破产法》中的规则，特别是绝对优先规则和债权人最大利益两项准则，那么债权人的反对意见将会被忽略。在本质上，这两个准则为向各类别债权人进行适当数量的偿付提供了框架。

如果这些主要的要求被满足，下一个程序障碍就是要获得至少一类受损债权人对该重组计划的支持（即某类别债权或股权持有人只获得了部分偿付）。[36]当然内部人员的选票是被排除在这一分析之外的。实现这一目标是一项艰巨的任务，所以该计划的支持者可能会试图表达自己对受损的非内部人员的偏袒来获得他们的支持。受损债权人通常是由支点证券（fulcrum security）的持有人组成的，这样就能让支点证券的身份成为重组计划谈判的一个重要砝码。

重组计划强制批准的最后一个要求是，重组计划不能对那些不支持重组计划但因此计划而受损的债权人存在“不公平的歧视”。[37]虽然这项条款没有被列入《破产法》里，但立法史表明，这一要求是为了保护享有同等权利的债权人不会因不公平的歧视而受到不同的待遇。[38]这条规则也可以防止反对重组计划的债权人受到歧视性待遇。根据《破产法》第1122条，关于债权分类中不公平歧视的言论会经常出现，例如，类似性质的债权被归置到不同的债权类别里。正如一位破产专家解释说：[39]

> 第11章为分配重组价值提供了一种方法，也就是说，因为每个参与者都被保证获得至少与第7章股利相等的回报，那么重组价值的超额部分将被用于谈判。这种谈判的规则是最少的，而且这些规则只会出现在确认要求中：要么达成一致并符合其他12个确认要求，要么强制重组。而强制重组仍然意味着满足了其他12个确认要求，但它也意味着保持了垂直和水平的期望。垂直期望体现的是公平公正原则，侧重于通过一种与破产前优先权保持一致的方式进行价值分配。存在于债权人和相似优先权的利益持有人之间的水平期望是由不公平歧视的要求所决定的。

虽然重组计划的强制批准的概念听起来是客观和直接的，但实际上破产法院既是衡平法院也是法律法庭，所以破产法院会确保一定程度的主观性和细微差别。事实上，《破产法》通过破产法院在强制重组中对所有债权人和股权人实现公平公正的这一要求，明确承认作为衡平法院的破产法院的地位。[40] 因此，对于强制重组计划将被确认的过度自信更可能是出于骄傲自大而不是胆大妄为。

什么是重组的强塞计划

重组的强塞计划是指破产法院不顾担保债权人的反对仍然批准一项强制重组的计划。通常情况下，一项强制重组计划包括迫使无担保债权人同意该计划，但有时无担保债权人尝试借助担保债权人来扭转局面。《破产法》第 1129（B)（2）条关于担保债权人的确认要求使得强塞计划极为罕见。破产法院解释了等价物的含义，因此，在破产程序结束后，债务人几乎没有能力强迫担保债权人接受其贷款条款的修改。然而，如同将要在第 13 章中讨论的那样，有些破产法院禁止担保债权人在任何拟议的第 363 条出售条款中进行信贷招标，即有效地保证了所有担保债权人获得全部的现金偿还。

允许借款人和担保债权人之间关于破产申请前基本交易内容的单方面修改会给整个金融市场的未来交易带来显著的不确定性。这种法律的不确定性可能会增加所有债务人的借贷成本，因为债权人认为，债务人在最终还款时间或金额方面存在更大的风险。债权人所关心的是债务人的结局，如果债务人最终走向破产的话，大部分债权人都不会考虑向一家陷入困境的公司提供庭外周转资金。此外，由于担保债权人对破产案件最终结果的高度关注，在案件的开始阶段他们可能会在现金抵押、DIP（debtor-in-possession）贷款、法定权利的充分保护和分拆谈判等方面变得更加保守，并拒绝合作。

正如本书第 5 章所讨论的那样，关于破产时对担保债权人的充分保护和待遇等方面的问题，《破产法》试图去平衡债务人的重组需求和担保债权人的待偿需求。当一个破产案件进入重组计划阶段时，这些利益冲突将通过对优先贷款人的充分保护达到平衡。当债务人用他们的抵押品进行重组时，优先贷款人被迫耐心地等待这个案子的解决方案，等待时间长达几个月甚至几年。当拥有控制权的债务人的破产重组之旅接近尾声时，仍有四个主要方案需要检查。

第一，如果第三方退出融资可以为优先债权人提供再融资，那么重组应该没有问题，因为债务人将有足够的现金来偿还全部的优先贷款，这也满足了破产法第 1129（b)（2)（A)（i）条的要求。该担保债权人将获得他们在最初协议里所写明的利益，在最初协议里担保债权人提供贷款，获取利息和本金。

第二，如果优先债权人的抵押物按照其贷款额度进行等价出售，重组应该也没有问题，因为有足够的现金来偿还全部优先级贷款。这满足《破产法》第 1129（b）（2）(A)(ⅱ）条的要求。有担保债权人再次收到了初始协议里的利益。

第三，如果拥有控制权的债务人寻求独立重组，并且无法获得第三方退出融资，公司从破产程序退出后必然要稳住其破产申请前的优先债权人。在这种情况下，无法满足最初优先信贷协议的条款和条件不会成为该公司进入破产程序的原因。虽然公司对于偿付优先负债没有问题，但其他债务和总负债的违约状况已经对该公司构成了沉重的负担。或许是该公司在诉讼战斗中经历了不幸的损失，还需要解决其无担保债权的问题。或者是该公司为了摆脱不必要的资产以将其债务水平降到可控水平，从而选择了并购来寻求破产保护。或许是公司的股权持有人已无望收回资本，而破产程序是为了达到了结股权并把控制权转移给无担保债权人这一目的而服务的。关键在于破产申请前有担保债权人和债务人之间的关系是合理的，而这种关系随着重组计划的完成继续保持活力。

第四，拥有控制权的债务人再次发现在破产退出后稳住破产申请前的优先债权人是非常必要的，但随着时间的流逝、违约事件的出现、资本市场的变革和公司业务的重组，其原有信用协议变得不再有意义。到期日、利率、分期还款日程及协议都需要重新考虑。拥有控制权的债务人和优先债权人将需要就退出后的贷款条款与条件进行谈判。但是，如果拥有控制权的债务人无法获得第三方退出融资，破产申请前的优先债权人将不会面临任何竞争，那么他们可能会利用其杠杆提出债务人难以承受的条款及条件，这样做的代价就是迫使债务人在未偿还优先债权人债务的情况下退出破产程序。这就是艰难的谈判过程的开始，而优秀顾问的专业知识对谈判是十分有益的。虽然拥有控制权的债务人不能迫使担保债权人接受比他们应得的更低的回报，但是担保债权人作为被动固定收益的投资者，也无法享有超出自己的本金余额、应计利息和费用更多的回报。

什么是重组计划的可行性测试

确认重组计划的另一个要求是重组计划必须是可行的。根据《破产法》，计划完成后禁止立即进行清算或进一步重组，除非计划已经是经过了深思熟虑之后提出的。[41] 虽然这个明确的要求已经表明，毕竟，第 11 章涉及重组而非清算——它是指导债务人和债权人之间谈判的另一个因素。

当债务人或其他的计划支持者试图构建公司重组的可行性时，这必然会产生可供破产法院审查的财务预测和其他分析。持续经营价值的存在为可行性测试提供了支持证据。如果重组计划是可行的，那么重组后的债务人拥有超过了清算价值的持续经营价值。本书的第 11 章对计算持续经营的估值方法进行了充分的讨论。持续经营的估值及支持报告在破产案件中是公开可用的，以帮助报告的利用者更好地了解公司潜在的财务表现。

然而，考虑到报告编制者的动机，我们应以批判甚至怀疑的眼光来看待这些报告。管理层可能会向财务预测堆沙袋（sandbagging）以降低期望值及清偿值。或者，当管理层处于需要争取次优先债权人支持的压力之下，管理层可能会提高他们的财务预测。如果一场有关财务预测正确性的战斗在各当事人之间爆发时，前后的诉状和法庭上的证词可能会表明，最有可能的结果是各方以出售该公司的方式妥协，从而为准备好并有能力迅速结束这一切的买方提供了机会。

诚信在重组计划中意味着什么

进一步的保障设计表明平衡债务人和债权人之间的谈判是一个明确的要求，这一要求是在重组计划中以诚信的名义提出的。[42] 破产法院通常会考虑整体情况，以确保计划实现与《破产法》的目标和意图相一致的公平结果。[43] 例如，破产法院可以评估：

- 计划是不是以诚信并基于良好的意愿提出的。
- 是否存在重组计划可以实现的预期基础。
- 在和债权人交易时，是否秉承基本的公正原则。

另外，破产法院可以通过查看以下因素来预估恶意的计划：

- 破产申请是债务人在非破产法院失去诉讼权之后，才被提交。
- 操纵各类债权人以满足至少有一类受损的非内部债权人接受该计划的要求。
- 该计划的支持者是努力消除竞争的竞争对手。
- 该计划被用来作为一种拖延战术。
- 该计划的唯一目的是为了逃避税收。

一个相关的要求是，该计划的内容不得涉及由任何非破产法律，如证券法、反垄断法以及刑法等法律所禁止的任何手段。[44] 例如，债务人禁止对债权人行贿以获得债权人对该计划的支持投票。另一个例子是创建违反反垄断法的垄断计划。一般情况下，这一要求明确表明：《破产法》存在于其他州和联邦法律中。

什么是退出融资

通常情况下，作为重组计划的确认条件，公司需要筹集新资本，即所谓的退出融资，以还清 DIP 贷款，为破产前申请的债权人提供现金清偿并为重组业务融资以满足营运资金的需求。DIP 贷款在本书的第 14 章中进行了详细的讨论。与 DIP 贷款不同的是，退出融资不具备破产法院提供的任何保护，因为借款人（即重组后的公司）被排除在了《破产法》第 11 章规定之外。出于这个原因，退出融资有时比 DIP 融资更难获取。

在许多情况下，一家公司的 DIP 贷款被卷到这个新的融资方案中。如果 DIP 贷款人不愿意把 DIP 贷款转换成退出融资，该公司将需要寻求新的资产来源。因此，作为一个实际问题，无论债权人是否愿意投票支持重组计划，或者破产法院是否愿意确认它，重组计划的可行性最终取决于退出贷款人是否愿意资助它。

退出破产程序的大多数公司会拥有比它们当时进入破产程序时更低的财务杠杆比率。其结果是，退出融资的最佳形式（就可用性和价格而言）是通过某种类型的银行机构。在其他情况下，发行人可能想提高公司在机构投资者中的知名度。因此，该公司可能会考虑通过发行高收益债券来占领资本市场。

请参阅第 14 章适用于退出融资的有关融资条款和工具的详细信息。

计划确认

谁可以对重组计划进行表决

所有被允许的债权和股权持有人可以对重组计划进行表决。[45] 正如本书第 4 章讨论的，债权可能是具有争议的或者是未偿债务，因此是无效的；然而，为了实现投票的目的，破产法院可能会暂时允许这些未解决的债权参与投票表决中。此外，破产法院可指出或禁止并非出于好意的任何接受或拒绝该计划的债权人的投票，或者是不采纳他们按照《破产法》的规定或诚信原则进行的投票。[46]

在计划确认的过程中，是否存在特定类别的债权人都比其他类别的债权人更重要

受损类债权人在重组计划的整个确认过程中尤为重要。因此，与该类债权人及其顾问的谈判通常是最具有争议的。该类受损的债权人或是那些只收到部分清偿的债权人，是支点证券（fulcrum security）的另一种方式，因为《破产法》规定，至少有一类受损债权人必须投票批准该重组计划。[47] 但是这类受损的内部债权人对于该计划的认可是不被接受的，因为内部债权人对于重组过程通常有着显著的影响力。

在该计划下收到全部清偿的债权人将被视为已接受该重组计划。[48] 同样，在该计划下没有获得清偿的债权人将被视为已拒绝该计划 [49]。那么在上述两种情况下，

股权或债权的持有人都不需要参加投票表决。

有时拥有控制权的债务人会创造性地设计一类同情债务人的受损债权人，这类债权人的出现将有利于重组计划的表决。一般来说，这些设计通常会导致各方，特别是受托人的激烈反对，并最终被破产法院所拒绝。然而，仍然有的律师会继续尝试挑战这方面的限制。

重组计划的确认需要获得多少支持投票

《破产法》在综合考虑了各类债权人和股权人的选票之后来确定重组计划是否被接受还是拒绝[50]。为了使重组计划得到确认，《破产法》要求每类参与者接受这一计划或者不受到损害[51]。如果强制计划要得到确认，那么某类受损的非内部债权人必须接受此计划[52]。

要确定某类债权人或股权持有人是接受还是拒绝该计划，将按照金额和数量来计算被允许的或非指定的债权或股权持有人的投票。如果支持选票的金额超过总金额的 2/3 并且支持的票数超过总票数的一半，那么整个这种类型的债权人或股权持有人都被视为已接受该计划。在计算时，只计算已收回的选票，而未收回的选票对其没有影响。

禁售协议、预包装计划以及预先安排计划，都会影响投票方式的开展。此外，合同条款会影响某些债权人，比如债券持有人的契约合同和有担保债权人的协议中可能含有对重组计划进行表决的附加条款。例如，如果债务涉及由债券契约协议规定的债券持有人，可能需要有 90% 的债券持有人来支持该计划。

通常情况下，债权代理人将负责维护被允许投票的债券和股权的正式记录，包括在债权和股权持有人之间拉选票，并制表记录其结果。

债务人是否可以根据债权人对重组计划的投票结果来调整债权人的清偿条件

可以。但是，如前所述，重组计划必须为所有同类型的债权人提供相同的清偿，不能在相同的优先级之间造成不公平的歧视对待。如果计划包含配股（如本书第 14 章所述），那么债权人是否参加配股的决定就可能影响其清偿条件。在这种情况下，重组计划仍然是公正和公平的，因为所有债权人都有权利参与配股。

债权人是否能对债权人协议中的投票权进行讨价还价

《破产法》第 510（a）条允许执行债权人之间的从属协议。但是，这并不一定能保证优先级别的贷款人有权限制或控制重组计划中次级债权人的投票权利。[53]自从 203 北拉萨尔街的合作决策达成之后，法院对债权人协议中概述的投票规定的可执行性一直是模糊不清的态度[54]。最值得注意的是，法院认为，《破产法》第 1126(a) 条规定，“在第 502 条被允许投票的债权或股权持有人可以接受或拒绝计划”，[55] 这意味着只有债权的实际持有人才能进行投票，同时规定并不会强制执行将投票权利给予优先级别债权人的协议。

何谓实质性合并，它将如何影响投票

正如本书第 4 章所讨论的，大公司的破产往往涉及子公司和关联公司等多个相关债务人。当这些破产案件接近重组计划的确认阶段时，需要做出关于如何解决这些债务人的相关决策。尽管这些债务人的破产案件可能是一系列破产案件中的一件，但每个债务人都需要从技术上确认重组计划来结束破产案件。实际上，破产法院通常允许相关债务人提交一份综合披露声明和重组计划书，但这些文件必须包含每一个债务人对其各类债权人清偿方案的详细说明。然而确定这样的细节非常耗时和昂贵。在某些情况下，为满足《破产法》的要求所花费的成本可能会超过其收益。

实质性合并是破产法院处理这种情况时采用的公平补救措施。这是被用作最后手段的一种极端的工具。在实质合并下，为了提交一项合并后的重组计划，相关债务人的资产和负债可能被合并到一份单独的案例中。换句话说，所有债权人对一池资产都拥有索赔权，但是他们的债权仍然分为有担保债权和无担保债权等不同类型。

当实施实质性合并时，债权人之间必然存在赢家和输家。例如，许多大公司都是由控股公司和拥有业务资产的多个运营子公司所构成的。破产申请前，部分债权人可能要求将他们的债务归在运营的子公司，以使他们的索赔权更接近资产，而其他债权人可能只接受向控股公司提出索赔。这些债权人是将风险考虑到了债务的价格中。当控股公司及其运营子公司进入破产程序时，这些债权人只希望从其中一个债务人那里获得清偿。然而，在实质性合并时，所有债权人都对资产拥有索赔权。对运营子公司有索赔权的债权人将不得不与控股公司的债权人分享他们的回报。因此，很有可能运营企业的债权人将获得较低的回报，而控股公司的债权人将获得更高的回报。此外，具有更高的资产价值和更低的债务水平的运营企业的债权人将获得较低的清偿，而拥有更低的资产价值和更高的债务水平的运营企业的债权人将获得更高的清偿。这些结果是与破产的基本原则，即为所有债权人提供公平公正的清偿是矛盾的，这就是实质性合并很少被使用的原因。

上诉的第三巡回法庭所阐述的关键原则适用于如下情形的实质性合并：[56]

- 无迫不得已的情况，法院必须尊重公司实体的独立性。
- 实质性合并的危害通常是由忽视债务人的独立性所造成的。
- 仅仅有利于破产案件的管理并不能证明实质性合并提供法律依据。
- 实质性合并是一种极端的、不精确的补救措施，应在考虑和拒绝其他方法之后才能作为最后手段使用。
- 实质性合并是防御盾牌，而不是进攻的剑。

当因忽视了相关手续，公司没能保留每个实体和交叉资产的单独账簿与记录时，实质性合并可能是适当的。这些公司的资产可能太过混杂而难以为各类债权人确定适当的回报，使实质性合并成为唯一可行的解决方案。同样重要的是还要考虑交易过程中如何处理第三方关系。如果他们将公司作为一个整体进行处理，而不将其作为独立的企业实体而考虑，那么这可能会将破产推向实质性合并。

除了影响清偿，实质性合并改变了对重组计划的投票。如果没有实质性合并，债权人的投票将计入各自债务人的重组计划之中。有了实质性合并之后，投票计入所有资产之中。根据破产案件的发展动态，这种投票的变化可能会影响债权人团体之间的谈判。

谁可能会反对重组计划

利益方可能会反对重组计划，并试图阻止该确认过程或劝说破产法院拒绝确认[57]。个人债权人、政府部门以及委员会都可能对一个重组计划提交反对意见。成功对重组计划提出反对意见需要基于在本章已经解释过的《破产法》的条款来执行。法律异议可以通过合理的论据得到加强，即破产法院应该利用其权力促进司法公正。对司法结果不公平的投诉通常会被记录下来，但他们很少成功，这是因为破产法院的公平权力应该被谨慎使用。通常情况下，拥有控制权的债务人将通过修改重组计划来力争吸引反对方的选票以解决异议。未解决的纠纷将在破产法院进行正式裁决之前进入听证环节。破产法院可能会考虑实际问题而拒绝重组计划的确认，那么这将意味着拥有控制权的债务人必须回到初始阶段，因此，对于债务人来说这不仅花费了大额的费用，还为各方参与者带来不便和重组的延迟。

值得注意的是，拟议出售过程中的投标人或潜在投标人没有资格反对重组计划。此外，竞争对手不具备反对重组计划的资格。然而，可以通过购买债权人的债权以获得反对重组计划的资格。或者，以上参与者也可以通过媒体，利用公众舆论迫使当事人或者破产法院，以避免不公平或不受欢迎的结果产生。

如果存在重组的竞争计划会发生什么情况

正如本章前面所解释的，只有债务人可以在保护期提出重组计划，如果债务人的计划在保护期届满时未被确认，那么任何一方都可以再提出重组计划。由于存在多种重组计划的可能性，所以也会出现想从债权和股权的持有人那里争取选票的参与者。但是每个计划都必须符合前面讨论过的《破产法》的所有要求。显然，这种情况会增加债务人资产的管理费用，并在债权人之间造成混乱，使达成共识变得更具挑战性。

在这种情况下，《破产法》明确规定，破产法院只可确认一个重组计划[58]。虽然破产法院有权做出最终的决定，但《破产法》要求破产法院要考虑债权和股权持有人的不同偏好。

在重组计划的确认听证会上会发生什么情况

《破产法》规定，破产法院要举行关于重组计划的确认听证会[59]。根据具体情况，听证会可能是剑拔弩张或是充满戏剧性的，也可能是虎头蛇尾的。一旦破产法院确定了听证会的日期，那么在听证会当日之前的这段时间里通常充满了最后的交易、哄骗、反对、希望以及妥协。如果双方能够提前达成一致，甚至包括在进入法院之前就达成了协议，那么重组计划的确认听证会就会变成一种走过场的敷衍形式。另外，如果对于重组计划仍然存在争议，那么破产法院将利用听证会去考虑各方面的观点。破产法院可以直接根据各方提供的情况和观点在听证会上直接下达口头裁定，也可以在此后不久发出书面判决。如果法庭的决定是以书面形式发表的，那么它可能将成为是破产诉讼案中的一个简单的案例，或是经过一个冗长探讨之后使其最终成为判例法并收纳在数据库中，例如进入律商联讯（LEXIS-NEXIS）和万律（Westlaw）等数据库中。

然而，第 11 章重组计划的目的并不是要被用作诉讼手段的[60]。《破产规则》建立的程序是指在破产法院之前通过辩论程序解决诉讼问题。因此，为了达到这样一个目的去操纵听证会的做法是不合适的。

如果债权人投赞成票，破产法官是否必须确认重组计划

不，不一定。首先破产法官一定要保持独立，他的判断依据必须是该计划严格遵循了《破产法》的各项规定。债权人的赞成票也无法克服重组计划中的法律缺陷。

确认重组计划的作用有哪些

确认重组计划的主要作用是为了履行债务人应尽的责任。[61] 只要获得确认该重组计划的最终命令，那么债务人的履行义务将立即生效。如破产法院所有其他的命令一样，除非对这确认命令进行上诉或者是破产法院又做出了其他新的决定，那么自命令发布日起 10 天之后该命令就会成为确认重组计划的最终命令。[62] 另外，履行意味着债务人的财产对所有破产申请前的债权和股权都是自由和清楚的，除非计划另有规定。

一般情况下，不管债权或股权持有人是否受损、是否已接受或拒绝该计划，已确认的重组计划的所有规定对债务人、债权人、股权持有人、任何在此计划下发行证券的实体以及任何取得财产的一方都具有约束力。不管以破产公司的财务状况（比如破产或无力偿还债务的时候）是否还适用于其他非破产法、法规或规章，债务人（为执行这项计划而组成的实体或是将要组成的新实体）都被要求履行该计划并遵守破产法院的所有命令。[63]

重组计划的确认和完成之间有哪些区别

通常情况下，重组计划的确认是一个破产案件漫长过程的结束，但也预示着重组计划完成的开始。所谓完成，就是指重组计划的实现。综上所述，重组计划的确认是一个法律结果，而重组计划的完成则是一个实际的解决方案。确认程序位于重组计划的内部程序中，如对可撤销的优先求偿权的诉讼以及债权人的清偿分配[64]，这些过程都会实现重组计划。《破产法》对重组计划制订的分配方案加入了最长时间为五年的时间限制，[65] 但实际上所用的时间通常要短得多。重组计划的确认和完成之间的这段时间主要是行政时间，以及在这段时间中公司运营业务可以通过第 363 条出售条款或是作为新重组的公司从破产程序中退出——这也是在重组计划完成之前的最后阶段。

重组计划的确认是否可以被撤销

是。在特殊情况下，在确认命令下达的 180 天之内，破产法院可以在一方的要求之下撤销其确认重组计划的命令[66]。在对该请求进行听证会之后，破产法院发现该确认命令获得当且仅当是由欺诈行为所达成的话将撤销该确认命令。在这样的特殊情况下，确认命令的撤销必须保护此计划中诚信的资产买方的利益并撤销债务人的履行职责。

破产案件如何结束

在破产程序的最后阶段，所有内容都已经完成，破产法院进入最后判决阶段并封存案卷。[67] 在第 22 章高电压技术的特殊案例中，债务人在它的第一个案件仍未完结的情况下给同一法院提交了第二个案件。显然，这一举动会让批准了第一个重组计划可行性的破产法官非常不开心。尽管在大多数情况下，案件的完结是故事的结束，但也应该是一个让大家都开心的结果。

但是，就像在本书中经常提到的，购买一家已正式从第 11 章中破产程序退出的公司并不是收购一家陷入财务困境的公司的唯一选择。下一章将讨论在破产程序中进行收购的两种常见的方式：按照第 363 条出售条款和 loan-to-own（为了获得并购标的业务或资产的所有权以担保债权为出发点进行的并购）交易。

尾注

1. See 11 U. S.C. § 1121(c).
2. See 11 U.S.C. § 1121(b).
3. See Fed. R. Bankr. P. 9006(a).
4. See 11 U.S.C. § 1121(c)(2).
5. See 11 U.S.C. § 1121(d)(1).
6. See 11 U.S.C. § 1121(d)(2).
7. See 11 U.S.C. § 1121(d)(1).
8. See 11 U.S.C. § 362.
9. See 11 U.S.C. § 1104.
10. See 11 U.S.C. § 1112.
11. See 11 U.S.C. § 1126(b); Fed. R. Bankr. P. 3018(b).
12. See http://www.nysb.uscourts.gov/orders/m387.pdf, last accessed May 28, 2010.
13. See 11 U.S.C. § 1125(f).
14. See 11 U.S.C. § 1125; Fed. R. Bankr. P. 3016.
15. See Fed. R. Bankr. P. 3017.
16. See 11 U.S.C. § 1125(b).
17. See 11 U.S.C. § 1125(c).
18. See 11 U.S.C. § 1125(a)(1).
19. See *In re Scioto Valley Mortgage Co.*, 88 B.R. 168, 170–171 (Bankr. S.D. Oh. 1988); see also *In re A.C. Williams Co.*, 25 B.R. 173 (Bankr. N.D. Ohio 1982); *In re William F. Gable Co.*, 10 B.R. 248 (Bankr. N.D. W.Va. 1981); *In re Adana Mortgage Bankers, Inc.*, 14 B.R. 29 (Bankr. N.D. Ga. 1981); *In re Metrocraft Publishing Servs.*, 39 B.R. 567 (Bankr. N.D. Ga. 1984).
20. See 11 U.S.C. § 1125(b).

21. See 11 U.S.C. § 1125(d).
22. See 11 U.S.C. § 1123(a).
23. See 11 U.S.C. § 1123(b).
24. See 11 U.S.C. § 1122(a).
25. See 11 U.S.C. § 1122(b).
26. See 11 U.S.C. § 1129(b)(2)(A).
27. See 11 U.S.C. § 506(a)(1).
28. See 11 U.S.C. § 1129(b)(2)(B)(i).
29. See 11 U.S.C. § 1129(b)(2)(B)(ii).
30. See *Bank of America National Trust and Savings Ass'n. v. 203 North LaSalle*, 526 U.S. 434, 119 S. Ct. 1411 (1999).
31. Lawrence P. King, ed., *Collier on Bankruptcy* 7, 15th ed. rev. (1999), 1129.04[4][a][ii] (internal citations omitted).
32. Kenneth N. Klee, " All You Ever Wanted to Know about Cram Down under the New Bankruptcy Code," *American Bankruptcy Law Journal* 53 (1979), pp. 133, 142. As he further described in a later article, " The legislative history of the Bankruptcy Code gives but one example of an uncodified aspect of the fair and equitable rule: [A] dissenting class should be assured that no senior class receives more than 100 percent of the amount of its claims. At first glance, this 100 percent limitation appears obvious–it is unfair and inequitable for a claim to be paid more than in full. Court opinions mention this standard without supporting authority precisely because they interpret the terms ' fair' and ' equitable' to have literal meanings as well as to constitute terms of art." See "Cram Down II," *American Bankruptcy Law Journal* 64 (1990), pp. 229, 231 (internal citations omitted).
33. See 11 U.S.C. § 1129(a)(7)(A)(ii).
34. See In re Rash, 520 U.S. 953, 117 S.Ct. 1879 (1997) (concluding that, for purposes of confirming a cram–down plan proposing to continue operating as a business, collateral should be valued using replacement, not foreclosure, values); *Matters of Treasure Bay Corp.*, 212 B.R. 520, 545 (Bankr. S.D. Miss. 1997) (" To argue that the [unsecured creditors] are not entitled to receive their fair portion of the increase in value between liquidation and going concern value is contrary to *Rash* and applicable principles of the Bankruptcy Code"); *Cellular Information*, 171 B.R. at 930 (using going–concern value); *In re Chateaugay Corp.*, 154 B.R. 29, 33–34 (Bankr. S.D. N.Y. 1993) (holding that Bankruptcy Code section 506(a) requires application of going–concern valuation methodology when property will be used in a postconfirmation going concern); and *Matter of Modern Warehouse, Inc.*, 74 B.R. 173, 177 n.7 (Bankr. W.D. Miss. 1987) (explaining " liquidation of property as a ' going concern, ' in chapter 7 or otherwise, is different from liquidation of a non–going–concern").
35. See 11 U. S.C. § 1129(a)(7)(A)(i).
36. See 11 U.S.C. § 1129(a)(10).

37. See 11 U.S.C. § 1129(b)(1).
38. " The requirement of the House bill that a plan not ' discriminate unfairly ' with respect to a class is included for clarity," 124 Cong. Rec. 32,407 (1978) (statement of Rep. Edwards); ibid. at 34,006 (statement of Sen. DeConcini) (emphasis added).
39. Bruce A. Markell, " A New Perspective on Unfair Discrimination in Chapter 11," *American Bankruptcy Law Journal* 72 (1998), pp. 227, 247.
40. See 11 U.S.C. § 1129(b)(2).
41. See 11 U.S.C. § 1129(a)(11).
42. See 11 U.S.C. § 1129(a)(3).
43. "在评估一个计划周围的整体环境时，法院在寻求诚信过程中拥有'相当大的司法自由裁量权'其最重要的特征是就计划的基本公正性进行调查。" In re Coram Healthcare Corp., 271 B.R. 228, 234 (D. Del. 2001)，结论是该计划不满足诚信的要求（内部引用略），"很明显，法院会考虑债务人破产申请后的行为，该行为关乎评估诚信计划的改善和提议"，SM 104, 160 B.R. at 244（拒绝确认）（强调始于原始文件）。
44. See 11 U.S.C. § 1129(a)(3).
45. See 11 U.S.C. § § 502, 1126(a); Fed. R. Bankr. P. 3018.
46. See 11 U.S.C. § 1126(e).
47. See 11 U.S.C. § 1129(a)(10).
48. See 11 U.S.C. § 1126(f).
49. See 11 U.S.C. § 1126(g).
50. See 11 U.S.C. § § 1126(c), (d).
51. See 11 U.S.C. § 1129(a)(8).
52. See 11 U.S.C. § § 1129(a)(10), 1129(b)(1).
53. See 11 U.S.C. § 510(a).
54. See *In re 203 North La Salle Street Partnership*, 246 B.R. 325 (Bankr. N.D. Ⅲ. 2000). This answer is based on an article by Bob Eisenbach of Cooley LLP: Robert L. Eisenbach, " Second Lien and Intercreditor Agreements: Are Those Bankruptcy Voting Provisions Really Enforceable? " Cooley LLP; available at http://bankruptcy.cooley.com/2007/01/articles/business-bankruptcy-issues/ secondliens-and-intercreditor-agreements-are-those-bankruptcy-votingprovisions-really-enforceable/, last accessed June 2, 2010.
55. See *In re North LaSalle Street Partnership*, 246 B.R. 325, 331-32 (voting assignment provision not enforced). *Cf. In re Curtis Center Ltd.* 192 B.R. 648, 659-60 (Bankr. ED. Pa. 1996) (voting assignment enforceable).
56. See *In re Owens Corning*, Docket No. 04-4080, 2005 U.S. App. LEXIS 17150 (3d Cir. 2005).
57. See Fed. R. Bankr. P. 3020(b)(1).
58. See 11 U.S.C. § 1129(c).
59. See 11 U.S.C. § 1128(a); Fed. R. Bankr. P. 3020(b)(2).
60. See *In re Reilly*, 71 B.R. 132, 135 (Bankr. D. Mo. 1987) (denying approval of the disclosure

statement). See also *In re HBA East, Inc.*, 87 B.R. 248, 260 (Bankr. E.D. N.Y. 1988) ("Chapter 11 was never intended to be used as a fist in a two party bout. The Chapter is entitled reorganization and not litigation"); and *In re Martin*, 78 B.R. 598, 603 (Bankr. D. Mo. 1987) ("a confirmation hearing in reorganization is not to be used as a litigating tactic").

61. See 11 U.S.C. § 1141(d)(1).
62. See Fed. R. Bankr. P. 3020(e).
63. See 11 U.S.C. § 1142(a).
64. See Fed. R. Bankr. P. 3021.
65. See 11 U.S.C. § 1143.
66. See 11 U.S.C. § 1144.
67. See Fed. R. Bankr. P. 3022.

第13章

困境并购策略：第363条出售和债转股交易

胜利是比尝试还要多那么一点努力。

——佚名

概览：第363条出售和债转股交易

买方采用哪些方法来规划一家危困企业的收购

虽然潜在买方可以不经破产程序而收购危困企业的部分（通过购买无偿债能力的企业的股份、收购某项业务或产品线或投资于向此类企业投资的基金）或全部（通过收购危困企业的所有资产或股份），但在破产程序的语境中规划危困企业的收购也具备一定优势。其中的主要优势包括：

- 使收购被视为欺诈性转让的风险最小化
- 购买的资产不附带任何权利负担
- 避免后继者责任
- 由中立客观的破产法官批准出售，而不会将决定权交与存在潜在利益冲突或犹豫不决的董事会
- 依据《破产法》的规定，说服拒绝参与出售的参与方放弃其坚持的不合理观点

在破产程序中规划危困企业的出售有两项主要途径，即第363条出售和债转股交易。

最近在破产程序中完成的代表性收购案例有哪些

正如图 13-1 所示，过去几年来，无论是在法院程序之外的语境中还是通过第 363 条出售，困境出售的案例都不少。近年来最著名的第 363 条出售涉及雷曼兄弟、通用汽车和克莱斯勒案。本书第 3 章曾简要介绍过这些案例，本章将会对它们进行重点介绍。

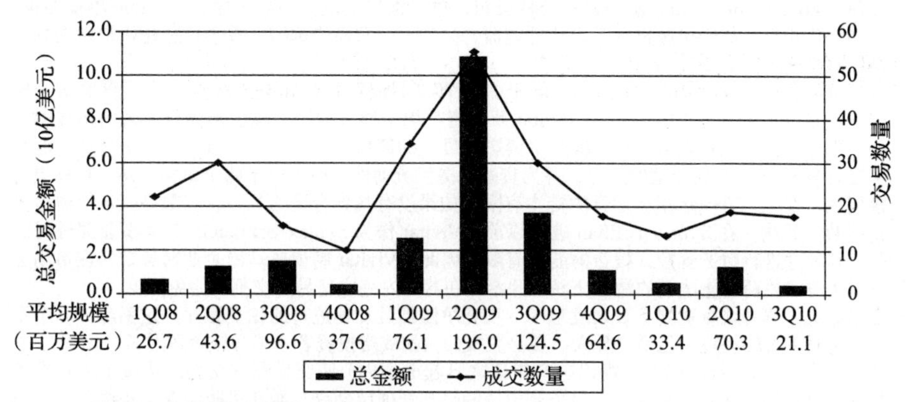

图 13-1　按公布日期排列的美国境内完成的第 363 条出售，涵盖所有规模、行业和类型（不包括通用汽车的出售）

注：Q 指的是季度，如 1Q08 即 2008 年第 1 季度。

资料来源：pipeline.thedeal.com.

全球并购网络（www.globalmanetwork.com）这一网站近年来开始向涉及特殊情况的交易颁发年度奖项。图 13-2a 及 13-2b 分别介绍了 2009 年交易金额在 1 亿美元以上及 1000 万美元以上的奖项获得者。

交易金额为 1 亿美元及以上的收购

目标公司：Boscov's Inc.

买方：BLF Acquisitions Inc.

买方顾问：SSG 资本顾问

简介：Boscov 的总部位于宾夕法尼亚州雷丁市，进入破产程序前在大西洋城中部地区经营了近 50 家家庭型百货公司。自 1911 年成立以来，该公司一直由 Boscov 和 Lakin 两个家族拥有。

背景情况：2008 年 8 月，该公司向特拉华州破产法院提交自愿破产申请，主要原因是其经营的 10 家百货公司表现不佳，这些百货公司在破产案件初期随即关闭。美国银行提供了 2.5 亿美元的 DIP 贷款，且公司决定通过第 363 条出售程序出售剩余的百货公司。2008 年 9 月，该公司选定 Versa Capital Management 作为假马竞标人。为收购剩余的所有百货公司，Versa 承诺支付 1 100 万美元加上待定金额，以支付第 11 章重组案件中提交的所有担保、优先权和管理费用的债权申请。如果收购没有完成，Boscov 同意向 Versa 支付 400 万美元的分手费。

交易概况：为了在第 363 条出售中为收购相关业务募集资金，Boscov 和 Lakin 家族聘请了 SSG 资本顾问。在近年来最糟糕的零售和信贷环境中，伴随雷曼兄弟破产后信贷市场的动荡，SSG 资本顾问协助 Boscov 和 Lakin 家族达成了 2.1 亿美元的有担保授信协议，由两个家族和其他股权投资者提供的 5 000 万美元的股权出资，以及美国住房和城市发展部第 108 条贷款项目提供的 4 700 万美元的过桥贷款。该交易于 2008 年 12 月交割。在许多零售商深陷破产泥淖的非常时期，Boscov 的出售和持续经营可谓成功典范，而这一切离不开贷款人、投资者、专业人士、州政府和地方政府的集体努力，是他们的辛勤工作促成了交易的顺利交割。

图 13-2a　第 363 条出售的范例（交易金额在 1 亿美元及以上）

交易金额为 1 000 万美元以上的收购
目标公司：Vivitar
卖方：Syntax-Brillian Corporation
买方：Sakar International
买方顾问：毕马威企业财务公司
简介：2006 年 11 月，Syntax-Brillian Corporation 以 2 600 万美元收购了 Vivitar Corporation 的股份。Vivitar Corporation 是一家非公众公司，也是世界上最大的数码相机、35mm 单反相机、自动对焦相机、数码摄像机、多媒体播放器、闪光灯、双筒望远镜、投影仪和相机配件的独立经销商之一。
背景情况：Syntax-Brillian Corporation 于 2008 年 7 月向特拉华州破产法院提交了自愿破产申请。虽然 Vivitar 不是债务人，但 Vivitar 及其资产属于卖方的第一顺位担保贷款人的担保财产的一部分。经过与贷款人（即受破产申请影响最大的债权人）合作，Vivitar 聘请毕马威企业财务公司为 Vivitar 寻找合适的买方，并为贷款人提供流动性。由于以下两个事实，这一目标很有挑战性。首先，Vivitar 用于运营的资本有限，如果没有找到合适的买方，其很可能很快被迫停止运营。其次，在 Syntax-Brillian 破产以前，Vivitar 作为 Syntax-Brillian 的一个事业部进行运行，其独立进行财务管控或报告的能力有限。因此，Vivitar 聘请毕马威企业财务公司在市场上寻觅买方，协商可能达成的最佳交易，并希冀在八周内完成交易的交割以避免清算。
交易概况：毕马威企业财务公司发起了一项竞争激烈且加速进行的拍卖程序，这引起了多个不同交易对手方的兴趣，包括清算人、私募股权公司和战略投资者。毕马威企业财务公司于 2008 年 8 月底（即 Syntax-Brillian 提出破产申请之日起七周内）使交易顺利交割，达成了公司及其贷款人设定的目标。毕马威企业财务公司协调召开管理层会议、展开尽职调查，并协助 Vivitar 及卖方贷款人成功地以有利于卖方的估值向 Sakar International, Inc. 出售 Vivitar。作为买方的 Sakar International, Inc. 是一家成立 30 年之久的家族企业及电子消费品制造商，其总部位于新泽西州爱迪生市。

图 13-2b 第 363 条出售的范例（交易金额在 1 000 万美元以上）

第 363 条出售

确切而言，什么是第 363 条出售

如本书第 2 章所述，第 363 条出售（或 363 交易）以《破产法》第 363 条命名。[1] 第 363 条出售的法律依据为《破产法》第 363(b) 条，根据该条，不属于债务人日常经营的资产出售均需要法院批准。[2] 虽然第 363(b) 条的立法意图似乎是协助出售浪费性的单项资产，例如多余库存、无关设备、剩余的土地和停产的业务线，但该条款很快就被运用于整个公司的出售。除了出售资产外，第 363 条允许向第三方出租资产。虽然第 363(b) 条允许破产受托人或拥有控制权的债务人进行资产的出售或出租，但未向债权人和债权人委员会提供该等授权。相反，债权人和债权人委员会的作用是在幕后与债务人或破产受托人谈判，并在必要时提出异议、寻求破产法院的干预，从而影响第 363 条出售的结果。

《破产法》第 363 条旨在吸引原本不希望购买破产实体资产的潜在买方。当投标人数不足时，资产的估值会相应降低，对于债务人财产而言通常不是最优结

果。为了最大限度地增加潜在投标人的数量，第 363(f) 条授权破产受托人或拥有控制权的债务人在本章后面所述的特定条件下出售（或出租）债务人财产，而不附带任何债权人的债权或股权权益。[3] 因此，第 363 条出售能够取消资产上的权利负担，以便买方以最优价格出价，而无须考虑因任何债务而在出价时打折，后者很可能是主观且难以计算的。这个理论似乎可行，因为大多数人认为，通过第 363 条收购的资产属于抄底行为，这也为许多此前还无人问津的危困企业迎来了大量投标。

为了坚持破产的指导性原则，即向所有债权人提供公正且公平的分配，363 交易的目标是为即将出售的资产获得最高和最优的报价。通常情况下，这一目标要求拥有控制权的债务人或破产受托人发起拍卖或竞标、投标程序，以实现破产人财产价值的最大化。本章后面将详细讨论破产拍卖的术语、技巧和问题。

根据第 363 条出售的程序，债务人会首先向破产法院提出批准投标程序的申请，允许有利害关系的参与方提出异议（估值为最常见的异议理由）。破产法院享有最终决定第 363 条出售是否合适的裁量权，该决定的主要依据为出售过程的有效性和完整性，而非由此得出的估值结果。一旦破产法院根据《破产法》第 363 条批准了一项资产的出售，该裁决即为终局的且不可上诉，交易各方可以据此完成出售。一旦出售完成，买方可以将破产法院的裁决作为有效且几乎无懈可击的防范对策，用来对抗债务人的债权人就已经出售给买方的资产主张权利，无论这些权利主张在资产出售过程中是否已为买方所知。换言之，破产法院的裁决是最终证据，能够证明资产在最终出售给善意购买人之时不附带任何权利负担——这是在破产程序之外不可能达成的结果。

从公共政策的角度而言，第 363 条出售可能引起如下担忧：缺乏透明度、过程仓促以及在各法域的程序缺乏一致性。一些评论家认为，这些问题容易使破产法院和利益相关方受到不公平交易、滥用程序和私下交易的影响。[4] 另外，机会主义的买方可能利用这些漏洞来讨价还价。

什么样的投标人会参加第 363 条出售

投标人主要分为两大类：财务买方和战略买方。财务买方包括私募股权公司和对冲基金（相关公司的名字和最近的趋势，请参见本书第 3 章）。战略买方涉及包括竞争对手在内的其他公司，其现有业务可以与出售的资产或企业相结合。另外，还有一类投标人为信贷投标人，本章后面会详细讨论。

从理论上来说，战略买方可以从收购中获得强大的协同效应，可能会比财务买方出价更高。此外，战略买方可能有内部资本来源为投标提供资金，而财务买方通常需要从第三方筹集资金。另外，由于战略买方对于行业内的客户、供应商、设备、员工、资产价值和问题都比较熟悉，因而他们进行尽职调查所需的时间应当更少。然而，在实践中，财务买方在尽职调查、通过《破产法》设计交易结构等方面均比战略买方更为熟练、敏捷和有效率。许多潜在的战略买方无法对第363条出售的紧迫性和复杂性做出有效的应对。

拥有控制权的债务人可能也不愿意看到战略买方参与第363条出售，并试图将这些潜在投标人一并排除在出售过程之外。公司可能不希望在尽职调查的过程中向竞争对手披露或许会给公司造成不利影响的保密信息。管理层则可能担心战略买方只是为了收集有价值的信息，而没有投标的真实意图。此外，管理层可能会担心战略买方在拍卖胜出后精简冗余人事，从而威胁到他们的饭碗。管理层还可能认为战略买方的参与涉及反垄断方面的问题，这一过程耗时耗力，并且有可能耽误出售的时机。综合以上考虑，财务买方相较于战略买方而言享有显著优势。

投标人有时也可以既是财务买方又是战略买方。例如，私募股权公司的投资组合中可能有与债务人的业务处于相同行业的公司。

在第363条出售中出售（或出租）的资产是否存在限制

是的，有限制。出售资产并使其不附带任何权利负担存在限制，包括出售存在权利负担的资产（即附带一个或多个担保权的资产）、待履行合同和未到期租约。此外，债务人不能出售破产法院已经启动自动中止程序的资产。[5]破产法律以外的适用法律也可能禁止某些资产的出售或转让。[6]

为了出售（或出租）存在权利负担的资产并使其不再附带权利负担，破产受托人或拥有控制权的债务人（视情况而定）必须向破产法院证明以下要素中的至少一项：[7]

1. 破产法律以外的适用法律允许出售此类资产，并使其不附带任何索赔请求和权利负担。
2. 持有索赔请求和相关权益的实体同意该等出售。
3. 相关权益属于担保权，且出售资产的价格高于该资产附带的所有权利负担的总价值。
4. 相关权益存在争议。

5. 通过普通法或衡平法下的程序，该等实体的权益可以通过货币补偿得到满足。

关于债务人的待履行合同和未到期租赁权，请记住这些资产属于债务人财产。在某些情况下，这些合同具备出售给第三方的价值，即使合同条款明确禁止这种转让。[8] 如本书第 2 章所述，债务人应当承担、承担及转让，或者驳回每个待履行合同和未到期租赁权。[9] 在上述情况下，《破产法》授权债务人承担并向第三方转让待履行合同和未到期租赁权，但前提是债务人纠正任何相关的违约行为（如到期未付款），并为将来履行合同提供充分保证。[10] 这样可以使买方有效地以最优且低于市场的价格拿到自己心仪的待履行合同和未到期租赁权，将缺少竞争力的合同留给债务人财产，而债务人财产可以驳回这些合同。仅凭这种策略，某些买方足以使对手方在交割前做出让步。

上述情形也存在例外。例如，涉及知识产权的待履行合同在未经交易对手方同意的情况下不得承担和转让。[11] 如果债务人的业务高度依赖于这类合同，则第 363 条出售有被交易对手方"耽误"的风险。

典型的第 363 条出售有哪些步骤

图 13-3 总结了典型的 363 交易中的步骤。本章后面将对每一步骤进行详细的介绍。

破产法院在出售程序的通知中包括了哪些信息

图 13-4 列出了破产法院在出售程序的通知中所包括的关键信息。

参与方如何对第 363 条出售提出异议

由于拥有控制权的债务人（视情况而定，也可能是破产受托人）有权依据其商业判断提议进行《破产法》项下的第 363 条出售，因此对出售本身提出异议往往是困难的。破产法院通常会尊重拥有控制权的债务人的商业判断，要满足法院批准出售的标准也相对容易。因此，试图对第 363 条出售提出异议的各方往往侧重于攻击招标程序，宣称该程序是不适当或不公平的。例如，这些异议可能包括质疑假马竞标人的必要性、分手费的金额或加价保护、竞标人尽职调查所需的时长、尽职调查过程中是否提供了有效信息、知情人的参与、投标人或投标的资格。有时小小的阻挠足以破坏一次出售。

- 债务人选择假马竞标人（或初始投标人）。
- 这名假马竞标人与债务人就资产收购协议（APA）进行谈判，其中包含初始投标的条款和条件。
- 债务人就第363条出售提出申请，要求批准债务人提议的假马竞标人、招标程序、分手费、加价保护等条款。
- 发出通知和召开听证后，破产法院将审理与处理相关异议，然后批准债务人的申请。
- 债务人顾问以资产收购协议作为模板，征询其他潜在收购方参与竞标并提出超过假马竞标人初始投标的竞标意愿，合格竞标人可以在资产收购协议的基础上于投标会提交合格的投标。
- 潜在竞标人表明他们对交易的兴趣和相应资格，在必要的情况下，潜在竞标人可以交付定金并对出售的资产展开尽职调查。
- 债务人通常在债务人律师的办公室召开竞标，参与竞标的人员包括假马竞标人在内的所有合格投标人。
- 在此之后，法院将批准出价最高和投标最佳者为最终买方。
- 只有中标后，买方才具有完成交易的排他性权利。
- 如果竞标人中标（即假马竞标人不是最终买方），假马竞标人将收取分手费并报销相关费用。

图 13-3 典型的363交易的步骤

- 投标规则
- 提交竞标的日期和时间
- 最小加价金额（本章稍后还会讨论）
- 投标会的时间和地点
- 投标时的最低加价金额
- 投标时必须随附的定金数量和条件
- 要求投标人出具足以完成交割的财力证明
- 在债务人与假马竞标人达成的资产收购协议上标注修改意见
- 在招标截止日期前就投标保密的指示

图 13-4 第363条出售的法院通知中包含的信息

如何快速地完成第363条出售

通常来说，完成第363条出售大约需要60天，这足够让潜在投标人展开尽职调查、筹集资金、制定竞标策略。不过，以纽约南区为代表的某些法域近来出现了迅速批准第363条出售的趋势，尤其是在紧急情况下。这一新趋势始于2008年雷曼兄弟依据《破产法》第363条将其资产出售给巴克莱资本之时，破产法院在雷曼兄弟自愿提交第11章破产申请后仅四天便批准了交易。雷曼兄弟的债权人仅有两天时间审查交易并提出异议，尽管《破产规则》规定的这一期限为20天。[12] 本案法官做出的解释如下：

> 我知道我需要批准这项交易，我对我的判断有绝对的信心。但是，我也知道，与我作为破产律师和法官时的经验相比，这一判决是极不寻

常的。除非有人认为存在类似的紧急情况，这一判决永远不会被未来的案件视为先例。我很难想象还会出现类似的紧急情况。[13]

第二年，在类似的极端情况下，克莱斯勒和通用汽车依据《破产法》第 11 章向纽约南区破产法院提出了自愿破产申请。在这两个案例中，破产法院均引用了雷曼兄弟案件的判决，作为在第 363 条出售中采取类似极端措施的依据（请参见本书第 3 章对以上案件的讨论）。

因此，我们目前还不清楚这些案件是否改变了各方对于破产程序的预期，即第 363 条出售的迅速完成是否已成为常态。毕竟，大多数破产案件总会存在着这样或那样的紧急情况。

第 363 条出售和重组计划是否相互排斥

不相互排斥。在实践中，专业人员通常认为第 363 条出售是确认重组计划前的特别程序，这一程序通常先于确认重组计划的听证会之前几个月甚至几年。因此，第 363 条出售经常在债务人提出重组计划之前发生。但是，一些破产案件的重组计划也包括通过第 363 条出售其业务的全部或部分，以此作为公司战略的关键组成部分。

如果第 363 条出售发生在确认重组计划之前，出售带来的现金收益通常由破产法院托管，并在确认重组计划后最终分配给债权人（或在第 7 章清算中根据《破产法》第 726 条进行分配[14]）。在某些法域，美国破产受托人要求在第 363 条出售完成之前提交重组计划，以便将债务人分配出售所得现金收益的计划明确记录下来。这一要求的出发点是在债权人审查债务人提议进行第 363 条出售时，由债务人对债权人进行完全披露，给债权人充分的时间和机会对整体方案提出异议。

然而，关于编制重组计划，就其征求意见并最终确认的要求，大大降低了第 363 条出售的便利性、经济性和有效性，尤其是当危困企业徘徊在破产边缘时。考虑到上述问题，其他法域正在沿着相反的趋势发展。如本章此前所述，一些破产法院使用衡平法下的裁量权迅速批准第 363 条出售，其迅速程度甚至远超国会颁布《破产法》和《联邦破产程序规则》时的预期。

债务人决定通过第 363 条出售来出售整个公司时是否受到任何限制？为什么这类出售有时被批评为私下的重组计划

当债务人要求进行第 363 条出售时，其实质是要求法院豁免传统重组计划中涉及的常规披露、意见征集、投票和确认程序。此外，第363条出售适用的审查标准为经营判断法则（本书第10章曾详细讨论过）。该标准不如重组计划所使用的审查标准那么严格，即由司法审查该计划是否符合《破产法》和《联邦破产程序规则》规定的法定确认标准（该标准曾在本书的第12章详细讨论过）。

许多法院在确定第363条出售是一项私下交易还是善意计划时会尤为谨慎，因为这一过程存在使债权人权利失效的风险。联邦第二巡回上诉法院在2007年的摩托罗拉案中表达了这一担忧："禁止'私下'计划的原因是出于以下担心——拥有控制权的债务人提起的交易会在实质上'抄捷径以规避第11章中对确认一项重组计划的要求'。"[15]因此，提议进行第363条出售是一项重大请求，债务人必须从商业上证明出售的正当性。如果法院不同意债务人的说明将不会批准第363条出售——倘若债务人未能提供有效的商业理由，法院批准第363条出售的提议将使债权人的清偿缺少披露说明或重组计划的程序性保护。

近来，美国政府积极参与某些破产案件，利用其影响力使破产法院批准被人们批评为私下重组计划的第363条出售。在通用汽车的破产案件中，破产法官针对美国政府向通用汽车提供的援助写道："三巨头中任一个（或更糟的是，其中一个以上）的失败可能给成千上万的供应商……其参与运营的利益共同体中的其他企业，经销商……州与市……带来严重的损害。美国政府担心（本法院也有这种担心），如果通用汽车的颓势无法挽回，从而失去持续经营的能力，整个（美国）国内的汽车行业会遭受系统性的破坏，从而对整个美国经济造成严重危害。"[16]同一法院的另一名破产法官使用了与稍早一些的克莱斯勒破产案类似的逻辑，详述并进一步发展了此前的判例法，判决认为，如果"债务人考虑到企业的持续经营能力，出售其绝大部分资产，提交清算计划并规定其出售收益的分配"，则这种计划不属于私下计划，前提是该收益①超过可以在清算中获得的价值；②将直接被优先顺位最高的贷款人获得。[17]

对于如何认定一项第363条出售是恰当的，《破产法》没有提供明确的规定。1983年的Lionel案是该领域内最早的判例之一，如今在类似分析中仍被援引。[18]在Lionel案中，债务人提出了一项提议以在重组计划前出售其最有价值的资产，即其在某公司中82%的所有权权益，而该公司没有被包括在债务人的破产申请中。当时该公司的资产价值没有降低，也不存在需要快速完成出售的紧急情况。然而，债权人委员会向债务人施加压力要求其完成出售，以便债权人此后能够就现金而非股权获得清偿。破产法院批准第363条出售后，一些股权人提起上诉。最后，联邦第二巡回上诉法院认为，该出售不符合正当的经营判断。法院在判决中指出："在得出结论时，破产法院的法官不能盲从发声最为激烈的特殊利益集团；相反，其应当考虑与破产程序相关的所有突出因素，并采取相应行动维护债务人、债权人和股权人的不同利益。”[19]

Lionel 案的法院接下来在判决中指出了确认一项资产出售是否符合经营判断时需要考虑的因素。图 13-5 总结了这些因素。

- 待售资产在整个债务人财产中所占比例
- 自提交破产申请以来经过的时间以及重组计划在不久的将来得到确认的可能性
- 提议的资产处置对将来的重组计划的影响
- 与资产评估的结果相比，可以从资产处置中获得的收益
- 资产价值是否增加或减少[20]

图 13-5　判断资产出售是否符合经营判断的因素

多年来，后来的法院将 Lionel 案中提及的因素总结为四大要素，即提议的第 363 条出售是否具备或反映：①可靠的商业理由；②准确与合理的通知；③适当的价格；④善意。然而，在雷曼兄弟、通用汽车和克莱斯勒公司的破产案件中，对于紧急情况的看法似乎推翻了对这些因素的应用。

上述交易涉及的都是尚在持续经营的公司，清算中的资产又是如何出售的呢

如果破产案件属于第 7 章清算案件（或涉及清算的第 11 章重组案件），则《破产法》第 363 条（对第 7 章和第 11 章案件均适用）授权破产受托人对债务人财产进行清算，且适用的程序与出售持续经营中的公司相同。事实上，由破产受托人进行资产清算的第 363 条出售更为常见，但媒体对这类案件的关注相对较少。清算语境下有关第 363 条出售的判例法也与出售持续经营中的公司相关。

反垄断方面的考虑有哪些？第 363 条出售是否需要获得美国司法部或联邦贸易委员会的批准

需要。如本书第 10 章中所讨论的，困境资产的出售在特定条件下也受反垄断法的规制。《破产法》明确指出，《1914 年克莱顿反垄断法》适用于第 363 条出售。[21]

在第 363 条出售中，债务人如何在收购协议中做出陈述和保证

虽然债务人可能会在第 363 条出售涉及的收购协议中做出常规性的陈述和保证，但是这些陈述和保证通常在交易交割时就失效了。实际上，第 363 条出售以“当时状况”为基础，买方应认识到“买者自负”这一原则会限制董事和管理人员

违反该等陈述和保证的责任。

关于上述陈述和保证的有效期也部分导致在第 363 条出售中，交割时的托管金额非常有限。与传统并购不同，第 363 条出售中的托管金额通常只用于对收购价格进行微调，如营运资本的微调。

如果第 363 条出售不附带任何权利负担，那么相关义务由谁承担

这涉及第 363 条出售对于买方而言的主要优势，除了一些特定情况外，所有义务都由债务人财产承担。但是，这个一般规则也存在例外（即后继者责任），例如破产后才出现的环境索赔。另一个进入“灰色地带”的例子是产品责任，例如在资产出售之后产生的相关请求权。

出售无任何权利负担的资产是如何使买方免受法律风险的

如果交易结构设计得当，买方通过第 363 条出售可以获得“无任何权利负担”的资产，即所得资产不附带原先的担保权和大多数权利主张，包括债权人提出的出售时尚未支付的债权请求以及随之而来的欺诈性财产转让的主张（本书第 10 章对此进行了更详细的讨论）。在第 363 条出售中出售“无任何权利负担的”资产向买方提供了有力保护，使其免于后继者责任。上述情况存在特定的例外情形，包括在某些情况下的就业歧视或产品责任。[22] 如果不是通过破产程序购买资产，买方很难享受到这些强有力的保护。

如何处理第 363 条出售产生的现金收益

一旦破产法院批准了一项第 363 条出售，在该交易交割后，法院会决定如何将出售所得的收益分配给对出售资产享有担保债权的债权人。通常情况下，有担保债权人对于出售资产的担保债权会自动转化为对于出售所得现金的债权。如果出售所得收益超过了担保债权的金额，破产法院也将视情况而定，根据重组计划或清算计划将剩余现金分配给无担保债权人和其他索赔人。

破产法院批准第 363 条出售的决定是终局的还是可上诉的

对于破产法院批准第 363 条出售的决定，利害关系人可以首先向地区法院（或在有破产上诉委员会的情况下向该委员会）上诉，然后向巡回上诉法院上诉（请参见本书第 2 章对破产法院上诉程序的说明）。但实际上，如果批准出售的决定未被中止，则该交易很可能是泼出去的水，难有回转的可能。从历史上看，这是《破产

法》第 363(m) 条提供的法定保护的结果："除非相关授权和出售因上诉而中止……根据本条 (b) 款或 (c) 款在上诉阶段撤销或修改出售资产的授权不影响基于该授权善意购买该资产的实体的交易行为之有效性。"[23] 这被称为法定诉由的消灭。

在写作本书之时，联邦第九巡回法院破产上诉委员会最近（2008 年）的一项判决可能已经动摇了这块历史基石。在清晰频道（Clean Channel）一案的判决中[24]，法院认为，即使在未被中止的情况下，批准出售决定的某些方面也可以被上诉和撤销。虽然该判决的应用（即使是在第九巡回法院）相对有限，但这一判决很可能会影响将来的资产收购协议。例如，对于在上诉时被认定为附带权利负担的资产，买方可以争取退回这部分资产的权利，或者买方可以争取设立托管账户，以托管金额抵销部分或全部相关风险。

竞标和拍卖

成为假马竞标人有哪些好处

在第 363 条出售中，债务人通常与假马竞标人进行谈判并订立资产收购协议。在拍卖程序中，该资产收购协议将被用作与其他潜在投标人进行谈判的底价。在拍卖人出售公司时，假马竞标人的投标确立了最低估值，可以防止债务人财产的价值在拍卖过程中出现不受控制的下跌。此外，假马竞标通常会引起媒体的广泛报道，从而推动资产的出售。本来没有意识到某一公司已经破产的潜在买方也会认为假马竞标人已经争取了一个不错的价格，从而决定参与竞标。

假马竞标的诸多优势使这个角色经常令人垂涎。尽管假马竞标的劣势也很明显，即假马竞标人需要投入相当多的时间与资源，却不能保证自己一定会处于有利地位并赢得竞标。因此，债务人与假马竞标人签署的资产收购协议中包括了不少具备吸引力的保护性条款。图 13-6 总结了一些最常见的保护性条款。

除了图 13-6 列出的保护性条款外，与随后的竞标人相比，假马竞标人可以有更多时间对危困企业进行尽职调查。当债务人处于特别紧急的处境时，假马竞标人可能需要加快其尽职调查的过程。但如果假马竞标人对其尽职调查的过程感到不满，其可以将相关的额外风险纳入考虑并反映在一份估值较低的投标中。

关于分手费的百分比有哪些指导性原则

《破产法》与《联邦破产程序规则》并没有规定分手费的百分比。一般来说，分手费的大致范围为交易价格的 1% ～ 5%。债务人及其顾问可根据实际情况就分手费的百分比与假马竞标人进行谈判，谈判时应综合考虑各项因素，包括：有多少投标人希望成为假马竞标人，这些投标人认为假马竞标人所提议的竞价是高还是低，第 363 条出售的紧迫性以及其他破产案件中分手费的趋势。

某些法域的法院在批准分手费和费用报销方面比其他法域更严格。例如，联邦第二巡回上诉法院比较能接受这类费用（只要相关费用为债务人经营业务的合理支出，该法院通常会批准这类费用），而第三巡回上诉法院可能要求提供相关资料，以证明这些费用是为保护债务人财产价值所必须支出的。在这方面，有经验的法律顾问会知道不同法域判定何为合理支出的界线。

- 该部分资产相对于整个债务人财产价值的占比
- 分手费（也称为谈判破裂费）
- 费用报销，受限于预先商定的上限
- 最小加价金额
- 对竞标人的资格要求
- 竞标、拍卖日期、法院最终批准日期与交割日期均存在严格的截止期限

图 13-6 潜在假马竞标人合同保护条款示例

不是所有的分手费都需要被定义为收购价的某个百分比。在涉及通用成长置业公司（GGP）的那个不同寻常的破产案中，破产法院批准：如果公司被出售给其他竞标人，则分手费为认购公司股份的权证。[25] 虽然这些权证的价值以公司会在破产程序后取得成功为前提，但对这些认股权证的估值高达数亿美元。GGP 案是美国历史上最大的房地产破产案件，涉及数百家百货商场。GGP 的最大竞争对手西蒙地产集团（Simon Property Group）以及加拿大的地产管理公司布鲁克菲尔德资产管理公司（Brookfield Asset Management）对该公司产生了浓厚的兴趣。管理层拒绝了西蒙地产集团通过第 363 条出售购买 GGP 公司的请求，转而支持布鲁克菲尔德。布鲁克菲尔德曾在破产案件早期向 GGP 公司提供 DIP 贷款，为了使 GGP 成为一家独立的公司，曾提出由布鲁克菲尔德主导的一个投资者集团向 GGP 公司提供融资，并提出了重组计划。该重组计划的提议如下：[26]

- 布鲁克菲尔德的关联公司将投资 26.25 亿美元用于交换 GGP 重组后 26% 的股份。
- 费尔霍姆资产管理公司（Fairholme Capital Management）将投资约 27.9 亿美元用于交换 GGP 重组后 28% 的股份。

- 珀欣广场资产管理公司（Pershing Square Capital Management）将投资 11.4 亿美元用于交换 GGP 重组后 11% 的股份。
- 重组计划的资助者还将提供 15 亿美元的退出融资，并获得认购 5 亿美元的 GGP 重组后股份的权利。

该重组计划还包括支付给布鲁克菲尔德的分手费，该分手费的形式为相当于 GGP 重组后 1.2 亿份股份的认股权证。[27] 以西蒙主导的投资者集团最终把报价提高至价值 65 亿美元的现金和西蒙股份。无论是以西蒙还是布鲁克菲尔德主导的投资方案均涉及承担 150 亿美元的重组抵押债务。[28] 在破产法院批准债务人涉及布鲁克菲尔德的重组计划后，西蒙放弃了收购。[29]

何为最低加价金额

最低加价金额（从假马竞标人的角度有时也被称为加价保护金额）即竞标人的出价必须超过假马竞标人的出价。通常视出售金额而定，此金额会在假马竞标人出价的 3% ～ 10% 之间浮动。例如，如果假马竞标人最初出价是 200 万美元，且加价保护金额为 5%，则竞标金额必须超过最初出价 10 万美元，否则将不被考虑。[30] 如果一个竞标人提交的投标金额至少为 2 100 001 美元，则竞标将继续且会持续使用竞标程序设定的最低出价增量。

提供给假马竞标人的加价保护和分手费之间通常有某种联系。本质上，分手费是加价保护金额的一部分，为了感谢假马竞标人协助招标过程，债务人财产将与假马竞标人共同分担招标所产生的费用。因此，很少有分手费超过加价保护金额，其通常大约是加价保护金额的一半。

投标人可以在投标中包括什么样的免责性突发事件

通常情况下答案为“无”。破产法院批准的招标程序通常要求合格投标人进行“无出局”的投标。要成为合格投标人即意味着其在进行尽职调查和融资时应排除典型偶发事件的发生。一旦投标人失去竞标资格，该投标人可能没有时间修改投标并重新参与拍卖。因此，以下这点至关重要：所有投标人在投标之前必须完成尽职调查并筹集足够的资金。

是否任何人都能提交合格的投标

不是的。破产法院批准的投标程序通常要求投标人为合格投标人，从而帮助债务人和其他投标人避免在不合格的投标人身上浪费时间。为了获得投标资格，投标人可能需要证明其财务能力，即一旦其中标，其具备相当的财务实力来完成购买资产的交易。合格投标人有时需要在其提交投标时，将可退还的押金由第三方代为保管。这类押金通常在拍卖结束后立即予以退还，但后备中标人的押金除外，后者将由第三方保管至中标者购买资产的交易顺利交割。如果中标者未能成功交割，则后备中标者将成为最终的中标者。

在出售公司的拍卖过程中，有担保债权人是否可以成为竞标人

可以。一方在破产程序中是有担保债权人，并不妨碍其在公司出售过程中进行投标。与必须用现金进行投标的其他投标人不同，有担保债权人可以以其部分或全部的担保债权或现金进行投标，即所谓的信用投标。这种做法是有道理的，因为如果有担保债权人完全用现金投标，部分或全部的现金仍将被用于向有担保债权人本身提供清偿。

更具体地说，债权人可以以其担保债权的全部金额进行投标，收购附有其担保权的资产。作为交换，该资产上与投标金额相当的负债即被免除。如果潜在债务的免除金额超过第三方竞标的现金金额，法院可以裁定该信用投标是“最高且最佳”的投标。

信用投标有什么限制

只有在特定资产上拥有有效且完善的担保权的有担保债权人才能对该资产进行信用投标。在贷款人对包括其他抵押物的一揽子资产进行信用投标时，事情可能会变得棘手。在这种情况下，法院必须在抵押资产和非抵押资产之间进行价值分配。如果有担保债权人对公司全部或几乎全部资产享有总括性的担保权，有担保债权人可以对整个公司进行信用投标。

就美元金额而言，贷款人信用投标的最高出价是其担保债权的面值，而非抵押物的经济或市场价值。对于处于困境中的公司，面值和市场价值之间的差异可能很大，这意味着许多信用投标人不需要支付任何额外的现金（即超出其投资于担保债权的现金），就可以在拍卖中成为有竞争力的竞标人。这对于按面值提供融资的贷款人来说可能没什么好处，但在二级市场以低价购买了担保债权的投资者却可以在拍卖中获得更大的购买力。

从操作层面来看，如果有银团贷款，只有征得持有银团担保债务美元金额至少50%的贷款人的同意，有担保债权人才可以进行信用投标。其他操作细节经常规定

于债权人之间的协议。

最近，联邦第三巡回上诉法院裁定，如果第 363 条出售下的资产出售是重组计划的一部分，则可以禁止有担保债权人进行信用投标。在费城报业（Philadelphia Newspaper）案中，债务人提出了一项重组计划，该计划特别限制了有担保贷款人进行信用投标的权利。在此案中，有担保债权人的债权总额超过 3 亿美元，且对于债务人的几乎所有财产享有总括性的担保权。除了一栋价值 2950 万美元的办公楼被免于附加权利负担外，债务人的重组计划建议拍卖其几乎所有的资产。债务人预计拍卖所得的现金约为 3700 万美元，重组计划将这些现金加上办公楼两年免租金的租约分配给有担保债权人。债务人认为，其重组计划向有担保债权人提供的赔偿毋庸置疑地具有等效性，所以信用投标是不合适的。债务人申请法院批准其第 363 条出售的招投标程序，并提名由公司之前和现在的管理层及股权人组成假马竞标人。破产法院站在有担保债权人的一边，拒绝了债务人有关信用投标的提议。[31] 债务人上诉后，地区法院撤销了原判决，[32] 联邦第三巡回上诉法院认可了地方法院的判决。[33] 地区法院指出，《破产法》并未向有担保债权人提供任何关于信用投标的法定权利，在毋庸置疑的等效原则下，债务人可以选择根据重组计划出售其担保物。如果出售资产的收益无法向债权人提供毋庸置疑的等效赔偿，根据这一判决，有担保债权人仍有可能对第 363 条出售提出异议。此外，有担保债权人仍可就债务人是否合理行使了其经营判断提出异议。

虽然第三巡回上诉法院的上述案例以及另一个第五巡回上诉法院的案例 [34] 为有担保债权人带来了新的不确定性，有担保债权人仍可以像其他投标人一样在拍卖中使用现金投标来减轻这些风险。从理论上讲，如果一个有担保债权人的现金出价中标，有担保债权人只需要收回其现金出价（减去管理费用），以此作为重组计划向其提供的清偿。

信用投标如何在拍卖中妨碍了整个投标活动

出于以下原因，财务买方和战略买方可能因拍卖中出现使用信用投标的有担保债权人而感到气馁。第一，有担保债权人享有作为公司贷款人的优势，能够进行更深入的尽职调查。第二，有担保债权人可能对所涉及的资产的性质和价值，包括资产评估的准确性和有效性有更为复杂的认识。第三，通过信用投标，有担保债权人并不投入新的资本，因此不需要为其投标进行新融资，相比其他投标人，这也是一大优势。第四，不要忘了拍卖收益将用于支付有担保债权人的债权，他们会希望出售资产的估值在拍卖程序中被抬得尽可能高，因此有担保债权人可能产生逆向激励作用。这导致的结果是，一个买了担保债权而陷入困境的投资者只有在第三方出价超过了信用投标的出价时才能偶然获得利润。第五，担保债权的持有者，例如以折扣价购买了债权的对冲基金，可以以整个债权的面值来出价，相比其他 100% 以现金进行的投标，这是一个非常显著的优势。

以下是破产法院的解释：[35]

> 如果允许一个担保不足的债权人进行信用投标，这一“投标”可能引起“过度震动”，即担保不足的债权人的出价可以超过其有担保的债权，直至包括其有担保和无担保的债权总额，并且该债权人大体能够确信几乎所有的（如果不是所有的）向重组后债务人支付的资金将用于其债权的部分或全部清偿。这样，无须额外投入资金，该债权人就可以通过其他债权人的投标将债务人的所有持续经营价值与自己的债权相结合。

多个潜在投标人是否有可能组队投标

这取决于组建的队伍是否会推动拍卖，抬高中标金额。不难理解，《破产法》明确禁止投标人之间相互串通。[36] 投标人之间的串通可能会减少合格投标人的数量并压低投标金额，从而对招投标程序的质量产生不利影响。投标人之间的串通破坏了拍卖所寻求的公允结果，使资产以低于最高和最佳的价格出售。因此，《破产法》授权拥有控制权的债务人（或破产受托人，视情况而定）取消涉及投标人串通的资产出售，并寻求惩罚性赔偿。

另外，多个投标人组成一个团队购买一项资产组合并分享利益可能存在优势的。如果投标人被允许组队，那么在拥有控制权的债务人打包出售多个业务单元时，可能会吸引更多的投标人。破产法院可能会考虑这样组队是否有利于最大限度地提高债务人财产的价值，但也可以要求通过多个第 363 条出售分别出售这些业务单元。

通常情况下，拥有控制权的债务人和破产法院可以允许贷款人和买方组成的团队参与第 363 条出售的资产出售竞标。一个财务买方往往需要从第三方获得融资，如果第三方（例如银行）除了提供融资不参与针对债务人资产的投标，那么这种类型的团队通常不被认为涉及投标人串通。债务人的财务顾问有时可能会要求特定的贷款人为投标人提供贷款，用来支持任何考虑使用该贷款的投标人的投标。这种资格预审贷款被称为“订书机融资”，它们会被装订于财务顾问向潜在投标人分发的发行说明书的封面。在流动性紧缺的资本市场中，确定一项“订书机融资”可能有助于提高潜在投标人参与拍卖的兴趣。

投标人是否可能因不遵守规则而在竞标过程中被取消资格

不一定（虽然这是第 363 条出售流程的缺陷）。债务人最终可以豁免任何数量的潜在违规行为。这类违规行为往往涉及晚于规定时间投标或其他形式的不遵产规则（例如未对资产收购协议提出修改意见、未对融资能力进行说明、考虑修改待售资产组合等）。对于遵守规则的投标人来说，这无疑是不公平的，但拍卖程序最终只关注一个单一目标，即最大限度地为各利益相关方复原资产价值。[37] 借用一个法律术语，有人可能会认为招标程序实际上是在“鼓励违法”。

如果说实现资产价值的最大化是第 363 条出售的唯一目标，这是否意味着价格是区分各投标的主要因素

不一定。记住，关键是要使一个“更高且更好”的竞标得以成真。例如，交割的确定性（这可能会受到融资能力、是否涉及反垄断或合同项下第三方同意等因素的影响）可能是招投标过程中一个有意义的判断因素。要获得交割的确定性，评估破产法院将如何使用其衡平法下的权力，并根据相关判例法来确定什么是最好的投标（即便其价格不是最高的）至关重要。

未中标的投标人是否可以报销其费用

有时可以。如果未中标的投标人能够证明其投标行为对债务人财产所获得的价值做出了重大且必要的贡献，其部分或全部的费用支出也许可以被视为管理费用，从而获得补偿。《破产法》第 503(b) 条规定，管理费用应用于申请方能够证明相关费用使用于“为保存资产价值而确实需要”之处。[38] 例如，在发泡树脂国际公司（Foamex Int'l）一案中[39]，在批准第 363 条出售之后，特拉华州破产法院宣布向未能中标的投标人 Wayzata Investment Partners 报销高达 100 万美元的费用。由于该公司参与拍卖，竞标价一路飙升，最终超出了最初的假马竞标价约 5000 万美元。

债转股交易

何为债转股交易

债转股交易可以采取多种形式，但它通常指以控制相关资产或更广泛的业务为

最终目标，从而将债务转化为股权的债务购买（通常有一定折扣）。

债转股交易通常涉及发起或购买破产申请前的有担保债务或本书第 14 章详细讨论的 DIP 贷款融资。

债转股交易可能不时与发债（其中较为主要的债权人获得债务人新发股份的认股权证，而现金被用以买断次要债权人的债权）或购买杠杆证券相结合（正如本书第 4 章详细介绍的，在债权人的资本结构中，杠杆证券最有可能获得至少是部分的股权支付）。为了增加自身在重组过程中的话语权，在某些情况下，买方也可以获得债务人的部分股权或管理层控制权（如投票权和董事会席位）。

什么样的情况会使债转股交易具有战略意义

在第 363 条出售中，债转股的相关技巧可以用于发起信用投标。一个典型的例子是一位陷入困境的投资者在二级市场折价买入了破产申请前的有担保债务，为了将破产申请前的有担保债务转为 DIP 贷款，该投资者需要成为假马竞标人（即其成为假马竞标人是 DIP 贷款协议的条件之一）。该投资者会坚持加快资产出售的过程，并且以信用投标的形式参与拍卖。在整个过程中，陷入困境的投资者可能会试图采取行动并做出声明，吓跑有意参与竞标的其他人，与那些不为所动并留下来的参与方合作。

例如，假设有一种面值为 100 美元的有担保债券，其抵押物的市场价值已下降至 50 美元。在第 363 条出售开始前以 45 美元购买该有担保债券的买方，可以在没有额外现金支出的情况下，以 100 美元的价格对该资产进行信用投标。在这种情况下便不难理解，信用投标会人为拉高投标价格，从而阻碍众多潜在的竞争对手对该资产进行投标。即使其他投标者最终以高于信用投标人初始投标的价格赢得了竞标，信用投标人仍可享受丰厚的资本回报，这取决于法院如何分配债务人财产的现金收益。

上述例子也说明了一些债权人进行债转股交易时的关键问题，即无担保债权人将一无所获。陷入困境的投资者很可能已经在二级市场上购得了破产申请前的有担保债务，因此债务人财产将不会从交易中获得任何现金。鉴于信用投标的战略意义即为无须投入现金，债务人财产也不会从信用投标中收到任何现金。因此，批评者认为这类债转股交易属于一种变相的清算，并且已经注定了资产增值只归属于优先顺位最高的贷款人。

在上述例子中，普通债权人有哪些求偿权

以下三种理论中的任一个都可以为优先顺位较低的债权人（如第二顺位贷款人

及无担保债权人）对债转股交易提出异议提供依据：衡平居次、重新定性和显失公平（以下讨论简要总结了衡平居次和重新定性的原则，本书第 5 章对这些概念进行了更为详细的介绍）。

第一，优先顺位较低的债权人可能会根据衡平居次原则寻求补偿，这取决于前述例子的具体情况。正如本书前面提到的，破产法院既是衡平法法院，也是普通法法院。这意味着破产法院可以行使其裁量权以实现公正的结果，包括降低债务人财产上优先债权的优先级。

第二，对于形式相似但实质相异的债权，优先顺位较低的债权人可能根据重新定性原则寻求补偿。在这种情况下，法院有权不受交易形式的限制，从而帮助实现交易实质。这可能包括将买方对债务人资产的债权视为股权而非债权。与根据衡平居次原则做出的裁决一样，这不仅会阻碍信用投标，还可能使陷入困境的投资者的潜在回报化为乌有（被重新定性的债权将面临与其他股权人的利益相类似的命运），甚至遭受投资损失。

第三，优先顺位较低的债权人可能会认为，破产法院在投标过程中允许买方以担保权的面值进行信用投标显失公平。作为衡平法法院和普通法法院，破产法院有权根据《破产法》第 363(k) 条，在某些情况下拒绝或限制买方的权利。[40]

债转股策略存在哪些风险

这种策略至少存在四个主要风险：

- 有限的融资。一般来说，债转股交易都是现金交易，很少或根本没有第三方融资可用。卖方有时可能提供融资，但贷款金额相对于资产价值的比例很低，且通常包含求偿权条款。
- 贷款人责任。基于多种法律理论，贷款人都可能被要求承担贷款人责任，其中最常见的权利请求涉及每份合同的每名缔约方应当遵守的默示承诺，即诚信和公平交易。诚信和公平交易的承诺要求合同各缔约方均不得从事任何有损其他方利益的行为。这意味着贷款人必须注意不要以有违诚信原则的方式从借款人身上占便宜。为了减轻贷款人责任的风险，收购方应充分评估贷款人及其声誉，包括是否存在任何针对该贷款人的贷款人责任索赔。潜在买方还应分析贷款人提供贷款的经过以及借款人与贷款人之间行为模式的其他相关事实。
- 原始发行折价（OID）的潜在问题。折价购入的债权在随后出售时的部分收益可能需要按一般收入而非资本利得的税率纳税。另外，在某些情况下，因为债权的现存价值随着债务期届满不断增长，所购得债权的原面值折扣可能包括在当年的普通收入内。在这一问题上，经验丰富的税务顾问的意见尤为重要。

- 潜在的信义义务。“购买你自己的债权”可能触发关联基金或与衡平居次权利请求相关的信义义务问题。一些投资基金（特别是私募股权领域的投资基金）利用 2009 年的信贷市场错位，购买了其投资组合中特定公司的债务。这种策略有时被称为“购买自己的债权”，至少可能触发三个关键问题：

1. 投资基金的章程性文件可能禁止该基金购买其关联投资基金控制的债务人的债务。
2. 即使在章程性文件允许的情况下，“购买自己的债权”可能引起第三方关于衡平居次的权利请求。
3. 关联方购买可能会触发债务取消（COD），即取消投资组合公司的部分收益，其金额相关于所购债务调整后的发行价与投资基金购买该债务的购买价之间的差额。本书第 8 章和第 9 章详细讨论了 COD 收益的会计核算及税务方面的含义。不过，作为一般规则，如果各方至少有 50% 的控制权由同一人或实体拥有，则该各方为关联方。（说句题外话，在 2008 ～ 2009 年的住宅抵押贷款危机期间，抵押贷款公司 ResCap 利用了这种策略的优势，折价买回了自己的部分债务并记入会计收益。公司的账面价值因此得以增加，并在接下来的一个季度里避免了违约。）

- 声誉。最后但同样重要的是，使用债转股策略有可能会损害投资者在市场上的声誉。虽然投资者可以用一个优势价格达成特定交易，但这样做可能会削弱其在未来赢得交易的能力。正如英国著名讽刺作家约瑟夫·霍尔所说：“声誉的破裂也许可以被修复，但世界的目光会永远盯着那道裂缝。”

考虑到上述风险，我们下一步要讨论的是为一项业务进行再融资（作为第 363 条出售或债转股交易的一个可能的替代方案）时需要考虑的因素。如果出售是不可避免的，我们就需要了解买方如何融资以购买危困企业。

尾注

1. See 11 U. S.C. § 363.
2. See 11 U.S.C. § 363(b).
3. See 11 U.S.C. § 363(f).
4. See, for example, Elizabeth B. Rose, “ Chocolate, Flowers and Section 363(b): The Opportunity for Sweetheart Deals without Chapter 11 Protections, ” *Emory Bankruptcy*

Developments Journal 23 (2006), p. 249.

5. See 11 U.S.C. § § 362, 363(d)(2).
6. See 11 U.S.C. § 363(d)(1).
7. See 11 U.S.C. § 363(f).
8. See 11 U.S.C. § 363(l).
9. See 11 U.S.C. § 365.
10. See 11 U.S.C. § 365(b).
11. See 11 U.S.C. § 365(n).
12.《联邦破产程序规则》第 4001(d)(2) 条规定与资产出售相关议案的异议应默认于 15 天内提出，《联邦破产程序规则》第 4001(d)(3) 条规定，应在提出异议后的至少 5 天后举行议案和异议的破产法院听证会（整个过程总计 20 天）。参见《联邦破产程序规则》第 4001(d)(2) 条和第 4001(d)(3) 条。
13. *In re Lehman Brothers Holdings Inc.*, Case No. 08–13555 (Bankr. S.D.N.Y. 2008).
14. S ee 11 U.S.C. § 726.
15. *Motorola, Inc. v. Official Comm. of Unsecured Creditors*, 478 F.3d 452, 466 (2d Cir. 2007) (quoting *Pension Benefit Guar. Corp. v. Braniff Airways, Inc. (In re Braniff Airways, Inc.*), 700 F.2d 935, 940 (5th Cir. 1983).
16. See *In re General Motors Corp.*, 407 B.R. 463, 477 (Bankr. S.D.N.Y. 2009). (Gerber, J.).
17. See Opinion Granting Debtors'Motion Seeking Authority to Sell, Pursuant to 11 U.S.C. § 363, Substantially All of the Debtors' Assets [Dkt. No. 3073], Chrysler LLC, et. al., Case No. 09–50002 (AJG), (Bankr. S.D. N.Y. April 30, 2009).
18. *Comm. of Equity Sec. Holders v. Lionel Corp.* (*In re Lionel Corp.*), 722 F.2d 1063, 1071 (2d Cir.1983).
19. 同上。
20. 同上。
21. See 11 U.S.C. § 363(b)(2).
22. 对于“无权利负担”的转让可能存在其他限制。例如，在最近的一项裁决中，联邦第九巡回上诉法院认为有担保债权人进行信用投标并不表明其希望购买资产上不附带优先顺位较低的债权人的担保权，即使这有可能在以《破产法》第 11 章为依据的重组计划中得到确认。*In re PW, LLC* (*Clear Channel Outdoor, Inc.*), 391 B.R. 25 (9th Cir. 2008)。
23. See 11 U.S.C. § 363(m).
24. *Clear Channel Outdoor, Inc. v. Knupfer* (*In re PW, LLC*), 391 B.R. 25 (B.A.P. 9th Cir. 2008).
25. *In re General Growth Properties, Inc.*, Case No. 09–11977–alg (Bankr. S.D.N.Y. 2009).
26. Jamie Mason, " Simon Bows out of GGP Pursuit, " May 7, 2010; http://pipeline .thedeal.com/tdd/ViewArticle.dl?id=10005425993, last accessed June 15, 2010.
27. 同上。
28. 同上。
29. 同上。

30. Eric S. Prezant, "Acquisitions and Dispositions of Assets of Troubled Companies," Vedder, Price, Kaufman & Kammholz; available at http://www.vedderprice.com/ docs/pub/273d54ad-1f15-41b7-95a6-b2e137c855a9_document.pdf, last accessed June 2, 2010.
31. See *In re Phila. Newspapers, LLC*, Case No. 09-11204 (SR, CJ) [Dkt. No. 1234] (Bankr. E.D. Pa. Oct. 8, 2009).
32. See *In re Phila. Newspapers, LLC*, 418 B.R. 548 (E.D. Pa. 2009).
33. See *In re Phila. Newspapers, LLC*, 2010 U.S. App. LEXIS 5803 (3d Cir. 2010).
34. 参见 In re Pacific Lumber, 584 F.3d 229 (5th Cir. 2009)，发现提出将财产转让给指定买方换取现金的计划向担保债权人提供相当的明确量，拍卖结束后，担保债权人曾提出异议，因此保留其信用投标的权利并不必要。
35. See *In re Moonraker Assocs., Ltd.*, 200 B.R. 950, 955 (Bankr. N.D. Ga. 1996).
36. See 11 U.S.C. § 363(n).
37. 正如纽约南区破产法院在 *In re Ames Dept. Stores, Inc.* 一案中所指出的那样，"破产程序的基本政策之一就是集结受托人并最大化债务人财产的价值。《破产法》第 363(b) 条通过允许在重组计划之外出售债务人所有或几乎所有的资产来促进该政策的落实。" 136 B.R. 357, 359 (Bankr. S.D.N.Y. 1992)。
38. See 11 U.S.C. § 503(b).
39. See *In re Foamex Int'l Inc.*, No. 09-10560 (KJC) (Bankr. D. Del.).
40. See 11 U.S.C. § 363(k).

第14章

困境并购策略：融资和再融资的注意事项

不要赔了夫人又折兵。

——谚语

困境并购的融资和再融资概述

当与处于困境的公司共事时，买方和其他参与者会遇到很多重要的融资问题。尽管融资的基本原则仍然一样，但是困境融资的某些术语和技术是不同的——至少有其特殊含义。这其中有很多新内容需要我们学习，对于惯例规则的特殊处理显得尤为重要，以及那些需要被改良的传统智慧。作为优秀的企业重组专家，他们会提醒客户："如果困境并购的答案是显而易见的话，我们就不会在这里。"但是，请记住融资——这是本书中讨论的最多的话题，是一个恒定的流量。随着资本市场的发展和金融工程的创新，这个概念可能需要更新。

从危困企业的角度来看，融资交易通常限定以企业的现有资本结构进行再融资，为公司提供业务调整额外所需的"跑道"，以帮助企业等待行业周期转机，或者是帮助企业坚持到经济衰退结束。当然，如果公司遇到运营问题、烦冗的诉讼、不利的协议、监管的变化或其他基本问题的困扰时，"创可贴"式的再融资可能只能掩盖其症状，而破产可能会最终成为治愈公司疾病的唯一途径。不幸的是，许多陷入困境的公司完成再融资交易只是简单地推迟了破产的时间，做了一件无用功而已，其实在这个时候再融资并不是一种有效的解决方案。

总体而言，公司的再融资目标包括增加流动性、延长债务期限、放松财务契约，并避免破产。有时，再融资会涉及公司与现有债权人的谈判，以实现现有债务条款的改变。有时，再融资还会涉及公司与新的资金来源进行交易，以实现对部分或全部现有债务的清偿。的确，资本市场可以为公司提供再融资的新资本，这会成为公司与现有债权人磋商的筹码，而现有债权人可能早已疲惫不堪，也想尽快与公司解除债权债务关系。但是，如果公司在其流动性干涸之前，无法完成再融资交易，那么破产可能是其面临的唯一选择。高昂的成本、不确定的风险、长时间的精力耗费，通常会迫使各方达成庭外妥协。然而，就像在本书中所讨论的，拒不合作的关联方可能会迫使其他各方诉诸强制重组计划或其他一些只能通过破产才能完成的方式。

如果公司和债权人无法达成一致，而资本市场也没有提供其他有用的替代品或者参与方对反反复复的谈判变得疲惫不堪，公司可能会选择低价出售公司以作为破产的替代方案。危困企业的金融买家可能会优先于公司和其债权人获得资本，而危困企业的战略买方可能会为交易提供部分现金支持。在这两种情况下，买方都会希望了解本章中所提到的再融资的概念，因为对于困境并购来说，这些也是十分有用的融资技术。同时，许多的再融资概念还可以作为获取新融资的技术。此外，本章内容还包含了危困企业的买方如何采用特殊的融资方式，例如卖方收取回扣、对赌协议等。

本章首先对一些融资和再融资的概念进行解析，其余的部分将介绍融资交易的谈判与完成的一般条款、实务处理和法律讨论。

当把本章中讨论的各种融资和再融资的概念应用到实际情况中时，我们建议使用图表来分析拟融资交易的来源和用途。无论如何，资金来源必须等于资金的使用，以此完成融资或再融资的过程。因此，清楚地了解资金的流向十分重要。创建一个融资交易来源和用途图表，可以使公司与交易对手之间、客户和顾问之间，以及公司内各种专业人士之间由信息失误造成的成本最小化。

再融资方法的概述

危困企业可以采用哪些再融资方式以避免出售公司或进入破产程序

危困企业再融资的方式受到资本市场的影响，可能包括以下方式：

- 修改并延长现有贷款协议

- 以资产担保贷款为现金流贷款再融资
- 应收账款保理
- 延长应付账款
- 债务置换计划书
- 债务——股权互换
- 配股及认股权证
- 上市后私募投资（PIPE）
- 政府支持的交易

下面的章节中会分别对每种融资方式进行介绍。在某些情况下，投资银行家可以研究目前的市场状况来总结并权衡各种决策的利弊。投资银行家可能需要与法律顾问一起审查该公司的现有信贷协议，以找到可能阻碍再融资的条款。

在现有信贷协议中，可能会阻碍再融资的条款有哪些

债权人是被动的投资者，他们不参与管理以及战略决策等日常的运作，这些事务主要由董事会负责。因此，当公司的财务业绩低于最初的预期参数，或者管理层把边界业务强加到公司的日常业务过程中时，信贷协议中设立预警条款就会被触发，这一规定是十分合理的。在本书的第 2 章，我们讨论了前者的相关规定，这可能会导致庭外程序的运行，或者导致第 11 章重组的发生。在本章中，我们将着重分析对后者的规定，它可能会阻碍公司再融资的效果，从而可能引发低价出售公司或进入破产程序。

- 消极担保是指借款人承诺不会将贷款人具有担保权或无担保权的资产抵押给他人。它一般用于禁止抵押物中的次级抵押权，该抵押物通常会受到贷款人的高级担保权的限制。从理论上讲，虽然次级担保权持有人的权利不应触及高级贷款人在抵押物上的权利，但是在实践中，就抵押物的长期管理而言，由于贷款人对抵押品拥有第一担保权，因此他们不愿意对第二担保权的持有人负责。在高级贷款人的眼中，次级担保权的持有人会不断地揣测你的行为，无论你是否犯错，他们都会为获得抵押品而起诉你。
- 提前还款惩罚是为了避免借款人在特定时间内再融资。贷款人为补偿他们在承销和保存贷款时投入的时间和精力，往往会对贷款协议施以提前还款惩罚。此外，贷款人可能已经把这项贷款包含在其内部计划中，并将利息

和经常性费用作为其收入来源。通常情况下，借款人和贷款人在贷款协议中会根据下降的贷款余额占贷款总额的比例制定一张提前还款处罚表。例如，如果贷款在第一年被过早还清，可能会面临3%的提前还款罚金，在第二年还清会有2%的罚金，在第三年还清会有1%的罚金，而在之后年度还款则不存在罚款。提前还款惩罚类似于债券的赎回保障。

- 债券的赎回保障，类似于贷款中的提前还款惩罚，是为了使借款人不要提前偿还债务而设置的。债权人试图通过阻止提前支付来维持其投资的期限。尤其是在预期利率下降的情况下，债权人担心他们在市场上再也找不到相似收益率的产品。债券和债券之间赎回保障的条款各不相同，一般期限是3～5年。例如，"NC-5"是指该债券在五年内不可赎回，还有一些债券如"NCL"，这意味着在债券期限内都是不可赎回的。虽然该债券发行公司可能会提前偿还债务，但是赎回条款所规定的现金溢价对公司来说是十分沉重的压力，因此会促使公司去寻找其他解决方式。
- 提前赎回补偿也是预付处罚的一种形式。其中，如果借款人单方面决定提前偿还借款时，贷款人除了获得本金和利息之外，还要根据预先制定的公式把未来所有的支出换算成现值之后进行求偿。当贷款被过早偿还时，这一规定理论上使贷款人所有的未来利润约等于其机会成本。
- 对股权所有者的股息支付及其他分配的限制。至少会在某段指定的时间内存在对股权所有者分配的禁止条例，或者是要达到一定的财务标准后才能得到许可。不过，贷款人可以允许将公司收入通过红利分配给S公司，用以支付联邦、州或地方的所得税。
- 禁止与关联公司的交易。但在以下情况存在例外：该交易是被明确商定或是借款人日常经营中所必需的，即在正常交易（arm's-length）的原则基础上进行的。
- 对向第三方借款或为第三方提供担保的限制。
- 借款人必须在每个固定间隔时期内偿还本金的最低分期付款额度。当项目运转出现问题时，这些支付会变得尤为繁重。
- 超额现金流量归集有时也会包含在信贷协议内。这些条款用于计算刨除营业费用、还本付息和资本支出后剩余的现金量。借款人可能会被迫使用一部分超额资金用于分期偿还债务。对于陷入困境的企业来说，这种"用进废退"（use it or lose it）的规定可以迫使企业做出关于如何管理现金的次优决策。

因此，公司进行再融资交易的主要目标就是对新的贷款人放宽这些限制，从而增加公司的流动性和灵活性。

再融资方式：修订和延期协议

“修订和延期”是什么意思

当借款人违反了其财务契约时，贷款人可能会以豁免之前的违约责任的方式同意修改贷款协议，同时延长其贷款到期日以提供给借款人时间来改善其业绩或者进行再融资。作为交换，这些贷款人通常会提取修订或豁免费用（近几年来通常为 5 ～ 25 个基点不等）再加上在利率的基础上上浮大约 200 个基点的平均价差。本书第 3 章讨论了 2008 ～ 2009 年全球经济危机期间，关于修正和延长协议的趋势。

贷款人同意修改和延期协议与否取决于对从管理团队提出的重振计划（turnaround plan）的可信度和贷款人组织内部管理等这些因素的综合考量。通常情况下，贷款人将在破产的成本与风险、修改和延期的经济优势这两者之间进行权衡。如果贷款人认为其抵押品的价值较为稳定，那么他们更有可能签署修改和延期协议。但是，如果贷款人认为其本金难以收回，那么他们不太可能会同意推迟抵押品赎回权或其他补救措施。

为什么这些协议有时被称为“修订、延期以及伪装”协议

破产专家有时开玩笑地说，当一家陷入困境的公司需要从根本上调整时，“修订和延期”的真正含义是“修订、延期和伪装”。贷款人想要以“表演”的方式而不是“违约”的方式报告此贷款项目，所以他们可能会签订“修订和延期”协议，以推迟在本报告期内对问题的公开以及向监管者和股东披露信息。在其他情况下，如果贷款人认为目前的资产价值被刻意压低的话，他们会尽可能地防止抵押品赎回权的丧失。这些做法的批判者将矛头指向 20 世纪 90 年代萎靡不振的日本经济，那时的日本，贷款人仍保留其资产负债表上的“僵尸”贷款，并且拒绝承认违约以及本金已经遭受损失的现实，这种情况下银行监管机构只能转而寻求其他方式。

如果贷款协议中包含了两个以上的贷款人，是否所有的贷款成员都必须支持每一次的豁免和修正

通常情况下，杠杆贷款是由银团或辛迪加承揽的。在某些情况下，参与贷款的银行将是贷款协议的各方代表，并指定其中一家为代理银行。还有一些情况是签署贷款协议的只有一家银行，但这家银行会将参与利益出售给其他银行。虽然从法律角度来说，贷款参与者的数量对借款人来说没有什么区别，但是与多个贷款人打交道会变得很麻烦。

一般情况下，辛迪加集团的部分成员并非所有的贷款人，需要对每一次豁免和修正进行审批。关于银行间事务的相关条款，例如只有辛迪加集团中达到一定比例的贷款人都同意豁免时才能批准豁免，而这个贷款人赞成比例的相关信息通常会包含在一个单独的文件中，有时也称之为参与协议。借款人并非参与协议的当事方，甚至可能会被禁止查看协议的内容。虽然支持豁免和修正的商定千差万别，但是参与协议中通常会包含对贷款协议做出特定变动的信息（如利率、到期日和本金的变动），在所有未偿贷款或承诺贷款中，以上这些关键信息的变更是十分重要的，必须得到所有贷款人的同意，而其他的一些条款的变动，只需要得到持有该贷款协议51%以上股权的贷款银行（或某些情况下要求股权达到66.6%）同意即可发生变更。贷款银行可委任一个指导委员会，以代表他们就这些事宜进行磋商。

再融资方式：以资产担保贷款为现金流量贷款再融资

以现金流量贷款的优先债务与以资产担保贷款的优先债务有什么区别

资产担保贷款（也称为ABL贷款）是以第一担保权融资的优先债务的一种形式，这种作为替代现金流量贷款的最后手段是被大多数银行所使用的。无论是ABL贷款还是现金流量贷款，信贷机构可能只涉及一个循环贷款，或是一个循环贷款和期限贷款，又或是循环贷款和多个期限贷款，并与其他分级的债务结合使用，如第二担保权贷款、夹层贷款和高收益债券等。与传统信贷机构相类似，这中间可能存在一个贷款人或者由代理人和辛迪加集团组成的贷款机构。现金流量贷款使用EBITDA（税息折旧及摊销前利润）或现金流量的其他衡量方法来确定信贷额度可用的总金额，而资产担保贷款则关注的是公司资产负债表中各类资产的价值。因此，当陷入困境的公司正面临着严重的现金流不确定性危机时，资产担保贷款是一种受欢迎的融资备选方案。但是，如果整个行业都面临着这样的危机，那么任何一家公司在使用资产担保贷款上都会失败，因为整个行业的资产价值都在暴跌，行业中的每家企业都想要出售手中的资产但是却找不到买方。在这种情况下，资产担保贷款对公司以现金流量贷款的再融资交易，以及缓解企业的流动性危机的帮助十分有限。表14-1比较了资产担保贷款和现金流量贷款的特点。

虽然资产负债表编制遵循的是美国通用会计准则（GAAP），显示的是更低的成本或更低的资产市场价值，但是资产担保贷款通常更加关注净正常清算价值（net orderly liquidation value，NOLV）。根据不同的情况，NOLV与历史成本和公允市场价值可能是相同的，但也有可能存在不同。正常清算价值并不意味着“甩卖”或销售不佳。相反，正常清算价值是假设企业利用一段合理的时间进行市场营销，让许多的潜在买家了解销售对象和过程，对标的资产进行评估，并在资产拍卖中进行投标。当计算出资产负债表中各项资产的正常清算价值之后，再减去清算费用（如清盘、广告、仓储、航运等费用），从而确定 NOLV。ABL 贷款人通常会聘请专业的评估师确定 NOLV，其中聘请评估师的费用由借款人承担。专业评估师会遵循专业评估执业统一准则（Uniform Standards of Professional Appraisal Practice，USPAP），并利用近期相关拍卖中的专业行业知识来进行估值。（本书第 11 章讨论了评估师适用的专业标准。）

表 14-1 现金流量贷款和资金担保贷款的比较

项目	现金流量贷款	资金担保贷款
循环信用额度	可用	可用
定期贷款	可用	可用
允许初级担保权	取决于贷款人	取决于贷款人
利率	固定或浮动	通常是浮动的
契约		
最小化息税折旧摊销前利润	可能	可能
最大化资本支出	可能	不太可能
总杠杆率	可能	不太可能
高级杠杆率	可能	不太可能
固定费用偿付比率	可能	不太可能
借款基础	没有	有
密码箱账户	不活跃	活跃
年度预算	有	可能有

一旦评估师敲定其报告，ABL 贷款人就可以将抵押率应用到各类资产的 NOLV 中，从而计算贷款的初始最高额度，这被称为总可用性（有时简称为可用性）。信贷机构供给量和总可用性之间的差值称为超额可用性。此外，不管公式计算出来的总可用性的结果是多少，贷款始终受到最大可用性，即贷款额度绝对上限的限制。在整个贷款期限内，总可用性、贷款余额和超额可用性会定期变动。当总可用性超过最高贷款额度时，总可用性和最高贷款额度之间的差额被称为抑制可用性（suppressed availability），这种流动性是公司无法从现有的贷款人那里获得的。如果公司需要获得这部分的抑制可用性，而贷款人又拒绝修改最高贷款额度时，借款人可以尝试通过另一 ABL 贷款人对现有的 ABL 贷款进行再融资。

在贷款协议中，ABL 贷款人会要求借款人通过填写借款基数证书（在本章后面部分会提到）以提供每类资产余额的定期更新。典型的ABL协议还规定了需要提供由ABL贷款人的代表出具的抵押品的定期检查情况，ABL贷款人有权定期向借款人收取更新评估报告的费用，并提供第三方所拥有的所有资产的鉴定以及年度预算。通常情况下，ABL贷款协议要求借款人维持最低的超额可用性，从而有效地确保借款人的偿还能力超过其借款的最大额度。

资产担保贷款的另一个共同特征是包含一个位于贷款人金融机构的锁箱账户（lockbox account），借款人必须将类似于应收账款等内容的所有现金流入都存于该账户中。这种方式能确保贷款人可以密切关注公司的现金流量状况，而且贷款人能在借款公司发生违约以后，通过获取该锁箱账户中的现金来作为违约的补救措施。因此，陷入困境的公司基于资产抵押贷款为现金流量贷款进行再融资时，危困企业需要重新安排他们的现金管理方法，包括：①为客户更新连接信息和账户号码以便于支付；②为现金流入设置锁箱账户，并为现金流出建立另一个独立的运营账户；③对锁箱账户进行定期的现金流归集，以便偿还循环贷款余额；④习惯经常被要求进行循环支取而将现金转入运营账户，以完成向厂商支付即将发生的货款、向员工支付工资以及其他方面的支出。如果一家公司的财务部门习惯于在银行账户上保持较大的现金余额，而不关心现金流入和流出的确切时间，那么要做到由资产担保贷款人所提出资金管理办法将会是一个惊人的且耗时的改变。

像其他贷款人一样，ABL贷款人可能会收取结算费、提前还款罚金、未使用的循环贷款费用、法律费用和其他自付费用等。借款人需要去平衡未用可用性与公司最终承受的抑制可用性风险两者所产生的费用。

本章的最后一部分将讨论并购融资通常需要考虑的问题，这些讨论也适用于资产担保融资。

抵押率是如何确定的

抵押率、抵押品的性质、行业状况、信贷市场的竞争状况，以及借款人的内部会计控制的力度等都会有所不同，因此根据以上各方面的变化情况所确定的抵押率也不尽相同。资产担保贷款人通常会根据上述因素每年进行两次评估，如果有重大变化发生，贷款人会对抵押率进行调整（通常只会向下调整）。即使已经考虑了这些因素的影响，贷款人也会加入一些不合规定的因素以限制之前规定的抵押率的适用性，并获得在借款基数下实际限制贷款额度的净抵押率。

在典型情况下，合规的应收账款应是那些正常业务流程中不超过90天或未逾期的应收款项，这些正常业务主要是指与借款人无关联的实力企业的善意的商品销售或服务，并且不受抵销、反诉或其他纠纷的限制。但许多 ABL 贷款人也会强加一些不合规定的条款以解决客户集中的问题和跨国应收账款的情况。随后 ABL 贷款人会按照合规的应收账款的一定比例上调抵押率（一般为 70% ～ 90%）。

ABL 贷款通常也会根据公司的存货来提高抵押率。为了保证其有效性，存货是指借款人通常情况下正常出售的商品（如果借款人经营的是商品销售的业务），且限定于已经装箱并准备出售的成品，而不能是已在客户手中或是运输在途的商品。在这种情况下，公司获得 50% 的抵押率的现象并不少见。如果是零星的成品部件获得的抵押率会较低一些。此外，在许多情况下，ABL 贷款人还会就原材料或在产品提供贷款。然而，这种情况下在产品只能获得较低的抵押率（15% 左右），因为这存在着 ABL 贷款方可能要面临产品清算的问题。例如，这里可能存在一个不是由原始制造商出售原料的受限市场，并且如果不投入时间和资金进行成品生产的话，在产品是无法使用的。最后，ABL 贷款方还可能对存货强加一个次级限额，即将库存的绝对价值上限强加在库存数量上以决定抵押率。存货次级限额的使用是为了平衡整个 ABL 贷款中以应收账款和存货两者作为抵押品的比例。

有一个净抵押率的经验法则可以对公司总可用性进行粗略估计：

- 应收账款：NOLV 的 75%。
- 库存：NOLV 的 50%。
- 资产、厂房及设备：NOLV 的 10%。
- 无形资产：0%。

如果 NOLV 的数据不可得，那么在初步评估中可以使用账面价值来替代 NOLV。但在尽职调查中需要重点关注使用账面价值的评估结果与按照净正常清算价值（NOLV）的评估结果之间的区别。

就像上述例子中所提到的，ABL 贷款人可能不愿对很难估价的资产如无形资产（包括商标、专利、客户名单和发展蓝图）使用抵押率。即使借款人最终没有获得贷款可用性，但是 ABL 贷款人仍然会要求其担保权中包含抵押品，这被称为启动抵押品。这就是借款人将 ABL 作为最后融资手段的原因之一。

对于全年经历净营运资本显著波动的企业，ABL 贷款人很可能会对存货加上季节性的调整抵押率，这样存货会在一年的某些时期的价值高于其他时期。例如，蜜语甜心糖果的价值在阵亡将士纪念日会比情人节之前的价值要低。在这种情况下，ABL 贷款人甚至可能同意在一年中的某些时间提供超过成本的抵押率，以反映 NOLV 超过成本（即它会反映批发价格和成本之间的利润）的市场真实情况。

在某些情况下，ABL 贷款人可能会允许贷款余额超过借款基数计算出的总可用性。这些情况被称为超额贷款（或空心球）。ABL 贷款人同意超额贷款基本上就等于借出了超过资产抵押的贷款额度，并从现金流的角度重新评估贷款价值。

何为借款基数

借款基数是指借款人在向贷款人借款时要求借款人必须拥有的资产总额和质量，这项要求是由借款人与 ABL 贷款人双方都认可同意的。借款人必须向贷款人定期提供借款基数证明，以报告借款基数中的每类资产的余额（如应收账款、存货等），并扣除不合格的部分，然后将抵押率应用到所有符合条件的资产中以计算贷款总可用性，同时还要比较总可用性与最高贷款额度，如果有超额可用性，就需要进行报告。ABL 贷款人通常会要求危困企业每周提供借款基数证明，而且该公司的首席财务官必须在每个借款基数证明上签字。

在资产担保贷款中是否存在适用于后续循环贷款的其他情况

是。在大多数的贷款协议中，贷款人履行后续循环贷款义务时会受到超过借款基数的一系列条件的限制，其中最主要的就是借款人需要再次确认在贷款协议中所做的最初陈述和保证仍然真实有效。在贷款协议中提到的典型性陈述和保证将在本章中关于融资收购的部分进行讨论。例如，借款人可能每次都要陈述公司业务上不存在任何重大不利变动以及不存在任何违约行为。如果必要的条件不能满足，贷款人是不会提供贷款的。这些条件可能会给危困企业带来更大的挑战，当企业的处境不断恶化时，公司高管就陷入了两难的道德困境中，因为他们为了确保公司运行所需要的流动性，在重申陈述和保证时难免会做出不诚实的表态。因此，无论借款人还是贷款人，都需要特别注意陈述和保证的内容是否真实、恰当，以避免违约或失信关系的产生。

再融资方式：保理应收账款

什么是保理

保理是一种通过直接出售应收账款给第三方（即保理商）来获得短期融资的方式。保理商可能是专门从事这种类型融资的独立公司，也可能是其他公司（如银行等）的附属公司。公司对保理商出售的应收账款通常是无追索权的，也就是说，保理商按一定的折扣购买公司的应收账款以期望在未来收回应收账款，但如果票据无法收回，保理商就无法进行追索。折扣率通常是发票面值的 10% ～ 20%。危困企业通过保理应收账款以增加流动性，但折扣率会减少公司的利润。例如，如果一家公司出售价格为 100 000 美元的产品，获得 25% 的毛利率（25 000 美元），买方将在 45 日内付款，为了增加流动性，公司按照 90% 的比例对该应收账款进行保理，那么公司就能立即获得 90 000 美元的现金，这个过程中公司将失去 10% 的毛利率（10 000 美元），使公司最后仅获利 15%（15 000 美元）。

再融资方式：延长应付账款

延长应付账款意味着什么

当一家公司陷入困境时，公司的供应商很可能最先察觉到这个问题：因为他们渐渐意识到该公司支付账单的时间越来越长，而且需要更频繁地催促公司的财务部门进行货款的支付，但仍旧可能得不到满意的答复，同时他们也会发现订单模式也与过去不同，订单取消情况变得更加普遍。正如本书第 6 章所讨论的，如果公司面临破产，供应商收到的通常是无抵押权的未付款发票。

因此，当供应商发现公司的经营遇到危机时，供应商往往会收紧他们的付款条件，比如现金交付（COD）条款；如果危困企业自愿提交破产申请，供应商会尽量减少任何资产冲减或注销事件的发生。

在这种情况下，如果一家公司想要通过庭外重组以避免第 11 章所提到的重组的出现，他们需要与供应商就逾期发票的支付方式进行重新谈判（如超过 90 天的逾期发票）。显然，公司没有条件足额支付所有的逾期发票。虽然供应商认为自己提供了相关的商品和服务，危困企业理应全额支付所有票据，但他们最终不得不接受如第 11 章重组中所描述的那样只能获取部分清偿的现实。因此，延长应付账款指的是一家危困企业与其供应商达成一致，企业将在一段更长的时间内（或许是 18 个月、或许是两年内）来支付逾期发票的部分或全部款项的做法。实际上这种做法是危困企业试图将流动负债转变为长期负债。具体细节将取决于企业的情况，包括签订协议时它有多少现金可以支付给厂商，在假设破产的情况下厂商可能获得多少回报，以及企业管理团队如何说服愤怒的供应商。因为延长应付账款这一做法是企业员工陌生的领域，所以危困企业可能会寻求专家顾问去完成与供应商的谈判。

再融资方式：债务置换要约

何为债务置换要约

债务置换要约（简单地称为置换要约）是一种债务对债务的置换，它通过为现有债券持有人提供一个用他们现有的债券置换新发行的债券机会（以对面值进行折扣后的价格进行交易）来实现企业在非现金基础上对其现有债务的再融资。这种新发行债券的票面金额通常等于或略高于现有债券的当前市场价值。它的到期日也比现有的债券要更长。这样一来，危困企业既降低了其总的未偿债务，还延长了债务的到期期限。在良好的资本市场中，企业甚至还可以降低其借款成本（即债券票面利率或利率）。

公司将提供给债券持有人两个重要的信用增级来诱使债券持有人参加债券置换（除了票面价值适当超过目前市值之外）：①在该公司的资本结构下新债券的偿还级别比现有债券的级别更高；②在某些情况下，新发行债券的票面利率比现阶段相同风险级别公司的市场利率更高。实际上，在这种情况下不仅为债务人参加债务置换提供了动机，同时还给不参加置换的债权人设置了障碍，因为一旦现有债权人不参加债务置换，他们会发现在现有的资本结构中会被边缘化。债务置换要约的最新案例包括领英公司、哈拉斯娱乐和住宅资本部门所进行的业务。

举例说明，假设 XYZ 公司有三批债务：① 1 亿美元的担保高级优先债券；② 2 亿美元的次高级债券；③ 3 亿美元的低级次级债券。每批债券的票面利率和到期日汇总在表 14-2 中。进一步假设由于 XYZ 公司陷入财务困境，初级次级债券是以面值 35% 的价格进行交易的，而且 XYZ 公司已经在现有信贷协议中批准发行拥有第二担保权的高级担保银行债务贷款。

表 14-2 债务置换计划的实例 （单位：百万美元）

现存债务	面值	利率（%）	到期日
高级担保债务，第一担保权	100	8.00	2014 年 1 月
高级担保债务，第二担保权	0	无	无
高级次级债务	200	9.00	2015 年 1 月
低级次级债务	300	10.00	2011 年 1 月
总债务和加权平均	600	9.33	27 个月
债务置换之后	**面值**	**利率**	**到期日**
高级担保债务，第一担保权	100	8.00	2014 年 1 月
高级担保债务，第二担保权	120	10.00	2014 年 1 月
高级次级债务	200	9.00	2015 年 1 月
低级次级债务	0	无	无
总债务和加权平均	420	9.05	47 个月

XYZ 公司可以对低级次级债务以面值为 40% 的价格（以目前的市场价值计算存在近 15% 的溢价）置换第二担保权的高级担保银行的债务，该债务将在 2014 年 1 月 1 日到期。如果要约置换成功，XYZ 公司将降低其整体债务 1.8 亿美元（近 30%），整个债务结构的实际利率从 9.33% 降低为 9.05%，其加权平均期限由 27 个月延长到 47 个月（见表 14-2）。虽然这不能解决 XYZ 公司的根本业务问题，但它至少给了这家危困企业喘息的空间。在此情况下，XYZ 公司的账面价值还将增长 1.8 亿美元，抵销相等金额的债务（COD）收入。

就像在本书第 8 章中所描述的那样，在这种情况下，XYZ 公司将不得不对 COD 的 1.8 亿美元的 COD 收入交纳其所得税。然而，又如第 8 章中介绍的，2009 年美国复苏与再投资法案允许公司对 2009 年或 2010 年所实现收入的认定推迟到 2014 年，但也指出必须在这 5 年期间内对该收入的征税情况进行报告。此外，该公司可能会出现净运营亏损（NOL），而 NOL 会吸收这种税收利得，尤其是在该公司近年来财务业绩不断减少，无利可图的情况下，这种现象更加明显。

这些交易有时会被认为是“强制”执行的吗

是。“跨越式”困境可以将其视为“强制性债务置换”。

再融资方式：债转股

什么是债转股

在债转股过程中，公司会将债券与预先确定数量的股权进行交换。在这种情况下，互换的价值通常是由当前市场估值决定的。然而，作为强制性的债务交换，发行人可能提供一个更高的交换价值以激励债权人进行交换。为了保持负债与股东权益比率低于目标值或避免面对此类债务利息支付及到期日，公司可能会选择进行债转股，而不是债务置换。

表 14-3 中列出了一个案例。假设 XYZ 公司并没有为低级次级债权人提供债务置换，而是宣布以市场价值 15% 的溢价水平交换一半的债券（仍以面值 35% 的价格计算）。这个提议将把低级次级债务的额度从 3 亿美元减少到 1.5 亿美元。这种做法将使 XYZ 公司发行 6000 万美元的新股本（1.5 亿面值 ×35%×15% 的市场溢价）。这个交易也会把 XYZ 公司的债务比率从 6.0 降低到 2.8，它的年度利息费用将从 5600 万美元减少到 4100 万美元。

表 14-3 债转股的实例 （单位：百万美元）

现存资本结构	面值	利率（%）	利息费用
高级担保债务，第一担保权	100	8.00	8
高级次级债务	200	9.00	18
低级次级债务	300	10.00	30
股东的股权（账面价值）	100	无	无
债务 / 股权比率和年度利息	6.0×		56
高级担保债务，第一担保权	100	8.00	8
高级次级债务	200	9.00	18
低级次级债务	150	10.00	15
股东的股权（账面价值）	160	无	无
债务 / 股权比率和年度利息	2.8×		41

再融资方式：配股及认股权证

什么是配股

市场中存在许多不同类型的配股，且各种配股方式有其特定的名称。配股有时也被称为优先认购权、认购权和超额特权。它的核心是公司提供给现有投资者一些短期的权利，在公司把股份卖给新的投资者之前（通常是公开的），现有投资者可以以特定价格（认购价）在公司认购新股。在大多数情况下，认购价比当前市场价格更低。（虽然近年来没有新的财务条款出台，但是按市场价值的 20% 进行折扣是比较常见的。）投资者在配股的股权登记日那天收市清算后仍持有该只股票，则自动享有配股权利。

从股东的角度来看，配股为现有的投资者提供了避免股权稀释从而维持公司融资后所有权比例的机会。从公司的角度来看，把股票出售给现有股东的好处是，该营销成本要小于把股票卖给社会公众的成本。

配股不仅仅存在于正常的股权交易中；事实上，这种方式在破产中的应用也越来越普遍，特别是将其作为重组计划和退出融资方案的一个组成部分。[2] 债权人以其债权规模获得购买破产重组债务人发行的证券。这种结构通常具有超额认购的特征（也称为逆止器）：为了换取购买额外证券的权利，债权人通常愿意购买部分或全部首次发行过程中未出售的证券。（相反，“未投保的”配股是其中一种不存在第三方协议且可以预先购买这种未认购的股权的方式。）

这种超额认购非常有效。若市场认为债券持有人的债券在市场上的流动性较差时，那么其持有的权证可以帮助债权人以具有吸引力的价格购买额外证券。当担保债务被转换成股权时，超额认购为无担保债权人提供了一种收回大部分债权的方式。此外，无担保债权人通常可以选择把债权换成现金或换成债务人新发行的证券。新发行的证券存在超过货币报价的隐含价值，反映了持有破产重组后公司的证券所面临的更大内在风险。除了用债权换取证券外，债权人还可以根据其债权的价值按比例购买额外债务或股权。这对于配股来说是十分重要的，因为它可以使债务人从退出融资中筹集到额外现金。

配股是否会受到证券交易委员会注册要求的限制

一般不受限制，依照《破产法》第 1145 条规定，证券如果满足第 1145 条的“主要 / 部分”测试要求，那么该证券可以自由交易。这个测试要求权利证书中必须包含“主要”的现有债权和“部分”现金或其他财产。这意味着，现有债权的价值必须超过支付的现金或其他财产的价值。

《破产法》对超过一词未做定义，一般认为超过 50% 应该就足够了。如果权利证书不能通过这个测试，那么不可自由转让，除非它们进行过正式注册，或者满足免除登记的其他资格。作为一个实际的问题，如果出现这种情况，参与者和担保人有可能迫使重组的债务人进行债券登记，以便出售债券。然而，注册往往会限制其在公开市场上迅速处置证券的能力。

何为权证、关键性条款

权证是一种在某一特定之日或之前从一家公司以特定价格购买证券（一般是股票）的权利（但不是义务）。权证本质上是一种期权，但它们之间的关键不同在于：权证的持有人通常直接从发行者那里购买新发行的证券，而期权持有者通常从另一位投资者处购买以前发行的表现良好的证券。权证也类似于权利证书，在之前已经讨论过，权证可能有 2 ～ 5 年的期限，而权利证书的时限较短，在大多数情况下，通常只有 1 个月左右。

股本权证可能会附加到信贷方式当中，这样信贷方式就为贷款人提供了一个所谓的股权附带。如果公司获得成功，它将使贷款人拥有更多的获利机会。这一特点在困境情景中尤为常见，在这种情况下，仅仅获得固定资产回报率的前景可能不足以吸引债券融资。

权证的关键性条款是：行使权证后可以获得多少股份、“行权价”的总额（获取股权需要支付的金额）、行权阶段（为了防止公司的未来销售受到干扰，不应超过任何此类出售的日期)、对权证转让的限制，以及证券法规定的权证持有人必须登记股权或参与公司公开发行股票的登记。这些条款中有冗长的技术规定，如果股票分红或以低于其总价值的价格被卖出，这些技术条款可以调整股权数量以防止权证被稀释。

再融资方式：私募股权投资

私募股权投资到底是什么

PIPE，即私募股权投资，是对公开交易证券的非公开配售，通过有效的转售注册协议提供未来的流动性。私募股权投资的范围正在不断扩大，包括：①直接注册发行；②参与管理的风险投资 / 发起人的私募股权；③私人“股本线”或股权出售方案；④在某种程度上，发行后续的“越墙”。[5] 近期的案例包括 KKR 在伊士曼柯达 3 亿美元的投资，TPG 资本在阿姆斯壮世界工业 2.55 亿美元的投资以及伦纳德 · 格林在全食的 4.25 亿美元的投资都属于此类情况。

在传统型私募股权投资中，投资者以固定的价格或固定的换算率购买证券。这些证券的类型通常涉及普通股（以对市场价格进行折扣后的固定价格进行出售）、可转债（其中可能有固定或浮动利率）或固定换算率的可转换优先股。与此相反的是，结构型私募股权投资通常涉及可转换证券，这类证券具有可调整的换算价格，而这种价格在转换之前与普通股的市场价格保持一致。与传统型私募股权投资一样，结构型私募股权的息票可以是固定的，也可以是浮动的。在任何情况下，认股权证都会作为交易的一部分被发行。

当一家上市公司的股票流动性较差，或者投资者坚持进行管制条款时（例如包括董事会代表、需要增强的投票权、否决权或优先认购权和反稀释保护等），这样的交易是非常常见的，但是它不能通过公开市场获取。私募股权投资的速度（从几天到数周）很快，私募股权通常不需要完整的登记声明书。在某些情况下，如没有股东批准的情况下发行人通过私募股权能够出售其股权的 20% 以上（为纽约证券交易所和纳斯达克的阈值测试），虽然这个过程中可能会需要很多的操作技术。

再融资方式：政府支持交易

政府支持交易的例子有哪些

最常见的例子是由联邦存款保险公司（FDIC）支持的交易，如为了收购便利而进行贷款组合、亏损分担等交易。尽管近期媒体聚焦于此类交易，早在 1991 年，FDIC 就首次介绍了在选择性收购与承接（P&A）交易中的损失分担。亏损分担的最初目标是：①向并购方银行出售尽可能多的资产；②在保持并购方银行和联邦存款保险公司的利益一致的情况下，让并购方银行管理和收集不良资产。在亏损分担中，联邦存款保险公司同意承担大部分损失（通常 80%）在特定资产池中以及在金融危机中提供更大的损失保护。并购方银行为其余的损失部分负责。最近的例子包括：① BB&T 收购殖民银行；②私募股权投资者威尔伯罗斯有限公司、黑石集团和凯雷投资集团收购 BankUnited；③对冲基金投资者 J.C. Flowers 公司、保尔森公司、MsD Capital 和由著名投资者索罗斯控制的基金收购的因迪美（IndyMac）银行（后改名为 OneWest 银行）。为了对联邦存款保险公司的损失分担交易进行详细的论述，我们推荐阅读《危机管理：FDIC 和 RTC 的经验》，[6] 其中描述分析了在 20 世纪 80 年代末 90 年代初的金融危机期间，联邦存款保险公司和重组信托公司（RTC）处理陷入困境的银行和储蓄机构所面临的挑战。

政府支持交易的其他例子有：通用汽车和克莱斯勒的破产案。这些案件在第 3 章中已讲述。

申请后融资考虑

在破产案件中债务人如何获得申请后担保融资以支持其重组

DIP（拥有控制权的债务人）贷款是一种在公司破产程序期间用于支持公司运营的破产申请后的担保贷款。大多数 DIP 贷款是以资产为基础的用于满足营运资金的循环信用贷款，所以本章前面 ABL 贷款的解释也适用于 DIP 贷款。与其他信贷方式相同，DIP 贷款可能只存在一个贷款人或贷款人辛迪加组织与代理人的形式。

从历史上看，DIP 贷款通常是通过中等规模信贷的商业银行和专业金融公司来完成高达上亿美元的贷款发放。[7] 然而，近几年许多更大的 DIP 贷款规模已被推向市场，其中包括 2008 年魁北克世界公司的 10 亿美元的交易；2006 年德纳公司的 17.5 亿美元的交易以及 2005 年达美航空的 1.7 亿美元的交易。DIP 贷款的投资群体扩大到了机构贷款人、对冲基金、债务抵押债券和担保债务凭证。[8] 根据提供交易信息的收费网站 The Deal Pipeline 的解释：[9]

> 尽管信贷紧缩，在几乎所有计量标准下，2009 年都是 DIP 融资创纪

录的一年……排除由美国财政部和加拿大出口发展局在通用汽车公司（获得 DIP 融资 333 亿美元）和克莱斯勒公司（获得 49.6 亿美元）在其破产中借出的 DIP 贷款，到 2009 年 11 月 15 日，债务人共获得 214.1 亿美元的 DIP 融资，比 2008 年的总量还要多，并遥遥领先于 2006 年和 2007 年的同期水平。

表 14-4 给出了 DIP 贷款近些年增长的交易量。

表 14-4 破产融资：债务人持有资产贷款

年度	交易号	交易量（亿美元）
2001	85	7.7
2002	130	13.6
2003	134	7.6
2004	151	7.7
2005	165	14.0
2006	218	9.5
2007	235	13.6
2008	345	18.6
2009	404	62.4

资料来源：The Deal Pipeline.

从理论上讲，DIP 贷款对贷款方来说应该是最安全的投资类型，其风险类似于国库券，但是利息和费用的收益要高得多。毕竟，贷款人已经知道该业务陷入了严重的财务危机，所以承销的假设是非常保守的。此外，DIP 贷款人在破产程序结束时是获得清偿的第一顺位方，使它处于资本结构的最佳位置，被称为超级优先权索赔。危困企业的资产处在破产法院的监督之下，这为 DIP 贷款人提供了额外的保护，以防止借款人或其他债权人的不良行为对清偿产生消极影响。而且，破产程序让危困企业的运营和事务变得更加透明。最后，由于破产运营的不确定性使得很难精确地订立财务契约，所以技术违约的情况很常见，但债务人在 DIP 贷款中拖欠贷款却是非常罕见的。如表 14-5 所示，DIP 贷款已被评级机构评为主流的贷款方式。[10]

然而，尽管整体的违约率大约控制在 0.5%，并且其资产覆盖率独具吸引力，[11] 但并不是所有 DIP 贷款都是最安全的投资方式。DIP 贷款中遭受付款违约的著名案例如下。

表 14-5　穆迪公开的非监控的 DIP 贷款评级

拥有控制权的债务人	评级日期	信贷描述	等级
巴菲特公司	4/23/2008	$85MM DIP 定期贷款（新资金） $200MM DIP 定期贷款（循环信用）	Ba3 B3
达纳公司	3/28/2006	$750MM DIP 循环信用贷款 $700MM DIP 定期贷款	B3 B3
	1/11/2007	$650MM DIP 循环信用贷款 $900MM DIP 定期贷款	B1 B2
德尔福公司	11/7/2005	$1.75 Billion DIP 循环信用贷款 $250MM DIP 定期贷款	B1 B1
美国西北航空公司	8/9/2006	$1.225 DIP 信贷	Ba2
魁北克世界公司	2/11/2008	$400MM DIP 循环信用贷款 $600MM DIP 定期贷款	Ba2 Ba3
R. J. Tower 公司	4/6/2005	$300MM DIP 循环信用贷款 $425MM DIP 定期贷款	Ba2 Ba3

- 漫威娱乐集团。漫威在 1996 年 12 月提交了自愿破产申请后，罗纳德·佩雷尔曼和卡尔·伊坎提交的重组竞争计划进入了胶着状态。这样一来，在 1997 年 6 月到期日之前不能将 1 亿美元的 DIP 贷款偿还给由大通曼哈顿银行为首的贷款人集团。该 DIP 贷款人同意对协议做出妥协，并收到当期利息，将部分本金摊销，直到漫威在 1998 年 10 月重组之后，DIP 贷款被全部偿还，但与贷款协议的原始付款条件并不一致。
- Winstar Communications。Winstar 因为朗讯未能履行合同承诺造成流动性紧缩，于 2001 年 4 月提交了自愿破产申请。加拿大帝国商业银行、花旗银行、瑞士信贷第一波士顿银行、纽约银行和大通曼哈顿银行为 Winstar 提供了一笔高达 3 亿美元的 DIP 贷款。随后，由于行业问题，其中包括电信泡沫和产能过剩危机的爆发，因而导致了债务人和债权人的重组工作变得徒劳无益。此外，债务人在申请破产后，在与朗讯的流动性紧缺的诉讼中花费了数百万美元。最终，Winstar 的资产在 2001 年 12 月以 3800 万美元的成交价被出售，这意味着 DIP 贷款人只能收回贷款的 20% ～ 30%。但是，DIP 贷款人获得了 Winstar 对朗讯的诉讼权，他们聘请了独立的法律顾问，并成功地证实朗讯为了获取可撤销的优先求偿权进行内幕交易，这使他们在案件中获胜的可能性大幅增加。[12]

破产法院批准 DIP 贷款的要求有哪些

有时公司有足够的现金抵押品以支持其运营而不需要申请 DIP 贷款。但是，如果一家公司正经历的财务危机会导致其破产，而且其可用的现金已难以满足其运作的需求时，就需要申请 DIP 贷款。不管是第 7 章的清算还是第 11 章的破产重组，《破产法》都对公司想要破产法院批准破产申请后的融资提出了一定的要求。首先，在正常业务中，债务人必须为不动产寻求破产申请后的无担保债务（例如供应商的付款方式），以优先偿付作为管理费用（见本书第 4 章）。[13] 接下来，如果这种做法不够充分的话，债务人可以请求破产法院批准正常业务外的破产申请后的无担保贷款（例如新的无担保债券），以优先偿付作为管理费用。[14] 如果债务人的其他享有同等权利的管理费用未能吸引足够的资金时，那么，债务人可以请求破产法院批准基于以下任一条款的由房产引发的债务：[15]

- 破产申请后的无担保债务将受到行政支出状况的影响，但比其他所有行政费用享有优先支付权。
- 对无抵押的房产所有权拥有担保权的破产申请后的有担保债务（假设存在此类财产）。
- 对抵押房产所有权拥有初级担保权的破产申请后的有担保债务（如果在申请前已经存在了一个或多个初级担保权，这种情况就会比较麻烦）。

如果债务人能够说明在破产程序期间，所有这些策略都已被证明不能吸引足够的资本以支持公司业务，那么作为最后的手段，债务人可以请求破产法院批准出现在破产申请后的有担保债务中的不动产与抵押财产相比拥有高级或相同的担保权。[16] 然而，债务人也必须证明，现有的对这种抵押财产拥有申请前担保权的持有人的利益已得到充分保护（见本书第 5 章关于充分保护的详细信息）。[17] 在这种情况下，债务人有义务提出充分保护的证明。[18]

因为这种框架的存在，在极端情况下美国国会打算为债务人承担破产申请后的有担保债务，并对他们的不动产有第一担保权。然而，DIP 贷款市场往往是低效率的，几乎没有哪一方愿意投入时间和精力去为此承销、协商、提供记录。因此，DIP 贷款人要求获得资本结构中最佳位置和充分保护通常是无法实现的，因为他们知道陷入困境的公司确实没有可行的替代方案。其结果是，最后的替代方案会比国会原本制订的方案更加通用、普遍。当破产申请前的担保债权人同意成为破产申请后的担保债权人（除了增加新资本外，他们也想把申请前的担保债权转换为申请后的担保债权），这就是所谓的展期 DIP 贷款。当新资金注入后，他们就成为破产申请后的担保债权人（保持与申请前担保债权人一致的现状），这被称为新资本 DIP 贷款。如果提供给新资本 DIP 贷款的担保权导致申请前担保债权人的担保权成为从属地位（而非新资本 DIP 贷款还清所有申请前担保债权），则这种方式称为注资贷款。这些情况将在本章后面部分进一步讨论。此外，还有一些复杂情况的出现，即新的资金来源获得某些财产的第一担保权，而申请前担保债权人保留他们在其他资产的第一担保权，并获得担保新资本 DIP 贷款资产中的第二担保权。

除了《破产法》的要求外，越来越多的破产法院颁布了有关 DIP 贷款程序和限制的地方性法规或一般性条款。因此，各方应在 DIP 贷款协议完成谈判之前，根据相关司法管辖区的规定对内容进行审核。否则，他们在向法庭争取批准时会大吃一惊。

在做出破产申请后的贷款决定之前，潜在的贷款人要注意哪些事项

首先，新的贷款人应该考虑到与破产申请前的现有贷款人之间的竞争关系。如果存在超出申请前贷款人的贷款金额的超额抵押品价值，那么其担保的债权被视为超额担保；在这种情况下，破产法院可能会认为，申请前的高级贷款人已经受到了充分的保护，只要股票资本能够起到足够的缓冲作用就够了（本书第 5 章更详细地探讨了这些概念）。这可能会为以超额抵押品获得破产申请后的贷款增量提供机会。在这种情况下，潜在的贷款人应牢记以下关键因素：

- 现有抵押品的性质、程度和价值是什么？
- 在使用现金抵押时，有哪些必要的保护措施？
- 优先担保权可用吗？

一般情况下，将担保权相关的纷争付诸法院诉讼的做法是不明智的，因为诉讼费用过高且很难胜诉。因此，如果破产申请前的高级债权人不是足额担保的（即该公司的抵押品价值不足以支付高级贷款总额），那么潜在的债权人会尽力避免以上情况的出现。否则，当债务人与其破产申请前的高级债权人之间为了担保权纠纷卷入诉讼时，潜在债权人可能会发现自己变成了局外人。最终，债务人可能与破产申请前的高级贷款方达成一致同意展期 DIP 贷款，那么，这时只有潜在债权人耗费了时间和精力却没有任何收效。本章后面部分将会继续讨论这些问题。

无论申请前高级贷款人是超额担保还是不足额担保，潜在债权人都应该考虑到其与公司的谈判立场。潜在债权人通常需要考虑如下因素：

- 公司是否真的需要新的贷款？还是公司把它看成一种公关工具或未来资产出售的保险政策？

- 公司是否有大量的未抵押资产？这可能会增加破产申请后的贷款竞争。
- 破产申请前的高级债权人的担保权存在缺陷吗？如果存在缺陷，可能会有额外抵押品用于破产申请后的担保权。
- 控股股东是否想要发放贷款而非允许第三方贷款人介入？法院经常会在批准之前审议这类内幕交易贷款。如果第三方债权人的贷款条款已经被用来证明了内幕交易的存在，那么他们所做的前期工作可能都是在浪费时间。

破产申请前的担保债权人能否成为 DIP 贷款人

可以。对于破产申请前的担保债权人能否成为 DIP 贷款人，目前并没有相关法律的限制。事实上，对破产申请前的贷款人来说，成为 DIP 贷款人可能是一个十分明智的选择，因为破产法院通常允许申请前贷款人把申请前的贷款展期成为破产申请后的 DIP 贷款，从而及时解决破产申请前的求偿问题，还包括弥补担保权的缺陷等问题。选择破产申请前的贷款人成为其 DIP 贷款人对于债务人来说相对简单，并且可以避免过度保护引发的诉讼问题。当然，那些想要挑战破产申请前担保债权人债权的无担保贷款人可能会反对展期，但如果没有其他可替代的资金来源，无担保贷款人或许只能默许这种做法。一旦 DIP 贷款人的超级优先权得到破产法院的批准，使其成为最终的且不可上诉的结论，那么其破产申请后的担保权将不再受到质疑。

展期是一个渐进的过程，申请前的应收账款会用于偿还破产申请前的贷款。或者是贷款人可以用全部新的破产申请后的贷款来还清破产申请前贷款，从而把贷款人的破产申请前贷款转换为申请后的贷款。

展期将受到破产法院和美国受托人的严格审查，因为展期的行为实际上绕开了《破产法》。在破产案件中，当抵押品的估值较为模糊，且其他各方还没有质疑贷款人的地位时，贷款人应试图尽早改善其担保额不足的情况。贷款人可以要求其他各方放弃对申请前贷款人信贷协议可执行性和担保权有效性的质疑，其实这在某种程度上违反了债务人对其他债权人的信托义务。此外，DIP 贷款人可能会利用其财务杠杆为其破产申请后债权获取程序上的保护，但这种方法对破产申请前债权是无用的。当各方对 DIP 贷款进行谈判时，往往很难估计行政开支总额，这可能会影响贷款人破产申请前担保债权的清偿，但是会根据贷款人破产申请后的债权金额进行支付。

潜在买方可通过对破产申请前担保债权人的行动来收集相关信息。破产申请前的贷款人是成为 DIP 贷款人的首选，因为申请前贷款人对公司业务、抵押品、管理和资本结构都已经有了足够的了解。因此，资产的抵押率为这些资产价值的下限提供了明确的指导。另外，申请前贷款人可能对此贷款产生了厌烦情绪，并希望将其交由新的资本进行再融资，这些都说明了该行业、该公司及其管理出现了根本性的问题，当然这些问题也是潜在买方应该关注的。出于同样的原因，一个潜在买方也可以对 DIP 贷款方要求的利率和费用进行评估，将其与其他破产案件中的同类支出进行比较，以评估该公司是否具有异常的风险。DIP 贷款的成本可能预示着潜在买方在第 363 条出售条款中用来收购该公司的定价。

现有的破产申请前贷款人提供破产申请后贷款的优势有哪些

《破产法》以及某些企业重组过程中的现实情况为破产申请前的高级贷款人提供了许多的激励措施，旨在使其在公司申请破产保护后能继续支持债务人。

第一，如本章前面所述，成为 DIP 贷款人对于申请前贷款人来说是一个十分明智的选择，因为破产法院通常会允许申请前贷款人将其申请前贷款展期为 DIP 贷款，从而能够及时地解决其申请前贷款索赔遇到的各种问题。对贷款人来说，它可能包含了增强申请前贷款人的优先权、验证申请前贷款的担保权、减少诉讼的威胁，并获得避税索偿的豁免（如偏好和欺诈转让）等多种好处。

第二，类似地，作为延展破产申请后贷款的条件之一，贷款人可能会尝试用债务人的破产申请后资产对其破产申请前和申请后的贷款做交叉抵押。这种交叉抵押必须获得法院批准才能进行；值得一提的是这一策略在操作过程中成败参半。通常情况下，法院批准这一请求与否，很可能取决于该交叉抵押是向前的（即贷款人寻求破产申请前抵押物的担保权以确保破产申请后的债务的安全）还是向后的（即贷款人为未偿付的申请前债务寻求申请后抵押的担保权）。从理论上说，法院更有可能批准向前的交叉抵押，在这种方式下贷款人并没有改变现有的债权级别，而是仅对唯一的有形资产的担保权或利率要求更加严格，这一有形资产是债务人为保证未来贷款安全而提供的资产。相反，一些法院会拒绝向后交叉抵押的请求，因为这种行为会造成其他债权人单方面（如不事先通知）的权利减损。

第三，债务人的持续经营状态是决定破产申请前贷款人抵押品价值的关键因素。因此，为债务人提供营运资本实际上有利于增强贷款人的自身利益。同样，申请前贷款人可能会签订 DIP 融资协议，这将增强其对申请前和申请后抵押品的控制力。

第四，与申请前贷款人不同，DIP 高级贷款人收到以合同利率支付的破产申请前债务的利息的可能性会增加。

第五，这种方式可能会减少替代性融资以及对因充分保护问题引起的诉讼风险。

新资本 DIP 贷款会否导致申请前贷款人的担保权从属化

虽然法律的答案是肯定的，但是实际的答案却是否定的。启动贷款是新资本 DIP 贷款的理论形态，即债务人从新的贷款人那里借出有担保的破产申请后贷款，以换取比抵押财产更高级或同等地位的担保权。[19] 如果破产法院允许，那么它将从属于破产申请前担保债权人的担保权。

几乎在所有情况下，由于启动贷款在诉讼时有较大争议，所以其在法律上是不可行的（被称为启动战斗），这将不可避免地导致以下问题：新资本 DIP 贷款是否能超过公司的所有破产申请前担保债权获得优先清偿。启动战斗还将涉及公司抵押物的估值，比如在降低标准的有偿条款下贷款人能否提供可用资金，以及申请前有担保债权人是否得到了充分的保护（例如以资本缓冲的方式实现保护）等问题的激烈争论。申请前的有担保债权人将大力抗辩那些会损害他们在债务人抵押品上的债权利益，包括侵犯其在不动产的宪法财产权的行为。所有这些问题将不可避免地提高管理费用，当新破产债务人变得非常脆弱时，市场的不确定性也随之增加，并将损害最终同意重组计划的各方参与者之间的关系。因此，需要各方在协商中做出一系列妥协，以避免严重冲突的发生。需要各方妥协的内容包括偿还部分或全部破产申请前的担保债权、混合部分新资本 DIP 贷款和部分展期 DIP 贷款，以提高申请前担保债权人在破产申请后的利率，并向申请前有担保债权人支付一定的费用，以及在破产案件中同意采取一致的行动，例如第 363 条出售条款。

内部债权人协议和 DIP 贷款的第二担保权债务的影响是什么

目前，第二担保权债务和内部债权人协议给企业破产案件带来了很大的影响。因为公司在进入第 11 章重组后，会承担比以前更多的担保债务，但可用于破产申请后融资的抵押物反而更少了。事实上，第二担保权贷款人可能已经消失了，没有为 DIP 贷款人的担保债权留下任何启动战斗的空间。正如一位学者研究发现：[20]

> 由于受到债务人的资产负债表的拖累，因而使用现金抵押以及 DIP 融资审批是第二担保权贷款人所面临的最有争议的问题。尽管内部债权人协议的规定表明了现金抵押和 DIP 融资审批的使用情况，但这两个问

题的审批在 16 个案件中有 10 个案例（德韧汽车、气雾剂包装、沃纳、卡尔平、性能运输系统、美国再生银行、新世界意粉、梅里殿公司、塔奥汽车以及西点史蒂文斯纺织）需要面临审查。第二担保权贷款人在豁免的可执行性，获得抵押品的充分保护以及债务启动的基础上，都会挑战现金抵押品和 DIP 融资的豁免权。

机会主义的对冲基金是提供 DIP 第一担保权的贷款人，对冲基金将限制债务人签订繁重和惩罚性的契约，因为它可能减少第二担保权贷款人的回报，这些情况都使从第二担保权贷款人那里获得 DIP 贷款的批准更加困难。例如，第二担保权贷款人反对由黑钻石资本管理公司给沃纳和新世界意粉的破产案中所提供的昂贵的 DIP 融资，第二担保权贷款人也反对由第一担保权贷款人瑞士信贷在梅里殿公司破产中提供的 DIP 贷款的融资成本。

DIP 贷款最终如何清偿

DIP 贷款的贷款协议会包含到期日的相关信息，到期日通常是重组计划完成的标准，以及完成破产案件的最终目标时间框架。然而，这一时间架构其实很难精确，所以债务人可能需要多次对此进行谈判，这就可能会产生贷款人的其他费用。在很多情况下，债务人可能从一家贷款银行为 DIP 贷款再融资，随后从另一个贷款人那里再进行 DIP 贷款融资。在重组计划的完成过程中，实际上，资助此计划的退出融资必须能够还清 DIP 贷款。然而，DIP 贷款人同意提供退出融资是很常见的。在这种情况下，就像破产申请前贷款变成 DIP 贷款一样，DIP 贷款也可以有效地变成退出融资。重组计划和退出融资在本书第 12 章中做了进一步讨论。

使用应急支付融资

困境并购交易中为何将应急支付作为交易结构的组成部分

在破产之外，许多杠杆收购交易都会涉及由债券、股票的发行人的撤回或未来一部分现金流构成的应急支付。在尽职调查收尾阶段，如果仍有重要的问题尚未解决，那么应急支付发生的可能性就会很大，公司的未来前景将面临严重的不确定性，还会面临迅速关闭交易的压力，以及缔约方可能难以就购买价格达成一致的问题。应急支付通常是指通过有效的协商谈判手段关闭交易，并非让双方放弃交易。在这类交易中，卖方只会以现金的方式收取部分交易价格，因为他们明白，在特定条件下（即意外事故）买方将进行更多的支付。

尽管应急支付在庭外重组计划中是可行的，它也是许多重组计划的固有成分，但它们与第 363 条出售条款并不兼容，因为第 363 条出售条款通常认为合格的投标只能以现金的方式实现。

什么是卖方票据，为什么在困境并购交易中使用它们

作为应急支付的一种形式，卖方从买方收回票据以代替现金。有时票据对公司的资产会有次级担保权。如果票据从属于其他债务，那么这种票据被称为卖方的从属票据或卖方票据。

如果债务被收回，它可能仅由简单的分期付款销售或者是权证构成。在这两种情况下，卖方的债权通常要比其他债权人的债权级别要高。

从本质上说，卖方票据类似于第三方支付。通常情况下，大多数的收购交易要求所支付的部分现金需要在第三方托管账户中放置一段时间。如果卖方违反购买协议中的承诺或保证，那么买方可以直接取回托管账户中的现金。同样地，如果存在卖方票据，买方可以终止支付以作为对卖方违反承诺和保证的一种补救措施。因此，由于卖方知道卖方票据将对买方事后诉讼或仲裁起到杠杆作用，因而卖家会在尽职调查和法律文件的披露中做到更加精确和彻底。

通过卖方票据向公开上市公司的股东进行支付是一种并不实用的解决方案。因为根据联邦证券法，伴随着债务或其他证券的要约，招股说明书的注册和披露可能会被延期。

卖方为何会对融资进行回购，包括回收次级融资

卖方通常对股票或初级债券的回购是比较抵触的。不过，卖方在这些次级融资中至少能通过名义上涨的购买价格而获益，并获得股权酬金或其等价物。其实，卖方应该意识到并做好应对风险的准备，因为只有当被收购公司发展顺利时，票据或股票才能实现它的全部价值，除此之外，还要面对这部分购买价格永远得不到偿付的风险。显然，这种情况在出售危困企业时尤为突出。然而，就像在本书第 1 章所讨论的，卖方通常会否认他们的业务受到影响的原因，但是他们仍然认为收回融资是具有一定价值的。

出于同样的原因，如果交易成功，相比于没有暴露买价时的收益，卖方可以实现的升值潜力要大得多。此外，虽然这个价格的一部分是以票据或低于面值的优先股来进行支付，但这种做法可以实现目标公司按照更高的名义价格交易从而使买卖

双方都获利。因此，如果卖方宣布他不会以低于 1 亿美元的价格出售公司，但其实这个价格已经是高于其实际价值，卖方可能最终仍会愿意以 6000 万美元的现金和 4000 万 10 年期的利率 4% 的次级票据的方式出售公司。该票据会在很大折扣的基础上再汇入卖方的账户。（如果买家希望以后在重组中就票据的预支付进行谈判的话，他们会发现这个折扣是很有用处的。）

在收回融资中使用次级债和优先股的相对优势有哪些

优先股具有增加资产负债表中股权比例的优势，从而有助于减少高杠杆公司的破产风险，并且可以增加其对高级别或高收益债券贷款人的吸引力。值得关注的是，为避免欺诈性转让债权（见本书第 10 章），破产公司在没有获得合理的等价物之前不能将其财产转让给任何人。因此，如果偿付能力出现问题，资产负债表中的优先股可以缓解卖方和贷款人的压力。此外，当供应商进行信用评估而重新审视付款条件时，资产负债表上增加的权益金额使公司在评估程序中看起来更好。

次级债也为卖方提供了相当大的优势，无论企业是否盈利都要对次级债进行支付，除非有其他次级条款的限制。对票据而非优先股的回收预示着更大程度的分离，也意味着这种方式需要支付更多的款项。与优先股相比，卖方可能打算卖出收回的票据，因为通过这种方式可以得到更多的支付款项。卖方可能获得资产中的证券收益（当然这是相对于收购贷款人的初级担保权来说的），但优先股持有人就不能获得这样的证券收益。

从买方的角度来看，票据的主要优势是产生可抵扣的利息支付，而不是不可抵扣的红利。但是优先股的明显缺陷就是会阻止买方像 S 类公司一样选择穿透性税收待遇（pass-through tax status）。由于以上两个原因，可以肯定的是，如果一旦以票据的形式出现，那么它将不受美国国税局对股权再分类的限制。但如果是接受卖方的优先股，就有可能引起其他不利的税务影响。

如果没有特殊情况，假使买方能够说服高级别和高收益债券贷款人接受卖方交割后调整的资本结构的次级票据而非优先股，卖方应该没有异议。此外，一旦公司达到一定的净资产和现金流水平，贷款人和卖方在买方的选择下，可能会接受可以转换成票据的优先股。作为最后的手段，买方可以说服卖方，在半年或一年后，当其债务已经有所减少时，把优先股转换成票据。

卖方如何获得正在出售公司的股权收益

如前文所述，有时卖方票据和股权收益具有相同的作用，都有助于抬高公司价格，使其售价超出公司的真实现值，而且股权收益只有在公司未来收益良好时才会兑现。股权收益也很可能只是卖方在交割后为保留被收购公司的普通股少数股权的一种方式。另外，卖方可以参与分享优先股的股利，优先股的股利是按照收益或普通股股东分红的固定比例进行支付的。随着公司价值的上升，优先股的赎回价格也会上升，其中有一些选择将会受到税收的影响。

何谓盈利能力支付计划

盈利能力支付（earn-out）计划是另一种用于资助危困企业并购交易的或有付款方式。盈利能力支付计划会基于公司未来收益，而向卖方支付一部分买价。通常，如果公司的收益超过协定水平，盈利能力支付计划则要向卖方支付额外的费用。盈利能力支付计划还存在另一种常规类型，即如果收入超过商定的水平，给予卖方的某些债务是作为收购价的一部分，这一部分是“可预期”的并在前期就完成了清偿。

盈利能力支付计划需要考虑各方面因素的影响：或有支付（现金或股票）的类型、盈利能力的衡量（营业收入、现金流、净利润或者其他的方式）、测量的时间跨度、最大值（如果有的话）和付款时间。

为什么参与方会使用盈利能力支付计划

由于各方对预期利润持有不同意见，所以他们通常无法对企业价值达成一致。通常情况下，买方依赖于卖方对未来现金流量的预期而设定价格。对于陷入困境的公司来说，鉴于其近期表现不佳，卖方的财务预测可能会出现夸大的现象。在这种情况下，对于卖方是否有能力实现预期结果，买方和卖方会有截然不同的态度。如果预期的现金流主要是依赖于卖方过去持续的经营方式获得，例如等待经济周期变化以恢复定价和销量，那么，买方应该愿意为未来更多的现金流支付更高的价格。但是，如果买方期望通过重大变革来扭转失败的业务，那么，买方可能会觉得卖方不值得分享其努力所获得的回报。事实上，买方可能会觉得他正在修正卖方很多年以来的错误，因此卖方不应获得任何收益。另外，卖方可能会觉得，买方将很难再有机会以如此低的价格购买并修复该公司。那么，盈利能力支付计划将允许买方将周转的风险加入到定价当中，在此基础上，再加上交割后是否、以及何时实现现金流的改善的风险溢价，以上两个方面即构成了买方所考虑的合理的支付价格。当公司的历史盈利能力能以最直接明了的方式呈现给买方的时候，盈利能力支付计划也能允许卖方实现业务的全部价值。

盈利能力支付计划对于从一家大公司购买战略业务单元或产品线时显得尤为有

效。这些剥离的资产通常被称为企业的孤儿或股权分离。由于这些交易通常没有独立的审计，直接和间接的转让成本会扭曲财务业绩，交割后的管理费用的估计很有可能不准确，所以在尽职调查中想要核实买方所有权下业务所产生的盈利水平是非常具有挑战性的。因此，最好的解决方法是使用盈利能力支付计划来出售业务，以检验该业务是否有利可图，如果可以获得盈利，那么盈利的方式就很重要。事实上，有时买方可能会更喜欢保留一些内部人员，因为这些内部人员知道企业的弱点在哪，企业尚未开发的潜在优势在哪，甚至有可能是他们自己人为地压低了收益。

为什么难以管理盈利能力支付计划

为了说明管理盈利能力支付计划的困难程度，我们进行一个假设。假设只要被收购公司每年能实现 100 万美元以上的营业收入，卖方就可以在实现销售后前三年的每年收到额外的支付金额。虽然在概念上很简单，但盈利能力支付计划提出了一些定义上的问题。首先且最为重要的是，买方和卖方必须就营业收入的关键性定义达成一致。买方会希望确保该收入来自持续经营的业务，而非特别的或偶然性事件。此外，盈利能力支付计划可能要求被收购公司在保持与过去做法一致的基础上实现单独运营。如果买方想要在这基础上融入某些其他业务或对其进行修改，那就很难将这些变化因素纳入预期的盈利水平中来，特别是在实现销售后还没有决定的情况下。

卖方使用盈利能力支付计划的顾虑是什么

卖方最在意的是要确保公司在出售后其运营变化不会影响到公司获取预期目标盈利水平的能力。因此，卖方会就以下方面寻求各方的一致同意，首先卖方希望将商誉排除在盈利计算范围外，其次希望被收购公司能与过去的运营模式保持一致，并且不会被收取新的管理费用。如果交易涉及的是战略投资者而非收购者，卖方还可能会关注折旧、利息费用以及与买方公司的业务往来。

为了达到预想的收购结果，卖方希望能获得信贷支持。在前面的例子中，假设营业收入没有达到 100 万美元，而是在前三年中公司的收入分别达到了 80 万、100 万和 120 万美元，在这种情况下卖方将有权获得全部或有支付。尽管营业收入在第一年并没有超过 100 万美元，但是前三年的平均营业收入为 100 万美元。为了解决这个问题，参与方可以约定一个浮动范围或平均法则以及最高付款总额。

买方何时向卖方进行或有支付也是双方关注的问题。通常情况下，争论的焦点有两点：第一，或有支付是在每年的盈利报告完成后进行还是在期末一次性付清；

第二，基于未来几年的表现，衡量前几年的支付能否收回。例如以 3 年为期，如果第 2 年和第 3 年的盈利结果低于预期，那么买方可尝试在第 1 年从卖方收回账款。而卖方自然会觉得企业在第 2 年和第 3 年的不佳表现是由于买方管理不善而导致的，而不是卖方在交割时仍然运行良好的公司的问题。

盈利能力支付计划是否有任何税务和会计方面的考虑

对于卖方来说，盈利能力支付计划可以在应税交易中分散收入，以获得税收优惠。为了获得免税重组资格，或有股份必须在交易之后的五年内发行。

如果盈利能力支付计划可以作为就业协议下的报酬支付，买方也可以获得税务减免。交割后的就业（或咨询）协议可以代替盈利能力支付计划提供给卖方。例如，如果某些卖方积极参与管理业务，而其他卖方只是被动的投资者，那么买方会以交割后的就业协议的方式适当地向积极的卖方进行额外考虑，其中可能包括竞业禁止和不劝诱条款。然而，对协议接受人来说，协议提供的补偿可能只是普通所得。

为什么盈利能力支付计划不常见

事实上，目前仍没有法律协议可以为盈利能力支付计划中的双方提供完整的保护，这其中存在太多的变数。买方与卖方必须依靠双方的合作意图、诚信程度或合理的商业判断来达到约束对方的目的。因此，双方可能都需要调查对方的声誉和可信度。在买卖双方共同经历了一次激烈的收购交易后，他们可能难以对盈利能力支付计划满意。由于这些原因以及随后将要提到的因素，许多经过痛苦谈判的（即支付给律师昂贵的费用）盈利能力支付计划都会被买断，避而不谈，或只是在交易快结束时从收购协议中除去。

从买方的角度来看，困境业务的买方在尽职调查中逐渐意识到，当他们就交易条款与卖方协商时，想要改变现状，他们就必须要付出比原先预计更多的努力。如果真是如此，他们可能不愿与卖方分享交易完成后他们努力得来的经营成果（例如使公司处于良好状况的运营方）。此外，在对以盈利能力支付计划为基础进行财务预测时，买方通常不想向卖方透露他们的周转策略，以免卖方不遵守合同，盗取买方的好点子。在其他情况下，盈利能力支付计划最初看起来是可行的，买方认为需要利用升值潜力来吸引投资者或贷款人，同时通过盈利能力支付计划不留下任何优势与卖方共同分享。此外，在销售过程中，买方的牵头人可能会判定其他潜在买方都已退出，但危困企业仍迫切需要完成销售。在这种情况下，买方可能会觉得他把卖方逼到了进退两难的地步（破产和降低购买价格之间），因此他可以利用买方的谈判筹码在交易快完成时从购买协议中删除如盈利能力支付计划的或有支付。

从卖方的角度来看，如果卖方能够从买方尽职调查的关注点，以及针对盈利能力支付计划进行的谈判中推导出买方的策略，那么卖方可能会决定放弃盈利能力支付计划，并要求更多的预付现金以在交易完成时来获得更高的价值。卖方可能会觉得，虽然买方最初对支付全价有所犹豫，这使盈利能力支付计划变成一个可以接受的妥协，但尽职调查已经消除了买家对此的不安，而且事实上买家对于面前的升值机会是非常兴奋的，因此，这也就意味着盈利能力支付计划没有存在的必要了。此外，卖方可确定买方在尽职调查和法律费用中投入了大量资源，已经处于“半孕”的状态，即使交易条款更加有利于卖方，买方也不会从这笔交易中退出。个别情况下，在尽职调查过程中，卖方可能已经对买方成功运营公司的能力做出了评估，一旦买方处于主导地位，他们也不愿干预盈利能力支付计划。例如，买方可以在研发、广告等方面进行超额开支，使其在未来获益，但在交割后的最初几年里，买方会以业绩报告减少的方式来降低通过盈利能力支付计划支付给卖方的金额。如果卖方真的想彻底退出以尝试其他方式的努力，那么，卖方想做的最后一件事情就是对直接费用定义的正确应用进行监督，这往往是正确管理盈利能力支付计划的本质所在。

在或有支付交易中，卖方应如何保护其抵押品

如果或有对价是用某些质押财产的担保权做担保的话，买方可能需要做出以下承诺：

- 保持业务和质押财产数额充分的保险
- 限制质押财产（例如库存）在正常业务中作为商品进行销售
- 要求质押财产保持无其他任何担保权（负抵押）
- 禁止借款人对质押财产的租赁
- 为借款人的主要行政人员提供关键员工人寿保险

在或有支付交易中，卖方应如何确保买方遵守商业计划

如果收购涉及或有对价，买方可能会被要求对以下内容做出承诺：

- 贷款资金只用于规定用途。
- 只经营由贷款人所计划的相关业务。
- 在没有卖方同意的情况下，避免合并和出售全部及绝大部分的公司资产，

或超过规定价值的任何部分。

- 限制资本支出、租赁费、借款以及对关联公司和第三方投资的额度。
- 防止未经卖方同意变更该公司的所有权或控制权。
- 禁止其他业务的收购。
- 对收购协议、次级债务工具或其他文件做出修改。

并购融资的考虑

在与卖方就条款达成一致后，若买方通过提高优先级债务为交割后剩余资本结构融资时，需要考虑哪些因素

在实现或有支付金额最大化和总体买入价格最小化之后，借款需求也达到最小化。下一步就是要精心组织和安排借款计划。构建融资的艺术就在于将被收购公司的收入和资产合理有序地分配给贷款人，具体方式如下：

- 使最优级和高度抵押的贷款金额最大化，由此保障最低利率贷款人。
- 如果必要，则应保留足够的现金流来支付次级的、更高利率的“夹层”债务，以及所有卖方票据。
- 提供充足的营运资金，要能够应对季节性波动及可预见的一次性的大量现金的流入和流出。
- 允许为不同的资产类型设置不同的杠杆率，这有利于为专门贷款人留出空间，如办公楼和生产设施的售后回租。
- 应做好两手准备，即收入足够时允许免处罚的债务提前还款，收入不足时，允许次级债的拖欠和非强制执行。
- 应尽量避免与贷款人之间的冲突，在出现问题时要能够解决矛盾。

通常，这些结果是通过债务分层来实现的。（欲了解更多破产时债务次级化的内容，请参见本书第2章。）

当承销并购贷款时，优先级贷款人应该考虑什么

贷款人进行承销时应重点考虑以下方面的内容：

- 抵押品清算价值。
- 借款人财务预测的可信性。

- 借款人的预测是否显示有足够的现金流来偿还债务（包括次级债务）和进行有效的缓冲。
- 资产是否能够及时清算，并足够偿还每期的债务（或减少循环债务的信用承诺）。
- 公司的潜在盈利能力及行业前景。
- 次级债务总额（以及次级债权人在重组期帮助借款人筹集更多资金的能力）。
- 管理团队的背景、能力、任期及忠诚度。
- 会计控制与实务的强度。
- 买方投资的权益总额。

拟定的收购融资如何传达给潜在贷款人

收购融资的常规传递媒介是所谓的银行手册，它是拟定交易和目标公司的简要文字说明。银行手册（也称为发行备忘录或机密投资备忘录）指明了融资结构的设想，其中包括了满足营运资金需求以及实现分期偿还债务的盈利预测，并列明了可质押资产的资产负债表。（资产负债表中的项目是根据美国通用会计准则进行价值评估的，实际的市场或清算价值也可以作为参考依据。）

银行手册呈交给贷款人后会发生什么

如果信贷员认为，银行可能愿意借出符合买方要求的金额和条款的贷款，他将尽可能地从买方处获取该公司的有关信息。如果该公司是上市公司，则需要获得代理声明、10-K 报表和 10-Q 报表等有关信息；如果该公司不是上市公司，则需获取经审计的财务报表或纳税申报信息。信贷员也将派出评审小组参观公司的设施，采访其管理者以获得有关资产的内部评估和外部评估。这种审查将持续一个星期到一个月甚至更长时间。银行知道他们所处的是竞争性行业，存在着各种变数，如果同一贷款由几个银行同时考虑时，这种特质就表现得更为明显。

然后，信贷员将会准备撰写拟定贷款的建议书，并将它提交给银行的信贷委员会。委员会可能会直接批准建议书上的贷款项目，改变其中的某些条款（对买方来说可以接受的条款）或拒绝提案中的贷款项目。如果提案获得批准，信贷员将准备一份阐述银行约束力的批准贷款的承诺函，这份承诺函会在未来的磋商中成为信贷员的制度性文件。

承诺函包含哪些内容

除了最基本的贷款信息（贷款金额、定期贷款和循环贷款是多少、定期贷款的到期日和分期偿还的规定，以及利率等信息）外，承诺函还阐述了银行的如下建议：

- 向银行支付的费用。
- 定期贷款下自愿提前还款的权利和处罚。
- 哪些抵押品是必需的，是否所有其他贷款人对银行拥有高级担保权的抵押品都有次级担保权，该银行是否对受限于其他贷款人的高级担保权的抵押品都拥有次级担保权。
- 如何使用这些资金。
- 次级债和股票的金额可能会作为高级贷款的条件。
- 银行费用的支付。

承诺函也可以列举约定事项、违约触发、报告要求、成交条件，以及借款人律师提供的法律意见等细节。在结算程序中，它通常会包含银行提出的额外的结算条件和条款。承诺函中也会包含一个截止日期，截止日期通常很近。例如，如果借款人没有书面接受该提案，那么贷款同意书可能在 24 小时内失效，或者最多在两个星期后失效。

承诺函的条款是否可以协商

可以。但是最好且唯一的协商时机是承诺函还处在早期的草稿阶段，或者是信贷员在信贷委员会批准前，发送给买方初步建议的阶段。

在这一阶段买方要细致地与他们的律师和顾问进行磋商，以确保了解贷款的程序。提议书可能是提前谈判的唯一机会，有时承诺函只会在信贷委员会开会讨论后才会产生。之后，贷款人的期望就会被限制住，而且信贷员也会发现重新向信贷委员会提交贷款提案非常尴尬。借款人通常不清楚在未将承诺函退回到信贷委员会的情况下信贷员需要花费多长时间来修改承诺函。在典型的并购中，时间是非常重要的因素，新的信贷操作可能导致时间上出现延迟，借款人也不会希望贷款项目返回到信贷委员会重新进行审批。

承诺函签订后，承诺的有效期是多久

贷款人做出贷款的承诺通常需要对确定性文件进行谈判、准备，并在某一确定日期进行签发。有时，许可的时间很短：只有 30 天或 45 天。有时收购的交割会被延迟，因为该交易需要获得监管部门的同意，例如美国联邦通信委员会（Federal

Communications Commission，FCC）同意改变电视台的所有权。如果买方希望延长承诺的时间，他可以选择向银行支付额外的费用。

银行通常会对贷款服务收取哪些费用

贷款人总是绞尽脑汁地设计出五花八门的条目，在借款人可接受范围内尽可能高地收取手续费用。在某些情况下，贷款人可以对银行签署的承诺函的交付（承诺函费）收取费用，以及对借款人的执行收取第二承诺函费。这些费用通常是不予退还的，但他们可以在交易完成后通过借款人的第三种费用（交易费）进行抵免。[21]

如果贷款是由辛迪加集团承担的，那么银行可能对组建集团收取服务代理费或管理费。这通常是一种持续性费用（相对于一次性承诺函和交易费用），以总贷款的特定百分比（每年 0.25% 的情况并不少见）按季度或按月度进行支付。

在交易完成后，银行收取的费用总额一般在 1.0% ～ 2.5% 之间。百分比取决于对银行效率的要求、交易的复杂程度、银团的规模（贷方越多，价格越昂贵）以及风险程度。一个短期过桥贷款可能会涉及比长期信贷更高的前端费用，因为银行在贷款过程中赚取利息的机会较少。

对于循环信用贷款，除了前端费用外，通常还会有未使用的费用（也称为一个承诺费或信贷费）。未使用的费用通常在 0.5% 左右，并且会随着未提取和可利用的贷款余额的变化而变化。

如果借款人需要信用证，银行通常会根据备用信用证或商业信用证的金额来评估信用证的费用（通常为每年 1.0% ～ 1.5%）。

最后，银行往往会要求借款人对定期贷款的未付余额支付提前终止费，例如债券的提前偿还保护和提前赎回补偿。如果借款人由于更低成本的资金来源在到期日之前就终止了定期贷款，从而使银行丧失了在贷款期限中的预期利润，这些费用可以用来弥补银行可能遭受的经济损失。随着定期贷款时间的后移，这些费用可能会有所降低。因此，很有必要对这些事项进行谈判。在危困企业经营好转之后，买方希望尽快对高级贷款进行再融资，以逃避名目繁多的契约。正如本章前面讨论的，这些费用可能会对再融资的效果产生一定的影响。

一般情况下，无论最终是否进行贷款，承诺函都会要求借款人承担所有贷款人的实际费用和银行外部律师费用。这一规定不得协商，银行绝不会支付与贷款相关的律师费用。如果贷款没有关闭，这些费用就要根据借款人或潜在借款人的情况进行估计。

信用证贷款是否可以和并购贷款结合使用

可以。如果企业在其进行的业务中使用信用证（例如为了确保支付原材料或进口商品的采购），那么企业通常可以从贷款人那里获得一个承诺：向企业提供已约定最高累计金额的信用证。信用证的信贷额度通常是从循环信用额度中划分出来的，使用循环信用的抵押品进行抵押，并且限制信用证的累计使用金额低于循环信用贷款的额度。在这种情况下，信用证的使用将被视为循环信用贷款的使用。

并购贷款协议通常包含一系列的交易条件，这其中是否会有特别麻烦的事情

虽然每场交易所面对的激烈的冲突问题都各不相同，但有些问题的出现具有普遍性。其具体包括以下情况：

- 关于抵押品担保利益的完善和优先的要求。例如，如果在不同的司法管辖区内贷款人拥有库存的第一担保权，那么下列事件必须要完成。第一，担保权的搜索必须完成，并且收到与核查相关的报告（可以聘用专业的公司对任何州政府的担保权记录进行计算机搜索）；第二，终止旧担保权的文件必须准备好，完成签字并备案；第三，完善新担保权的文档必须备好，完成签字并备案。
- 相关备案时间表。完成以上所有操作后，在每一个司法管辖区内备案以保证新贷款的发放和旧贷款的清偿能同时进行。在受到多重管辖的复杂交易中，如果想要成功地完成这项协调工作，需要结合巨大的努力和运气（当然还需要优秀的律师）。贷款人在解除旧贷款的终止声明的备案上具有一定的灵活性，通常允许备案在交易结束后的合理期限内完成即可。
- 法律意见。几乎没有交易会因为律师为借款人提供所需的意见而导致失败的，但是却经常听到由于银行律师和借款人律师就不同意见协商而导致交易的完成时间被推迟的情况。问题主要出在关于特定管辖范围内银行担保权有效性的当地法律意见书上。虽然对该问题尚未形成较好的解决方案，但借款人在交易早期引入当地律师的参与不失为一个好办法。
- 审计意见。审计人员可能难以对借款人的偿债能力提供意见，并且不太可能对借款人向银行提供的财务预测的可靠性发表正式意见。然而，根据《萨班斯－奥克斯利法案》第404条的要求，审计人员现在需要例行公事地对内部控制进行评估。
- 政府的同意和批准。在某些交易中，政府的批准是这场交易的核心因素。

例如，如果没有 FCC 的必要核准，电视台的出售是无法进行的。即使交易被合理估计，但政府批准的时间也非交易双方可以控制的，而且如果政府机构的行为与预期不符，那么收购的进程会受到严重的影响。

- 影响公司的重大诉讼及不利变化。如果目标公司正面临重大的法律诉讼，某些贷款协议会给予买方和/或贷款人退出的权利。如果公司在诉讼中失败，那么该事件会严重损害公司的业务。如果这类偶然性事件真的发生了，卖方律师有责任去说服买方和银行相信这个诉讼案是不可能成功的，或者即使成功了，它对公司及其运营也不会造成重大影响。同样地，任何负面的经济信息也会导致买方或银行暂停交易，这会导致两个结果：要么通过谈判获得价格优惠，要么终止交易。

贷款协议中陈述和担保的目的是什么

为便于贷款人做出信贷决策，陈述与担保的存在就是为了保证被收购公司信息的完整性。实际上，这会构成潜在的问题区域，在此借款人会被要求做出无问题存在的陈述，如果有问题，则需要指明具体问题是什么。因此，典型的担保中都会注明：

- 借款人提交给银行的财务报表是正确的。（虽然审计师对该报表的认证和支持是令人欣慰的，但审计报告通常会掺杂着资格问题。）
- 对借款人的资产不附带任何担保权，但披露给银行或在贷款协议中获得批准的除外。
- 预期交易不与法律条文存在冲突，也不与借款人是当事方的任何合同发生冲突（即所谓的无矛盾陈述）。
- 如果贷款人已经决定向借款人提供贷款，除了已经披露给银行的信息外，借款人不存在未决诉讼或对借款人造成重大不利影响的潜在危险。
- 如果适用，贷款将不违反任何保证金规则。
- 借款人不违反雇员退休收入保障法案（ERISA）。
- 借款人为非公用事业控股公司或投资公司。（如果是，就需要获取相应的政府命令。）
- 借款人有偿付能力（以减轻欺诈性转让的风险）。
- 借款人的资产和主要办公地点位于指定地点。（这是用来确保在正确司法管辖区出具的备案通知书会对抵押品担保权益的完善产生影响。）

如果陈述错误会怎么样

违反陈述对借款人会产生两个实质性的后果：①如果在这种情况下发生违约，无论是在交易完成之前、进行时还是之后，银行可能会拒绝其贷款请求；②在贷款协议下，违反陈述或担保可能会触发违约。

第一种后果是银行拒绝了贷款请求，这个结果是不足为奇的。陈述的真实性和准确性，通常是签订贷款协议时的初始贷款条件，也是使用后续信用循环额度的条件。假设借款人已在贷款协议中保证其没有严重的环境问题，但随后发现借款人有倾倒危险废物的非法行为，银行则极有可能根据贷款协议，有权停止进一步的信用循环额度。因为贷款协议要求借款人的应收账款款项要存入贷款人控制的锁箱账户内（这种账户已经在本章的资金担保贷款中讨论过），所以对于一家无法从自身现金流获得资金支持的公司来说，这样的决定无疑是灾难性的。

第二种后果对贷款协议违约是触发了贷款人对贷款协议的补救办法，其中之一就是贷款加速的权利，即宣布所有贷出款项立即到期并要求支付，即使该循环信用贷款的到期日是当年底，而定期贷款的到期日是在几年之后。见本书第 1 章对违约的进一步讨论。

从现实意义上来说，加速权很有可能导致借款人的破产。基于此，一般情况下这种方法不太可能被使用，除非贷款人认为在只有借款人破产才能更好地保护其自身利益的情况下才会被使用。关于重组方案，如庭外重组，联邦破产法以及国家破产程序的阐述详见本书第 2 章。

有哪些技术可以用于减少违约条款

这里有两种常用的违约缓和方式：延缓期或补救期条款，以及重要性概念的使用。

延缓期是指贷款支付到期日之后的一段时间，在此期间进行支付就可避免违约。延缓期大多为到期日之后的 5 天；有时也可能会达到 10 天甚至 15 天。

补救期适用于违反契约引发的违约事件。一般来说，如果贷款契约能被固化（比如有提交财务报告的义务），贷款人通常会限制补救期的使用，但对于那些旨在提供早期危险预警（如财务比率的违约）的契约，则无须补救期的存在。后一类契约通常无法补救，而且一般需要豁免或修正以避免违约的发生。有时，补救期只有在贷款人向借款人发出了执行失败的通知后才开始运行；在其他情况下，不管贷款人是否清楚借款人的成败，借款人都会如约地运行补救期。补救期因交易或契约条款的不同而大相径庭。然而，5 天、10 天、30 天的补救期都有可能存在，有时补救期只用“工作日”来计算补救期限，不包括星期六、星期天以及全国性的假期。

当发现原来的陈述是虚假的，但这种不准确性并没有对借款人、抵押品或是贷款人的地位造成重大不利影响时，重要性概念就产生了。因此，各方参与者在贷款协议中达成一致：只有构成违约的违反特定陈述或担保的事件才能认为是重大的。重要性未必适用于贷款协议的每一项陈述和担保。

尾注

1. See http://www.uspap.org/2010USPAP/toc.htm, last accessed June 2, 2010.
2. The discussion that follows is drawn from Wendell H. Adair Jr. and Brett Lawrence, “ Rights Offerings: Raising Cash without Registering Securities, ” Stroock & Stroock & Lavan LLP; available at http://www.stroock.com/ SiteFiles/Pub306.pdf, last accessed June 2, 2010.
3. See 11 U.S.C. § 1145.
4. Shai Y. Waisman, “Rights Offerings: A Practitioner’s Guide,” *Weil, Gotshal Bankruptcy Bulletin*, October 2007; available at http://www.weil.com/news/ pubdetail.aspx?pub=8453, last accessed June 2, 2010.
5. Julie Spellman Sweet, “ PIPEs: A Review of Key Legal Issues, ” in R. Scott Falk and Sarkis Jebejian (eds.), *Mergers & Acquisitions: What You Need to Know Now*, 2009 (New York: Practicing Law Institute, 2009).
6. Available at http://www.fdic.gov/bank/historical/managing/history1−07.pdf, last accessed June 2, 2010.
7. See “ Moody’s Comments on Debtor−in−Possession Lending, ” Moody’s Investors Service, October 2008; http://www.moodys.com/cust/content/content. ashx?source=StaticContent/Free%20Pages/Credit%20Policy%20Research/ documents/current/2007300000539803.pdf, last accessed June 13, 2010.
8. Ibid.
9. See John Blakeley, “ The New DIPs,” January 22, 2010; http://www.pipeline .thedeal.com/tdd/ViewBlog.dl?id=33060, last accessed on June 14, 2010.
10. “Moody’s Comments,” note 6.
11. Ibid.
12. See *Schubert v. Lucent Technologies (In re Winstar Communications, Inc.)*, 554 F.3d 382 (3d Cir. 2009).
13. See 11 U.S.C. § 364(a).
14. See 11 U.S.C. § 364(b).
15. See 11 U.S.C. § 364(c).
16. See 11 U.S.C. § 364(d)(1)(A).

17. See 11 U.S.C. § 364(d)(1)(B).
18. See 11 U.S.C. § 364(d)(2).
19. See 11 U.S.C. § 364(d)(1)(A).
20. Gordon Lu, " Bankruptcy Implications of Second Lien Loans"; http://www.turnaround. org/cmaextras/Paper—BankruptcyImplications.pdf (internal citations omitted), last accessed September 13, 2010.
21. 借款人只需要向有信誉的机构支付费用。近年来预付费用贷款数量激增。请咨询当地的商业改进局。

结　　论

只有在民事法官的庇护下，那些经过数年辛勤劳作或几代人传承所形成的有价值资产的主人才能睡个安稳觉。

——亚当·斯密，《国富论》，第五篇“论君主或国家的收入”，第二章，第五节，1776

在这种状况下，产业无立足之地，因为其产生的成果不稳定。这样一来，但凡土地的栽培、航海、外洋进口商品的运用、舒适的建筑、移动与卸除须费巨大力量的物体的工具、地貌的知识、时间的记载、文艺、文学、社会等都将不存在。最糟糕的是人们不断处于暴力死亡的恐惧和危险中，人的生活孤独、贫困、卑污、残忍而短寿。

——托马斯·霍布斯，《利维坦》第13章“论人类幸福与苦难的自然状况”，1651

在亚当·斯密的设想中世界上存在着正式的破产流程，在这个过程中每一个参与者都能安然入睡，因为他们知道自己的私有财产有法律保护，不会被无故扣押。但不幸的是，这样的世界经常回到霍布斯的自然状态。两者都被视为“资本主义”，但哪一种资本主义才是我们和后代想要的？

当一家危困企业在其经营过程中遇到了许多复杂的问题时，这种境况已经相当糟糕了，但参与各方的不良行为更会加剧这种状况。正如我们在本书中所描述的，《破产法》和《破产规则》为鼓励陷入困境的各参与者进行合作做出了巨大的贡献。然而，不幸的是，没有法律可以强制任何人执行良好的礼仪，遵守道德操守。虽然法律的目标是要称颂诚信和公平交易，但在执行过程中想要实现这一目标却是非常困难的。狡猾的人总是会发现法律的漏洞，并且歪曲立法者的意图，从而产生众多意想不到的后果。为保持系统的完整性，破产法官在处置破产案件时具有公平的权力，但漫长的上诉会导致决策的延迟，从而削弱破产法官的执行效率，所以他们的行动更多的时候也是无功的。

当你参加危困企业的并购时，我们敦促你谨记以下格言："人怕出名猪怕壮。"当买家的行为过分热心、邪恶或卑鄙时，那么这就表示一个人的危机成为另一个人的机会，也会成为另一个人的屠宰场。过于随和、讨好或是轻信，通常都是一个陷阱的开始。困境并购过程有时会暴露出人性的丑恶面，即把自己的生活建立在别人的不幸与痛苦之上。

令人遗憾的是，我们看到了很多不好的行为：

- 不诚实的经理身犯欺诈罪、贪污罪、虚假陈述和自我交易罪。
- "贪婪"的投资者会阻挠破产程序以完成自己资产的转移。
- "电锯"式重建经理在减少费用时，"不仅割肉还要剔骨"。
- 过分热心的律师会给出远远超出他们所创造价值的离谱的账单。
- 贪婪的投资银行家正在玩"正面我赢，反面你输"的游戏。
- 自私的高管把自己的利益放在债权人和投资者的需要和权利之上（以及公司董事让他们这么做）。
- "恐怖"的债权人委员会正在进行绿票讹诈。

尽管这些丑恶行为背后的原因简单明了，即贪婪，但是一直弄不清楚的是为什么这么多的人都无法抗拒他们的欲望。为什么文明的力量和良心的声音不能获胜呢？

压力可能是一个缓解因素。危困企业的恐慌是显而易见的，理由很简单：财务预测是不确定的，未解决的问题还会催生出新的问题，时间就是问题的本质，当这些情况一出现，可行的替代方案便从视野中消失不见了。当恐惧取代了希望，人们往往会进入危机状态，做出次优决策，逆向影响员工、供应商、客户和其他缺乏强有力的声音和监督的参与者。在这种恶劣的情况下，很多参与者都觉得自己被困在了零和博弈中，对于哪一方会成为赢家，哪些会成为输家，管理者、债权人和顾问都会有自己的看法和意见。对于那些被预测为失败者的参与者来说，风险高得令人难以置信，可能会面临潜在的金融灾难、职业生涯的终结以及难以忍受的情绪低落。

正如我们在本书第 1 章中所讨论的那样，当一家公司进入死亡漩涡中时，抗拒的力量是非常强大的，正如心理学家在研究悲伤时所得出的结论一样，拒绝通常伴随着愤怒。这种愤怒往往表现为危困企业的各方参与者之间的一场激烈战斗，在这场战斗中只有专业咨询人士会获益（因为他们是按小时计费的）。所有的参与者转向财务困境的公司，同意或建立赔偿制度时，他们都需要仔细考虑自己的声誉和利润的长期影响。

在现实中，困境往往展现了一个创造性地解决复杂问题的机会。有些人回避这个挑战，而另一些人则接受它。特殊情况往往需要新鲜的观点，“走出盒子”的思想能重新燃起希望，但它通常更容易做出仓促决定并追求阻力最小的路径。然而，几乎在所有的困境中，都有一个机会去扮演故事中的英雄，而不是恶棍。如果头脑冷静，往往可以发现会有一条狭窄的小路走出泥潭。虽然我们会经常提到像“双赢”这样的陈词滥调，但在有限的流动性和巨大的压力下特别是在难以实施的紧急措施的情况下，确实很难找到互利的解决办法。作为诺贝尔和平奖的获得者曼德拉说：“直到最后它似乎都不可能。”事实上，下图说明顽强的毅力和合作可以揭示出隐藏的价值，显示了如何重现排列拼图以创造出额外的一块。

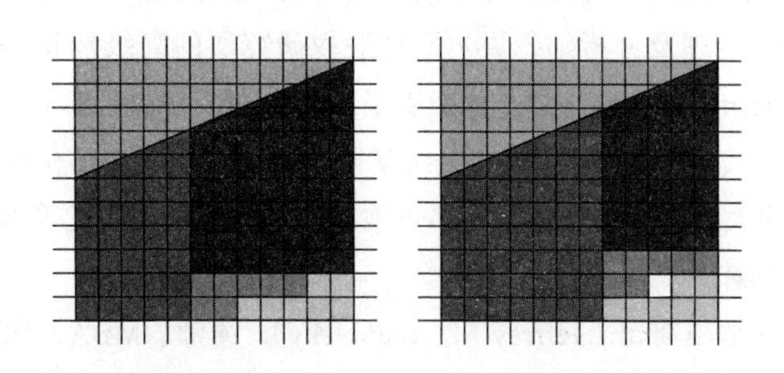

我们希望本书的详细讨论将增加人们的认识并提高他们在处理公司困境情况的理解力，从而使市场变得更加有效，让定价回归实际水平。我们认为，减少危困企业破产过程及困境并购中出现的问题，会使各方在并购过程中获得更有利的结果。至少，我们希望受害者在这种情况下将使用提供的工具来保护自己免受那些掠夺秃鹫对他们的伤害。

也许，立法者会及时地改善流程，以便可以为债权人和股东实现一个更加公正、公平的清偿环境，同时也给债务人一个重新开始的机会。在此期间，如果本书能让读到它的人挽救了即将失去的工作，或是让一家公司避免了合并，或是使一家公司远离了清算，或是鼓励了一位竞买人参加拍卖，那么本书的完成就是值得的。

作者简介

彼得·内斯沃德（H. Peter Nesvold），律师、CFA、CPA，现任纽约杰富瑞投资银行股权研究所常务董事。基于金融、法律和会计方面的多重背景，彼得在处理影响证券分析和交易结构方面等相关问题时往往独具慧眼。他曾任拉扎德资产管理的投资组合经理及分析师，贝尔斯登股权研究所的高级常务董事，并担任了Shearman & Sterling的并购律师。他出版了两部合著《并购艺术》和《并购结构的艺术》。他在宾夕法尼亚大学艺术与科学学院获得经济学学士学位后，又以优异的成绩从福特汉姆大学法学院毕业，在那里他加入了美国法学院优等生协会，并当选为法律期刊的主编。

杰弗里·安纳珀斯奇（Jeffrey M. Anapolsky），律师、MBA，现任位于巴尔的摩的美国普信公司（T. Rowe Price）高收益信贷分析师。他在咨询、运营以及破产、清算、重组等特殊投资方面具有超过10年的工作经验。他曾担任艾金·岗波律师事务所（Akin Gump Strauss Hauer & Feld）的破产律师，Wasserstein Perella的重组顾问，以及Wasserstein Perella和美国资本公司的困境投资者。在获得沃顿商学院金融学学士学位和宾夕法尼亚大学艺术与科学学院数学学士学位后，他以优异的成绩从哈佛大学法学院和哈佛大学商学院J.D./M.B.A.项目毕业。

亚历山德拉·里德·拉杰科斯（Alexandra Reed Lajoux），MBA、博士，现任全美公司董事协会的首席知识官。她是《并购整合艺术》一书的作者，以及《并购艺术》《并购尽职调查艺术》《并购结构的艺术》和《并购融资和再融资艺术》的合著者。作为本宁顿学院的毕业生，她拥有来自马里兰罗耀拉大学的MBA以及普林斯顿大学的博士学位。

译者简介

刘剑蕾，中国人民大学管理学硕士，日本九州大学经济学博士，现任首都经济贸易大学金融学院教师，学院公司金融课程建设负责人，校级中青年骨干教师。在*Pacific-Basin Finance Journal*、*Journal of International Financial Markets, Institutions & Money* 等国际期刊（SSCI）发表多篇英文论文。由剑桥大学出版社出版合著 *Corporate Governance and the Global Financial Crisis: International Perspectives*。由中国金融出版社出版专著《中国 IPO 发行定价制度变迁及其影响研究》。曾担任 *Advances in Accounting* 以及 *Journal of Business Ethics* 国际学术期刊评审人。现主持 2016 年度国家社科基金青年项目课题。

高瑞东，早稻田大学经济学博士，现任中泰证券研究所高级经济学家，曾任职于中国财政部中美经济对话领导小组办公室、中国信达资产管理股份有限公司、经济合作与发展组织（OECD）经济部（顾问）、早稻田大学政治经济学院（助理研究员），专注于全球和中国宏观经济与金融市场研究，曾参与"G20 杭州峰会中美元首会晤经济成果"磋商、"国务院总理会见六大国际经济组织联合成果"磋商，在 *Accounting & Finance*、*OECD Economics Department Working Papers* 和《中国金融》等国内外权威期刊发表有影响力的经济金融论文 20 余篇。

李净植，北京大学法学院学士，东京大学法学政治学研究科及耶鲁大学法学院硕士，现任美国佳利律师事务所律师。通过美国纽约州及中国法律执业资格考试。曾参与中国人寿保险股份有限公司从花旗银行及 IBM Credit LLC 收购广发银行股份、北京千方科技股份有限公司参股公司收购浙江宇视科技有限公司全部股份、圣元国际集团私有化及全球科技先进创新公司私有化等多项大型并购交易，并代表著名美资基金参与蔚来科技、摩拜单车等互联网企业的融资。在《经济法论丛》《ジュリスト》《金融商事法ワーキングペーパー・シリーズ》等国内外权威期刊发表多篇中文、日文及英文论文。

推荐阅读

书名	作者	ISBN	价格
估值:难点、解决方案及相关案例	[美]埃斯瓦斯·达莫达兰（Aswach Damodaran）	978-7-111-42339-3	99.00
并购估值：如何为非上市公司培育价值（原书第2版）	[美]克里斯M.梅林（Chris M.Mcllen）、弗兰克C.埃文斯（Frank C.Evans）	978-7-111-48103-4	69.00
估值的艺术：110个解读案例	[英]尼古拉斯·斯米德林（Nicola Schmidlin）	978-7-111-51026-0	59.00
估值技术	[美]大卫T.拉勒比（David Larrabee）、贾森A.沃斯（Jason A.Voss）	978-7-111-47928-4	99.00
股权资产估值(原书第2版)	[美]杰拉尔德E.平托（Jerald E.Pinto)、伊莱恩·亨利（Elaine Henry）	978-7-111-38805-0	99.00
估值就是讲故事:创业融资与投资	Dr.2	978-7-111-51023-9	39.00

CFA协会投资系列
CFA协会机构投资系列

机械工业出版社华章公司历时三年，陆续推出了《CFA协会投资系列》（共9本）《CFA协会机构投资系列》（共4本）两套丛书。这两套丛书互为补充，为读者提供了完整而权威的CFA知识体系（Candidate Body of Knowledge，简称CBOK），内容涵盖定量分析方法、宏微观经济学、财务报表分析方法、公司金融、估值与投资理论和方法、固定收益证券及其管理、投资组合管理、风险管理、投资组合绩效测评、财富管理等，同时覆盖CFA考试三个级别的内容，按照知识领域进行全面系统的介绍，是所有准备参加CFA考试的考生，所有金融专业院校师生的必读书。

序号	丛书名	中文书号	中文书名	原作者	定价
1	CFA协会投资系列	978-7-111-45367-3	公司金融：实用方法	Michelle R. Clayman, Martin S. Fridson, George H. Troughton	99
2	CFA协会投资系列	978-7-111-38805-0	股权资产估值（原书第2版）	Jeffrey K.Pinto, Elaine Henry, Jerald E. Pinto, Thomas R. Robinson, John D. Stowe, Abby Cohen	99
3	CFA协会投资系列	978-7-111-38802-9	定量投资分析（原书第2版）	Jerald E. Pinto, Richard A. DeFusco, Dennis W. McLeavey, David E. Runkle	99
4	CFA协会投资系列	978-7-111-38719-0	投资组合管理：动态过程（原书第3版）	John L. Maginn, Donald L. Tuttle, Dennis W. McLeavey, Jerald E. Pinto	149
5	CFA协会投资系列	978-7-111-50852-6	固定收益证券分析（原书第2版）	Frank J. Fabozzi	99
6	CFA协会投资系列	978-7-111-46112-8	国际财务报表分析	Thomas R. Robinson, Elaine Henry, Wendy L. Pirie, Michael A. Broihahn	149
7	CFA协会投资系列	978-7-111-50407-8	投资决策经济学：微观、宏观与国际经济学	Christopher D. Piros	99
8	CFA协会投资系列	978-7-111-46447-1	投资学：投资组合理论和证券分析	Michael G. McMillan	99
9	CFA协会投资系列	978-7-111-47542-2	新财富管理：理财顾问客户资产管理指南	Roger C. Gibson	99
10	CFA协会机构投资系列	978-7-111-43668-3	投资绩效测评：评估和结果呈报	Todd Jankowski, Watts S. Humphrey, James W. Over	99
11	CFA协会机构投资系列	2016即将出版	风险管理：变化的金融世界的基础	Austan Goolsbee, Steven Levitt, Chad Syverson	149
12	CFA协会机构投资系列	978-7-111-47928-4	估值技术：现金流贴现、收益质量、增加值衡量和实物期权	David T. Larrabee	99
13	CFA协会机构投资系列	978-7-111-49954-1	私人财富管理：财富管理实践	Stephen M. Horan	99